周易教程

周山 著

图书在版编目(CIP)数据

周易教程/周山著.—北京:商务印书馆,2020
ISBN 978-7-100-18708-4

Ⅰ.①周… Ⅱ.①周… Ⅲ.①《周易》-研究
Ⅳ.①B221.5

中国版本图书馆 CIP 数据核字(2020)第 114728 号

权利保留,侵权必究。

周 易 教 程

周 山 著

商 务 印 书 馆 出 版
(北京王府井大街36号 邮政编码100710)
商 务 印 书 馆 发 行
上 海 新 艺 印 刷 有 限 公 司 印 刷
ISBN 978-7-100-18708-4

2020年10月第1版　　开本 710×1 000　1/16
2020年10月第1次印刷　印张 33　印数 5 000
定价:98.00元

周山

上海社会科学院终身研究员、周易中心主任,上海周易研究会会长。代表著作有《中国逻辑史论》《近现代的先秦名家研究》《周易文化论》《中国学术思潮史》等,发表《从黄河文化到长江文化》《中国文化重心的转移》等论文和演讲。

目　录

绪言 …………………………………………… 001

上编（上经）

第一章　《乾》卦 …………………………… 011
第一节　元亨,利贞 …………………………… 011
第二节　潜龙与见龙 ………………………… 013
第三节　或跃在渊 …………………………… 018
第四节　飞龙与亢龙 ………………………… 020
结　语　群龙无首 …………………………… 022
本章思考题 …………………………………… 022

第二章　《坤》卦 …………………………… 023
第一节　牝马之贞 …………………………… 023
第二节　直、方、大 ………………………… 026
第三节　括囊 ………………………………… 029
第四节　黄裳 ………………………………… 030
结　语　利永贞 ……………………………… 031
本章思考题 …………………………………… 032

第三章　《屯》卦 …………………………… 033
第一节　建侯之梦 …………………………… 033
第二节　十年乃字 …………………………… 035
第三节　往吝与往吉 ………………………… 037
第四节　小贞吉,大贞凶 …………………… 039
本章思考题 …………………………………… 040

第四章 《蒙》卦 …… 041
第一节 童蒙求我 …… 041
第二节 利用刑人 …… 043
第三节 困蒙不可取 …… 044
第四节 击蒙须谨慎 …… 047
本章思考题 …… 049

第五章 《需》卦 …… 050
第一节 孚与贞 …… 050
第二节 利用恒 …… 051
第三节 泥与血 …… 054
第四节 需要满足之后 …… 056
本章思考题 …… 058

第六章 《讼》卦 …… 059
第一节 中吉,终凶 …… 059
第二节 不永所事 …… 061
第三节 不克讼,复即命 …… 062
第四节 终朝三褫之 …… 063
本章思考题 …… 066

第七章 《师》卦 …… 067
第一节 "贞"与"丈人" …… 067
第二节 师出以律,王三锡命 …… 068
第三节 经验与智慧 …… 070
第四节 田有禽,利执言 …… 072
本章思考题 …… 074

第八章 《比》卦 …… 075
第一节 原筮 …… 075
第二节 比之自内 …… 077
第三节 比之匪人 …… 079
第四节 显比 …… 081

本章思考题 ·· 083

第九章　《小畜》卦 ································ 084
　　第一节　密云不雨,自我西郊 ···················· 084
　　第二节　复自道与牵复 ···························· 086
　　第三节　夫妻反目 ································· 088
　　第四节　下雨之后 ································· 090
　　本章思考题 ·· 092

第十章　《履》卦 ···································· 093
　　第一节　履虎尾,不咥人 ·························· 093
　　第二节　素履与幽人 ······························· 094
　　第三节　履虎尾,愬愬 ····························· 096
　　第四节　夬履与视履 ······························· 098
　　本章思考题 ·· 100

第十一章　《泰》卦 ·································· 101
　　第一节　小往大来 ································· 101
　　第二节　拔茅茹,以其汇 ·························· 103
　　第三节　无往不复 ································· 105
　　第四节　帝乙归妹 ································· 107
　　本章思考题 ·· 109

第十二章　《否》卦 ·································· 110
　　第一节　大往小来 ································· 110
　　第二节　拔茅茹,以其汇 ·························· 112
　　第三节　包羞 ······································· 114
　　第四节　系于苞桑 ································· 116
　　本章思考题 ·· 117

第十三章　《同人》卦 ································ 118
　　第一节　同人于野 ································· 118
　　第二节　同人于门 ································· 120
　　第三节　化敌为友 ································· 121

第四节　同人于郊 …………………………………… 123
　　本章思考题 …………………………………………… 124

第十四章　《大有》卦 …………………………………… 125
　　第一节　大的获得 …………………………………… 125
　　第二节　大车以载 …………………………………… 127
　　第三节　匪其彭 ……………………………………… 128
　　第四节　自天祐之,吉无不利 ……………………… 130
　　本章思考题 …………………………………………… 132

第十五章　《谦》卦 ……………………………………… 133
　　第一节　君子有终 …………………………………… 133
　　第二节　谦谦与鸣谦 ………………………………… 135
　　第三节　劳谦与㧡谦 ………………………………… 137
　　第四节　原则与功用 ………………………………… 138
　　本章思考题 …………………………………………… 140

第十六章　《豫》卦 ……………………………………… 141
　　第一节　人心和乐"利建侯" ……………………… 141
　　第二节　独乐与众乐 ………………………………… 143
　　第三节　盱豫与由豫 ………………………………… 145
　　第四节　冥豫 ………………………………………… 146
　　本章思考题 …………………………………………… 147

第十七章　《随》卦 ……………………………………… 148
　　第一节　追随"利贞" ……………………………… 148
　　第二节　择善而从 …………………………………… 150
　　第三节　系丈夫,失小子 …………………………… 152
　　第四节　孚于嘉 ……………………………………… 153
　　本章思考题 …………………………………………… 155

第十八章　《蛊》卦 ……………………………………… 156
　　第一节　女惑男,风落山 …………………………… 156
　　第二节　父母之蛊 …………………………………… 158

第三节　裕父之蛊 …………………………… 160
　　第四节　用誉 ……………………………………… 162
　　本章思考题 ……………………………………… 163

第十九章　《临》卦 …………………………………… 164
　　第一节　利贞 ……………………………………… 164
　　第二节　咸临 ……………………………………… 165
　　第三节　甘临与至临 …………………………… 167
　　第四节　知临与敦临 …………………………… 169
　　本章思考题 ……………………………………… 170

第二十章　《观》卦 …………………………………… 171
　　第一节　观察要虔诚 …………………………… 171
　　第二节　童观与闚观 …………………………… 172
　　第三节　观我生与观国之光 ………………… 174
　　第四节　观我生与观其生 …………………… 175
　　本章思考题 ……………………………………… 177

第二十一章　《噬嗑》卦 …………………………… 178
　　第一节　用狱 ……………………………………… 178
　　第二节　灭趾与灭鼻 …………………………… 179
　　第三节　噬腊肉遇毒 …………………………… 181
　　第四节　何校灭耳 ……………………………… 183
　　本章思考题 ……………………………………… 184

第二十二章　《贲》卦 ……………………………… 185
　　第一节　小利有攸往 …………………………… 185
　　第二节　贲其趾与贲其须 …………………… 187
　　第三节　濡如与皤如 …………………………… 189
　　第四节　白贲 ……………………………………… 190
　　本章思考题 ……………………………………… 191

第二十三章　《剥》卦 ……………………………… 192
　　第一节　阴盛阳衰 ……………………………… 192

第二节　蔑贞凶 …………………………………… 193
　　第三节　剥床以肤 ………………………………… 195
　　第四节　君子得舆，小人剥庐 …………………… 197
　　本章思考题 ………………………………………… 198

第二十四章　《复》卦 …………………………… 199
　　第一节　反复其道 ………………………………… 199
　　第二节　不远复与休复 …………………………… 201
　　第三节　频复与独复 ……………………………… 202
　　第四节　敦复与迷复 ……………………………… 204
　　本章思考题 ………………………………………… 205

第二十五章　《无妄》卦 ………………………… 206
　　第一节　不虚妄 …………………………………… 206
　　第二节　不耕种哪来收获 ………………………… 208
　　第三节　无妄之灾 ………………………………… 209
　　第四节　无妄之疾，勿药有喜 …………………… 211
　　本章思考题 ………………………………………… 212

第二十六章　《大畜》卦 ………………………… 213
　　第一节　不家食 …………………………………… 213
　　第二节　舆说輹 …………………………………… 215
　　第三节　童牛之牿 ………………………………… 216
　　第四节　何天之衢 ………………………………… 218
　　本章思考题 ………………………………………… 219

第二十七章　《颐》卦 …………………………… 220
　　第一节　自求口实 ………………………………… 220
　　第二节　舍尔灵龟，观我朵颐 …………………… 221
　　第三节　虎视眈眈，其欲逐逐 …………………… 223
　　第四节　拂经与由颐 ……………………………… 225
　　本章思考题 ………………………………………… 226

第二十八章 《大过》卦 ·············· 227
- 第一节 超越常理 ·············· 227
- 第二节 枯杨生稊 ·············· 229
- 第三节 栋桡与栋隆 ·············· 230
- 第四节 枯杨生华 ·············· 232
- 本章思考题 ·············· 233

第二十九章 《习坎》卦 ·············· 234
- 第一节 有孚维心 ·············· 234
- 第二节 坎有险,求小得 ·············· 236
- 第三节 来之坎坎 ·············· 237
- 第四节 坎不盈,祗既平 ·············· 239
- 本章思考题 ·············· 240

第三十章 《离》卦 ·············· 241
- 第一节 畜牝牛 ·············· 241
- 第二节 敬之无咎 ·············· 242
- 第三节 突如其来如 ·············· 244
- 第四节 恢复光明 ·············· 246
- 本章思考题 ·············· 247

下编(下经)

第三十一章 《咸》卦 ·············· 251
- 第一节 取女吉 ·············· 251
- 第二节 始于足下 ·············· 252
- 第三节 憧憧往来,朋从尔思 ·············· 254
- 第四节 咸其脢 ·············· 255
- 本章思考题 ·············· 257

第三十二章 《恒》卦 ·············· 258
- 第一节 夫唱妇随,天长地久 ·············· 258
- 第二节 能久中 ·············· 260

第三节　不恒其德 …… 261
　　第四节　恒其德 …… 263
　　本章思考题 …… 265

第三十三章　《遯》卦 …… 266
　　第一节　隐退三义 …… 266
　　第二节　黄牛之革 …… 268
　　第三节　急流勇退 …… 269
　　第四节　嘉遯与肥遯 …… 271
　　本章思考题 …… 272

第三十四章　《大壮》卦 …… 273
　　第一节　利贞 …… 273
　　第二节　壮于趾，征凶 …… 275
　　第三节　壮于大舆之輹 …… 276
　　第四节　丧羊于易，无悔 …… 278
　　本章思考题 …… 279

第三十五章　《晋》卦 …… 280
　　第一节　依附与柔顺 …… 280
　　第二节　晋如愁如 …… 282
　　第三节　众允 …… 283
　　第四节　失得勿恤 …… 285
　　本章思考题 …… 286

第三十六章　《明夷》卦 …… 287
　　第一节　明夷，利艰贞 …… 287
　　第二节　明夷于飞，垂其翼 …… 288
　　第三节　获明夷之心 …… 289
　　第四节　箕子之明夷 …… 291
　　本章思考题 …… 292

第三十七章　《家人》卦 …… 293
　　第一节　利女贞 …… 293

第二节　无攸遂，在中馈 …………… 295
　　第三节　家人嗃嗃与妇子嘻嘻 …… 296
　　第四节　有孚威如 ………………… 298
　　本章思考题 ………………………… 300

第三十八章　《睽》卦 ………………… 301
　　第一节　君子以同而异 …………… 301
　　第二节　丧马勿逐 ………………… 303
　　第三节　无初有终 ………………… 305
　　第四节　遇雨则吉 ………………… 307
　　本章思考题 ………………………… 308

第三十九章　《蹇》卦 ………………… 309
　　第一节　遇险能止 ………………… 309
　　第二节　往蹇，来誉 ……………… 311
　　第三节　来反与来连 ……………… 313
　　第四节　君王的困顿 ……………… 314
　　本章思考题 ………………………… 316

第四十章　《解》卦 …………………… 317
　　第一节　利西南 …………………… 317
　　第二节　田获三狐 ………………… 319
　　第三节　负且乘，致寇至 ………… 320
　　第四节　射隼于高墉之上 ………… 321
　　本章思考题 ………………………… 323

第四十一章　《损》卦 ………………… 324
　　第一节　二簋可用享 ……………… 324
　　第二节　酌损与弗损 ……………… 326
　　第三节　损其疾，使遄有喜 ……… 327
　　第四节　十朋之龟 ………………… 329
　　本章思考题 ………………………… 330

第四十二章 《益》卦 …… 331
第一节 损上益下 …… 331
第二节 用为大作 …… 332
第三节 "中行"之诫 …… 334
第四节 有孚惠心 …… 336
本章思考题 …… 338

第四十三章 《夬》卦 …… 339
第一节 不利即戎 …… 339
第二节 莫夜有戎 …… 341
第三节 独行遇雨,若濡有愠 …… 343
第四节 苋陆夬夬 …… 344
本章思考题 …… 346

第四十四章 《姤》卦 …… 347
第一节 女壮勿娶 …… 347
第二节 系于金柅 …… 349
第三节 庖厨无鱼 …… 350
第四节 以杞包瓜 …… 352
本章思考题 …… 354

第四十五章 《萃》卦 …… 355
第一节 情同乃聚,气合乃群 …… 355
第二节 引荐人才 …… 357
第三节 不容犯错的"大吉" …… 358
第四节 尊位思悔 …… 361
本章思考题 …… 362

第四十六章 《升》卦 …… 363
第一节 柔以时升 …… 363
第二节 诚信与攀升 …… 365
第三节 升虚邑 …… 366
第四节 不息之贞 …… 368

本章思考题 …………………………………………… 369

第四十七章 《困》卦 …………………………………… 370
　　第一节　穷则思变，困则谋通 ………………………… 370
　　第二节　困于酒食 ……………………………………… 372
　　第三节　困于金车 ……………………………………… 374
　　第四节　困于葛藟 ……………………………………… 376
　　本章思考题 …………………………………………… 377

第四十八章 《井》卦 …………………………………… 378
　　第一节　改邑不改井 …………………………………… 378
　　第二节　旧井无禽 ……………………………………… 380
　　第三节　井渫不食，为我心恻 ………………………… 382
　　第四节　井收勿幕 ……………………………………… 383
　　本章思考题 …………………………………………… 385

第四十九章 《革》卦 …………………………………… 386
　　第一节　顺天时，应民心 ……………………………… 386
　　第二节　己日乃革 ……………………………………… 388
　　第三节　革言三就 ……………………………………… 390
　　第四节　虎变与豹变 …………………………………… 392
　　本章思考题 …………………………………………… 393

第五十章 《鼎》卦 ……………………………………… 394
　　第一节　立国重器 ……………………………………… 394
　　第二节　鼎有实 ………………………………………… 396
　　第三节　鼎折足 ………………………………………… 398
　　第四节　鼎玉铉 ………………………………………… 400
　　本章思考题 …………………………………………… 401

第五十一章 《震》卦 …………………………………… 402
　　第一节　震惊百里，不丧匕鬯 ………………………… 402
　　第二节　笑言哑哑 ……………………………………… 404
　　第三节　震苏苏与震遂泥 ……………………………… 406

第四节　震索索,视矍矍 …………………………… 407
　　本章思考题 ……………………………………………… 409
第五十二章　《艮》卦 ……………………………………… 410
　　第一节　静而止与动而止 ……………………………… 410
　　第二节　艮其趾与艮其腓 ……………………………… 412
　　第三节　艮其限与艮其身 ……………………………… 414
　　第四节　艮其辅,言有序 ……………………………… 415
　　本章思考题 ……………………………………………… 416
第五十三章　《渐》卦 ……………………………………… 417
　　第一节　循序渐进 ……………………………………… 417
　　第二节　饮食衎衎 ……………………………………… 419
　　第三节　陆非所安,择木而栖 ………………………… 420
　　第四节　鸿渐于逵 ……………………………………… 422
　　本章思考题 ……………………………………………… 423
第五十四章　《归妹》卦 …………………………………… 424
　　第一节　归妹征凶 ……………………………………… 424
　　第二节　跛能履,眇能视 ……………………………… 426
　　第三节　迟归有时 ……………………………………… 428
　　第四节　帝乙归妹 ……………………………………… 429
　　本章思考题 ……………………………………………… 430
第五十五章　《丰》卦 ……………………………………… 431
　　第一节　如日中天 ……………………………………… 431
　　第二节　日中见斗 ……………………………………… 433
　　第三节　日中见沬 ……………………………………… 434
　　第四节　三岁不觌 ……………………………………… 436
　　本章思考题 ……………………………………………… 438
第五十六章　《旅》卦 ……………………………………… 439
　　第一节　旅贞 …………………………………………… 439
　　第二节　旅途三件事 …………………………………… 441

第三节　焚其次，丧其仆 …… 443
　　第四节　先笑后号啕 …… 444
　　本章思考题 …… 445

第五十七章　《巽》卦 …… 446
　　第一节　柔顺与"小亨" …… 446
　　第二节　柔顺与果断 …… 448
　　第三节　田获三品 …… 450
　　第四节　丧其资斧 …… 452
　　本章思考题 …… 454

第五十八章　《兑》卦 …… 455
　　第一节　相益则悦 …… 455
　　第二节　和兑与孚兑 …… 457
　　第三节　来兑与商兑 …… 458
　　第四节　至尊的愉悦 …… 460
　　本章思考题 …… 462

第五十九章　《涣》卦 …… 463
　　第一节　王假有庙 …… 463
　　第二节　用拯马壮 …… 465
　　第三节　以涣济涣 …… 467
　　第四节　涣王居与涣其血 …… 468
　　本章思考题 …… 470

第六十章　《节》卦 …… 471
　　第一节　苦节不可贞 …… 471
　　第二节　节制与时宜 …… 473
　　第三节　不节与安节 …… 475
　　第四节　甘节与苦节 …… 477
　　本章思考题 …… 478

第六十一章　《中孚》卦 …… 479
　　第一节　豚鱼吉 …… 479

第二节　我有好爵 …………………………………… 481
　　第三节　月几望，马匹亡 …………………………… 483
　　第四节　翰音登于天 ………………………………… 485
　　本章思考题 …………………………………………… 486

第六十二章　《小过》卦 …………………………………… 487
　　第一节　宜下不宜上 ………………………………… 487
　　第二节　飞鸟以凶 …………………………………… 489
　　第三节　弗过防之与弗过遇之 ……………………… 491
　　第四节　公弋取彼在穴 ……………………………… 493
　　本章思考题 …………………………………………… 494

第六十三章　《既济》卦 …………………………………… 495
　　第一节　初吉终乱 …………………………………… 495
　　第二节　曳其轮，濡其尾 …………………………… 497
　　第三节　高宗伐鬼方 ………………………………… 498
　　第四节　濡其首 ……………………………………… 500
　　本章思考题 …………………………………………… 501

第六十四章　《未济》卦 …………………………………… 502
　　第一节　小狐汔济，濡其尾 ………………………… 502
　　第二节　濡其尾与曳其轮 …………………………… 503
　　第三节　震用伐鬼方 ………………………………… 505
　　第四节　有孚失是 …………………………………… 507
　　本章思考题 …………………………………………… 508

参考文献 ………………………………………………………… 509

绪　言

一

　　有据可考的夏、商、周三代,各有一部易经。夏代的易经,取名《连山》;商代的易经,取名《归藏》;周代的易经,取名《周易》。史称"上古三易"。

　　上古三易称名不同,缘自三易的首卦不同。夏代的建立,是在大禹治水之后;长时期的洪水泛滥,人们依赖山坡高地得以生存,因而夏代初期的人们,保留着对高山的崇敬,将象征山的经卦"艮"(☶)相重而成的六爻重卦《艮》,列为六十四卦之首,故取名《连山》。商代的建立,是在水患得以治理之后数百年的农耕时期,人们从对山的崇敬逐渐转向对生养人类及其万物的大地的崇敬,因而将象征土地的经卦"坤"(☷)相重而成的六爻重卦《坤》,列为六十四卦之首,故取名《归藏》。商末周初,长期的农事活动使人们进一步认识到:人类及其万物虽然生养在大地之上,但是决定吉凶祸福的首要因素是天而非地,于是将象征天的经卦"乾"(☰)相重而成的六爻重卦《乾》,列为六十四卦之首,以新的朝代冠名为《周易》。

　　上古三易,分别编著于三代之初,是通过占筮方式指导该朝贵族阶级行为举事的经典。易,上日下月而寓意"明";易经,就是明白行为举事之径。

　　上古三易,不仅首卦不同,首卦之下的六十三卦的次序,也都不同。这是由各个历史时期的先人认识世界的程度不同决定的。第一部易经《连山》，除了留下易名之外，均已消失。第二部易经《归藏》，可能缘于商代贵族阶级在周代初期的延续使用，得以保留；由于非主流的原因，逐渐退出历史，仅有部分残简保留下来。20世纪地下考古发掘，这些《归藏》残简重又进入人们视野，但已无法知晓次序排列。第三部易经《周易》，从西周开始便成为指导贵族阶级行为举事的最权威典籍，并从开始时的占筮决疑，到直接援引相关卦象、卦爻辞决疑解难、规范施政举事。从《左传》等史书中，我们可以感受到《周易》在周代贵族阶级的政治、军事乃至日常生活中的指导作用。

周代之后，《周易》不仅没有如同《连山》《归藏》那样随着那个朝代的消亡而淘汰，反而越来越受到后人的推崇，作为一代又一代人的必读经典，历经三千年而能完整无缺地流传至今，成为人类文化史上一道最亮丽的风景线。究其原因，《周易》通过六十四卦的卦序排列，以及六十四卦卦名、卦辞、爻辞，不仅将天地及其万事万物做了有序的分类排列，而且对各类事物发展变化的规律做了形象生动的揭示，标志着人们对自然、对人类社会的认识已经进入成熟阶段；《周易》完全能够在相当长的人类发展过程中，指导人们的行为举事。所以，在《周易》问世之后的一千六百年左右，唐代实行科举取士，将《周易》列为读书人的首选经典，成为士子修身齐家治国平天下的核心教材。

二

占筮是上古时期的先人决疑解难的一种形式。我们通过田野考古看到的一些被称之为"数字卦"的符号组，最早的刻录时间大约在新石器时期，刻写在骨角栖、鹿角枝等动物骨片上。这些史前的"数字卦"，是先人占筮的记录，与上古三易之间，时间相隔很久远。《周易》问世之后,仍沿袭先人的占筮形式,"固信"的效用是毋庸置疑的。与"数字卦"时期不同的是,占筮的结果不仅仅是一组数字,而是由一个卦象或两个卦象,并且根据占筮规则获得相应的卦辞或爻辞,进行由此及彼的类比推理,达到决疑解难的目的。在以占筮方式决疑解难的时期,有一条称为"变爻"的推理规则。根据自古相传的演卦之法,用五十根蓍草进行一番运筹之后,先后六次分别获得六、七、八、九这四个数字中的一个字,按六为老阴、九为老阳的说法,遇老阴则变为阳、遇老阳则变为阴的原则,老阴变为阳、老阳变为阴的情况,在一卦既成的过程中可能出现七种情况,即六个数字都不存在老阴、老阳,因而从初爻至上爻的六个爻都不存在变爻情况,依次为一个爻发生阴变阳或阳变阴、二个爻发生阴变阳或阳变阴,一直至六个爻都发生阴变阳或阳变阴。宋代学者朱熹在对古代大量占筮材料,尤其《左传》《国语》中的二十多例占筮记录进行综合分析之后,系统地整理出了一套变爻推理规则。他在《易学启蒙》一书中对这一变爻推理规则做了详细介绍,即根据七种爻变情况,分别获取相应的卦辞爻辞作为类推依据。由于本教程侧重点在义理阐释,所以对历史上流传的"变爻"规则不作详细展开。

经过五百年左右的实践,人们已经深刻理解《周易》智慧,熟练地援引卦象、卦辞、爻辞,指导修身齐家治国平天下。战国末期的思想家荀子说:"善为《易》者不占。"至少从这个时期开始,占筮这一层外衣已经被剥去;《周易》中的智慧,不再需要占筮这一形式的包装,也能获得人们的信赖,成为行为举事的指导。《周易》中的卦辞爻辞,不是占筮的记录,而是占筮之后借以决疑解难的推断依据。

《周易》包含两部分内容:一是卦象爻象,二是卦名、卦辞、爻辞。

卦象共有六十四个,每个卦象由六个爻构成。爻分阳爻与阴爻两种。除了《乾》《坤》两卦分别由六个阳爻、六个阴爻构成，其他六十二个卦体，均由阴、阳两种爻构成。这六十四个卦体，分别象征天、地以及天地之间的各类事物；每一个卦体中的六个阴、阳爻，按照由下往上的顺序，象征着每一类事物的发展过程及其变化规律。因为不同的卦体以及处于卦体中不同位置的爻画具有相应的象征性，所以称卦体为卦象，称爻画为爻象。

六十四卦都有一个相应的卦名，卦名源自该卦象征事类，是该卦核心内容的一个标题。卦名之下，都有一段文字，以譬喻的方式，阐述该卦所象征的核心内容。这些文字，称为卦辞。卦辞基本上是以譬喻的方式，揭示该卦的核心内容。根据各卦内容的需要，一个卦辞中，有的只有一个譬喻，有的使用多个譬喻。每个卦有六个爻，每个爻配有一段或长或短的文字，对各爻的象征意义做出说明；爻辞不仅以譬喻的方式揭示爻象的含义，还以吉凶悔吝等断语，做出价值判断。

魏晋时期的著名易学家王弼曾用言、象、意三个字，对《周易》的卦爻辞、卦爻符号及其象征意义做了这样的表述：以言明象，得象忘言；以象尽意，得意忘象。意思是：卦辞爻辞，是用来说明卦象爻象的；理解了卦象爻象，就可以忘掉卦辞爻辞。卦象爻象，穷尽了一类事物的所有内涵；理解了该类事物的内涵，就可以忘掉卦象爻象。

卦辞爻辞与卦象爻象这两大部分内容，构成了一部《周易》；读《周易》，离不开这两大部分内容。这是一个"以言明象""以象尽意"的过程，更是一个由"得象忘言"向着"得意忘象"不断过渡的过程。三千多年的易学史表明，这是一个薪火相传、学无止境的历程。

在长时期的读易实践中，人们探索出一些接近《周易》本义的阅读方法。

首先，乾、坤、震、巽、坎、离、艮、兑这八个六爻卦体，是由八个不同的三爻卦体各自两两相重而成的。其他的五十六个六爻卦体,都是由这八个三爻卦体错综相重而成。于是,这八个三爻卦体,不仅以相应的六爻卦体之名名之,而且居以"经卦"的地位,并有了"八卦"这一名号;由它们两两相重而成的六十四个六爻卦体,则称为"重卦"。在解读六十四个重卦时,每一重卦往往都被解析为两个经卦之间的关系加以分析,处于下方的三爻经卦称"下卦"或"内卦",处于上方的三爻经卦称"上卦"或"外卦"。

根据阴、阳爻在三爻卦体中的位置,八经卦的排列次序为:乾、坤、震、巽、坎、离、艮、兑。《易传》中有一篇《说卦》的文字,是先人关于八经卦象征对象的汇编,每一经卦所象征的事物,少则十余种,多则二十余种。在不同的语境中,八经卦具有不同的象征对象。例如,常用的几种语境有:(1)乾为天、坤为地、震为雷、巽为风(木)、坎为水、离为火、艮为山、兑为泽;(2)乾为父、坤为母、震为长子、巽为长女、坎为中男、离为中女、艮为少男、兑为少女;(3)乾为马、坤为牛、震为龙、巽为鸡、坎为豕、离为雉、艮为狗、兑为羊;(4)乾为首、坤为腹、震为足、巽为股、坎为耳、离为目、艮为手、兑为口;(5)乾为健、坤为顺、震为动、巽为入、坎为陷、离为丽、艮为止、兑为悦。

在同一语境下,一个六爻重卦便因为上、下经卦所象事物之间的相互关系,而有了丰富的内涵。

重卦由下往上的六个爻,蕴含着事物情况的发展变化过程。这六个爻,既可作为由下往上渐次递进的分析,又可由下往上分为三个阶层,将一类事物的发展变化分为三个阶段加以分析。其中,初爻、二爻为"地爻",三爻、四爻为"人爻",五爻、上爻为"天爻"。在六十四卦中,将六爻分为地、人、天三个阶段阐发义理的典型,是《乾》的六个爻辞:初、二爻以"潜龙"开篇,三、四爻以"君子"开篇,五、上爻以"飞龙"开篇,标明了地、人、天三种爻的属性。

爻分阴、阳，每卦自下而上的六个爻位，也按奇数为阳、偶数为阴的原则分别阳位与阴位，其中初爻、三爻、五爻为阳位，二爻、四爻、上爻为阴位。阳爻居阳位，阴爻居阴位，称为"得位"；阳爻居阴位，阴爻居阳位，则称"失位"。阴爻称"六"、阳爻称"九"。以《咸》卦为例，由下往上分别为：初六、六二、九三、九四、九五、上六。其中，既有阳爻居阳位的九三、九五，阴爻居阴位的六二、上六，也有阴爻居阳位的初六，阳爻居阴位的九四。

有了这些基础性知识，我们就能用卦辞爻辞解读卦象爻象的含义，对照卦象爻象体会卦辞爻辞所要表达的本义。《周易》包含的象、辞两大部分内容，构成了一个比较完整的集类比与辩证思维为一体的推理系统，汇聚了中华民族的文化与智慧，成为三千多年来华夏子孙在修身齐家治国平天下时取之不尽的思想资源，成为一部帮助人们有效思维的工具书。

三

《易传》是第一部对《周易》进行系统阐释的书，包括《彖》上下、《象》上下、《系辞》上下、《文言》、《序卦》、《说卦》、《杂卦》十篇，又称《十翼》，系战国末期或秦汉年间，将《周易》问世之后的几百近千年时间里，前人有关《周易》的阐释进行了整理汇编。例如，《文言》的第一段文字是对《乾》卦卦辞"元亨利贞"的解说："元者，善之长也；亨者，嘉之会也；利者，义之和也；贞者，事之干也。君子体仁足以长人，嘉会足以合礼，利物足以和义，贞固足以干事。"据现存史料记载，相同的解说文字，最早出现在《左传·襄公九年》，说十一年前鲁宣公的妻子穆姜遭遇软禁时占了一卦，并在占筮之后对《随》卦卦辞"元亨利贞"进行了解说。公元前575年，一位贵族女子就对"元亨利贞"做出这样的解说，并称之为"四德"，可以推测这一释读已经存在很长时间。至于

《说卦》《杂卦》诸篇汇编的内容,可能更久远一些。

作为第一部比较系统地对《周易》的六十四卦次序编排做出解说、对六十四个卦辞及其爻辞进行阐释的文本,《易传》对于《周易》的普及具有重要作用,以后的易学著作汗牛充栋,基本都是在《易传》基础上的释读。《易传》成为后人学易的导读、进入易学之门的引领。因此,人们往往将《易传》视作《周易》的一个组成部分。这样的安排,显然是不妥的。一是将"经"即《周易》卦爻辞与"传"即后人的释义混同一体;二是抹杀了"经"与"传"之间的差异性。《易传》在阐解《周易》经文时,往往在原有的理义基础上,做进一步的引申发挥,难免有过度诠释的情况存在,甚至对《周易》的一些象、辞的阐释并不符合本义。作为《周易》第一部释读著作而言,存在一些失误是难免的。遗憾的是后人读易,将《易传》的释读视为"圣人之言"深信不疑,宋代学者朱熹看到了这一问题,提示易学者:《易传》是"孔子之易"。

因此,本教程不同于以往《经》《传》并列,以《传》释《经》的释读传统,采取《周易》本身的象、辞结合方法,以辞明象、以象证辞,阐解《周易》义理;《易传》中符合《周易》本义的思想,融入本教程的阐解中,不作单列介绍。

每卦六爻,自下而上,按地、人、天三个阶段划分,阐解每类事物情况的发生、发展、终结的过程,展示其规律。

"以言明象"的卦辞爻辞,都是以譬喻的方式展开。通过对卦辞爻辞的释读,既可以轻轻松松地理解《周易》的每一卦,同时也能够真切感知《周易》对华夏文化以类比为特征的思维方式的重要影响,华夏民族富有智慧的类比思维传统渊源于此。

本教程以卦为章,每章后列有多道思考题,有利于初学者对每一卦的核心问题、重点难点做进一步的思考。

《周易》作为中国读书人的必读经典的传统,已有近两千年的历史。尤其进入科举时代,易学在读书人的知识结构中分量越来越大。如果说科举时代的秀才相当于现在的高中毕业生，那么科举时代的高中生都已将《周易》列为必读书了。自从科举废止以来的一百二十年时间里，《周易》不仅被排除在高中课程之外，也被排除在大学教育的课程之外。《周易》这部中国文化源头的经典，已经成为中国读书人可有可无的课外读物。

本教程的编著、出版，希望能让《周易》重回读书人的书桌上、课堂里。阅读《周易》的好处，晚年的孔子有过这样的感慨："加我数年，五十以学《易》，可以无大过矣。"（《论语·述而》）

上编（上经）

第一章 《乾》卦

☰ 乾：元亨，利贞。

初九：潜龙，勿用。

九二：见龙在田，利见大人。

九三：君子终日乾乾，夕惕若厉，无咎。

九四：或跃在渊，无咎。

九五：飞龙在天，利见大人。

上九：亢龙有悔。

用九：见群龙无首，吉。

《乾》为《周易》首卦。《乾》卦卦象由六个阳爻组成，象征天。

第一节 元亨，利贞

《乾》卦卦辞："元亨，利贞。"言简意丰，道出了该卦的内涵属性。乾卦属性为"元亨"，"元"为始为大，"亨"为通；元亨即大通。大通有一个前提条件："贞。"贞为正，"利贞"即其利在正。前途、事业能够积渐成大、一路亨通，其利在于遵循正道。天之正道，就是自强不息的刚健之道。

历史上对于这一卦辞本义的解释，有两种。

第一种解释：元、亨、利、贞是《乾》卦的四大属性。《易传》中的《文言》篇释义曰："元者，善之长也；亨者，嘉之会也；利者，义之和也；贞者，事之干也。君子体仁足以长人，嘉会足以合礼，利物足以和义，贞固足以干事。君子行此四德者，故曰'乾：元，亨，利，贞。'"将"元、亨、利、贞"释义为"仁、礼、义、正"四种德行。由于学术界认为《文言》是战国中后期的作品，遂认为这种君子四德说的释义出自儒家手笔。实际上，早在孔子诞生之前的公元前575年，一位名叫穆姜的贵族妇女，在占筮活动中就已熟练地引用前人的释义，对"元、亨、利、贞"四字做出了相同的解释："元，体之长也；亨，嘉之会也；利，义之和也；贞，事之干也。体仁足以长人，嘉德足以合礼，利物足以和义，贞固足以干事。"(《左传·襄公九年》)

　　第二种是从占筮的角度来解释：得此卦者能"元亨"，其利在"贞"。朱熹解释道："元，大也。亨，通也。利，宜也。贞，正而固也。文王以为乾道大通而至正，故于筮得此卦，而六爻皆不变者，言其占当得大通，而必利在正固，然后可以保其终也。"(《周易本义》)

　　龙是中国先人的一种崇拜对象。现实世界里，并没有先人崇拜的那一种龙。硕大的龙头，龙头上的龙角、龙须，遍体的龙鳞，龙的张牙舞爪、腾云驾雾，都是先人想象的结果，因而与六千万年前的各种恐龙的形态完全不同。

　　以先人自己的审美标准想象出龙这一崇拜对象，究竟始于何时？20世纪80年代，考古工作者从河南濮阳地区一座新石器时代的墓穴中发现了用贝壳、卵石摆成的龙，距今大约已有六七千年的历史。这一考古发现表明，"龙"作为先人崇拜对象的存在，是很遥远的事情了。继商代青铜器上频频出现的龙，周文王在给《周易》首卦释义时，也首先想到了具有刚健品性的龙。

　　《乾》卦由六个阳爻组成，象征刚健不息的天道。如何展示天道呢？文王选择了"龙"来例说。《周易》中的六爻卦象，由下往上分为"地""人""天"三个层面，即初、二两个爻为地爻，三、四两个爻为人爻，五、上两个爻为天爻。"龙"这一由古代先人想象而成的崇拜对象,正好也是一种水中能潜、陆地能行、天上能飞的"三栖"动物。

这是我国历史上最早、最系统的关于"龙"的叙述。从此以后,周文王运用龙作为例说解释《乾》卦爻义的文字,成为后人证明"龙"这个三栖动物存在的根据。《左传》中有这样一段记载:鲁昭公二十九年秋天,据说有人在绛郊之地见到了龙,魏献子对此传说表示怀疑,便问有学问的蔡墨。蔡墨遂援引《乾》卦中的"潜龙,勿用""见龙在田""飞龙在天""亢龙有悔""见群龙无首,吉",以及《坤》卦的上六爻辞"龙战于野",说明龙的存在:"若不朝夕见,谁能物之。"倘若不是经常看见,又有谁能够如此生动地描述龙的存在?

第二节　潜龙与见龙

周文王将《乾》卦所象征的自强不息的"天道",自下而上分为三个阶段。其中,以初九、九二这两个阳爻作为第一阶段,这是一个积聚力量的阶段。这个阶段又细分为自身的力量积聚和争取别人帮助的力量积聚这两个小的阶段:

初九:潜龙,勿用。

九二:见龙在田,利见大人。

首先是自身的力量积聚,文王用"潜龙,勿用"作为例子,表达其意。潜龙,潜伏在水里的龙。为什么这条龙要潜伏在水里,把自己藏匿起来?因为初九爻所象征的这一条龙,还处于自强不息的初始阶段,自身力量还比较薄弱。所以,它要潜伏在水里,一点一滴地积聚力量,打基础。就好比一个读书郎,躲在乡村里,或城市的僻静处,"悬梁刺股""凿壁偷光",潜心读书做学问。潜伏多长时间、自身力量积聚到什么程度才算到了头?这要根据确立的目标来定位,目标越高越远大,潜伏的时间也就越长,积聚的基础力量也就要越厚实。古代的读书郎都懂得这个道理,所以,胸怀大志的青年人知道,仅仅白天读书还不够,非得"悬梁刺股""凿壁偷光",狠下苦功夫,才能完成"潜龙"阶段的力量积聚。

"潜龙"的潜,不仅是形体上的"潜",更是心理上的"潜",潜心的潜,耐得住寂寞。"勿用"两字,道出了"潜"的真意。潜心修养,积聚力量的自藏自隐,是一种胸怀大志者的自觉的理性行为。

"勿用",是对"潜"的整个过程的一种约束。就像建造高楼大厦,在挖地基、打基础的阶段,不能同时进行地面以上的建筑,必待打好基础、过了养护期,才能开始地面以上的施工建筑。

细究起来,初九爻辞的"潜龙,勿用",包含以下两个方面的内容:

一是根据既定目标,自觉地积聚力量,如人们常说的"厚积薄发"。在这一阶段,切不可稍稍积累了一些力量,就急于用掉,而是要守得住清平、耐得住寂寞。我国著名历史学家范文澜先生有一句名言:"板凳要坐十年冷,文章不写一句空。"坐十年冷板凳,不是每一个人都能有这样的忍性;文章不写一句空话,也不是每一个人都能做到。不急功近利,能坐十年冷板凳的人,才有可能写出没有空话的好文章。坐十年冷板凳,就是"潜龙,勿用"在写作领域的一种具体表现,就是自觉积聚力量的一个过程,不经历这个过程,就难以达到"文章不写一句空"的境界。

万物生长的自然界,也向人们昭示着这一规律:一颗种子,在地下伸展根系,吸收水分养料,最后破土而出,所经历的过程往往漫长而又艰难。然而,越是漫长、越是艰难的初始积聚,往往对于以后的整个生长发育越是有利。春秋末期的大智慧者老子说"人法地",想必也是要从这些自然现象中寻找人类生存发展的规律。

后来的著名儒者孟子有一段话:"故天将降大任于是人也,必先苦其心志,劳其筋骨,饿其体肤,空乏其身,行拂乱其所为,所以动心忍性,曾益其所不能。"(《孟子·告子下》)讲的也是有为之人在其有为之前必要的力量积累。忍,是在这一力量积累时期的核心理念和基本精神;倘若不能忍常人所不能忍,此后的人生也不可能有大成就。

被后人尊奉为"圣王"的舜,大概算得上是一个自觉积聚力量的忍者楷模。据史料记载,其父名顽,其母名嚚,其弟名象。父母爱其弟而厌恶舜,舜则始终孝敬父母、亲爱弟弟。羲仲等四位大臣联名向尧帝推荐舜,尧便将两个女儿嫁给舜,以观其行。舜一如既往,耕于历山,孝父母、亲弟弟,名显于天下,终于成为一代帝君。舜以"潜龙"式的姿态所积聚的是德,而德是治理天下不可或缺的一种力量。当舜走上领导岗位时,他的德行早已经誉满天下。

二是与敌对势力对垒时量力而行。力量的强与弱,是比较的结果;选择进取还是潜伏,须审时度势。敌强我弱,就须"潜龙,勿用";此时的潜而勿用,是明智而非怯弱,是争取时间积累力量壮大自己。周文王姬昌被商纣王囚于羑里,是姬昌审时度势接受囚禁,为自己的部族争取时间壮大实力;越王勾践前往吴国为奴,守坟喂马三年之久,返国之后又卧薪尝胆多年,也同样是为了争取时间壮大越国。如果没有姬昌的羑里之忍,也就没有后来的武王克商和周王朝的一统天下;如果没有勾践的三年为奴、卧薪尝胆之忍,也就没有后来的越国雄霸一方的崛起。

"潜龙,勿用"的核心精神,可用一个字概括:忍。坐十年冷板凳,是一种去除浮躁之心的忍;姬昌在羑里狱中默默地编写《周易》,是一种等待时机的忍;勾践在吴王夫差的眼皮子底下竭尽奉承三年之久,是一种忍辱负重的忍。

华夏民族披风沥雨一路走来,既有艰苦卓绝的奋斗,也有忍辱负重的权宜。没有前者,后者便是没有脊梁的苟且者;没有后者,前者往往成为半途而废的失败者。《三国演义》中,刘备曾一度在曹操那里韬光养晦、在刘表那里养精蓄锐等待时机,然而一旦关羽、张飞被杀,义的情结超越了忍的理智,倾国出征,导致火烧连营,命归白帝城;聪明如诸葛亮者,忠的情结遮蔽了忍的理智,五次出兵攻魏,皆无功而返;第六次出兵攻魏,命丧五丈原。正是一次又一次不自量力的出师,耗尽了蜀国的元气,成为三足鼎立中的第一个出局者。诸葛亮这种被后人津津乐道的"鞠躬尽瘁,死而后已",实际上是一种缺失理智、不自量力的行为;"尽瘁"的结果,不仅是个人的失败,也往往会给整体利益带来重大伤害。所以,诸葛亮这种"鞠躬尽瘁,死而后已"精神,与自强不息的华夏民族精神格格不入,不值得称誉,更不应该提倡。

历史的作用不在炫耀而在借鉴。华夏民族综合实力极大提高的今天,"忍"作为自强不息的一种手段,既借鉴前人而又超越前人。改革开放以来,我们的综合国力虽有极大提高,但仍处于社会主义初级阶段,仍属于发展中国家,与世界上那些发达国家相比还有一定差距,还有很长一段自强之路要走。综合国力的继续积累,不仅需要有一个和平稳定的内部环境,还需要有一个和平稳定的国际环境。但是,我们综合国力的迅速提升又不免会引起国际上一些发达国家的疑虑甚至敌视,以致既有"中国威胁论"的出台,也有经济上的挤兑打压,甚至还有军事上的挑衅。面对错综复杂的国际关系,我国始终坚持将和平稳定放在首位,以"忍"的姿态,理智地处理了诸如大使馆被炸、战机被撞等重大事件,维护了外部环境的和平稳定,确保了我国改革自强的步伐继续前进。

"见龙在田,利见大人",是积聚力量的第二个阶段。

潜不是目的而是手段,潜伏的龙积聚了一定的力量,必然要从水里跃上陆地,于是也就有了周文王的第二个例说:"见龙在田,利见大人。"前半个例说容易懂,龙既然结束了潜伏期,从水里跃上了田野,自然都能看得见。如同一个隐居之士既已满腹经纶,一旦走上社会,他的才气能力,自然也会被人们所认识。后半个例说,则是整个例说的重点所在:"利见大人。"利是有利于;见是遇见;大人是指德才双馨、位高权重之人。这四字例说,借用社会上流行的四个字解读,就是"贵人相助"。

自身力量积聚到一定程度,开始踏上社会之时,便进入到一个借助于他人力量继续壮大自己的阶段。"见龙在田"之时的"利见大人",也包含有两层意思:

一是结交道德学问比自己好的人,通过拜师、交友等方式,从他们身上吸取正能量,进一步提高自己的道德学问。"学无止境",不仅在"潜龙"时段,也在"见龙"时段。宋代学者朱熹十九岁便已高中进士,进入"见龙在田"状态,在当了一任主簿之后,不顾家人的"横截竖截",又拜名儒李侗为师,跟着李侗读了几年"博士后"。朱熹成为南宋的一代宗师之后,许多已经高中进士、为官一方的学者,心甘情愿地拜朱熹为师,利用一切空余时间,跑到朱熹那里受教做学问。《朱子语类》这部书,就是朱熹给这些"见龙"讲解四书五经时的课堂笔记。清代学者唐甄也说:"学贵得师,亦贵得友。师也者,犹行路之有导也;友也者,犹涉险之有助也。"(《潜书·讲学》)这是"利见大人"之一义。

二是抓住一切有利于自己发展的机遇,争取一切有利于自己发展的力量。这里说的"大人",首先是位高权重、能够给力者。历史上许多成功者,发展过程中往往都有"贵人相助"的情况存在。然而,在争取有力者扶持帮助时,也往往会遭遇到不被理解、不被信任等尴尬局面。这时候,也需要有"忍"的精神,所谓"小不忍则乱大谋",过程把握好,才会有自强道路上的发展。遇见大人,搞好关系,争取帮助,同样是一种正能量的积聚。

综上"潜龙""见龙",核心都是"忍"。忍是一种理性的手段,是一种智慧的展开；无论是一个人，还是一个企业，一个国家，一旦缺失"忍"，自强之路就随时可能中止。

作为地爻，初九以地表下的"潜龙"为喻，九二以地表上的"见龙在田"为喻，成为《周易》以言明象的经典开篇。

第三节　或跃在渊

九三、九四爻为人爻，象征具有较高与很高地位的"君子"。所以爻辞不以"龙"为喻而以"君子"为喻。

九三：君子终日乾乾，夕惕若厉，无咎。

九四：或跃在渊，无咎。

忧患是一种实际的生存状况，忧患意识是对可能发生的生存状况的防范预谋，是一种主动性意识。这种意识存在于事业顺利、生活安逸即所谓的"安乐"状态下，是对可能发生忧患状况的思虑，所谓"居安思危"。

《周易》作者通过这两个爻辞，表达了忧患意识。其中，九三爻辞说："君子终日乾乾，夕惕若厉，无咎。"白天勤勉做事，晚间怵惕思省。若厉，好像很危险的样子。保持了这种居安思危的心态，就不会犯错误。"若厉"是因，"无咎"是果。

九四爻象征君子的地位更上一层，已靠近"九五"之尊，所以，爻辞的忧患意识更浓重："或跃在渊，无咎。"自古以来的诸多诠释，似乎都没有注意到九三爻与九四爻之间在忧患意识上的递进关系。例如，宋代学者朱熹释义："其占能随时进退，则无咎也。"(《周易本义》)今人高亨释义："比喻人或活动于安利环境，自无咎灾，故筮遇此爻无咎。"(《周易古经今注》)其实，"或跃在渊"是"夕惕若厉"的进一步表达。或，指某种可能性；跃，这里指"跃入"，为"跌"义；渊，万丈深渊，表明人所处地位之高。高到什么程度？一人之下万人之上。这是一个令很多人羡慕的高位，既有"众矢之的"之危,也有"伴君如伴虎"之险。站在高山之巅,抬头是高天,低头是深渊。机会与风险共存,进一步增强忧患意识自在情理之中。如临深渊,如履薄冰,就是身处高位者、事业即将成功者必须具有的戒惧忧患之心。如临深渊是什么心态?就是战战兢兢唯恐跌下去万劫不复的心态。这就是《周易》作者将"或跃在渊"作为九四爻辞的良苦用心。处于高位而又能持有这种强烈忧患意识的人,自然不会去犯功亏一篑的错误。

在自强不息的六个爻辞中,两个爻系之以忧患之辞,可见忧患意识在自强不息进程中的重要性。

人类常常要面临两类患难,一类是自然降临的患难,另一类是人为造成的患难。前一类患难不可避免,后一类患难则往往由于处理得当而可以避免发生。

忧患意识的一个作用,就是由于对自然灾害发生的可能性有了预先的考虑,从而为人们应对可能来临的自然灾害提供精神和物质准备,尽可能将自然灾害对人类的损伤降到最低程度。

以2008年5月12日的汶川大地震为例。众所周知,该地区本属南北走向的地震带,若有忧患意识,则房屋建筑均应注重防震,尤其1976年唐山大地震几十万人惨死于水泥预制板下,此后的地震带新楼,均应避免用水泥预制板搭建。然而,缺少忧患意识的汶川人,仍以水泥预制板盖住房、盖学校教学楼。于是,唐山悲剧便在汶川地区重演。然而在同一地区,有一个初级中学的老师,因为头脑中有忧患意识,一当上校长,便将学校里的一幢教学大楼重新加固修筑,还组织全校师生进行每年一次的紧急疏散演习。5月12日地震发生时,有七百多位学生和老师正在那幢重新加固的教学楼里上课,他们与全校两千多位师生一起,按照平时疏散演习的线路和方式,仅用1分36秒时间,冲到操场指定位置,无一师生伤亡;那幢经多年加固修理的教学楼也没有倒塌。一个初级中学校长的忧患意识,拯救了两千多位师生的生命。这就是忧患意识在不可避免、不可抗拒的患难来临时的作用。

自然灾害,其实都是自然现象,无不受自然规律的支配。任何自然灾害的来临,先期都有征兆,"月晕而风,础润而雨",就是这个道理。然而这类征兆,对于头脑中有没有忧患意识的人来说,结果大不一样。头脑中有了忧患意识,就会洞察一切,并且见微知著,马上采取防患应急措施,将旋踵即至的灾难损害降至最低程度。倘若头脑中缺少忧患意识,面对天灾征兆也会视若无睹,以致灾难降临时惊惶失措,听天由命。惨痛的教训再一次告诉人们,忧患意识一旦缺失,自强不息往往难以保证。

自强充满着挑战,自强之后保持"不息",更难。《周易》作者从"夕惕若厉"到"或跃在渊"的警语,提示着正在自强之路上前行的中国人,国家越强大,民生越富裕,忧患意识越不能淡忘。

第四节　飞龙与亢龙

九五、上九为天爻,所系之辞即以在天之龙为喻。

九五:飞龙在天,利见大人。

上九:亢龙有悔。

九五爻象征君王之位,古时候称君王为"九五之尊",即由此而来。九五爻辞"飞龙在天,利见大人",与九二爻辞"见龙在田,利见大人",由于"在天"与"在田"的位置不同,同样的"利见大人"含义大不相同。"在田"之龙的"利见大人",是从贤能、高位之士处获取帮助,使自己在自强之路上顺利前行;这种状态中,"见龙"可以积极主动地去争取"利见",但是"利见"的主动权在"大人",不在"见龙"。"在天"之龙的"利见大人"则是任用贤能、高位之士,巩固自己既有的地位和事业,维持自己的"飞龙"状态。处在这种状态中的任何一个"大人",虽然都有自己的选择权,但是"利见"的主动权,总体而言还是在"飞龙"手里。因此,《周易》作者系辞"利见大人",告诫已经取得政权的"天子",一定要亲近大人远离小人,借助贤能之士的力量,巩固已经取得的成果,确保长治久安。

上九爻位居"九五"之上,实属至尊。该爻辞"亢龙有悔",言简意丰。亢含有高、极两义;高而至于极的人,究竟有什么悔?孔子说得很具体:"贵而无位,高而无民,贤人在下位而无辅,是以动而有悔也。"(《易传·系辞上》)亢龙之悔,是面临物极则反而生的悔。因为高高在上,反而造成无位、无民、无辅的局面;没有行动则罢,一旦有所行动,"三无"的尴尬顿时显现。

"有悔"应是"夕惕若厉""或跃在渊"的延续,是随着人的自强不息的进程,在最高位置这一处境下,如何继续保持自强不息状态的一种理性的、自觉的反思,而不是面临物极则反的自然规律生发出无可奈何花落去的悔恨。居于最高位的领导者要有自悔意识,要经常性地自觉认识自己的不足,检点有无失误的言论或决策,是"持盈保泰"、自强不息的不二法门。

"亢龙有悔"给我们很多启示。

首先,长期居于高位的人,要始终保持头脑清醒,千万不要迷信自己的话"句句是真理"。无论哪一种处于强势地位的力量,都要有自悔意识。发觉错误,及时纠正,是一种自信的表达,也是自强不息的体现。"亢龙"自悔不是一人一时的事情,而是一个在自我改革进程中不断发现错误、纠正错误的过程。

其二,"亢龙有悔"中的"有悔",是自悔而非替他人"有悔"。中国人有一个传统,把历史作为一面镜子,借古鉴今。于是,替古人"有悔"便成为一些人的专业。这一专业的形成,可能为了避免直面自悔的尴尬,于是借古喻今,说古人如何好,是在暗示今人行为不当;谈古人如何不好,也是在提示今人不可重蹈覆辙。自悔直面现实,需要理性更需要勇气。自悔意识不是身居高位者的专利，任何一个有自强心、有事业心的人，也都应该具有。从传统文化观念而言，培养君子人格中就有"吾日三省吾身"一说。反省吾身，就包含着自悔的内容；自悔意识不仅存在于重大事情发生之后，存在于位极之际，也同样存在于平民百姓之身，存在于日常工作生活之中。

结语　群龙无首

代表天之道的《乾》，在六个爻辞之上，还列有"用九"之辞：
用九：见群龙无首，吉。

"群龙无首"，是对《乾》卦六个阳爻关系的例说。无论初爻还是上爻，代表的对象都是刚健之龙；无论潜龙还是飞龙，都是处在不同发展状态的龙，潜龙潜力无限，见龙横空出世，飞龙一展身手，亢龙居高思危，各有空间、各自表达，相互之间在本质上是平等的。有平等意识，保持平等关系，社会就能和平，人民生活就能安康。

有了"群龙无首"这个因，才有"吉"这个果。或者说，"吉"是对"群龙无首"的价值肯定。

五百年之后的老子所推崇的"无为而治"，渊源于此。

本章思考题

1. 关于"元亨利贞"的两种释义，究竟哪一种是《周易》的本义？

2. 谈谈九二爻与九五爻中的"利见大人"之异同。

3. "或跃在渊"的本义是什么？

4. 为什么《周易》充分肯定"群龙无首"，后人却将"群龙无首"作为贬义词？

第二章 《坤》卦

☷ 坤:元亨,利牝马之贞。君子有攸往,先迷,后得,主利;西南得朋,东北丧朋。安贞,吉。

初六:履霜,坚冰至。

六二:直、方、大,不习无不利。

六三:含章可贞,或从王事,无成有终。

六四:括囊,无咎无誉。

六五:黄裳,元吉。

上六:龙战于野,其血玄黄。

用六:利永贞。

《坤》为《周易》的第二卦,卦象由六个阴爻构成,象征地。

第一节 牝马之贞

天、地创生万物,所以《坤》卦同样具有"元亨"属性;两者的区别:前者"利贞",后者"利牝马之贞":

坤:元亨,利牝马之贞。君子有攸往,先迷,后得,主利;西南得朋,东北丧朋。安贞,吉。

牝马即母马,其性柔顺。《坤》代表大地之道,按照《易传》的释义,具有"厚德载物"的属性特征。就像牝马那样柔顺,是地道与天道的区别所在。像牝马一般柔顺的地道顺从谁? 当然是顺从刚健的天道。从占筮的角度理解,当占得此卦,表明人生或事业的前景为大通（"元亨"），但是在实践过程中，宜始终保持柔、顺（"牝马之贞"）的原则。如何在社会实践中保持"牝马之贞"？周文王又接连用了两个譬喻加以说明：

第一个譬喻："君子有攸往，先迷，后得，主利。"君子是指有抱负、有一定社会地位的人，如《乾》卦九三爻辞中的那位终日乾乾的"君子"。但这个譬喻中的"君子"是应该持守"牝马之贞"的君子。"有攸往"，如有所往。"先迷"，本来是跟随在领袖后面做事情的人，如果不自量力，走到了领袖的前头，就会把握不住前进方向，成为一只迷途羔羊；如果有自知之明，心甘情愿地追随在领袖后面，就会不断地取得成绩，在事业发展的过程中获取应得的利益，这就是"后得"；有了"先迷，后得"这一自觉，便能一生有利无害。

周文王这一"先迷，后得"的形象例说所揭示的合理性，既被历史上诸多利令智昏者的悲惨下场所证明，也成就了历史上无数受其影响的贤相良将。汉初丞相萧何，自始至终追随汉高祖刘邦，为了表示绝无越位之念，还将家族里所有的青壮男丁，全部送到战争第一线，帮助刘邦争夺天下。刘邦也便放心地让萧何在后方招兵买马、筹措粮草。取得政权之后，刘邦论功行赏，萧何在经济上封为万户侯，政治上授职丞相，一人之下万人之上。萧何的忠贞品性，就是典型的"牝马之贞"。

另一大功臣韩信，头号军事家，统率汉军击败楚军、荡平群雄。然而，功劳越大心也越大，渐渐萌生不甘于居"后"之念，刘邦只好设个局，将其诛杀。被捕后的韩信感叹"狡兔死，良狗烹；高鸟尽，良弓藏；敌国破，谋臣亡"，至死未觉悟"先迷，后得"这一智慧。

开国功臣多有居功傲主之态，君王也怕一旦年幼的儿子、孙子接掌政权之后，重权在握的功臣有篡位之心。于是，在中国历史上，开国皇帝诛杀功臣成为了一个普遍现象。

在现代史上,周恩来堪称"后得"的典范。早在红军长征初期的遵义会议时,周恩来就已认识到,只有毛泽东才能领导中国革命走向成功。从此以后的近四十年时间里,他始终坚持追随毛泽东、辅助毛泽东,从无二心,即便在党内的地位曾经高于毛泽东,也心甘情愿地将领导权交给毛泽东。他从心底里确信,毛泽东的智慧与雄才大略,在共产党内无与伦比;只有拥护毛泽东、紧跟毛泽东,共产党才能战胜一切敌人,从胜利走向胜利。新中国成立之后,周恩来任国务院总理,一直到人生终点,他的总理地位,无人能撼动。这个中国历史上的奇迹,也证明了周文王的"后得,主利"。

总之,"先迷,后得"四字例说,是对"牝马之贞"含义的进一步展示。

第二个譬喻:"西南得朋,东北丧朋。"在文王八卦方位中,西南方的坤为阴卦,东北方的艮为阳卦。阴为柔、阳为刚。

"西南"即指西南方位的坤;因为以柔顺谦后的姿态与人相处,所以无论顺境还是逆境都能结交朋友,故有"西南得朋"一说。

"东北"指东北方位的艮,《易传·说卦》中有"艮为山"一说,艮的象征物是石头构成的山,以山石那样硬邦邦的性格交朋友,势必很难,故有"东北丧朋"一说。

这第二个关于交朋友用柔不用刚的譬喻,也是在进一步揭示"牝马之贞"的含义。

上面两个譬喻,以上下级之间、人与人之间这两个不同角度,揭示了"牝马之贞"的含义:谦后、柔和。

儒家始祖孔子,在研读《周易》以致"韦编三绝"之后,对代表大地之道的《坤》卦属性,做了这样一个言简意丰的概括:"地势坤,君子以厚德载物。"《坤》卦就像大地一样,顺应天道,与天一起创生万物;以大地的宽厚,默默地承载万物的生长繁衍,从不与天争功。只有"后",才能"和",只有"和",才能生养万物。这就是大地之道的"厚德载物",这就是"牝马之贞"的内涵。

总之,"地道"之厚,具体表达为顺、柔;其核心一个字:"后。"所谓"厚德",也就是"后德"。这一思想,在《坤》卦的六个爻辞中有具体展开。

第二节 直、方、大

《坤》卦六个阴爻,也分三个层次。初六、六二两个爻,是坤德即"厚德"的初始积累阶段。

初六:履霜,坚冰至。

六二:直、方、大,不习无不利。

初六爻辞:"履霜,坚冰至。"因为性属阴,故以阴寒的霜与坚冰来比喻。坚冰,是很厚的冰。俗话说:"冰冻三尺,非一日之寒。"坚冰的形成,是长时间寒冷天气积累的结果;寒冷天气,始于霜的降临。"履霜",脚下已踩到了霜;初六爻处于六个阴爻的最下方,故以"履"为喻;也是重阴之初,如同寒天初始时,霜之覆盖地表。霜的出现,预示着寒冬将来临。从霜的降临,到坚冰的形成,其间有一个渐进过程。这个譬喻,在表达这样一个意思:人的"厚德",不可能一蹴而就,而是从一件一件小事,从一个一个方面,一点一点地积累而成。德不仅有量上的多寡差异,还有程度上的厚薄差异。"履霜"显然不能算得是"厚德",只有"坚冰"方算得是"厚德"。所以,一个人要想成就"厚德"品性,必须从头抓起,锲而不舍、持之以恒,正所谓"不积跬步,无以至千里"。

直率、方正、宽容,是人的基本德性,也是能否最终成就"厚德"的基础。"直、方、大,不习无不利。"一个人具备了直率、方正、宽容这三个基本德性,即便还没有学习其他内容,在刚刚踏上人生之路时，一定可以获得他人帮助而畅通无滞。

人与人相处，"直"是最基本的德性。"直"是直率、真实。孔子在谈论"为仁""近仁""成仁"时，十分注重"直"，认为"直"是衡量一个人是否"近仁"的标尺，是一个人最终能否"成仁"的必要条件。鲁国有一个名叫微生高的人，素有"直"名。一次，有人向他讨醋，他家里没有，就向邻居家里讨了醋转给那人。孔子认为，微生高这个人并不"直"。

微生高的不直，是因为他家里没有醋却偏做出有醋的样子，向邻居讨了醋再转给向他讨醋的人，这一行为不合乎情理。所谓"直"即真实，是发乎内心的思想真实，是指怎么想就怎么说，至于所想是否符合客观实际，则是认识问题。也就是说，即便你的认识是错误的，但是只要说的话反映了你的真实想法，就符合"直"的标准。有一次，叶公跟孔子说，我的家族里有个做事很直的人，他的父亲偷了人家的羊，他就去官府告发父亲。孔子说：我的家族里对直的标准不一样，父亲为儿子隐瞒，儿子为父亲隐瞒，直就在这相互隐瞒中。

在孔子看来，儿子告发父亲的劣迹，并非出自真心，也不符合常理，所以看似直的举动，其实是对真实愿望的一种扭曲。与此相反，隐瞒父亲的劣迹，恰恰反映了他的真实想法，也合乎人之常情。因此，父为子隐、子为父隐，恰恰反映了人性的直，而人性的直，才是"为仁"的基础。孔子的这一认识，显然源自于周文王将"直"置于"方""大"之首，作为一个人成就"厚德"的最基本品性的思想。

"方"是方正的方。人们常说："没有规矩，不成方圆。""方"的含义，由方正延伸为规矩，由规矩延伸为礼仪规范。人与人相处，必须有礼貌，要尊重他人。如若只讲一个直，口无遮拦，想到什么就说什么，不顾别人的感受，其行为就是放肆，是直的变形。所以，战国末期儒家思想的集大成者荀子说，为人要"直而不肆"。直固然重要，但是在具体表达自己真实想法时，说话、行为举止，都要考虑场合、把握分寸、注意方式方法。

以积聚"厚德"为目标的方正，其表达形式离不开柔。真实的想法，以柔性的方式表达，其效果是不言而喻的。卦辞中讲的"得朋"还是"失朋"，就取决于人的品性中有没有这种充满柔性的方正。

"方"既是对原则的坚持，也是维护原则的方式。我们讲了几千年的礼仪规范，时有变味。追根溯源，礼仪规范的目的离不开"直"的效果的实施，同时也必须是在"直"的前提下展开。一旦脱离了"直"，礼仪规范也就成了弄虚作假，甚至是欺世盗名的幌子、遮羞布。

所以，"方"是为人的重要品性，是成就厚德的基础；做一个有抱负、有进取心的人，不仅要直，更要正直。

"大"是宽大之大。器具宽大则能容物，心胸宽大则能容人。所以，这个"大"就是指宽容。人与人相处，宽容是又一个必不可少的基本品性。地能载承万物，以其宽广之故，所以我们在感恩地时，总是以"大地"称之。以大地一般宽大胸怀容纳他人，具有这种品性的人，任何时候都是只会"得朋"不会"丧朋"。

宽容这种品性，不是与生俱来的，它需要在人与人的交往中，不断地磨砺、修养、积累。凡事多替别人着想，多换位思考，理解他人，体谅他人。从开始时的"忍无可忍"，逐渐向"大肚能容，容天下难容之事"过渡。这一由窄而宽的过程，需要现实生活磨砺，需要个人心性修养。

具备直、方、大三种基本品性，就能与越来越多的人成为朋友，做任何事情，遇各种困难，都会得到众人帮扶，畅通无滞。"厚德"品性的初期积累满溢着对别人的尊重、关爱，使得自己的人生和事业的发展有了基本保证。

第三节　括　囊

六三爻、六四爻是积累"厚德"的中期阶段。当一个人因其不断积德而有了相当高的声誉、地位之后，如何像"牝马"那样，秉持"先迷，后得"的宗旨，继续积累"厚德"：

六三：含章可贞，或从王事，无成有终。

六四：括囊，无咎无誉。

"含章可贞，或从王事，无成有终。"这是以例说方式对刚刚踏上仕途者的一个提示：不要显露、炫耀才华，固守"牝马之贞"的德性；为君王事业默默奉献（如同《乾》卦九三爻描述的那样"终日乾乾"）；有了成绩都归功于君王，这样的人必然能善终。在中国历史上，这样的人往往被称为"大智若愚"的聪明人。汉初谋士张良，帮助刘邦运筹帷幄之中、决胜千里之外。天下一统，樊哙等众多将军争功不已，唯有被刘邦认定为第一功臣的张良，将自己的功劳归于汉高祖刘邦，辞谢了比别人多得多的封地、高位，默默地退出政治中心，独自去过隐逸生活，实为"无成有终"之典范。

然而，无论是在历史上，还是在现实生活中，显摆才华、锋芒毕露，做了一点事情便大事张扬、唯恐别人不知的官场中人，从不少见。时至今日，此类有悖"厚德"的行为，依然不绝于耳。最典型的例子，就是个别地方官员，热衷于"政绩工程"。搞政绩工程的目的，一是替自己为官一任留下"造福一方"的印记，二是作为向上邀功请赏的资本。然而，搞"政绩工程"的结果，往往事与愿违。耗费了大量人力物力，老百姓得不到实惠，怨声载道；显摆自己功绩，上级领导也不满意。

地位越高，"牝马之贞"的要求也越高。六四爻位与君主之位最近，其地位之高可想而知。此时的"牝马"，不仅在行为举事上,平时的一言一语,都要小心谨慎。"括囊,无咎无誉。"像扎紧口袋一样管住自己的嘴,既不要犯错误,也不要争荣誉。这个形象的譬喻,是对庙堂之上高位权臣的警示。经常与帝王直面应对,是一件无限荣耀的事情,同时也是一件高风险的事情。卖弄聪明,可能一时受宠,也可能弄巧成拙,一旦大祸临头,已经追悔莫及。恪守"牝马之贞",保持"无咎无誉",才是位高权重者最明智的选择,也是"厚德"的表现。

第四节 黄 裳

六五、上六两爻属于天爻,是"牝马"的最高位置。"厚德"的积累,至此也达到了巅峰状态。在如此高位上的人们,又应该怎样展示他们的"牝马之贞"呢?

六五:黄裳,元吉。

上六:龙战于野,其血玄黄。

在古代,黄色是五种正色中的一种,不仅漂亮而且高贵;古代人将上身的衣袍称为"衣"、下身的裙裤称为"裳",所谓"衣裳",便是上衣与裙裤的统称。"黄裳"就是用既高贵又漂亮的黄绸布做成的裙裤,其意为谦逊、藏德、不显摆,比"含章"更难能可贵。用"黄裳"譬喻六五爻,其意就是:德高望重的君子如同"黄裳"遮隐于上衣下面那样,仍然心甘情愿地追随在君王左右。这样的"牝马之贞",不仅给他个人带来莫大的吉祥,也给整个社会带来吉祥。"元吉"即大吉,这是对"黄裳"这类"牝马之贞"的最高评价、充分肯定。

上六爻象征久居高位之臣。这样的老臣、重臣,无论面对老皇帝还是接班人小皇帝,都应该一如既往,保持"牝马之贞",如同辅佐先帝一样辅佐幼帝。西周初期的周公,就是一个典范。周武王驾崩后,周公竭尽全力辅佐年幼的周成王。周公的两个兄弟不服，发兵欲取而代之，被周公一一铲除。有人怀疑周公也想取而代之，一时流言纷纷。但事实证明，周公呕心沥血，始终保持着"牝马之贞"，维护侄子的君权地位，开创周王朝的盛世。相反，如果久居高位的重臣不守"牝马之贞"，与幼主争权夺利，甚至图谋不轨，欲取而代之，其结果必然是两败俱伤。上六爻辞的"龙战于野，其血玄黄"，就是从"牝马之贞"的反面，形象地说明君臣相争的流血后果。

结语　利永贞

用六：利永贞。

《坤》卦六爻，均为谦后之言；谦后则吉，争先则凶，正是《坤》卦的核心思想。"利永贞"，是本卦六个爻辞的结语，也是对世人的劝诫：永远保持柔顺谦后的德性。

中国历史上，老子是最早为"后德"唱赞歌的人。后德的内涵中，有两大属性，一曰"柔"，二曰"不争"。老子说："天下之至柔，驰骋天下之至坚。"他又说："上善若水，水善利万物而不争。"老子赞美"柔"，赞美"不争"，是因为它们所代表的德性使得世界上任何事物都无法与之抗衡。

《周易》中的卦爻辞只是一些譬喻例说，《坤》卦的卦爻辞是写给普天下所有"君子"看的。后德不仅包括皇后、太后们的坤德，更是具有普遍意义的道德品性，通过修身养性融为君子人格的一部分，化入治国平天下的事业中。当然，《周易》作者所主张的后德品性，并非所有的人都赞同。战国末期的荀子，就曾对"括囊，无咎无誉"这种过分的小心谨慎提出批评，斥之为"腐儒"行为。

随着人类社会的进步，不仅"括囊"这类明哲保身的道德行为已经不合时宜，明显带有人身依附性质的"先迷，后得"的价值取向,也与民主平等的现代社会格格不入。但是,谦让而不争先的道德风貌,仍然为当今社会所普遍认同;"善利万物而不争"的道德品性,依然作为人们修身养性的重要内容。因此,在"厚德载物"这个传统民族精神里,仍然有许多宝贵资源值得我们继承,这些优秀的道德品性,不仅具有普遍性,而且具有恒久性,是构建当代民族精神亦即新的时代精神的重要内容,也是构建和谐社会的主要的人文资源。

本章思考题

1. "牝马之贞"在当代的意义是什么?
2. "履霜"与"坚冰至"的隐喻意义是什么?
3. "不习"的本义是什么?
4. "括囊"的行为方式,在现代社会里可行吗?
5. "黄裳"的本义究竟是什么?

第三章 《屯》卦

☷ 屯:元亨,利贞。勿用,有攸往,利建侯。
初九:磐桓,利居贞,利建侯。
六二:屯如邅如,乘马班如,匪寇婚媾?女子贞不字,十年乃字。
六三:即鹿无虞,惟入于林中,君子几,不如舍,往吝。
六四:乘马班如,求婚媾,往吉,无不利。
九五:屯其膏,小贞吉,大贞凶。
上六:乘马班如,泣血涟如。

《屯》卦,紧接着《乾》《坤》两卦,成为《周易》的第三个卦,可见地位之重要。

第一节 建侯之梦

《屯》卦的属性与《乾》卦一样,然而其最高目标不是"飞龙在天",而是"建侯":

屯:元亨,利贞。勿用,有攸往,利建侯。

周文王将这个由震、坎两个经卦构成的重卦取名为"屯";屯有聚集、储存之义。古代军事家有一句名言:"兵马未动,粮草先行。"可见聚草屯粮之于建立公侯大业之重要。

物质条件的积累之重要,在《屯》的卦辞中做了两个方面的表达:

一方面是对物质积聚的属性的揭示："元亨,利贞。"表述的文字,与《乾》卦的表述一样,但这里是对财富积聚之于"建侯"梦想实现的重要性的揭示,因而内涵也有其特殊性:元,创始的基础,亦即"建侯"之梦的基础;亨,通畅,亦即"建侯"实践过程中遇到艰难险阻时,因为事前有了充分的积累而轻松跨越;利贞,积聚财富的途径应正当、财富积聚之后的用途应正确,积聚的目的宜用于正当的事业。

周文王又对积聚的物质财富的使用方法做了原则性的表达:"勿用,有攸往,利建侯。"《屯》卦卦辞中的这后半句"勿用,有攸往,利建侯",直接《乾》卦初九爻辞"潜龙勿用"之义。

"勿用"不是无条件的不行为举事,而是在某种状况之下的一种理性行为。在"初出茅庐"之时,在事业草创阶段,最重要的事情是积聚力量;就像一粒种子播入土中,首要之事是吸收水分、伸展根系。水分吸得饱,根系就舒展得充分;根系舒展得充分,嫩芽才能破土而出、健壮生长。所谓"根深叶茂",说的就是这个道理。

所以,"勿用"的意思不是不作为,而是积聚力量:在基础阶段,积聚力量便是一种最大、最理性的作为。有了这种理性的作为,人生的道路才会走得很长,人生的历程才会充满灿烂。因此,"勿用"的功能,《周易》作者说得很明白:"利建侯。"有利于建立公侯大业。倘若再深入一些分析,这种积聚力量的"勿用"包含着很丰富的内涵。

《屯》卦在卦辞中的"勿用",之所以说是直接《乾》卦初九爻辞中的"勿用",是因为《屯》卦是象征天、地的《乾》《坤》两卦之后的第一个卦,它的核心就是事业初创时期的经济基础的积累。在整个阶段中,财富积累的基本原则,是积累而非使用。所以,聚草屯粮,只积聚物资而不轻易消耗的目的,是为了确保"建侯"这一梦想的一步一步实现。"勿用"这一处置既有财富的方式,正是树立在拥有"建侯"志向前提之下的一种理性行为。

有了理想的愿景、远大的人生目标,才会有积聚力量的心理准备和"厚积薄发"的坚韧意志。周文王本人就是如此,为了争取时间积聚更大的足以推翻商纣王政权的力量,宁愿去羑里当纣王的阶下囚。在中国历史上,不乏这样的例子。文人如苏秦,"悬梁刺股"刻苦读书的动力,来自"成贤"的目标;武人如韩信,忍得住"胯下之辱"的原因,来自成帅成王的人生目标,否则,日后能充当楚霸王卫士的人,在武力上岂会弱于那些街头泼皮?有了人生大目标,胯下之辱也就权当是一种意志的磨砺。正如韩信在受封楚王之后衣锦归乡,不仅千金重谢漂母,还出人意料地让那位令己出其胯下的街头泼皮为楚中尉,并向属下做了这样一个解释:"此壮士也。方辱我时,我宁不能杀之邪?杀之无名,故忍而就于此。"(《史记·淮阴侯列传》)由于人生大目标的确立,这些人在力量积聚阶段能坚持"勿用"原则,忍常人所不能忍。坚持"勿用"原则,"建侯"梦想才能化为现实。

《屯》卦的六个爻辞,则对积聚财富的三个阶段做了深入浅出的分析,具体展示了作者对待聚敛财富的基本思路和原则立场。

第二节　十年乃字

《屯》卦的初九、六二两个爻辞,是对聚积财富的第一个阶段的描述:

初九:磐桓,利居贞,利建侯。

六二:屯如邅如,乘马班如,匪寇婚媾?女子贞不字,十年乃字。

财富积聚之初,有一个克服"静摩擦"的艰难时刻。待到有了一定的经济基础,进入"钱生钱"阶段,财富积聚也就相对容易一些。在《周易》中,用了"磐桓"这个词,形容积聚财富的初始阶段的艰难状态。

磐桓:屯聚之初,难进之貌。初始阶段,"磐桓"难进是很正常的普遍现象,真正重要的是途径的选择和合作伙伴的选择。

首先是途径的选择,即通过什么途径、采用什么手段方式获取"第一桶金"?周文王告诉人们:"利居贞,利建侯。"选择正确的途径和方式,才会有利于财富的积聚,有利于远大目标的实现。就像一棵幼芽从地下伸出地面,必须顶破压盖着的泥土,才能茁壮成长。因为它在努力顶破泥土的同时,根系越扎越深;当它破土而出时,它的根系也已长得很密很深,足够吸收泥土中的养料提供地面生长所需。但是,如果在幼苗顶破泥土时,将压盖它的泥块人为地掀掉,这棵幼苗在短期内会比正常破土的幼苗长得快一些,但是它会经不起以后的日晒雨淋,甚至会在太阳下枯萎而死。一个名为"拔苗助长"的寓言故事,讲的是顺应自然的道理,也有发展要走正道的意思。

前些年,曾有过调查民营企业家们的"第一桶金"的设想,当时有一位民营企业家曾判断:这个提案肯定行不通,哪一个民营企业家敢说自己的第一桶金是干净的?后来,普查"第一桶金"的设想果然没有实施。这几年,随着反腐力度的加大,一批又一批腐败官员落网,那些"第一桶金"甚至第二、第三桶金都不干净的民营企业家也随之倒下,这种情况深刻地提醒我们对周文王"利居贞"的告诫要心怀敬畏,把"利居贞"时刻放在心里。孔子说:"君子爱财,取之有道。"也是对"利居贞"的一种通俗说法。

《屯》卦的六二爻辞,用了两个很生动的比喻,表达了在积聚财富的初始时期,选择合作伙伴的重要性和艰难性。第一个比喻:"屯如邅如,乘马班如,匪寇婚媾?"第二个比喻:"女子贞不字,十年乃字。"

远古时代,就有一种"抢亲"的习俗。所以,在《周易》爻辞中,多次出现"匪寇婚媾"的例说,意思是:这些骑着马徘徊不进者,究竟是抢人的强盗,还是"抢亲"的队伍,须分辨清楚。这个譬喻是在提示人们,要像看清究竟是强盗还是娶亲那样,看清楚究竟谁才是积聚财富的理想合伙人。

"贞"为"正"义,是选择合作伙伴的原则。女子择偶是一生之中最大的事情,所谓"男怕选错行,女怕嫁错郎"是也。在没有遇到合适对象时,宁可继续"待字闺中",也不能放弃标准,随便嫁人。"十年乃字",极言选择之艰难。女子嫁人难,嫁一个能够终身相托的意中人更难。极言选择合作伙伴之难。仕途又何尝不是如此。古人云:"良鸟择木而栖,贤臣择主而事。"在现实世界里,这种选择往往并不轻巧。渭水畔垂钓的姜太公,直到耄耋之年才遇到周文王;隐居于卧龙岗的诸葛亮,也是等待了多少年,才遇见了刘备。虽然被"三顾"而出山,其实刘备还不是他的理想人选。所以,即便是"十年乃字",也并不一定是很理想的选择结果。

第三节　往吝与往吉

《屯》卦的六三、六四两个爻辞,是对聚积财富的第二个阶段的描述:

六三:即鹿无虞,惟入于林中,君子几,不如舍,往吝。

六四:乘马班如,求婚媾,往吉,无不利。

这两个爻辞,都是关于积聚财富达到一定程度时的安危判断。在积聚财富的过程中,经常要面对两种表象相似实则不同的情况:一种情况是自己的财富积累可能会大大提高,但这时更有可能面对充满风险的陷阱;另一种情况是确实有了难得一遇的机会,关键在于能否把握住。

第一种情况的出现,往往是在一个人有了一定的经济基础,"终日乾乾"奋力拼搏之际。情绪高涨,处处诱惑,危险也如影随形。处于这一状态中的人,每前进一步,都需要头脑冷静,对有可能会增强自己实力的机会做仔细的分析判断,还要虚心请教那些富有阅历和经验者。在难以做出准确判断的情况下,宁可放弃机会,也不要冒险行事。《屯》卦的六三爻辞,以猎人去森林中打猎为喻,讲了这一思想。"即鹿无虞,惟人于林中",没有熟悉路径的向导,就深入密林打猎,显然是一件危险的事情;"君子几,不如舍",心思缜密的人,当然会放弃这一冒险行动。"往吝",即意谓选择前进,不是合适的选择。这是对冒险行事者的警示。

现实生活中,这样的事情经常会发生,尤其在企业界,当企业有了一定规模,资金有了一定积累,就想着如何拓展业务、扩大规模。这时候,往往因为此前的成功滋生盲目的自信,轻率地扩大规模,或涉足不熟悉的领域,很快就陷入困境,甚至前功尽弃。"君子几,不如舍",是对盲目进取者的一种警示和忠告。

第二种情况的出现,往往是在财富的积聚达到了一定高度,人的社会地位或事业可以向更高层面进发的阶段。此时的心态,是在安于现状还是更上一层楼之间纠结。中国有一句俗话叫作"患得患失",大致就是这一状态的描写。距离最高目标只有一步之遥的关键时刻,是"不如舍",还是奋勇添加最后一分力量,去品尝"无限风光在险峰"的感觉?这是真实衡量一个人有没有远大志向、对自己已经拥有的实力有没有信心的一道题。如果说面对第一个情况采取"不如舍",是为了不冒进,争取下一次更好的积累实力的机会,那么面对第二种情况就要采取一往无前的勇决态度,因为此时是攀登顶峰所需积累的最后一分力量,所谓"机不可失,时不再来"。不去抓住这最后一次积聚实力的机会,势必"功亏一篑",遗憾终身。因此,面对第二种情况,积极进取是最佳选择。"乘马班如,求婚媾",既然目标已经明确,就应该如同去娶亲那样,扬鞭策马,勇往直前。"往吉,无不利",是对前途的充分肯定。

"往吝"与"往吉",是积聚财富过程中对于时机的一种把握。

第四节　小贞吉,大贞凶

《屯》卦的九五、上六两个爻辞,为积聚财富的第三阶段,对如何合理使用积聚的财富,做了形象的譬喻分析:

九五:屯其膏,小贞吉,大贞凶。

上六:乘马班如,泣血涟如。

积聚了财富如何使用,是一个看来很简单其实很复杂的问题。《屯》卦九五爻做了这样一个例说:"屯其膏,小贞吉,大贞凶。"以积聚财富为例,如果用于改善、提高人们的生活质量,便能和谐社会、长治久安,就是好事。如果用以扩大军费,做称王称霸的战争准备,就是坏事;财富积聚越多,战争规模越大,死的人也就越多。所以,积聚财富之后有一个用途上的选择,一旦选择错误,积聚的财富愈多,结果便愈凶险。

上六爻辞说:"乘马班如,泣血涟如。"仍以譬喻的方式,将积聚财富使用不当造成的后果推向极致。骑着高头大马,将别人的妻女强抢回家,满脸血泪的女子,怎么可能与你天长地久?

孟子对数百年的春秋历史有一个高度概括:"春秋无义战。"(《孟子·尽心下》)周武王建立周朝之后,分封天下,诸侯国多达一百多家。然而到了春秋末期,除鲁、宋、卫等小国残存外,仅剩齐、楚、燕、赵、韩、魏、秦七强国。百多个弱小国家,已在三四百年的时间里,相继被国富兵强的"千乘之国"消灭了。有许多弱小国家,连被谁消灭,都未被历史记录下来。拥有"千乘"战车的富强国家,无疑是"春秋无义战"的罪魁祸首。秦国依靠变法,国富兵强,连灭六大强国,一统天下,却也埋下了仇恨的种子。始皇帝一统天下之后仍不消停,以致"二世而亡"。

当今世界,积聚财富最多、总体国力最强大的国家是美国。政府用于人民的社会福利比欠发达和不发达的国家当然也要好一些。但是,它把更多的财富用于军费开支,不仅拥有世界上数量最多、摧毁能量最大的大规模杀伤性武器,还有大量的航空母舰群,遍布世界各处,称霸全球,稍不如意,就发动一场区域战争,将一个民族或一个国家置于战火之中,使之处于无政府的混乱状态。中国有一句老话:"多行不义必自毙。"不言而喻,美国在财力使用上的错误选择,导致许多民族和国家的"泣血涟如"。美国想让这些民族和国家成为其附庸,事实上却播下了一粒又一粒仇恨的种子。

我们中国是一个社会主义国家,财富的积累和使用,首先应该满足人民日益增长的美好生活需要,这种"小贞吉",正是我们所追求的大事业。所以,我们的社会制度决定了积聚力量之后的用途方向及其使用方式;"不称霸"是我们的题中应有之义,这恐怕也是某些美国政客所难以理解的一种文化差异。

本章思考题

1. 《屯》的"利贞"指的什么"贞"?
2. 六二爻辞中的"十年乃字"譬喻什么?
3. 为什么"君子几,不如舍"?
4. 为什么"小贞吉,大贞凶"?

第四章 《蒙》卦

䷃ 蒙：亨。匪我求童蒙，童蒙求我。初筮告，再三渎，渎则不告。利贞。

初六：发蒙，利用刑人，用说桎梏，以往吝。

九二：包蒙吉，纳妇吉，子克家。

六三：勿用取女，见金夫，不有躬，无攸利。

六四：困蒙，吝。

六五：童蒙，吉。

上九：击蒙，不利为寇，利御寇。

《周易》第四卦《蒙》，阐述了有关启蒙教育的基本原则及具体实施方法。经济是立国的基础，人才是立国的根本。阐述启蒙教育思想的《蒙》卦，列于《屯》卦之后，可见先人对人才培养的重视程度。

第一节　童蒙求我

《蒙》卦卦辞首先确立了启蒙教育的两条原则：一是明确教与学的关系，二是明确教与学的方法：

蒙：亨。匪我求童蒙，童蒙求我。初筮告，再三渎，渎则不告。利贞。

第一条原则，卦辞做了这样的表述："匪我求童蒙，童蒙求我。""我"是教育工作者，"童蒙"是受教育者。教与学的关系，是受教育者主动求教于教育者,而不是教育者请求受教育者接受他的施教。教师的身份是"道"的代表,职责是传道解惑,所以教师要有尊严,即所谓的"师道尊严"。受教育者尊师,实质是尊道。每一个人都应知"道",即明白做人做事的道理,知道事物发展变化的规律,这是人与其他生命体的根本区别。

受教育是知"道"的最便捷途径,所以每一个人都需要从小接受教育。对于受教育者而言,叫作"求学";对于教育者而言,叫作"启蒙"。

知识是无限的,人的生命是有限的。所以,一个人的学习需要贯穿于生命的全过程。接受启蒙教育,只是人生学习过程中的第一步。荀子说:"不积跬步,无以至千里。"启蒙受教便是万里长征中的第一步。懂了这个道理,一个人的学习才会由"要我学"转变为"我要学"的自觉。孔子说:"吾十有五而志于学",可见这位后来成为大思想家、大教育家的"圣人",也是到了十五岁时才确立"我要学"这一自觉的。

第二条原则,卦辞做了一个生动的譬喻:"初筮告,再三渎,渎则不告。"古人占筮决疑解难,向神灵祈问吉凶祸福,一件事情只能占问一次;倘若一次占筮的结论不合人意,再二再三地占问,直至符合人意才罢手,这种行为显然是对神灵的大不敬,神灵是不可能改变初筮迎合人意的。启蒙教育原则也当如此,施教过程中对学生提出的问题,必须给予回答;但是,倘若学生由于注意力不集中、学习态度不认真等主观原因,导致对老师的解答内容遗忘,一而再、再而三地就同一问题向老师发问,老师不但要拒绝学生的再三提问,而且应将学生的这一行为视作学习态度不端正、轻慢师长而给予批评教育。这一条原则,同样有利于端正受教育者的学风。

在上述两条原则之下,《蒙》卦六爻还就不同阶段采取不同的教育方法、教育宗旨做了具体的展示分析。

第二节 利用刑人

启蒙教育也可分为三个阶段。初六、九二爻辞,是关于第一阶段的启蒙教育方法的阐述:一是初期教育从严,二是坚持"有教无类"的施教原则。

初六:发蒙,利用刑人,用说桎梏,以往吝。

九二:包蒙吉,纳妇吉,子克家。

在启蒙教育的开始阶段,教育方法以严为妥,"利用刑人,用说桎梏"。以国家机器为喻,教育界也应有奖勤罚懒的规则,不惜使用刑罚手段,使那些学习态度不端正,甚至严重违反学习纪律者走上正道,以根除走上社会之后桎梏加诸其身的后果。

但是,教育童蒙时的惩罚"用刑"也不能过分:"以往吝。"超出学生所能接受的限度,引起反抗情绪,就与"利用刑人,用说桎梏"的目的背道而驰了。所以,刑虽重要,然须有"法";法当则刑免,法不当则虽刑亦无用。

"利用刑人"的教育方法,对后世的影响极大,启蒙教育者的案头,都置有"戒尺",发现学生有上课注意力不集中、调皮捣蛋等行为,即可用此戒尺打手掌"施刑"。根据犯规的性质和程度,戒尺施刑在数量上和力度、方法上也要区别对待,既要让"受刑"者心服、记住教训,也要让旁观的众多学生有公平合理感,一起受教育。这一种教师用戒尺教育学生的方法,在我国曾流传千年,直至20世纪40年代,才开始从乡村私塾中逐渐退出。但是,"体罚"学生的情况,在20世纪50年代还普遍存在,从60年代开始,被明确认定为"陋习"而消失。

"用说(同'脱')桎梏"的教育目的,谁都不会怀疑;"利用刑人"的古代传统教育方法如"戒尺"的设置和使用,曾经起到过有益的作用,也是毋庸置疑的。人类社会发展到今天,这一传统的教育方法应当以何种形式继承并发挥作用,是对当代教育工作者的一种智慧考量。

"教不严,师之惰。"古代传统的严师,师道尊严到了可以"利用刑人"的程度;今天的严师们,又当如何贯彻严教原则、落实严教方法呢?这是一个可以继续探讨,同时也要与时俱进的问题。

对于施教者,启蒙教育初始阶段,还有一个如何对待启蒙对象的问题。"包蒙",包容所有的童蒙,无论受教育儿童的资质优还是劣,都应该一视同仁,进行启蒙教育。在周文王看来,凡是上学受教的儿童,都是贵族子弟,都应该接受规范的启蒙教育,这是确保整个贵族阶级品行德性的重要途径。至于日后的成贤成圣,那就要看启蒙之后的各人造化了。数百年之后的孔子也倡导"有教无类"的教育原则,其内涵与周文王时代主张的"包蒙"即有教无类的内涵,已有更大的进步性。孔子的"有教无类",不仅包容资质不一的学生,而且施教于出身不一的学生,即无论出身贵贱、贫富,只要有向学之心,均一视同仁,都可以成为他的学生。

爻辞又举例说:"纳妇吉,子克家。"对学生的包容之心,如同对待家庭里的几个儿子的媳妇一样,要一碗水端平,要一视同仁地教导她们,使她们心悦诚服地接受家庭教育,成为家庭中的一员。只有这样,她们生养的孩子,才能一个个都成为子承父志、兴家创业的接班人。

第三节　困蒙不可取

《蒙》卦的六三、六四两个爻辞,是在启蒙教育进入中期阶段时,对端正师生之间学与教的态度与方法的阐述:

六三:勿用取女,见金夫,不有躬,无攸利。

六四:困蒙,吝。

孔子晚年总结自己一生，第一句话就是"吾十有五而志于学"，意思是说：我是在十五岁的时候，才养成了学习的自觉性。传说唐代大诗人李白，因见到一位老婆婆正在将一根铁棒磨成针的事情，联想到自己的读书学习，从此也用"铁棒磨成针"的精神，激励自己的学习。此时的李白，大概也正是在十五岁左右的年龄。从八岁入学，到十五岁左右，相当于从小学读到初中毕业，属于启蒙的第一个阶段；从十五岁即今日读高中开始，便进入了启蒙教育的第二个阶段。《蒙》卦的六三、六四爻，就相当于这个阶段。

此一时期的"童蒙"，经过了七八年的启蒙教育而仍不开窍，便属于"朽木不可雕"一类人了，属于孔子讲的"唯上智与下愚不移"的"下愚"了。"勿用取女，见金夫，不有躬"这一譬喻的意思是：不收录至今还没有形成读书志向的学生，就像不娶见异思迁的女人为妻一样，一见到有财势的男人（**金夫**）便不顾礼仪失身投靠。为什么不收录这类对学习无恒心的学生呢？因为收录这类童蒙就如同将一个见异思迁的女人娶回家一样，"无攸利"，没有发展前途。

不收录没有学习信念的学生，与"有教无类"之间，是否有矛盾？不矛盾。有教无类，包容不同资质的学生，是指启蒙初始阶段，不因资质差等而不施教；只要有向学之心，无论资质高下，都应一视同仁。只要有向学之心，资质差可以"笨鸟先飞"，以勤补拙，成为有用人才。不收录没有学习信念的学生，是指经过一段时期的启蒙教育，仍然未能将心思放在学习上，见异就思迁。这样的学生，即使再走下去，也不会改变见异思迁的禀性。

六三爻辞的譬喻采用的是否定式，否定一类对象，其实是对另一类对象的赞许和肯定。在三千年前的周代初期，就流传着这样一首民歌："关关雎鸠，在河之洲。窈窕淑女，君子好逑。参差荇菜，左右流之。窈窕淑女，寤寐求之。求之不得，寤寐思服。

悠哉悠哉，辗转反侧。……"这首诗后来被孔子编排到了《诗经》第一首的位置，既是体现他的"食、色，性也"观点，更是借此譬喻一个道理：年轻人树立的读书志向，要像这位好逑的君子那样，对书中道理的追求，时刻放在心头，怀着如同追求美女那样"寤寐求之""求之不得"便会"辗转反侧"的欲望。如同"好色"一样，使"好学"也成为人的一种基本品性。这就是《蒙》卦第三个爻辞所要讲述的真实思想。

"困蒙"是被固有的、陈旧的观念所束缚，而造成死记硬背、脱离实际的启蒙教育。春秋末期的宋国国君，在面对侵略者时，居然还遵循"不鼓不成列"的规矩，让自己的军队按部就班地列队迎战，谁知队列还未成，敌军已经冲杀过来，成为时人、后人的笑柄。这位因循守旧的宋君，大概从小接受的就是"困蒙"教育。

因此，这个六四爻辞所阐述的是如何进行正确的启蒙教育，是对启蒙老师提出的一个关于教育质量的要求，使"童蒙"能学得活，学得深。对"困蒙"教学提出批评的这个爻辞，做出了"吝"的一字判，虽然仅仅三个字，但对于后世教学的影响很大。

孔子在施教实践中首先向学生提出了"举一反三"的要求，并以优秀学生颜回的"闻一知十"为楷模，激励其他学生远离"困蒙"：举一不以三隅反，"则不谓也！"举一反三，触类旁通，是孔子实施启蒙教学的一条基本原则。

"有朋自远方来，不亦乐乎！"与同门之外的远方朋友交流学习体会，就能开拓思路，盘活自己已经学到的书本知识，这是孔子实施启蒙教育的又一条基本原则。他带领学生周游列国，既有推销自己思想、实践自己政治抱负的一面，也有破除"困蒙"教育、盘活学生既有知识的用意。

所以，孔子的以上两条基本原则，可以看作是对"困蒙，吝"的消化与实践。

第四节　击蒙须谨慎

《蒙》卦最后两个爻,象征启蒙教育进入到最后一个阶段,这个阶段一过去,便将踏上社会,肩负起齐家、治国、平天下的社会责任。

六五:童蒙,吉。

上九:击蒙,不利为寇,利御寇。

当启蒙教育进入第三个阶段,从年龄上说,小孩子已经成长为小伙子;从学业上说,蒙昧无知的小孩子已经变成满腹经纶的年轻秀士,可以去攀登学术界的巅峰地位。此时,能依然保持着初入学时期那种孜孜不倦的赤子之心,不因为既有的成绩而松懈对未知学问的追求。学习愈深入,愈感觉知识如同海洋,广袤而又深邃。于是,便会生出"人生有涯知无涯""学海无涯苦作舟"这样的感慨。

已经拥有了很多知识,仍然保持着"虚怀若谷"的态度,这是作为学生在接受教学的任何一个阶段都需要保持的一种状态,也是每位教育者对学生的一项基本要求。孔子经常告诫学生:"学习不可以停止。"有一次,子贡跟孔子说:"我对学习已经厌倦了,所以想停止学习去侍奉国君。"孔子告诉他:"《诗经》上说:'侍奉君主从早到晚都要温和恭敬,做事更要认真谨慎。'所以,侍奉国君也始终都不可以停下来休息。"子贡说:"那么,我可以停止学习去侍奉父母。"孔子告诉他:"《诗经》上说:孝子的行为要永不停止,天才会赐给你幸福。侍奉父母也始终都不可以停下来休息。"子贡接着又说了停止学习可以去帮助妻子、去接交朋友、去耕种土地,等等。孔子也跟他一一分析,任何事情一旦投入,就不可以停下来休息。只有当生命终结、入土为安,才是人生的止境。孔子与爱徒子贡的这一番对话,可以看作是对后人释读《蒙》卦六五爻辞的一个例子。在《荀子》这本由战国末期的最后一位儒学大师荀子写的书中,"学不可以已"这句话,也被列为第一篇文章的第一句话,可见先秦以来的历代学人对保持学习状态的高度重视。

"利用刑人",用"戒尺"惩戒学生,这只是一种启蒙初期的轻度"刑人"教育。启蒙教育的后期阶段,小孩子已经成为小青年,即便偶然违规,也很容易形成难以改掉的恶习,当此之时,"戒尺"惩戒已经失效,"刑人"的手段,就需要从戒尺升级为杖击:"击蒙,不利为寇,利御寇。"杖击蛮横不讲理的小青年,让他明白用暴力侵犯他人于己也不利、抗御侵略才于己有利的道理。

杖击是启蒙教育中最严厉的处罚形式,非大孩子不能用,非屡教不改者不能用,非施暴者不能用。这里也有一个法和度的把握。

古代有一种"易子而教"的习俗,即便父亲是一位学富五车、满腹才情的名师大儒,也要将自己的孩子委托别人去施教。其间的主要原因,治学如治军,对待勤奋读书、循规蹈矩者当然要嘉奖,对待懒惰成性、恶习难改者必然要惩罚,惩罚的一种必要方式,就是施于体肤的杖击。而"击蒙"这一方式,又必然会有损于父子亲情。有的长辈还因为溺爱子孙的缘故,该出手时不出手,放弃"杖击"这一种必要的教育手段,遂酿致不肖子孙难以继承家业。《红楼梦》里的贾政,就因为经常使用"杖击"方式毒打不肯读书的儿子宝玉,才使得儿子宝玉与父亲之间滋生了严重的对抗情绪,最后离家出走。

在启蒙教育中,"杖击"除了教育当事人学了本领不要"为寇"做坏人而要"御寇"做好人的道理,还有"杀鸡儆猴"的教育意义,这与军队里大庭广众之下杖击或鞭打犯错误的军人,体现有功必奖、有过必罚的"以法治军",是一样的道理。尤其是在以常胜将军为老师的那个年代,学校里杖击犯错误的学生应是一种常态。

总之,《蒙》卦是先民在人类初期教育实践中摸索出来的经验总结,既涉及教育的目的、原则、教学双方的关系,又有典型方法的譬喻分析;既提出了有教无类的思想、提出了不断提升教育内容质量的要求,又分析了治学如治军的教育方法问题,无疑是我国教育学研究的先声。

本章思考题

1.《蒙》卦辞提出了哪两条教育原则?
2. 如何理解、把握启蒙教学初期的"利用刑人"?
3. "包蒙"与后世孔子倡导的"有教无类"有什么异同?
4. "困蒙"从反面表达了什么教学理念?
5. 为什么六五爻出辞"童蒙,吉"?

第五章 《需》卦

☵ 需：有孚，光亨；贞吉，利涉大川。
初九：需于郊，利用恒，无咎。
九二：需于沙，小有言，终吉。
九三：需于泥，致寇至。
六四：需于血，出自穴。
九五：需于酒食，贞吉。
上六：入于穴，有不速之客三人来，敬之，终吉。

《周易》第五卦《需》：上卦为坎（☵）象水，下卦为乾（☰）象天；天上有水，下降即为雨。卦名"需"字，上为单体"雨"字，下为单体"天"字（古体字"而""天"形近），其意为天上有雨。"需"这个象意字，与《需》卦结构，同形一意。

需，即需要。《需》卦所讲的问题不是如何施惠、帮助他人，而是一个人在困顿状态下如何争取他人的帮助。

第一节 孚与贞

本卦卦辞揭示了一个人在祈盼和争取他人的帮助时所应有的态度与原则，核心体现在"孚"与"贞"：

需：有孚，光亨；贞吉，利涉大川。

首先，当一个人陷入困境、需要别人给予帮助时，必须有一颗真诚求助之心。这个道理，就如同去庙里祈求菩萨保佑赐福一样,前提是一个信众,怀有一颗信佛之心。通过礼佛,心理上得到安抚,生活中便有了信心。祈盼别人帮助,求助者有无真诚之心,更为关键。因此,有没有"孚"即诚信,是能否得到别人帮助的首要条件。有了求助的诚信("有孚"),就会有等待援助的耐心,就不会轻易丧失获得帮助的机会,在前进的道路上就能不断跨越险阻、克服困难,顺畅地发展。顺利前行来自于耐心,耐心来自于诚信。所以,"有孚"是因,"光亨"是果。

其二,祈盼别人援手相助,尤其是怀着"久旱盼甘霖"那般迫切的心情需要别人帮助时,能否如愿以偿,还取决于求助者的事业是否正当,是否顺乎自然,是否在正道上,是否对他人、对社会有益无害。如果所需帮助合乎自然、有益社会,那么,不仅获得帮助是迟早的事情,而且在获得所需帮助之后,总能够化险为夷,即便犯险去做涉渡大江大河那样的事情,也会遇难呈祥,顺利到达彼岸。在这第二个核心点上,"贞"是因,"利涉大川"是果。

在事业草创时期,尤其是在自身力量虽有积累仍嫌不足的阶段,往往危机四伏、险陷重重。明明是祈盼帮助,结果却落入圈套;本来想好风凭借力,结果却欲速则不达。如何在争取他人帮助时保持良好的心态、顺应自然抓住每一个机会,完美地实现"利见大人"的目标,《需》卦从事物发展的三个阶段或三种状态进行了颇为系统的阐述。

第二节　利用恒

《需》卦的前两个爻辞,以譬喻方式阐述了事物发展的第一个阶段中如何争取他人的帮助:

初九:需于郊,利用恒,无咎。

九二:需于沙,小有言,终吉。

郊，指远离城市的郊野。第一个阶段是面临困境、亟须得到帮助的初期，初九爻辞分析了这一阶段积极主动寻求帮助的心理，以及争取他人帮助时的处境。

为了事业的发展，人生目标的实现，积极寻找和争取强者的支持和帮助是非常重要的。但是，由于自身的稚嫩与弱小，与强势或贤能之士（"大人"）之间的关系疏远、落差大，取得强势者或贤能之士的理解、支持和帮助，需要有耐心、有毅力，要善于等待。"需于郊"是比喻求助者与施惠者、援助者之间关系疏远；"利用恒"是利在用恒，恒是恒心。取得有力者的帮助是一件好事；能否取得帮助，在于你是否有坚持不懈的恒心。《三国演义》中，刘备"三顾茅庐"，恭请诸葛亮出山相助，是一个典型的"用恒"范例。那时候的刘备，还是一个寄人篱下的流浪小军阀，只有关、张两位结拜兄弟追随左右。但是他又自称是西汉中山靖王刘胜之后，胸怀复兴汉室大志。听说南阳隆中隐居着一位智慧型的高人叫诸葛亮，别号"卧龙"，便想请他出山，辅助自己实现兴汉大业。当他与关、张三兄弟第一次摸到诸葛亮在山中的"茅庐"时，被告知诸葛亮外出不在家。第二次，刘、关、张三兄弟冒着大雪，又一次前往深山中的诸葛亮住处，仍被告之主人不在。第三次，刘、关、张三人再次来到诸葛亮的茅屋，诸葛亮在家，但是正在睡午觉。刘备知道耐心的重要性，站在门外屋檐下静静等待。可是整整等了两个时辰，四个小时，大半天时间，诸葛亮居然还没有醒来。性格暴烈的张飞，扬言要放一把火将诸葛亮的茅屋烧掉，看他还能不能装模作样睡大觉？关羽深知诸葛亮的用意，连忙劝住了三弟。刘备继续静候等待，直至高人诸葛亮醒来。诸葛亮让刘备三顾茅庐，实际上是考验这位"刘皇叔"是否真的有请他帮助平天下的诚意。而刘备的三顾茅庐，也正体现了周文王的"用恒"理念。正是他的"用恒"，获得了贤能之士诸葛亮"鞠躬尽瘁"的帮助，从一个寄人篱下的"破落户"很快就壮大成为雄踞一方的"蜀主"。

当经过努力走近"大人"、获得贤能之士帮助,事业渐有起色时,难免会有嫉妒、猜忌等情况出现。这一时段,相当于《乾》卦第二爻的"见龙在田"之时,"利见大人",努力争取德高望重者、贤能高明者的支持帮助。但是《需》卦的第二爻象征的是遇到困顿、挫折而急需帮助,不同于《乾》卦的第二爻象征的是积聚正能量,追求自身发展,因而容易遭到周围人的猜忌和议论,尤其会疑虑其是否能跨越险阻。沙既不同于石头,也不同于泥土,是不坚实的东西。以沙比喻事,所以旁人有议论。"沙"是因,"小有言"是果。因为有"用恒"这个前提条件,所以即便"小有言",需要得到帮助的人只要坚定信念、一如既往,获得支持帮助是迟早的事情。

在历史上,这类因为前途未卜而招致"小有言"的故事并不少见。例如,战国时期一个名为苏秦的辩士,自以为已经满腹经纶可以出仕为官,不料初次出道,便相继在周显王、秦惠文王那里受挫,铩羽而返。回到家里,父母因为他不成功的出仕耗尽了家里的钱财,便恶言辱骂他;妻子也怨恨他而不愿出门相见;饥肠辘辘的他向嫂子讨一碗饭吃,竟也遭到嫂子的冷言讥讽。但是,苏秦并未因此放弃梦想,坚定地认为自己的合纵思想一定会获得诸侯们的理解和接受。经过坚持不懈的奔走游说,最终获得了秦国以外其他六国君主的认同,同时拜他为相国,结成了六国抗秦的合纵联盟。

又例如,有一出名为《珍珠塔》的戏剧故事,讲一个落难公子方卿,家道中落,便到姑母家里借钱读书,姑母怀疑他是否有读书做官的"翻盘"能力,不仅不借给他银子,还百般讥讽他。方卿愤而回家,暗中得到姑父援助,发奋读书,终于取得功名。

这两个流传甚广的故事,都可以作为"需于沙,小有言,终吉"的诠释例子。

第三节　泥与血

第二个阶段是在即将获得帮助与刚刚获得帮助之时,如何辨别真心帮助还是别有用心的"帮助":

九三:需于泥,致寇至。

六四:需于血,出自穴。

当经过努力和耐心等待之后,即将或开始得到需要的帮助之时,务必要保持头脑的清醒,对于究竟是真正的"久旱逢甘霖"即无条件的真心帮助,还是有前提条件的"帮助",甚至别有图谋的"陷阱",要有理性的判断,切不可"饥不择食",落入别人的圈套,非但得不到所需要的帮助,反而"致寇至",稀里糊涂地做了"引狼入室"的事情,引祸上身,自取其辱。

泥土似乎比流沙结实,然而,一旦遇到下雨天,泥与水相融,遂成为泥涂,走的人越多便越泥泞,难以拔足行进,苦不堪言。周文王以此比喻受援一方,一旦接受了明码标价的有条件的帮助,例如今天的"高利贷"等,或者别有图谋的帮助,陷入对方设置的陷阱,那么,接受帮助以后的日子,就会如同走在泥泞的小道上那样,越走越艰难;又如同面对"引狼入室"的局面,不仅未得到期待中的帮助,而且时时存在着被掠夺的风险。

无论在历史上,还是在当今社会里,这样的教训很多。大至危害国家利益,甚至因此而最终走向亡国;小至祸及宗族家室,家破人亡、妻离子散。举一个近代的例子:孙中山在南方起事,曾经多次得到北方军阀张作霖在经费上的支持帮助,于是他误认为"东北虎"张作霖是支持他"革命"的朋友。待到这位民国大总统遭遇南方军阀背叛、受到各方势力打压,局面艰难之时,便想到北上寻找张作霖,取得他的继续支持。当孙中山带病北上,经上海转道日本再上北京,在日本又对日本人寄予厚望,在频频举行的公开演说中,称日本人为"同文同种、一衣带水"的"兄弟",中国是兄,日本是弟,现在兄被西方列强欺侮,弟在一旁不能袖手旁观,而应该拔拳相助;西方人历来奉行的是"霸道",而中、日两国历来奉行的是"王道";中日两国要携起手来,建立"王道乐土""大东亚共荣圈","共存共荣"。

然而,令孙中山意想不到的是,当他由日本转道至北京后,张作霖却迟迟不想见他。终于安排了见面时间,当孙中山一行坐在张大帅的帅府大厅里很久,张作霖才板着一张脸出来。出来之后,仍一声不吭地端坐在椅子里,长达十几分钟,孙中山的随行人员之一汪精卫紧张得一身冷汗,湿透衣衫。张作霖其实并不支持孙中山闹革命,他把大把的钱给孙中山,是让孙在南方坐大,与张形成南北呼应之态势,用孙的革命势力牵制南方军阀,以利张在北方称王称霸。所以,张对孙的经济援助其实是有条件、有目的的。如今孙中山北上,张、孙南北犄角之势不复存在,孙的利用价值也就化为乌有。孙中山受此冷遇刺激,顿时肝病复发,一病不起,最终病逝北京,寄柩碧云寺。

更令孙中山想不到的是,仅隔六年,被他亲切地称呼为"同文同种、一衣带水"的"日本弟弟",公然侵占了我国东三省。又隔六年,孙中山寄望于"拔拳相助""共存共荣"的"日本弟弟",干脆发动了全面侵华战争,他们把孙中山在日本演讲中的语录,书写在中国的城市乡村、大街小巷;孙中山祈盼与中国兄长共建"王道乐土"的"日本弟弟",成了屠杀中国人的最凶残的刽子手。毫无疑问,孙中山在日本的演讲语录,成了卢沟桥事变之后日军全面侵华的理论招牌。

一旦落入这种陷阱,难免会受到种种伤害,甚至会付出血的代价。身处陷阱,更需要冷静分析不利形势,耐心等待最佳的脱困时机,切不可逞一时之忿,冲动行事。日本军国主义的丑恶行径,为善良的中国人民上了一堂血淋淋的"需于血"的大课;而中国人民艰苦卓绝的抗日战争,便是"出自穴"的历史记录!

反思这一段历史,让它作为《需》卦九三、六四爻辞的注释,永远铭记在炎黄子孙的心头。

第四节 需要满足之后

第三个阶段是在获得支持和帮助、需要得到满足之后所应持有的态度:

九五:需于酒食,贞吉。

上六:入于穴,有不速之客三人来,敬之,终吉。

获得了真诚的支持与帮助,事业有了发展,地位有了提升,如何使用这些有形资产和无形资本,就成为一个问题,摆在你的面前。

古人云:"食、色,性也。"民以食为天。有形资产用于"酒食",是正途。无论是改善自己的生活,满足日益增长的物质需要,还是款待朋友、礼尚往来,都是在自己的需求目标实现之后应该做的事情。用途正当,花钱就是好事。反之,用途不当,挥金如土的奢华,花天酒地的滥交,不仅既得的支持与帮助会很快消失,刚刚获得的财富与地位也将荡然无存。

这一爻辞的譬喻内容,也正是当下社会热议的话题。以前,人们能吃上一斤米煮成的七斤薄粥,已经很满足。现在,国民经济有了极大提升,生活越来越好,人们在饮食方面也越来越讲究,这无可厚非,二千五百年前的孔子就说过"食不厌精"的话。但是,当时的贵族阶级尤其君主们餐桌上每餐佳肴品类多达"目不能遍视,手不能遍操,口不能遍味"的程度,就违反了"贞"即正常的生活常态,因而当时的平民政治家墨子在《节用》一文中进行了揭示和批判。今天,也有如同当年的贵族阶级,每餐都要铺张浪费的现象,似乎非此不足以显示自己的富贵身份。如此的"需于酒食",显然与九五爻辞所说的"贞吉"背道而驰。

从养身保健角度而言,事业成功、功成名就之后,克制自己,节制食欲,这样做最大的好处是防止"病从口入"、确保身体健康。所谓"贞吉",也就是正常的、合乎自然规律的饮食才能确保健康的意思。

事业成功、经济基础厚实,便会有人找上门来请求帮助,甚至不乏"均贫富""打秋风"者。如何应对这类情况?"有不速之客三人来,敬之。"不请自来,且成众而来。不必惊恐,也不必愠怒,正确的应对态度是:"敬之。"

"敬",才能够获得好的效果。俗话说,人一阔,脸就变。这个"阔",不仅讲的是有形资产,也包括无形资本。以今人而言,其人或贫贱或身居低位时,则温良恭俭让,逢人三分笑;有朝一日或富贵或腾达之际,他就立马变脸,不苟言笑,目中无人,一副矜持模样。这副慢人相,当然只是对下而言。《需》卦的上六爻辞告诉我们,有了有形资产和无形资本,依然要保持求助状态下的那种恭敬待人的本色;面对别人粗鲁无礼的态度,也应恭敬对待。不论拥有多少资本,永远保持"敬"的态度,你所期待的最终目标一定会实现。

总之,每一个人都有需要,追求需要伴随人的一生。《需》卦中有两点特别要引起注意,一是寻求帮助一定要遵循自然这一原则;充满欲望的刻意追求、失去理智的疯狂追求,往往容易受骗上当、掉入陷阱难以自拔。追求的欲望越强烈,受骗上当的可能性也越大。二是当需要获得一时满足,千万不可心理变态。求人也是求己,敬人就是敬己。敬畏之心的存在,是每一个人的必需。

需要,是人类进步、社会发展的推动力。

本章思考题

1. "孚"与"贞"表达了《需》卦的哪两种基本属性?
2. 在争取强者帮助的初期如何"用恒"?
3. 在需要提升的过程中,如何防范"致寇至"?
4. 在需要获得满足之后,如何正确对待自己与他人?

第六章 《讼》卦

讼：有孚，窒惕；中吉，终凶。利见大人，不利涉大川。

初六：不永所事，小有言，终吉。

九二：不克讼，归而逋，其邑人三百户，无眚。

六三：食旧德，贞厉，终吉；或从王事，无成。

九四：不克讼，复即命，渝安，贞吉。

九五：讼，元吉。

上九：或锡之鞶带，终朝三褫之。

《周易》第六卦《讼》，是关于诉讼的原则、理念、外部条件的分析。《讼》卦向我们透露了这样一个信息：早在三千多年前的商周之际，先人就已经有了对"讼"事比较成熟的看法；讼事的产生，显然还要远在商末周初之前。

第一节　中吉，终凶

《周易》作者通过《讼》卦告诉我们对讼事的两点看法：

讼：有孚，窒惕；中吉，终凶。利见大人，不利涉大川。

一是诉讼的过程是，第一，"有孚，窒惕"；第二，"中吉"；第三，"终凶"。整个诉讼过程，分为三个阶段。"有孚"：充满信心。因为理在自己这一边，所以对诉讼充满获胜的信心；"窒惕"：即便如此，仍须去躁抑忿，小心谨慎。这是诉讼的初始阶段应有的客观条件和主观心理条件,缺一不可。倘若理不在己,便缺失了获胜的基础;倘若因为理在己方而躁忿大意,在错综复杂,甚至一步一陷阱的诉讼过程中,随时都有可能失利。

有理,有节,赢得讼事的胜利是可期的。"中吉",不是相对于"元吉""小吉"的对胜利成果大小的评价,而是一个时间或阶段性的"吉",是指诉讼进程中的胜利,与"终凶"对应。终凶,是作者对讼事的总体评价。讼事无论胜负,都不是好事。打官司输掉了,不仅输掉了财富,更丢掉了面子,自然不是好事。打官司赢了,眼前利益得以保全,也争得了面子,但是结下了冤家,留下了后患。

二是诉讼的外部条件:"利见大人,不利涉大川。"诉讼能否获胜,法官(古代又称"理官")是否贤明公正至关重要。别看大堂上方高悬着"正大光明",匾下的坐堂法官很少有真正"正大光明"的。否则,"清官"也就不会成为中国历史上的稀罕物了。何况,清正的法官还未必能"明察秋毫"。清正是道德品性,明察是办案能力。有明察秋毫能力的人未必清正,清正的人未必有明察秋毫的能力。这就是中国历史上不乏有清官做昏聩事、贪官做明白事的原因。正是因为很少能遇到明察秋毫、秉持公理的法官,所以,诉讼之事,就像涉渡风高浪急的大河一样,危险性很大。

无论是在古代社会还是在现今社会里,经济越繁荣,人与人之间的摩擦就越多;人际的摩擦,就是讼事的源头。在《周易》之前或《周易》诞生之时的古代社会,法律尚未公开,只掌握在法官手里,法律条文成为法官掌控的秘密武器。他要判哪一方有罪、罪有多大,便拿出相应的法律条文,有点儿"对症下药"的味道,打官司的结果,输赢完全操控在法官手里。所以,即便持之有理,决定因素仍取决于法官的公正与判案能力。遇见道德品质高尚、办案能力强的法官,是一种福气。一直到春秋末期,经济繁荣的郑国讼事特别多,才有一位名叫子产的相国,将法律刻在铜鼎上,摆放在法官办案的公堂上,让诉讼双方自己"对号入座"。不久,另一位郑国大夫邓析,将法律条文刻写在竹简上,法律才走向民间,法官独霸法律条文的局面终于有了根本的改变。但是,法官的公正与判案能力大小,依然是官司胜负的关键,"利见大人"依然起着重要作用。

以上两点,是讼事活动中的一般原则。《讼》卦的六个爻辞,对这两条原则做了详细的例说。

第二节 不永所事

初六、九二爻辞,是对打官司初期所持态度的阐述:

初六:不永所事,小有言,终吉。

九二:不克讼,归而逋,其邑人三百户,无眚。

诉讼的目的在于辨明是非,因此,"不永所事,小有言,终吉"。千万不要无休止的争讼;无休止的争讼,劳命伤财,得不偿失。明白了这个道理,不必介意旁人的议论。适可而止,是非既明,又不结冤家,主动避免了"终凶"而获得了"终吉"这一最佳效果。这是掌握讼事主动权的一种态度。

随着官司的推进,一旦出现不利,失去主动权,又当如何?《周易》作者提出了"不克讼"境遇下的自保办法:"归而逋,其邑人三百户。"赶快收敛逞强争胜之心,躲避到不被人注意的偏僻小地方,自我反省,总结教训,夹紧尾巴,低调生活。

中国有一句话:惹不起,难道还躲不起?大概就是这个爻辞的一种通俗说法。在诉讼过程中,情况时常瞬息万变。承接案子的律师,往往在刚接案子时,信心满满;一旦接受了案子,又说发现诸多问题,胜算难定。本以为一定是赢家的当事人,也因此中途信心动摇。尤其遭遇法官不公,更有一种有理难伸的感慨。

值此强势压抑、进退两难之际,明智的选择就是"归而逋",即所谓的"退一步海阔天空"。退到哪里去?退到偏僻的千人小村镇,隐姓埋名。这是弱势者无奈,然而又是主动的选择,是回避矛盾、消弭摩擦、自保生存的一种途径与方式。在中国历史上,几乎每个朝代都有一些被称之为"隐士"的文人,因为在"邑人三百户"的乡野小村镇上隐居生活时写了不少诗文,而被后人上升到了隐逸文化的高度。其实,这些文人中的绝大多数,都是因为在官场上的矛盾纷争中处于弱势,才不得不选择了退隐之路。所以,他们隐则是实,逸却难说。但是,远离了名利场的这些文人,从此以后"无眚"即无灾祸临头,是完全可能的。

第三节　不克讼,复即命

第三、四爻辞,是对身居高位者遇到争执、辩讼时,应取何种态度的意见:

六三:食旧德,贞厉,终吉;或从王事,无成。

九四:不克讼,复即命,渝安,贞吉。

人的社会地位愈高,因争讼打官司带来的影响也愈大,所以要慎重对待打官司这件事。有了一定地位还要发生人际摩擦以致对簿公堂,对方必然也是一位有头有脸的人物。因此,要权衡利弊,尽可能不去打这一场官司,隐居到祖先遗德所及的地方,勤勤恳恳做事,战战兢兢做人,时刻保持夕惕若厉的忧患意识,才能有一个好的结局。如同《乾》卦的九三爻辞所说,此时的心态,既不能放弃自强的信念与状态,又要天天保持忧患意识。"食旧德",即牢牢记住祖宗积下厚德的封地才是自己的社会基础,将祖德作为自己的楷模,从中汲取正能量壮大自己,同时又要有危机感即忧患意识,才能在重重矛盾的环境里,获得最终的胜利。这个时间段,"厉"即保持忧患意识,是获胜的必要条件;

唯有"贞厉",才能"终吉"。

"或从王事,无成。"这六个字爻辞,若与《坤》卦的六三爻辞"含章可贞,或从王事,无成有终"对照一下,意思就清楚了。这六个字,显然是《坤》卦六三爻辞的简化,语境有差异,意思则相同:即便有很强的能力,也不能锋芒毕露;在人际矛盾尤为突出的官场,藏拙、大智若愚是避免矛盾的最好方式。替君王做事,理应全力以赴、竭尽所能;一旦事情做好,便应悄然退后,成绩是上司的,是君王的。有了这种有功不居的态度,同僚不忌妒,君王不疑心,同僚之间、上下级之间就不会有矛盾产生,讼事也就不会发生。

随着社会地位的不断攀升,对可能发生的讼事、讼事引起的后果,更要有先期的估量和充分的思想准备,尤其是对讼事发生之后的进展及其结果要有一个清醒的认识和准确的判断;估计讼事无胜算,就应改变初衷,自动撤诉。当止则止,退一步海阔天空,是一种完全自觉的行为;停止诉讼,保持现状,不搞任何阴谋,不仅能维持当下的安全,还能获得一个良好的结局。

讼事活动中的这一思路,其实也同样适合于处理日常工作、生活中的其他事情。例如,在亿万人民都热衷炒股票的今天,"当止则止"的思路,似乎都有认识,但在操作实战中,往往难于做到。当购买的一只股票下降趋势已明显时,立即抛掉,耐心等待底部,再择机进入,争取最终获利。这正如同面临"不克讼"局面,果断采取"复即命"措施,静观其变:"渝安。"这是炒股取胜之道:"贞吉。"

《讼》卦九四爻辞所蕴含的真理性,人们往往"日用而不知"。

第四节　终朝三褫之

《讼》卦最后两个爻辞,是对卦辞中的"利见大人"和"终凶"

的具体展开：

　　九五：讼，元吉。

　　上九：或锡之鞶带，终朝三褫之。

　　在权大于法的封建社会里，诉讼成败的关键，往往在于法官能否秉公，所以，《讼》卦在原则上确定了"利见大人"之后，在象征刚健中正的"九五"之位上，又出辞"讼，元吉"，将卦辞中的"利见大人"落到了实处。从这三个字中可以看到，我们的先民早已清楚地意识到法官的权力在诉讼过程中的决定性作用。

　　商周之际，法官的德与能在诉讼案件中的作用，就已很关键，以至于周文王在编写《讼》卦的卦爻辞时，倾注了如此大的注意力。而我们最为熟知的历史上审理案件的"大人"，毫无疑问是宋代的包拯，"包大人"。包拯审判案子，体现在了两个方面：一是刚正不阿、铁面无私。即便皇亲国戚，只要犯了法，一律秉公而断。他准备了三口诛杀罪犯的铡刀，其中一口是龙头铡，专铡皇亲国戚，由此可见其铁面无私。二是明察秋毫的断案能力。再难再复杂的案子，一经包拯审理，无不迎刃而解。

　　《铡美案》是一个妇孺皆知的戏剧故事，虽属虚构，但是比较典型地反映了包拯审理案子的以上两大特点。老百姓喜欢称呼包拯为"包大人"，不仅因为包拯身居官位，更因为包拯秉公断案、明察秋毫，是真正意义上的"利见大人"的"大人"。

　　时代不同了，人与人之间的交往越来越频繁，相互之间的摩擦和矛盾也随之增加，诉讼即打官司的事情，几乎天天都在我们的身边发生。虽然当事人的文化水准在不断提高，国家的法律条文越来越详细和完善，法官对法律条文的熟悉程度越来越高，但是一旦打起官司来，当事人第一个转动的脑筋，是如何去寻找一位与法院关系密切、与法官熟悉的律师。很显然，大多数当事人深信"利见大人"的真理性，同时又对面前的法官是否是"大人"抱着怀疑态度。

讼事一般都具有复杂性,案件本身的复杂性又导致断案的反复性。况且,断案的"大人",也往往有着诸多的局限性。如上面分析,判官的道德水准很难千人一面,不会个个是襟怀坦白、公正不阿的君子;私心种种,不一而足。有受贿但未必个个受贿,道德底线也往往千人千面;法官的审理断案能力的高下参差不齐,性格上的刚愎自用或优柔寡断、方法上的兼听偏听;对法律条文的理解深浅、执行力度的软硬差别,对于同一案件可以做出千差万别的结论。由此造成了过程中的"元吉"往往不是最终结局的"元吉"。

　　《讼》卦在最后用了一个例子,表达了讼事结果的反复性特征:"或锡之鞶带,终朝三褫之。"即便是君王颁赐给你很高贵的身份,也有可能一天之内被一次又一次地剥夺掉。荣辱转瞬间,是政治生活中的常态。周文王以此比喻讼事:即便一朝"利见大人",焉能保证一世"利见大人"? 更何况,在古代社会,法律因时因人而变,今天的权贵,往往成了明天的阶下囚;而今天的阶下囚,谁又知道是不是明天的权贵? 所以,适可而止,得饶人处且饶人,便成为诉讼过程中的一种明智选择。这是《讼》卦最后要告诉人们的一句话,一个事理。

　　在现实生活中,民事诉讼案往往以"调解"收场而不是以宣判告终,大多原告就是在占尽先机之后做出了"得饶人处且饶人"的明智选择,也有以原、被告双方各自退让之下的协议收场。这种"调解",使得一件诉讼案以"剑拔弩张"开场,以"握手言和"收场,既辨明了是非,又避免了结怨;既有益当事人身心,也有益社会和谐。这样的诉讼结果,正是《讼》卦精神的现代展示。

　　打官司,输赢无常,但是人心有常。这个有常,就是见好就收;就是清代名人郑板桥说的:"退一步、放一着,当下心安,非图后来福报也。"

本章思考题

1. 《讼》卦披露了哪两条诉讼制胜的必要条件？
2. 为什么诉讼初期就应抱有"不永所事"的态度？
3. 《讼》卦六三爻辞中的"或从王事，无成"与《坤》卦六三爻辞中的"或从王事，无成有终"有区别吗？
4. "或锡之鞶带，终朝三褫之"的比喻，其含义是什么？

第七章 《师》卦

☷ 师：贞，丈人，吉，无咎。

初六：师出以律，否臧凶。

九二：在师中，吉，无咎，王三锡命。

六三：师或舆尸，凶。

六四：师左次，无咎。

六五：田有禽，利执言，无咎。长子帅师，弟子舆尸，贞凶。

上六：大君有命，开国承家，小人勿用。

《周易》第七卦《师》。战争，尤其是大规模的战争，使得远古的中国，成为军事思想早熟的国家。《师》卦卦爻辞，是目前所能获知的人类最早有关军事思想的系统表达。

第一节 "贞"与"丈人"

《师》卦开宗明义，讲了军事的两条基本原则：一是"贞"，二是"丈人"：

师：贞，丈人，吉，无咎。

"贞"，在这一语境中解释为"正义"。动用军队的原则是讨伐邪恶，匡扶正义。所以，古代的正义之师攻打邪恶势力，名称为"伐"，例如王充的《论衡》中讲的一个占筮故事，开首即是"鲁伐越"，表明鲁国攻打越国，鲁国的军队是正义之师。

因为"贞",所以师出有名。这对于士气的旺盛直接相关。古代军队首战之际,总有双方主帅要说一番讨伐对方之辞,目的就在鼓舞己方将士的斗志,挫败对方军队的战斗士气。如同诉讼时一定要"有孚",两军对阵时一定要充分相信己方之"贞"。《论衡》中记述的那则"鲁伐越,鼎折足"的占筮故事,在春秋战国时期是常见现象,君王每次出兵打仗前夕,都会让筮官占一卦,并解释占筮结果,表明自己出师之"贞",上天都能证明一定会取得战争的胜利。所以,孔子才面对"鼎折足,凶"的占筮结果,通过一番巧妙的解释(*王充称之为"巧占"*),得出了"吉"的结论,从而鼓舞了鲁军士气,最终取得了"鲁伐越"的胜利。

"丈人",年纪大的人。军队的统帅,应该由老成持重经验丰富的将军担任。

遵守了上述两条原则,军事行动的前景就会"吉""无咎",军事行动不失误,自然就能打胜仗,无比吉祥。《师》卦的六条爻辞,都围绕这两条军事原则展开;其中有四条,讲了在"丈人"统率下军队的"无咎",由此可见,老成持重的主帅在治理军队和军事行动中的重要性。

第二节 师出以律,王三锡命

初六、九二爻辞,阐述了治理军队的两条基本原则:

初六:师出以律,否臧凶。

九二:在师中,吉,无咎,王三锡命。

"师出以律。"军队出征时的第一件事情,就是申明军纪。纪律严明,不仅指战员个个奋勇当先,老百姓也欢迎拥护。纪律不严明的军队,不仅指挥失控、指战员贪生怕死,军队所到之处,往往百姓遭殃。这样的军队,前途必然凶险。

因此,即便是一支虎狼之师,若无纪律约束,亦是一盘散沙,难成气候,甚至一败涂地。春秋时期,郑国是地处中原的一个弱小国家,秦国则是地处西陲的千乘强国,秦郑之间,隔着另一个比较强大的晋国。弱小的郑国,自然要依傍晋国求生存。这一年,秦穆公趁着晋文公去世的机会,派大将孟明视和副将西乞术、白乙丙,率领精兵三千、战车三百辆,穿越晋国,奔袭郑国。秦国老臣蹇叔、百里奚,是副将白乙丙、主将孟明视的父亲,都知道这是一场路途遥远的非正义之战,秦军必败无疑,因而在出征时哭着送别儿子。周王闻讯,派遣王子虎、王孙满两人前往观察。二人回转后,王子虎汇报:"秦军骁勇强健,无人能敌。"此时仅十几岁的王孙满却持反对意见:"不,秦国军队虽然强壮,但是没有纪律,必败无疑。"

一位名叫弦高的郑国商人,正在秦军必经之地贩牛。听说秦军去打自己的国家,急忙中心生一计,把自己贩的几十头牛,外加百来坛好酒,送到秦军大营,说是郑国国君专程派他送来的犒赏礼品。秦军主师孟明视见郑王送来犒赏礼品,以为郑国早有防备,当即决定改变军事目标,就近灭了一个更小的滑国,带着从滑国掠夺的金银珠宝,返回秦国。军队行至地形十分险恶的晋国崤山,遭到了晋国伏兵的袭击,三千精兵成了瓮中之鳖,三位秦国名将皆成晋国的阶下囚。

这就是一支无纪律的虎狼之师难免覆灭下场的典型例子。

中国共产党领导下的军队,所以能以"小米加步枪"的劣质装备先后打败日本侵略军、击败了美式武装的国民党军队,"三大纪律八项注意"起了至关重要的作用。纪律,是军队取得战争胜利的重要保障。

治理军队的第二件事情,是军队首长刚毅中正,赏罚分明。"师中"之"师",即师长之师,军队的首长;"师中"之"中",中正之中,中庸之中。统帅中正,赏罚公允;统帅中庸,上下级关系和顺。刚毅中庸,不仅是军队统帅的必备素养,也是任何一个决策者应该具备的素养。唯刚毅,才能抓住战机;唯中正、中庸,才能团结群众、和顺上下级关系,充分调动广大指战员的主观能动性。这样的统帅,因为不犯错误,所以能经常不断地受到来自最高领导层的表扬激励:"王三锡命。"反之,倘若统帅或优柔寡断,或指挥失控、治军无度,即便尚未与敌军开战,这支军队的前途也可想而知。

古代有一位将军,平时爱兵如子。有一次,一名士兵身上长了疮,流出了脓水。这位将军便用自己的嘴,替那名士兵吸吮脓水。士兵的母亲听说后,不喜反悲,旁人不解,那位母亲说:儿子在这位将军的队伍里,必死无疑!果然,不久传来这支军队打了胜仗的消息,而那位母亲的儿子,因为打仗时奋勇当先,已死在战场上。

爱兵如子、赏罚分明的统帅,士气旺盛的军队,即便尚未打仗,君王也已知道:这样的统帅和军队,正是自己所希望的、靠得住信得过的。所以在开战之前,就有"三锡命"的动作,进一步激励帅气、鼓舞士气。其实,平民百姓也同样能做出判断,那位生疮士兵的母亲,在开战之前就有预感,为即将英勇捐躯的儿子放声悲哭。

将军爱兵如子没有错,士兵奋勇当先没有错。任何一个国家,都需要这样的将军、这样的士兵,都需要这样一支能打胜仗的军队。

第三节 经验与智慧

六三、六四爻辞,阐述了军队主帅的经验和智慧在战争实践中的重要作用:

六三:师或舆尸,凶。

六四:师左次,无咎。

战争意味着死人，而且是大批量的死人。不仅战败一方死人，战胜一方同样死人。名将、常胜将军，都是以大量死人为阶石，一步一步晋升成名的。当然，从相对数量而言，战败一方的死人往往远多于战胜一方，有的战败方，甚至全军覆灭。用战车满载尸首而归，对于战争双方都是悲剧。本卦讲的"舆尸"，则是主帅指挥失误导致的败北场景。在中国的战争史上，因主帅失误而导致全军覆灭的惨剧，当属战国末期秦赵两国的长平之战。

　　赵国有一名将赵奢，赵奢有一儿子赵括。赵括自幼酷爱兵书，稍长即负盛名。一谈到领兵打仗，他便引经据典，口若悬河，滔滔不绝，博得众人喝彩。他也自我感觉极好，俨然以军事家自居。赵奢却深知儿子只是纸上谈兵，不是真正领兵打仗的料，临死前留下遗言，千万不能让赵括领军，若国君硬要让赵括领军打仗，后果与赵家无关。数年之后，秦国派王龁入侵赵国，赵国派老将廉颇领兵抵抗。廉颇战争经验丰富，令赵军坚守不应战。秦兵长途跋涉，进退两难，战争陷入僵持状态。秦国便用反间计，收买赵王近臣，说廉颇老了，胆小怕事，才抱住只守不战的态度。赵王信以为真，便让只会纸上谈兵的赵括替代了廉颇的主帅职务。赵括带着满箱兵书，来到前线，一改廉颇战略，指挥赵军主动出击。秦军针对赵括为帅，临阵换将白起，一退再退，将四十万赵军悉数引入长平埋伏圈。经过四十六天的围困，赵军粮尽，赵括率兵突围，也被秦军射杀，首级吊在高处；还在浴血奋战的赵军，眼见主帅已死，精神顿时崩溃，束手就擒。这整整四十万降兵，被秦军全部坑杀，以致连"舆尸"而归的机会都没有。

　　这就是年轻无经验的主帅打败仗的典型案例。

　　"师左次，无咎。"平时以左为上，战时以右为上，故老子有"君子居则贵左，用兵则贵右"之语。"师左次"之"左"，有平常、低贱之义，合六四阴爻阴位之象、寓以柔克刚之义。把军队驻扎于进可攻、退可守之地，是古人排兵布阵的一种常规。布阵迎敌时,不可自骄自贵。统率军队务必小心谨慎,须通晓天文、熟知地理,不可莽撞行事,更不可一意孤行。《三国演义》中的蜀国驻守街亭要塞的主将马谡,自恃才高,违反兵法,将蜀军驻扎于兵家忌讳之高地,并拒绝有实战经验的上将王平的忠告,导致"失街亭"的严重后果。

秦岭之西有一条路,地名街亭,为蜀军粮道供应必由之路,用孔明的话说:"街亭虽小,干系甚重。倘街亭有失,吾大军皆休矣。"参军马谡表示愿往镇守,并自夸"自幼熟读兵书,颇知兵法,岂一街亭不能守邪?"并壮言:"若有差失,乞斩全家。"孔明遂交与二万五千精兵,另拨上将王平相助。兵到街亭,看了地势,王平提议在五路总口下寨,再令军士伐木为栅,以图久守之计。马谡却引经据典,执意要在路边一座孤山上安营扎寨。王平再三苦劝,不可在绝地占山为寨,但马谡一意孤行。不久,司马懿领兵赶来,将马谡所居孤山团团围住,断其水源,军不得食,顿时自乱。一日之间,街亭失守,孔明冒险唱了一曲空城计,放弃诸多城池,逃回汉中。马谡是神笔马良的弟弟,熟读兵书,人也聪明,但不是主帅之材。临阵布兵,违反常规,安营扎寨时不给自己的军队留一条退路,还自以为这是"置之死地而后生"的绝招,结果,不仅使蜀军遭遇灭顶之灾,也丢掉了自己的一条性命。

世上最险的事莫过于军事,遵守谨慎的"师左次"这种常规思路,是不失误、不打败仗的基本前提。

第四节 田有禽,利执言

本卦最后两个爻辞,阐述了正义在战争中的重要性,也阐述了正义战争结束之后如何正确对待有功之臣的基本原则:

六五:田有禽,利执言,无咎。长子帅师,弟子舆尸,贞凶。

上六:大君有命,开国承家,小人勿用。

注重战争正义性的宣传,在战争过程中起着难以估量的重要作用。"田有禽,利执言",是一个宣传战争正义性的形象比喻:如同为了消灭害稼之禽而打猎一样,两军对仗时,主帅必须向对方将士宣布此战的正义性。这样做的目的,既可以压抑挫伤对方锐气,又可以激发自己一方将士为正义而战的斗志。这段爻辞,是卦辞中"贞"的具体表达。

《三国演义》第九十三回中,魏、蜀两军对垒,魏军的军师是司徒王朗,历史上著名的易学大家,时年七十六岁,自以为饱读经书,"老夫……只用一席话,管教诸葛亮拱手而降,蜀兵不战自退"。在阵前,王朗果然滔滔不绝,以威相胁,以利相诱:"公可倒戈卸甲,以礼来降,不失封侯之位。"孔明则义正词严,站在刘汉正统立场发言,痛斥王朗等辈身为汉臣,却奴颜婢膝,反助逆贼,同谋篡位,"汝即日将归于九泉之下,何面目见二十四帝乎?"王朗听罢,气满胸膛,大叫一声,撞死于马下。

诸如此类的阵前宣传,历史上不少见。精彩的正义宣传,其作用能胜过十万雄兵。

军事行动中的失误,往往是几万、几十万条鲜活生命的代价。战国后期赵国国君不用老将廉颇、起用只会"纸上谈兵"的年轻人赵括,导致长平一战全军覆没,赵国四十万将士被活活"坑杀",成为中国战争史上最典型的"长子帅师,弟子舆尸"案例。此事发生于《周易》的《师》卦之后,可见《周易》形成之前类似于战国末期赵括为帅、长平悲剧的战例就多有发生。六五爻辞的后半部分,是从反面阐述了卦辞中的"丈人,吉"。

《师》卦的结尾,不在如何避免"弟子舆尸"上做文章,而是出人意料地将视线移向战争之后如何对待有功将士的问题上:"大君有命,开国承家,小人勿用。"

战争之后,当然是指任用"丈人"取得了胜利的一方,最高统治者论功行赏,有大功者裂地封侯,其次者封妻荫子、世袭官爵,有功无德者只赏赐金帛而不封官任用。由此可见,论功行赏也有原则,并非仅仅"公正"两字可以解决问题。在战场上,并非所有的有功者都同时有才有德,对于有功无才或有功无德者,必须谨慎行赏,不能让这样一些人拥有政治权力,更不能裂地封侯,成为扰乱国家安宁、社会和谐的群体。

《周易》作者即周文王的这一思想,在周王朝取代殷商一统天下之后,得到了很好的贯彻落实。例如,既有首功又有才德的姜太公,赏封于物产富庶、地域最大的齐国;既有大功又有德能的周公,赏封于物产富庶、地域广大、位置重要的鲁国。同时,周王朝中央政府与齐、鲁两国,坐镇东、西,也确保了新王朝的政治稳定。

"丈人"意识,让我们联想到耄耋之年的姜太公在渭河边上直钩钓鱼而遇文王的传奇故事。正是这"丈人"意识,成为周文王将耄耋老者姜太公"立为师"的理由;而老当益壮的姜太公,确实没有辜负周文王的期望,帮助姬昌父子推翻了商王朝、建立了周王朝。

本章思考题

1. 如何理解"贞""丈人"这两条基本的军事原则?
2. 为什么军队在出征时必须颁布军事纪律?
3. "田有禽,利执言",譬喻什么?
4. 胜利后,如何正确对待有功之人?

第八章 《比》卦

☷ 比：吉，原筮，元永贞，无咎。不宁方来，后夫凶。
初六：有孚比之，无咎。有孚盈缶，终来有它吉。
六二：比之自内，贞吉。
六三：比之匪人。
六四：外比之，贞吉。
九五：显比，王用三驱，失前禽。邑人不诫，吉。
上六：比之无首，凶。

《周易》第八卦《比》，卦象下坤（☷）上坎（☵），坤为土、坎为水。土承载水，水随土之高下而高下，随土之陡削平缓而蜿蜒曲折。土与水的这种亲密无间性，就是"比"字的本义所在。延伸至交友，这种亲密无间的朋比就是一种最佳状态。本卦围绕交友即朋比的基础问题，进行了多方面的阐述。

第一节　原　筮

朋比的基础是诚信。卦辞从正反两个方面讲了同一个问题：诚信。

比：吉，原筮，元永贞，无咎。不宁方来，后夫凶。

诚信的正面例子是"原筮"。这个卦辞中的"原筮"，就是《蒙》卦卦辞中的"初筮"："初筮告，再三渎，渎则不告。"在《蒙》卦中，是要童蒙听课时怀着"重道"的态度尊重老师，认真地听取老师的每一句话。原筮亦即初筮，为什么"原筮"代表诚信？占筮是祈问神灵，心诚是关键。如果一而再、再而三地占问同一件事，显然是对神灵所示的第一个、第二个结论缺乏信任，表示怀疑。只做一次性占问的原筮，反映了占问者对神灵的诚信。所以，用"原筮"即唯一的占筮来类比，形象地表达了朋友交往应以诚信为基础。

以诚信为基础的交友，是值得称道和充分肯定的："元永贞。"在这里，"元"是一个空间概念，其义为"大"；"永"是一个时间概念，其义为"久"、为"永远"。也就是说，交朋友讲"信"、以诚信为基础，不仅是一条放之四海而皆准的道理，而且是一条恒久不变的真理。

诚信的反面例子是"不宁方来"：看到别人相亲相助，自己心里感觉不安宁，才违心地与他人结交朋友；这种缺乏诚意的表面朋友，不可能在以后的生活中相亲相助。"不宁方来"的朋友，因为缺乏诚信基础，只可以同欢乐，不可能共患难。一旦有事，倒戈而去，甚至落井下石，所以，结局难免凶险。

楚汉相争时，西楚霸王项羽手下的一位得力干将，名叫季布，是特别重信的汉子，楚人有谚语："得黄金百，不如得季布一诺。"成语"一诺千金"，说的就是季布重信的事。曾多次带兵与汉王刘邦打仗，"数窘汉王"。可惜项羽刚愎自用、不成气候，垓下战败，乌江自刎，以致重信汉子季布，招致已是汉高祖刘邦"购求布千金，敢有舍匿，罪及三族"的通缉。季布先是藏匿于濮阳一位姓周的朋友家里，汉军追缉将至，姓周的朋友便将季布粗布装扮，混杂于家奴群，卖给鲁地一朱姓大家。朱家心知是朝廷通缉要犯季布，仍然将其买下，安置在一处田庄内，并告诫儿子："田事听此奴，必与共食。"意思是，田间耕作之事悉听这个奴隶的安排，一日三餐都要陪着他一起吃。这分明是贵宾，哪里是家奴！然后，朱家主人又赶去洛阳，见汝阴侯滕公（夏侯婴），说刘邦为了一己之私怨，重金缉拿一个品德高尚的贤人，这样，他不是北逃匈奴，就是南逃越地，这种将勇士逼迫至敌国的举动，岂不就是伍子胥掘墓鞭尸楚平王的原因吗？滕公心知季布就藏匿在朱家，但也很欣赏季布的道德品性、赞同朱家主人的观点，便跑到已经当了皇帝的老乡刘邦那里，替季布说情。于是，刘邦赦免了季布，官拜郎中。孝惠帝时，官拜郎中将。孝文帝时，季布为河东守。一个通缉要犯，时时处处都有人冒着"罪及三族"的高风险，将他藏匿，替他辩护，最后不仅被赦免，还连续三朝为官，安度一生。正验证了周文王所下的"元永贞，无咎"断语，是一个准确的判断。

与季布恰成对比，项羽是一个不讲诚信的人。入关之前，他与刘邦相约："先入定关中者王之。"此后，刘邦率先破秦入咸阳城，项羽却以军事力量上的优势，逼迫刘邦撤兵咸阳，自己称王，甚至还拘押刘邦的父亲、妻子。正是由于项羽的不讲诚信，最终导致四面楚歌的悲惨下场，这个故事也大致符合"不宁方来，后夫凶"的古人之语。

《比》卦的六个爻辞，系统地阐述了处于三个不同层面的人，在交友过程中应该具有的基本素养、择友方式以及交友态度。

第二节　比之自内

初六、六二爻辞，是关于初交朋友时应有的基本素养：

初六：有孚比之，无咎。有孚盈缶，终来有它吉。

六二：比之自内，贞吉。

在《周易》中，诚信的专用名词是"孚"。"有孚比之"，就是建立在有诚信基础上的朋友交往。对于这种交往，不必担心后果会有什么问题。处在初爻阶段的人，如同"潜龙"，正是积聚正能量的初期阶段。而积聚能量，不仅包含知识积累、资产积累、道德修养的积累，也包括结交朋友的人脉积累。正如当今社会上各种样式的"讲习班"，许多从事商业运作的总裁、高级白领们趋之若鹜，花了几万元、十几万元的高价学费，参与其间，在增加知识积累的同时，建立一个又一个"同学圈"，结交新朋友。这未尝不是一件一举两得的好事，既增长了知识，又结交了新朋友。然而，过犹不及，当某商学院的"进修班"，将某些公职人员也拉了进来，与"老总"们做同学、交朋友，便引起了社会的关注和疑虑。政府有关部门发现了这种不是以"有孚"为基础的交友平台，及时出面干涉，限令那些名义上也花了十几万元学费的"公务员"，一律退出"进修班"。这类由"公务员"参与其间的、缺乏"有孚"的交友方式，任其发展下去，结果肯定不是"无咎"，而是其反面——"有咎"，犯错误。这类"进修班"，已经演变成为权钱交易的初始平台。

因此，交友的结果究竟无咎还是有咎，取决于交友之初及交友过程中究竟有孚还是无孚。

细究起来，"有孚"即诚信还有程度上的差异，诚信这一基础越充实，相亲相助关系也就越牢靠。"有孚盈缶"，诚信的基础如同满罐子的美酒。在这初始阶段便能够充满诚信地结交朋友，待到完成蛰伏期，进入奋斗成长期，始终都会受益，甚至会有意想不到的收获。爻辞"终来有它吉"，是《周易》中唯一的一个"它吉"，意料之外的好结果。为什么会有"它吉"？因为蛰伏期间交友时不仅"有孚"而且"盈缶"。"有孚盈缶"是因，"它吉"是果。这就好比今天提倡的"我为人人，人人为我"，我为人人是因，人人为我是果。当树立我为人人的"为人民服务"信念并付诸行动时，觉得这是理所当然的品性和为人之道。然而当自己有难而出现人人为我的场面时，就有一种意外之喜的好心情。

今人的"我为人人，人人为我"思想，其实源自二千五百年前的墨子的"兼相爱，交相利"这一主张："夫爱人者，人必从而爱之;利人者,人必从而利之。"如果你爱别人,别人也必然会同样爱你;你帮助别人,别人也必然会同样帮助你。爱别人、帮助别人,不是为了回报,但是必然有回报。墨子的这一观点,寻根溯源,就在《比》卦初六爻辞的"有孚盈缶,终来有它吉"里。所以,墨子明确地说,墨家的兼爱之道,就是从周文王那儿学来的:"虽子墨子之所谓兼者,于文王取法焉。"(《墨子·兼爱》)

交朋友的诚信必须发自内心,尤其是在刚刚结束蛰伏期、踏上社会之际,正需要一批贤能位高的"大人"提携扶助,需要一批肝胆相托的朋友支持、帮助。只有捧出一颗赤诚之心,才能赢得贤能有力者的赏识和扶助;只有以心换心,才能获得众多朋友的竭诚相助。如果说蛰伏期间的交友只是积人缘,那么,此时的交友已经进入到了"朋友两肋插刀"的起实际作用的状态。只有自己的发自内心的诚信,才能激起施助者的实际行动。

当然,以心换心,结交朋友,在事业初创时获得必要的帮助,须有一个大前提:企盼帮助的动机必须纯正,从事的事业必须合乎正道。

第三节　比之匪人

六三、六四爻辞,对身处高位者既须谨慎交友,又须见贤思齐作了阐述:

六三:比之匪人。

六四:外比之,贞吉。

相亲相助是外在的表现,"有孚"这种诚信是内在的东西,并不像满罐美酒这样的类比物可以一目了然。因此,当一个人的事业有了较大发展、社会地位有了较大提升时,相亲相助的朋比对象选择,便被提上了议事日程。"比之自内",是要透过现象看本质,通过相亲相助这一外在的可见行为,深入了解其内在世界是否"有孚",倘若知道对方确实具有发自内心的纯正动机,这样的朋比关系就是值得建立的和牢固的。通过外观,发现对方并无发自内心的相比诚意,表面的相比掩盖着叵测之心,这样的对象,万不可相交。周文王特别提醒这一层面的人:"比之匪人",不要与那些心怀叵测的人交朋友。这里讲的"匪人",不是抢掠财物的强盗,而是以交友为形式的叵测之徒。这个爻辞未加吉凶断语,是因为毋庸置疑,与"匪人"做朋友,肯定没有好结果。

周文王为什么对这一层面的人提出这一警示呢?第三爻所居之位的人,手中已有了较大权力,于是在仕途、钱途上有所欲望的人,就会跑来拉关系、套近乎,一改书生门前车马稀的局面。鱼龙混杂,匪人与君子难辨,与蛰伏期、出山期分辨有孚与无孚、盈缶与缺缶相比,增加了很大难度。更有甚者,同僚及上司,也会与之热切相交,因为这些地位高的人,为了自身的既得利益,也需要结党营私、官官相护。交友,或遇匪人;不交友,遭人怨恨。最好的办法,是谨慎选择朋友;而谨慎的尺度,又难以把握。因此,虽然升了官,增了禄,同时也增添了"居安思危"的忧患之心。但是,有一条原则是可以明确坚守的,这就是后来孔子说的:"道不同,不相为谋。"有一点,是必须要做到的:不能滥交朋友。

在更高的位置上,周文王又提出了更高的要求:"外比之,贞吉。"九四爻是人臣的最高位,是辅助君王掌控全局的重臣。这一位置上的人,一旦用人不谨慎,会把自己也搭进去,所以时时有如临深渊之感。但是,处于这一高位上的人,更需要广泛交友,了解全局;更需要广泛交友,发现人才提携后进;更需要广泛交友,集思广益。当然,此时的"朋比"不能满足于低位时的"内比",而应该提升至"外比",找那些在学识上比自己高明、在道德品性上比自己高尚的人,真心诚意交朋友,不断汲取他们的智慧,才能做好自己的本职工作,巩固自己的地位。

有一些对象，并不需要由外及内的观察分析也可确定其朋比关系。例如，明显比自己贤明高尚之士。这样的人物，其才能、道德已被社会公认，毋须再投入精力去观察了解。恰恰相反，主动亲近这些比自己贤明高尚的人，倒要检讨一下自己的动机是否纯正，究竟出于"见贤思齐"这一目的，还是趋炎附势、结党营私？后来的儒家，在家训中要求子弟慎交朋友，交朋友应该找比自己贤能高尚的人，借以提高自己的知识水准和道德素养，这种观念想必就是从《比》卦的"外比之，贞吉"中发掘而来。

只要动机纯正，这样的"外比"一定能收到很好的效果。

第四节　显　比

本卦最后两个爻辞，对处于最高位者的交友态度进行了阐述：

九五：显比，王用三驱，失前禽。邑人不诫，吉。

上六：比之无首，凶。

显，明示无隐私；显比，以大家都明白、都能看得见的诚信相交。

在人与人的交往中，如何展示自己的诚信？尤其是身处最高位的统治者，如何让臣民了解自己在沟通和处置君臣关系、君民关系中的诚信态度？《周易》讲了这样一个办法："王用三驱，失前禽。"天子在狩猎时，网开一面，凡不愿投入网中、一味前逃的猎物，一概不追。这种定期狩猎，来者不拒，去者不追，从不赶尽杀绝的举措，诏示了天子取信于民的诚信，收到了"邑人不诫"的效果。

反之，如果最高统治者的"显比"缺乏诚信，政策多变，如同天子在每次狩猎时网开一面的方向随意变更不确定，猎物的逃跑方向无法确认。天子缺乏诚信、政策多变的结果，必然造成

"邑人"的戒心，上下不"比"，"吉"的局面也就自然地转化为"凶"的局面。

人与人之间是如此，君与臣之间是如此，国与国之间的相交相比同样如此。幽王烽火戏诸侯，就是典型的天子失信而致凶的历史故事。西周时，因西戎强盛，防其入侵，乃于骊山之下，置二十余处烽火台，倘有西戎兵犯，立即点放狼烟，诸侯援兵即至。荒唐的周幽王，为了博得宠妃褒姒一笑，居然于夜间大举烽火，顿时火光烛天。畿内诸侯，疑镐京有变，立即率领军兵，连夜赶至骊山，却见城楼之上，幽王正与褒妃饮酒作乐。幽王只让人传下一句话："幸无外寇，不劳跋涉。"诸侯面面相觑，偃旗而回。天子与诸侯间的烽火信约，就此被幽王践踏。不久，西戎真的发兵来犯，将镐京团团围住。此时，幽王又遣人遍举烽火，诸侯因刚被烽火所戏，又以为诈，皆不起兵驰援。幽王只得离宫出逃，被西戎将士一刀砍死。这是天子失信于诸侯的下场。

齐桓公是诸侯称霸中的第一位霸主，他能成为诸侯中的盟主，源自于他的重"信"。自从有了管仲这位"亚父"掌管国家大事，齐国很快成为一个强国。于是，齐桓公假借周天子之命，召集周边的宋、鲁、陈、蔡等八国，到齐国开会，结果只来了宋、陈、蔡、邾等四个诸侯。即便如此，宋国的国君也不甘听命于齐桓公，连夜又逃了回去。齐桓公决定伐宋，但是中间隔着一个鲁国，伐宋须先令鲁顺服。于是，齐桓公挥师抵达鲁国边境，先文后武，派人告诉鲁庄公，约在柯地会盟。庄公便选了一位文武双全的曹沫，随同赴会。会盟刚开始，曹沫便冲向齐桓公，右手按剑，左手揽桓公之袖，怒形于色："齐恃强欺弱，夺我汶阳之田，今日请还，吾君乃就歃耳！"桓公忙说："大夫休矣，寡人许子！"会盟结束后，齐国群臣愤愤不平，欲劫鲁侯，以报曹沫之辱。桓公曰："寡人已许曹沫矣！匹夫约言，尚不失信，况君乎？"第二天，齐桓公便将侵占汶阳的田地尽数归还鲁国。"诸侯闻盟柯之事，皆服桓公之信义。"纷纷加入齐盟,齐国因此成为东周时期的第一个诸侯国盟主。由此可见"显比"影响之巨,作用之大。

在普遍缺失诚信的当今世界,国与国之间的"诚信"外交,已经成为掩耳盗铃、自欺欺人的笑话。在"利益"这面公开的旗帜下,"朝秦暮楚"的故事,几乎天天都在发生。

志同道合的朋友聚在一起,无论做什么事业,都需要有一个首领,春秋时期的说法,称为"盟主";时下流行的说法,叫"领军人物"。一旦盟主失控,就会天下大乱。一旦领军人物失控,团队就要散伙。所以,周文王讲朋友的故事行将结束时,特别提醒大家:"比之无首,凶。"这种有始而无终的局面,不是《比》卦的本意。以"比之无首,凶"这一反面例子,告诫世人:交朋友不仅要有诚信,还要有始有终。

本章思考题

1. 卦辞为什么要用"原筮"譬喻朋友交往?
2. 初六爻辞中的"它吉"指什么?
3. 六四爻辞中的"外比"指什么?
4. 为什么以"比之无首"终结《比》卦?

第九章 《小畜》卦

☰ 小畜：亨。密云不雨，自我西郊。

初九：复自道，何其咎？吉。

九二：牵复，吉。

九三：舆说辐，夫妻反目。

六四：有孚，血去惕出，无咎。

九五：有孚挛如，富以其邻。

上九：既雨既处，尚德载，妇贞厉，月几望，君子征凶。

《周易》第九卦《小畜》。与积德相比，积财只能算是小的积蓄。本卦阐述积财之道，故取名《小畜》，畜同蓄。

第一节 密云不雨，自我西郊

卦辞只运用了一个譬喻：

小畜：亨。密云不雨，自我西郊。

用"密云不雨，自我西郊"这样一个自然现象来譬喻，意在表达积蓄财富是一个逐渐积累的过程，是一件有规律可循因而可以预知前景的事情。"密云不雨"，讲了财富积累的渐进特点；"自我西郊"，讲了财富积累的途径选择。

先从积云下雨讲起。下雨，因为天上有云之故。若天上无云，绝不会下雨；天上的云薄如纸，也不会下雨。若要下雨，必待天上之云越积越厚，达到一定的状态，在哲学上称之为"度"，才能由气态变为液态,由云变雨。在这种量的积累过程中,人们要有等待的耐心。我们经常从影视作品中看到古人在久旱之时伏地祈求老天降雨的情景,实属愚昧无知。天上无云,何来雨水?在现实生活中,处于穷困之境的人们,渴望脱贫致富,所谓"一锹掘一口井,一口咬一个饼",祈求走路捡个金元宝,买彩票中个大奖。结果,买彩票的钱花了不少,中大奖的梦仍然虚无缥缈,陷入了贫者愈贫的困境。殊不知财富要脚踏实地渐渐积累,正如"书中自有黄金屋",也是要从"悬梁刺股""凿壁偷光"一步一个脚印地一路走去。先秦时期的平民思想家墨子曾在《尚贤》这篇文章中说过,穷人要想脱贫致富,最好的途径就是刻苦读书成为贤人,一旦"为贤",君王就能"高予之爵,重予之禄"。在后来的科举时代,许多农家子弟,就是怀着"为贤"之志,忍得"十年寒窗苦",一路走来。《儒林外史》中的平民书生范进,资质稍逊,中年才得以中举,喜极而疯,却也是一个懂得"积云下雨"的渐进之辈。

  天上乌云,能否化而为雨,还有一个方向问题;能否下雨,要看云自何方来。民间有许多云与雨的谚语,是长期以来先民观察天象的经验积累。例如:"南闪火门开,北闪雨就来""西北天乌云推上来,女儿要到娘家来",这里的"闪"指闪电。夏季,南面乌云密布、电闪雷鸣,乌云不会向北移动,明天天气会很炎热;北面乌云密布、电闪雷鸣,大雨很快就会降临。乌云来自西北方向,就像回娘家的女儿脚步走得很快,大雨即将来临。由后一条谚语推知,"自我西郊"的"密云",很快就能化雨。以此譬喻财富的积聚,只要方向判断准确,等待总有结果。

  《小畜》的六个爻辞,对致富道路的选择、致富过程中遇到的曲折、致富之后的处世态度等问题,分别进行了阐述。

第二节　复自道与牵复

初九、九二爻,是关于致富道路的选择所做的阐述：

初九：复自道,何其咎？吉。

九二：牵复,吉。

有一句谚语："男怕选错行,女怕嫁错郎。"可见,男人选择谋生的行业是影响一生命运的大事。所以,谋生致富途径,从一开始就要有一个准确的选择。"君子爱财,取之有道。"歪门邪道,肯定不行；难以致富的路径,也不能走。前一类道路,比较容易识别；后一类不赚钱的路径,往往难以辨别,需要在实践一下之后才能判断。所以,在走上致富道路的初始阶段,及时更换致富路径,不是一种错误,而是一种值得肯定的明智举动。"复自道,何其咎？吉。"讲的就是这个道理。这不是犯错纠错的问题,而是能否理性选择的问题。

细究一下,"复自道"的情况可分为两类：

一类是谋生初期缺少社会阅历因而误入歧途,或者受到一夜暴富之类的物欲诱惑走入歧途；一旦醒悟,重新做人,回到正道上来,谋求发展。此类"复自道",难点不在辨别谋生道路的正与邪、对与错,而是难在当事人能否痛下决心,与一路走来的那条邪道一刀两断。"何其咎？吉。"与邪道决裂,回归正道,没有错！好！"浪子回头金不换",就是对此类"复自道"者的鼓励与肯定。

在现实生活中,人们却很难做到对这类"复自道"者的肯定与鼓励。《庄子·德充符》记载了这样一件事：有一个名叫叔山无趾的人,早年因犯了过错,遭刖刑断了脚趾,而号"无趾",用脚后跟走路去见孔子,要求做他的学生。孔子说："你之前不谨慎犯过,造成了现在这种状态。虽然今天想到了来我这里,不亦晚乎？"无趾说："我只因不识时务而轻用我的身子，所以才断了脚趾。现在我来这里，因为还有比脚趾更尊贵的东西存在，想保全它。天无所不包，地无所不载，我把先生当作天地，谁知先生如此看我。"孔子闻言，连忙言道："我实在浅陋，请快进来，说说你的看法。"无趾走之后，孔子说："弟子们努力啊，无趾是一个刑后断趾之人，尚知勤勉求学以补前行之恶，何况吾辈没有犯过的全形之人啊！"

这个故事告诉我们，前贤如孔子，尚且难免不理解"复自道"的年轻人，何况现实生活中的普通人呢？

还有一类是谋生初期缺少准确的判断能力，选择的行业并不能成为生财致富的最佳路径，经过一段实践，决定及时退出这个行业，重新选择新的更好的致富道路。一而再地选择新的致富路径，是一种理性的行为，更应该得到肯定和鼓励："复自道，何其咎？吉。"这个"吉"，是事业刚起步时便怀抱着一颗永不满足之心的吉，是利益最大化的吉。

在现实生活中，面对这类"复自道"，不同时期有着不同的价值判断。在以前的计划经济时代，人们的工作是由学校读书时的专业、刚踏上工作岗位时根据整体需要等情况决定的，一旦确定工作岗位，往往就是一辈子的事业，一般情况之下不会再有"复自道"式的变动。如果一个人经常要求调动工作，不仅调动之事难如登天，还会被视为不安心本职工作的异类，成为经常受到批评的对象。然而，随着社会主义市场经济的深入发展，"复自道"成为常态。年轻人大学毕业，专业背景仅是参考，选择一份工作往往只是权宜之计，"跳槽"一词代替了传统的"复自道"，由被轻视到被重视，一些现代化的中、外大企业，招工时不仅重视毕业的大学，往往更看重曾经在哪些企业、哪些岗位上工作过。随着不断的"复自道"，薪水也不断地往上涨，一个年轻人的理想的工作、理想的薪水，往往是在几次"复自道"即跳槽之后才尘埃落定。周文王的"复自道，何其咎？吉"，终于在21世纪初期，才被中国人完全理解和付诸实践。

在致富道路上，多有合作伙伴。当自己在实践中校正了致富路径，就还有一个说服合作伙伴、一起改弦更张回到正确路径上的义务。"牵复，吉"，讲的就是这一件事。牵是牵手的牵，复是回归正道的复。复，表明原先选择的不正确，需要纠正到正确道路上来。在《周易》各卦的第二爻中，凡言"利见大人"，总是因为自身力量不足而尽可能争取得到别人的帮助，唯有此卦九二爻辞，为主动拉人一把共谋发展。当然，主动牵手中也有利己的效果，在致富的道路上，往往是"行得春风有夏雨"，助人即助己。所以，"牵复"是一种后果吉利的行为。

第三节　夫妻反目

九三、九四爻的爻辞，讲述了在致富道路上可能发生的曲折和风险，提出了如何防范的忧患之思和应对措施：

九三：舆说辐，夫妻反目。

六四：有孚，血去惕出，无咎。

在官场上的人，有了一定的地位，不能被"春风得意马蹄疾"冲昏头脑，一定要心存忧患，在"终日乾乾"的同时，保持"夕惕若厉"的忧患之思。在商场上的人，有了一定的实业基础，不能被眼前的"达三江""通四海"冲昏头脑，也要心存忧患，在"终日乾乾"办实业、做生意的同时，保持一颗怵惕之心。应该明白，致富道路上的人，目标都只有一个：赚钱。因此，在致富的道路上，很难有永久性的合作伙伴。尤其是在积蓄了一定的经济基础之后，由牵手转向分手便演化为一种比较常见的社会现象。

九三爻处在忧患之位，所以爻辞用了"舆说辐"与"夫妻反目"两个比喻，可谓传神之笔。

舆即车;辐通"輹";说借为"脱",即脱离。古代的木质车辆,车的行驶全靠木轮子与木质轴承的密切配合。但是,车辆行驶久了,本来密切配合的轮子与轴承,由于长期的摩擦作用,随时都有可能分脱。一旦轴、轮分离,车辆戛然而止已属万幸,车毁人亡都有可能。

刚刚结为夫妻,山盟海誓白头偕老,然而相处时间久了,便有可能在日常生活中间积小怨为大怨,以致反目成仇、分道扬镳。司马相如与卓文君如此相亲相爱,也难免日久生隙,司马相如又去另找新欢。如胶似漆的夫妻,一旦小别,也往往要生出"香车竟系谁家树"的疑虑。

亲密如轮轴、如夫妻,尚且难免分离,何况为了致富目标才走到一起的合作伙伴?周文王将这两个比喻系于九三爻,是因为该爻乃阳爻阳位,刚性有余而柔性不足。在现实生活中,导致车轮与轴承相脱离、夫妻反目成仇的原因,也大多为性之刚硬过甚使然。木与木之间,刚硬无韧性,长期摩擦消耗,轴承越来越细,与轮子之间的空隙越来越大,若任其自然,则最终的结果非断即滑,轮、轴相"脱"便成为必然。人与人之间,性格过于刚烈,有了矛盾难以沟通协调,由小怨积为大怨,由埋怨转化为仇恨,由牵手走向分手的"反目"也就在所难免。

在市场经济如火如荼的现代社会里,我们经常听到或看到一些大型的民营企业之间,由合作伙伴而反目成仇对簿公堂的事件。例如,有一家知名民企,在上海外滩拍得一块"地王",但是开发这块"地王"力有不逮。另一家民企便伸出援手,投资入伙,一时传为佳话。谁知,后来那家知名民企资金链出了问题,便背着伙伴,悄悄出让了一部分股权给第三方。可想而知,两家当即"反目",对簿公堂。一段强强联手的佳话,顿时转变成为"舆说辐"式的笑话;一个万众翘首以待的标志性城建大项目,也因为"舆说辐"而一时搁浅。两位本可以携手干大事的商界精英,也从此分道扬镳。

反目、分裂对于致富路径的开拓与发展,毕竟不是好事,能够避免就要尽可能避免。尤其对于财富积聚到了相当高度的人而言,避免分手的主动权掌握在自己手里。六四爻,阴爻阴位,充满着柔性:"有孚,血去惕出,无咎。"爻辞的关键词是"有孚",爻象与爻辞的意思是:以柔顺的方式亲近人,诚信的态度感动人,就可以远离由于合作伙伴的反目离去而造成的血光之灾,就可以在积聚财富的道路上大胆前行。

中国有一句流传了多少年的话:无商不奸。意思是,凡商人都有几分奸诈;若无奸诈,就做不成商人。然而,更早的先人周文王却告诉我们:做商人也要"有孚";诚信,是生意人的最大资本。有了这项资本,可以远离血光之灾和忧患恐惧,在致富道路上平安前行。

第四节　下雨之后

《小畜》卦九五、上九两个爻辞,是关于致富之后如何处世的观念分析:

九五:有孚挛如,富以其邻。

上九:既雨既处,尚德载,妇贞厉,月几望,君子征凶。

独富不算富,众富才是真正的富。一个富翁,生活在贫民窟中,遭遇往往是非盗即抢,毫无安全可言。帝王垄断天下财富而饿殍遍野,就要爆发农民起义。所以,儒家将国富民贫的社会现象称为"亡国"之象。周文王显然已经注意到了这一问题,告诫积聚财富的人们:"有孚挛如,富以其邻。"不仅对于合作伙伴要有坚持携手共进的诚意;对于非合作伙伴的左邻右舍,也要竭尽自己的财力,帮助他们一起过上富裕的生活。"富以其邻",便是九五之位的"利见大人"在积蓄财富这一语境下的特殊含义。

九五爻是至尊位。在"小畜"背景下的至尊位,象征致富之路已经达到最高阶层。商人登临这样的高度,个人致富的目标已经实现,此时此境的他,又应该做些什么事呢?周文王指示说:

一是"有孚挛如",有诚信。对谁有诚信?对一路走来的合作伙伴。自己已经成功,他人未必成功,可能还在努力拼搏。以自己的成功经验,帮助那些尚未成功还在拼搏的同道中人,是应尽的义务。对他们的帮助应该充满诚意,如同做自己的事业一样尽心尽力。

二是"富以其邻"。以既有的财富,帮助还处于贫困状态的左邻右舍,解除他们的困难,提升他们的生活质量,这是一部分先富起来的人应尽的社会责任。自从周文王提出这一要求之后,三千年的中国社会,还是鲜有"有孚"状态下的"富以其邻"。而在科学昌明的今天,世界上居然有不少走科技之路的致富者,实践了周文王的这一倡议。最典型的代表,就是创建微软的比尔·盖茨。他一旦成了大富豪,便将数以百亿计的财富投入他的慈善基金会,去推动全球卫生和教育领域的平等。他的思路很清楚:钱本来就是大家的,应该拿出来大家用。他可能并不知道中国古代有一个周文王,却实践了周文王"富以其邻"的理想。我们相信,比尔·盖茨的"富以其邻"的行为,一定是"有孚"的。但愿像比尔·盖茨这种"有孚"的"富以其邻"行为,也能在富人越来越多的中国,雨后春笋般涌现出来。

"既雨既处",西来的积云终于成雨,沛然而下。但是,务必记住过犹不及的道理。久旱之际,大雨沛然而下,果然爽快,倘若大雨一直下个不停,旱灾马上就会转化成涝灾。所以,文王说:"既雨既处",及时下雨也要及时停雨。为了进一步说明"既雨既处"的道理,文王又一连列举了四个例子:

一是"尚德载"。积德果然是好事,然而一旦过度便成了虚伪,所以,做积德之事也要适可而止。

二是"妇贞厉"。妇女必须要有一定的贞操观念,但是过度强调妇女守贞,妇女的天性受到过度压抑,反而蕴含风险。古代妇女的"红杏出墙",往往就是封建大家庭里过度强调女子守贞操节、女性压抑过甚导致的结果。

三是"月几望"。月亮一旦近圆,就是缺的开始。在先秦时期,名辩之士提出的"日方中方睨"命题,也与此相类。

四是"君子征凶"。君子受人尊重,尤其谦谦君子,遇事则吉。倘若君子过于清高自负,就会脱离民众,离群独处,以致处处有险。

四个类比,蕴意则一:"既雨既处。"任何事情到了极处,就会向反面转化。所以,致富的目标实现之后,面对满盈的财富,务必保持头脑的清醒。致富转变为贪婪,如同求雨转变成涝灾。

古代有一种置于案头的器物,名为"欹",一旦注满水,便自动倾倒。其用意,也是提醒人们:满招损。

生财易,守财难,多财往往乱性。历史的经验,现实生活中的教训,时时提醒着"小畜"的成功者。

本章思考题

1. 作为《屯》卦卦辞,"密云不雨,自我西郊"譬喻什么?
2. 初九爻"复自道,何其咎"有什么重要意义?
3. 为什么九三爻譬喻"舆说辐,夫妻反目"?
4. 上九爻"既雨既处"的哲学意义?

第十章 《履》卦

☱ 履：履虎尾，不咥人，亨。

初九：素履，往无咎。

九二：履道坦坦，幽人贞吉。

六三：眇能视，跛能履，履虎尾，咥人，凶；武人为于大君。

九四：履虎尾，愬愬，终吉。

九五：夬履，贞厉。

上九：视履，考祥其旋，元吉。

《周易》第十卦《履》。卦象内兑(☱)外乾(☰)，兑为和悦，乾为玉，玉为温润之物。温润其表，和悦其内，称名"履"。这个"履"，就是"礼"。所以，本卦是阐述礼的卦，是以"和"为主要内容的卦。

第一节 履虎尾，不咥人

本卦卦辞也只用了一个比喻：

履：履虎尾，不咥人，亨。

常言道："老虎屁股摸不得。"为什么摸不得？因为老虎最凶悍的武器是尾巴，而尾巴就长在屁股上。踩老虎尾巴，直接干犯老虎身上最凶悍之处，显然比摸老虎屁股的危险更大。然而，遵循外润内和的礼，即使遇到如此高危的事情，也能安然通行。

在黄山脚下,有一个名为"西递村"的古村落。村中有相邻的两座宅子,为兄弟俩所造,中间开了一个两家人可以互相走动的边门,门楣上题四字:"履道含和。"题得巧,意蕴深。

履为足,道为路;履道,即指这条两家走动的路。开辟这条通道,体现了两家人的和睦;两家人的和睦关系,又随着在这条通道上的不断走动,成为传统。这是在这条通道的门楣上题写"履道含和"四字的本义。

履,又引申为礼;道,又为事物的本质属性;履道,即礼之道,礼的本质。"履道含和"的深层意蕴是:礼的本质中包含有"和"。和是平和,是和睦,是和谐。平和,和睦,和谐,是礼的重要属性。建宅者希望家人,希望子孙后代,在依礼而行的人生道路上,做人平和,待人和睦,处世和谐。

西递村的"履道含和"思想,应该源自《周易》的《履》卦。

《履》是一个饱含人文修养的卦;卦辞爻辞中有三处以"履虎尾"譬喻,而有"咥人"与"不咥人"的不同结果,有"亨""凶""吉"的不同断语。由此告诉我们,一个人应该如何保持循礼而行的态度,应该如何做人、如何待人、如何处世,深刻影响了此后华夏子孙道德品性修养的培育。

《履》卦的六个爻辞,从一个人在不同的发展阶段,对循礼而行的态度、践履的方式等,通过"吉""凶"断语,做了正反两方面的阐述与评判。

第二节　素履与幽人

初九、九二爻辞,是关于初入社会者应该如何做人、踏正人生第一步的阐述:

　　初九:素履,往无咎。

　　九二:履道坦坦,幽人贞吉。

第一个阶段为发展的初期,亦即如何做人的阶段。这一时期的践履方式是"素履"与"幽人"。素是无修饰的自然状态,素履本义是不加文采修饰的鞋子,本爻的延伸义就是未受社会不良习俗影响,完全出乎自然的那种内心纯净、外表敦厚的言行举止。这种践履方式,因为发乎天性,举手投足莫不中礼。正如西方古代哲人德谟克利特所说:有的人虽然不懂道理,却生活得很合理。

一个还没有学习礼仪规范、刚刚走上社会的人,只要怀着一颗质朴自然之心,不被世俗的心志所左右,不被非分之利所诱惑,前进的每一步路,就能走在正道上,就能一举一动都不会逾矩而获得别人的赞誉。这一种存在方式,对于任何一位初出茅庐的年轻人都适用。

初九爻是积蓄力量的初期阶段,重点在积不在用。周文王以"素履"为喻,也意在提示处于这一阶段的人,不要把刚刚有一些积蓄的力量用在绣花染彩之类的无用功上面,这样才会有益于今后的事业发展。反之,刚刚有一些积累,就立刻用在不重要的小事上,显然不利于今后重大事情的推进。即便是"佛靠金装,人靠衣装",在鞋面上绣不绣花、染不染彩,也是微不足道的事情。按照这样的思路走下去,就不会出现有了机会却没有力量的遗憾之事。文王以"素履"为喻告诫人们在事业初创时注重积累的用意,应是《乾》卦初九爻辞"潜龙勿用"的一种具体展示。

"幽人"之"幽",喻心态的恬淡安静。稍有发展之后,仍要保持心胸坦荡、不求闻达的平和心态。处于这一阶段的人,最容易产生急功近利、出人头地的急躁冒进思想。一旦有了这种思想,自然也就失去了平和的心志,难免会做一些不能见人的非礼之事;一旦事与愿违,便怨天尤人。"履道坦坦,幽人贞吉",保持心态的平和,做坦荡荡的君子,不做常戚戚的小人。以这样的原则作为人生的起点,前程一定美好。

这是积聚力量的第二个时段，用《乾》卦的九二爻辞的例说，是"见龙在田"的状态，此时的境地，是力量尚不足以成事，而要争取一切条件继续给力的时候。在"履道含和"的背景下，当然要在"和"上下功夫、做文章，才能如愿以偿地获得各方面的扶持和帮助。这就涉及如何做人的问题。

中国有一句妇孺皆知的话："初生牛犊不怕虎。"因为刚涉世，还没吃过苦头，天不怕地不怕。这句话本来是褒美年轻人有冲劲有生气，但是用周文王的价值来判断，却是有缺陷，不宜提倡的。事业初创、稍有发展的时期，特别注意不能唱高调，不能锋芒毕露，而要谦虚谨慎、低调做人，要心态平和、不盲目躁进。周文王以"幽人"为喻，就是对外表高调、锋芒毕露，内心浮躁、急于求成者的一种告诫。"幽人"含"和"多助，"躁人"无礼失助，两种做人方式，两种不同结果，吉、凶是明显的。

在人生的起点处，谨守文王的"素履"与"幽人"之诫，将会受益终身。

第三节　履虎尾，愬愬

第二个阶段为发展的中期，涉及如何待人的问题。《履》卦的六三、九四爻辞，分别用两个"履虎尾"为喻，以对比的方法，做了形象生动的表达：

　　六三：眇能视，跛能履，履虎尾，咥人，凶；武人为于大君。
　　九四：履虎尾，愬愬，终吉。

做实业的人一旦成为富豪，入仕途的人一旦成为高官，大多会患上同一种病：骄人。骄人的姿态甚多，如瞧人的目光、走路的姿势、说话的腔调……甚至于在握个手的一瞬间，都能让人感觉到骄人的病态。在这些人的身上，礼已经在不知不觉之间被金钱或官位代替。可悲的是，这些富豪和高官并不感觉自己的失礼,反而认为礼是用来区分等级的,骄人的种种姿态,表明了富人、官人的身份等级,正是礼的一种表达。他们忘掉了,或者根本不知道,礼的核心价值是"和",表现在待人方面,就是和气、和睦。

《履》卦的六三爻辞,同时举了四个例子,叙说骄人失礼之态以及这样带来的凶险后果:"眇能视,跛能履,履虎尾,咥人,凶;武人为于大君。"

眇目,是一种轻度残疾,患有此症者,虽然也能瞧人瞧物,但是往往要在人前尽量掩盖这一生理缺陷,因为这毕竟不雅观。但是有一种人,明明不存在眇目这一生理缺陷,却喜欢目光斜视瞧人。这是一种骄人之态,是一种心理上的毛病导致的结果。

跛子,一般情况属于比眇目严重一些的残疾。在古代,往往是因为犯了罪而处以刖刑即砍足这一惩罚所致。在《庄子》一书中,有几位因为犯罪而遭到刖刑成为跛子的人,改恶从善,甚至成为名学者,如王骀。在现实生活中,有些人并不是跛子,却像跛子一样,走起路来摇摇摆摆;这些人并非本于残瘸,而是一种故作姿态。这些人非贵即富,以此显示其不同于常人。

周文王例说中的"眇能视,跛能履",指的是后一种人,现实生活中的心疾之人。

踩住了老虎尾巴,结果被老虎咬死。为什么被老虎咬死?从与其并列的前两个"眇能视,跛能履"的例说,以及后一爻辞中因为"愬愬"而"终吉"的对比分析,这个爻辞中的踩住老虎尾巴,显然属于故意冒犯虎威所致。这次的"履虎尾",也不属于"初生牛犊不怕虎"的性质,而是一种藐视虎威、故意挑衅的行为,因此激怒老虎,毫不客气地将这个不知好歹的冒犯者"咥"之。

治军与治政是两个不同的专业。武将可以勇冠三军,百战不殆,却并不因此就可以治理天下。这就是为什么自隋唐开始,科举取士,从知识分子中选拔行政官僚治天下的理由。一旦武夫君临天下，个人品性中缺少"履道含和"的要素，天下苍生就要水深火热，而政权也难保长久。元朝就是一个典型例子。清王朝吸取了这一历史教训，一旦入主中原，立即改武治为文治，继承明代的科举制度，文官理政。从康熙开始，统治者也十分重视个人的文化修养，皇帝成为文人领袖，最著名的成果，就是中国人用了几百年的《康熙字典》。这就是同为外夷入主中原，元朝仅存百年，清朝却能长存近三百年的原因。而三千年前的周文王，却早已看清楚"武人为于大君"的凶险，可知他之前已有正、反面的历史教训反复演变过了。他的这一例说是结论而非预言。

以上同一爻辞中的四个例说，虽然只在老虎吃人的后面判断为"凶"，但是这四个例子属于并列关系，老虎吃人是明显的凶险，其他三种情况的后果不明显，却因为都是缺失和睦内核的非礼行为，后果凶险同样可以确信。

同样是踩老虎尾巴，因为态度温润，内心又充满着歉意和不安，结果大不一样："履虎尾，愬愬，终吉。"踩老虎尾巴，只是一个例说。无论是富豪，还是高官，都要以礼待人，有一颗尊重他人的和睦之心。有了这样一颗"愬愬"之心，人生旅途中无论遇到多大的艰难险阻，都能够化险为夷，遇难呈祥。

在《履》卦的六个爻辞中，只有六三、九四爻辞，以"履虎尾"为喻。踩老虎尾巴是一件高风险的事请，稍不留神，就会被老虎所伤害。而三、四爻为"忧患"阶段之爻，文王才系之以"履虎尾"，示以忧患之诫。

第四节　夬履与视履

本卦最后两个爻辞，就巅峰时期如何处世做了阐述：

　　九五：夬履，贞厉。

　　上九：视履，考祥其旋，元吉。

无论是做事业的富豪,还是从政的高官,一旦进入巅峰时期,核心问题就要从如何待人上升到如何处世,着眼于整体利益,思考如何才能与整个世界保持一致,在和谐的环境中确保自己的巅峰状态。

　　这一时期的最大障碍是自己。因为走到了巅峰,以为自己的成功经验都是颠扑不破、放之四海而皆准的真理,过分地放大自己的能力和影响,造成了刚愎自用的性格,形成了脱离群体、脱离民众、独断专行的工作方式。这种因财富和权力而被扭曲的性格与工作方式,《周易》作者称之为"夬履"。夬,决,脱离之意;脱离实际,脱离工作团队,脱离广大民众。就像一支离弦的箭,一意孤行,决然而去。前途如何?"厉"指充满危险。这是周文王从反面提醒居于九五尊位的人,在"飞龙在天"之际,不应该独往独来,一条道走到底,而应该尊重贤能,集群贤智慧,巩固和发展既成之业。几千年封建社会里的统治者,都是自称"孤家""寡人",源头就在这里。君王称孤道寡,目的就在提醒自己:不要脱离贤能、不要脱离民众。同时也有希望群臣都来监督他不要一意孤行的意思。"孤家""寡人"本是贬义词,天天出自君王之口,便成了自谦之词。

　　从反面转向正面,周文王是要居此尊位者善于听取众贤意见,营造一个上下通顺、"履道含和"的常盛局面。在周文王之后的三千年历史中,按文王之愿去做与未按文王之愿去做的情况,后者多于前者,所以,因"兼听则明"而开创盛世之局的君王,能作为美谈而流传下来的很少,唐代的李世民,算是最著名的一位。不过,李世民的兼听美誉,也有魏征强谏的一份功劳。当然,有一些君王也能从谏如流,但是围在君侧的大臣,都是一些品质下流的奸臣,君王的纳谏,导致了残害忠良、祸国殃民的后果,从谏如流的君王也就成了被历史唾弃的"昏君"。

　　处身巅峰,尤其要深思熟虑,谨慎处世;时时刻刻,都要实事求是,经常加以"有悔"的检点,使得决策、政令尽可能完善,避免"朝令夕改",下属无手足无措。所以,避免"夬履"之后,还要有一个时时检点自己,做"有悔"功课的问题。这就自然而然地引出本故事的最后一段情节:"视履。"

视:观察;履:路、脚印。视履:观察走过的路;或者释读为:观察一路走来的脚印。考:考察,检验;祥:祥和;其:履,走过的路;旋:来回,反复。

"视履,考祥其旋,元吉。"观察走过的路,反复检验其中的祥和之处,能获得更大吉祥。

这个故事的最后一节,有两个关键词:一是"视履",二是"考祥"。

先说"视履"。观察走过的路:从"素履"开始,"幽人之贞","履虎尾,咥人",又"履虎尾,愬愬",直至"夬履",一路走来,姿态方式不一,吉凶祸福时变,可谓一步一惊心。

再说"考祥"。考察这一路过来的经历,有惊有喜,有凶有吉。为什么遭遇凶,为什么又能逢凶化吉?显然与为人宗旨、做人态度、处世方式密切相关。通过反复考量,从中找出逢凶化吉的祥和经验,对于成功之后的继续前行,自然有着莫大的益处。

"视履"是对人生道路的回顾;"考祥"是对日常生活中"履道含和"精神的提炼。

在地球已经成为一个"村"的今天,与世界保持和谐,是履道的最高境界。

本章思考题

1. 为什么卦辞说"履虎尾,不咥人"?
2. "素履"的含义是什么?
3. 为什么六三爻出辞"履虎尾,咥人"?
4. 为什么九五爻出辞"夬履"?

第十一章 《泰》卦

☷ 泰：小往大来，吉，亨。

初九：拔茅茹，以其汇，征吉。

九二：包荒，用冯河，不遐遗；朋亡，得尚于中行。

九三：无平不陂，无往不复，艰贞无咎；勿恤其孚，于食有福。

六四：翩翩，不富以其邻，不戒以孚。

六五：帝乙归妹，以祉元吉。

上六：城复于隍，勿用师，自邑告命，贞吝。

《周易》第十一卦《泰》。在中国传统文化中，"和"的分量可能最重。不仅履道含和，生物亦离不开和。而最大的和，莫过于天地之和。天地如何和？《泰》卦之象做了形象表达：下乾（☰）上坤（☷）。乾为天，坤为地；天在上、地在下，是自然现象。而《泰》卦卦象却颠倒了天与地的位置，让高大的天居于地之下，低且小的地则居于天之上。在上之天降于下、在下之地升于上，天地交融、阴阳和合。这种天地和合、化生万物之象，名之曰"泰"。

第一节　小往大来

卦辞言简意赅，揭示了天地交泰这一内涵：

泰：小往大来，吉，亨。

天地相和，化生万物；万物之中，茅草为卑。在《周易》的三个卦中，三次假茅草之譬取喻，皆为最底层的初爻之辞，亦见其位卑。卑则卑矣，周文王却对茅草始终心怀敬意。后辈人，亦对茅草一类卑贱之物多有欣赏歌咏者，最流行的一首诗是："离离原上草，一岁一枯荣；野火烧不尽，春风吹又生。"

茅草乃天地所生，而天与地必须相合才能化生包括茅草在内的万物。天地之所以能够化生万物，是因为天之性为阳、地之性为阴，一阴一阳，交融激荡，化生万物。老子说："万物负阴而抱阳，冲气以为和。"（《老子·四十二章》）这构造万物的阴阳两气，一为天之气，一为地之气。

化生万物，除了天地的阴阳两气，还有存在于天地之间的金、木、水、火、土这五种元素。这五种元素，必须相互调和，才能生物；任何一种元素，单独不能生物。对于自然界的这一规律，我们的先人早已有了深刻的认识。据《国语·郑语》记载，早在西周时期，周太史史伯就有了"和实生物，同则不继"的认识。所谓"和"，是指不相同的元素的结合、成为一个整体；所谓"同"，是指相同的元素合在一起。史伯说："土与金、木、水、火杂，以成百物"，土元素与其他四种元素结合，能化生出各种物类。反之，只有土没有金、木、水、火，土还是土，不可能有物类的化生。为了说明"同则不继"的观点，史伯还举一反三地申述道："声一无听，物一无文，味一无果，物一不讲。"如果只有单一的声调，就不会有动听的音乐；如果只有一种颜色，就不会有绚丽的文采；如果只有一种味道，就会使人厌恶；如果只有一种器物，也就不会有称物之名。

史伯的上述关于阴阳相生、五行相和的看法，历来被认为是中国最早表达事物的矛盾是事物产生和变化发展的思想。史伯的这一思想，也不是无源之水。"和实生物"的思想源头，就在《周易》的《泰》卦。

《泰》卦卦辞用"小往大来"这四个字，揭示乾下坤上这个看似与自然现象颠倒的卦象。小往，是指象征"地"的经卦坤从下位前往了上位；大来，是指象征"天"的经卦乾从上位来到了下位。古人持盖天说，天覆盖地，所以天大地小。居上位的天屈尊下降，居下位的地平步青云，天地阴阳交感而化生万物，使得万物皆能负阴而抱阳、冲气以为和。这个天地交融的局面，就叫"泰"。泰的意思是通畅，并且不是一般的通畅，而是最大的通畅。所以，古人又往往将"泰"与"太"通用。

吉祥、通畅，理所当然成为天地和、万物生的《泰》卦的两大属性。

由自然之"泰"，推及社会之"泰"，天子、国君礼贤下士，以民为本，以民之所欲为己任；贤能之士汇聚于庙堂之上，谋略政治，策划经济，君臣一心，君民一意，这个局面就是几千年来老百姓一直企盼的"国泰"。孟子主张："民为贵，社稷次之，君为轻"（《孟子·尽心下》），也是希望开创一个"国泰"局面。然而，在封建社会里，天在下地在上、君在下民在上的局面，只能是少数知识分子理想中的空中楼阁。周文王是政治家不是空想家，他构想中的"小往大来"式的理想社会，只是一种观念上、政治理念上的设想，是希望后来的统治者不要高高在上称孤道寡，而是要注意与下属和民众多沟通，多考察民情，对症下药治国施政，才能社会和畅。

上下沟通，主要在以下三个层面展开。

第二节　拔茅茹，以其汇

第一个层面是社会的底层。如同本来又高又大的天降落到了地的下面，高高在上的天子、君王居然来到社会底层，与普通民众沟通，民众所能回报的，只有紧密团结在政府一边、做君王最可靠、最坚实的社会基础，确保国家的长治久安。

本卦始于拔茅草的启示，初九、九二爻辞说：

初九：拔茅茹，以其汇，征吉。

九二：包荒，用冯河，不遐遗；朋亡，得尚于中行。

拔起一把茅草，看到又长又多的根系紧紧地缠绕在一起，这正是茅草生长茂盛的原因。茅草的根深扎在地下，即便野火烧它，春风一吹又会蓬勃生起。这是一个象征吉利的隐喻：团结就是力量。深入到最底层的民众中间去，关心他们的疾苦，感受他们的欢乐，民众就会像缠绕的茅草根一样，给予生存与发展以无限力量。这种被后人称之为"开明"的认识，在不少头脑清醒的统治者那里，换成了另一种说法："忧以天下，乐以天下。"

忧以天下，也就是文人墨客说的"先天下之忧而忧"。用时下流行的说法："以人为本。"忧以天下，忧什么？首先要从天上降落尘世，了解国情、社情、民情。这个降落不是蜻蜓点水式的作秀，而是长期了解民情、实实在在休戚与共。

周文王认为，君王不但要有与天下百姓共患难的精神，更要有同舟共济的实际行动。

如何共患难同生死？九二爻辞说："包荒，用冯河，不遐遗；朋亡，得尚于中行。"这是一个譬喻，意思是：渡河落水，正巧抓住一只中空的大瓠，浮在上面再渡；半途之中，又救起濒临溺亡的朋友，携其共渡，死里逃生，登上彼岸，继续在正道上前行。以瓠为舟，自古有之。这个譬喻中的故事，应该是出典最早的"同舟共济"版本了。

这个"同舟共济"的故事本来是讲给统治者听的，后来成为人与人之间普遍性的道德要求之后，统治者反而淡忘，甚至遗忘了，民不聊生时，仍然花天酒地、穷奢极欲。这就违背了周文王主张统治者要与民众抱成团、共患难的初衷。

九二爻位是《乾》卦中的"见龙在田"之位，处此之位者亟须获得他人的帮助，尤其是"大人"即上位者的帮助；周文王用落水者向另一落水者伸出援手为例子，极尽"利见大人"之作用，也揭示了居于天位者降落到地上之后所持的与民共患难、抱成团一起前进的诚意和姿态。

这种"不遐遗；朋亡，得尚于中行"的诚意和姿态，正是"拔茅茹，以其汇"、营造"国泰"基业的最佳土壤。

第三节　无往不复

第二个层面是社会的中层。如果说第一个层面是围绕君民关系的沟通，那么，这个层面便是围绕君臣关系的沟通。统治者的真正的社会基础，主要是这一阶层，与这一阶层的沟通才是实质性的。

《泰》卦的第三、第四个爻辞，就是对君臣关系的一种阐述：

九三：无平不陂，无往不复，艰贞无咎；勿恤其孚，于食有福。

六四：翩翩，不富以其邻，不戒以孚。

"无平不陂，无往不复。"这是历来讲中国古代辩证思想时都要引为骄傲的经典名言。殊不知，这句话是在阐述君臣沟通方式时的一种隐喻，意思很实在：舍不得孩子套不住狼。

没有平地也就无所谓坡，没有往也就不存在来，这是大自然不变的法则。任何事物，都是相对立而存在，又通过相互转化而推进事物的发展。君臣关系亦然，没有付出，不会有收获；君王手中的爵、禄、权，正是士大夫所渴望、所追求的目标物。君王付出了爵、禄、权，收获到士大夫们的忠心与才干。"书中自有黄金屋，书中自有颜如玉。"读书人既然已经亮出了底牌，君王要想不付出也不行。"勿恤其孚，于食有福"，"孚"与"食"连在了一起，臣子的忠心以食物的满足为前提条件，早就已经明明白白地写进了《周易》。

春秋时期的齐桓公小白，不计前仇，决意重用管仲，强大齐国。管仲也十分清楚自己的才能，应该获得多少报酬。他不仅毫不客气地向齐桓公提出了财富与权力的要求，且提出了名位的要求，成为齐桓公的"亚父"。管仲也是一个很守职业道德的人，一旦伸手要到了财富、权力、地位，便充分发挥自己的才能，让齐桓公在礼崩乐坏、无义战的春秋时期，第一个成为挟天子以令诸侯的霸主；在位四十三年时间里，先后九次召集诸侯盟会。

战国初期的平民政治家墨翟，在其《尚贤》一文中向君王建议，沟通贤能之士的最好办法，除了"高予之爵，重予之禄"，还要付予决断事务的实际权力。君王付予这三样东西，是要贤能之士中能力最强者治国："早朝晏退，听狱治政"，确保"国家治而刑法正"；能力较强者治理一方："夜寝夙兴，收敛关市山林泽梁之利，以实官府"，确保"官府实而财不散"；能力较小者治理一邑："早出暮入，耕稼树艺聚菽粟"，确保"菽粟多而民足乎实"。

这就是君臣之间"无往不复"的游戏规则。君往（**付出**）而臣不复（**没有政绩回报**），就须罢免："官无常贵"，"无能则下之"。反之，如果君王仅仅以花言巧语哄骗贤能之士，不愿实实在在地付出，贤能之士就不可能尽心竭力替君王听狱治政、管理一方、经营一邑。君臣之间的沟通也就只是表面文章，君臣关系的"和畅"自然不可能实现。

君臣交往，有来有往、投桃报李，谁都能看得见；最忌的是相互之间言不由衷，缺乏诚信。看似君臣抱成团，实际上同床异梦。君王与位高权重的大臣之间一旦形成这样一种关系，不仅"国家治而刑法正"已不可能，而且"官府实而财不散"也成为一句空话。

六四爻虽为高位权臣之象，又是一个以三爻皆阴为背景之爻。翩为轻貌，翩翩，即极言其轻；阴爻为虚，阳爻为实，阴轻阳重，故以翩翩形容六四阴爻。不仅此爻为阴虚而不实，上两个爻亦同一属性，故又有"不富以其邻"之辞。古人说，轻诺多寡信，此爻辞以轻言寡信为譬,警示位高之臣在构建君臣关系时,同样要拿出实实在在的行动,不能一副媚态、一味柔顺地巴结君王,使君臣之间丧失最重要的诚信;对诚信问题掉以轻心,君臣集团就会如同一盘散沙;大臣们也就不可能如同汇成团的茅草根那样紧紧团结在君王周围,在日常工作中不可能"终日乾乾",在政治风雨中不可能披肝沥胆,在军事行动中更不可能身先士卒、冲锋陷阵。

因此,君臣之间的和泰关系,是维持"国泰"的重要保证。

第四节　帝乙归妹

第三个层面是社会的上层,统治集团内部。君王所要沟通的对象已不是一般的臣,往往是功高盖主的大臣,雄霸一方的诸侯;沟通的方式,往往超越了金钱与权力。如果说第二个层面的君臣关系,侧重点在为臣一方,如何终日乾乾地办事、战战兢兢地遵循为臣之道,努力保持与君王之间的和畅关系,那么,第三个层面上的统治集团内部的和畅关系,侧重点在为君一方,如何主动地与统治集团成员之间沟通交好,认真地听取来自集团内部成员的建言、忠告。

本卦最后两个爻辞,对于营造统治集团内部的"和泰"关系做了如下例说:

六五:帝乙归妹,以祉元吉。

上六:城复于隍,勿用师,自邑告命,贞吝。

帝乙是商纣王的父亲。归妹,嫁女。"帝乙归妹",就是通过婚姻关系,在统治集团内部进行沟通、建立特殊的政治关系。殷王帝乙将女儿下嫁给西部地区最强大的诸侯国君姬昌(周文王),周文王对这一联姻给予了充分肯定:"以祉元吉。"祉是福祉,元吉是大吉。有了这次联姻,以天子之婿姬昌为国君的周部落，获得了进一步发展的机会，成为统率西部地区各诸侯国的"西伯"；殷王也从此消除了西戎骚扰的烦恼。

周文王将亲身经历的"帝乙归妹"放在《泰》卦中来例说，可见统治集团内部的联姻，在维护"国泰"局面中的作用有多么重要。

通过联姻加强统治集团内部的沟通、实现和泰的方式，既然行之有效，也就从统治集团内部逐渐扩大至与外族的沟通，称之为"和亲"，中国历史上最著名者，如文成公主、王昭君等。在曾热播的电视连续剧《康熙王朝》中，康熙皇帝将爱女蓝齐儿远嫁准噶尔汗噶尔丹，也是为了大清国的安泰。当然，以"和亲"方式沟通君臣关系、宗藩关系，只是表明了君王的一种和好态度，实际效果如何，还须看沟通双方的态度。康熙将女儿远嫁准噶尔，却并未收获边疆安宁的局面。幸而大清国处于盛世，最后康熙还是以御驾亲征的方式，平息了来自北方边陲的侵扰。

上六是《泰》卦最上面的一个爻，居于该卦最高位，象征着和泰到了尽头，"泰"的局面行将结束，"否"的局面即将来临。因此，文王用了"城复于隍"为喻。城：用砖石（**西北部地区用黄泥块**）垒的城墙和城楼。隍：城外一圈的沟壕，有水时称为池，水干时称为隍。城垒得再坚固，也抵挡不住岁月的摧残，终有一天会自然倾毁；而城池再深，也总有一天会干枯。年久的古城墙，倾倒在早已干枯的城隍中，表明这个原本固若金汤的城市（邑），已经衰败破落、不堪一击了。这样一个地方，再也经受不起任何战争的动荡；所以，居于高位的君主，务必倾听来自本部落长老的意愿，审时度势，顺其自然；即便蒙羞受辱，也应泰然处之。

由这一爻辞，不禁联想到诸葛亮的"空城计"。用人不当导致"失街亭"之后，孔明退入小县西城，身边仅剩一班文官及二千五百兵丁。面对司马懿亲率十五万大军，尘土冲天，往西城杀来，孔明心知无一大将率领的二千五百兵丁，倘若出城会战，必然是以卵击石。此时此地,"勿用师",无疑是唯一选择。于是,《三国演义》里说:"大开四门,每一门上用二十军士扮作百姓,洒扫街道。""孔明乃披鹤氅,戴纶巾,引二小童携琴一张,于城上敌楼前凭栏而坐,焚香操琴。"司马懿见状,以为孔明使诈,连忙退军,遂使孔明的"空城计"得逞,化险为夷。

在由盛而衰的状态下,顺应自然的"勿用师",是一种无可奈何的选择。"贞吝"说明,即便措置得当,也难免尴尬。

《泰》卦六爻由"征吉"开始至"贞吝"告终的过程告诉人们,即便"国泰"状态下也要保持头脑清醒。

本章思考题

1. 《泰》卦卦象给我们什么启示?
2. "拔茅茹,以其汇"喻意是什么?有何现实意义?
3. "无平不陂,无往不复"的哲学意义是什么?
4. 为什么上六爻以"城复于隍"出辞?

第十二章 《否》卦

☷☰ 否：否之匪人，不利君子贞，大往小来。

初六：拔茅茹，以其汇，贞吉，亨。

六二：包承，小人吉，大人否，亨。

六三：包羞。

九四：有命，无咎，畴离祉。

九五：休否，大人吉。其亡其亡，系于苞桑。

上九：倾否，先否后喜。

《周易》第十二卦《否》，卦象为下坤(☷)上乾(☰)。地在下，天在上，不符合天中有地、地中有天这一"和实生物"的自然法则。所以，《否》卦表达的是如何应对不和合的环境，如何消解不和合，一步一步地走向和合，完成否极泰来的转化。

第一节　大往小来

泰与否，是一对相辅相成、互相转化的概念。人们习惯说"否极泰来"，很少说"泰极否来"，与表达思想的语境相关。"否极泰来"，是在工作环境或生存环境不佳的语境里，鼓励斗志、提振信心的一种表达。"泰极否来"，则是在工作环境或生存环境优越的语境里，提示要有忧患意识的一种表达。当然，无论是"泰极否来"还是"否极泰来"，本身都不是人的思想意识，而是实实在在的客观事物转化的过程，都是不以人的意志为转移的一种自然规律。

在《周易》中,《泰》卦在前,《否》卦在后,说明作者想表达的是忧患意识。周文王囚于羑里演《周易》,是要在推翻商纣王、建立周王朝之后,将它作为治国大纲留给子孙后代。新王朝建立之初,经济基础薄弱,却又容易骄傲自负。因此之故,这一时期的忧患意识显得尤为重要。

卦辞最明显的特点,是与《泰》卦卦辞的"小往大来"恰恰相反:

否:否之匪人,不利君子贞,大往小来。

匪人,即非人间正道的意思。卦象上乾下坤,相互之间不交融、不沟通,所以《易传·象》做了这样一番解读:"天地不交而万物不通也,上下不交而天下无邦也。内阴而外阳,内柔而外刚,内小人而外君子。"天与地之间不交融,万物就不能生育成长;君王与民众不沟通,社会就不会井然有序。这就如同内心阴柔而外表阳刚,明明是小人心肠却装出君子的模样,是一种极其不正常的状态。这样的状态,无疑是一种贤路闭塞、"小人道长,君子道消"的非人间正道的局面。在这样一种社会状态下,君子的正直行为必然会受到打压,整个社会都将呈现出贤能之士纷纷离去、心地阴暗的宵小之辈趋之若鹜的局面。这一种"大往小来"的局面,就称之为"否"。否是否定之否,否定的理由是不通畅。在政治社会里,表现为上下级关系不通畅,人才进路不通畅,民意上达不通畅,等等。因此,对这种不通畅的局面,理应采取否定的态度。

撰写《周易》的周文王,就处身这样一个社会中。他所面对的商纣王帝辛,虽然有过征服东夷的光荣历史,后来却变成一个荒淫无度、喜怒无常、无信无义、无比凶残的暴君和昏君,不仅杀害贤名远播的比干、梅伯等忠臣良将,还将贤能仁义因而在西部诸侯中很有影响力的西伯,也囚禁于羑里。因此,西伯(周文王)

困在羑里撰写《否》卦,刻骨铭心的亲身感受,自然非同一般。

如何扭转这种不通畅的局面,使之恢复到贤路通畅、上下和畅的局面呢?《否》卦的六个爻辞,以形象生动的语言,对否极泰来的转化过程,做了详细的阐述。这一转化过程,分为以下三个阶段。

第二节　拔茅茹,以其汇

第一阶段,不和合的情况刚刚形成。初六、六二爻辞这样分析此时处境:

初六:拔茅茹,以其汇,贞吉,亨。

六二:包承,小人吉,大人否,亨。

上下阻隔不通,贤路闭塞,民情难以上达。虽然也用"拔茅茹,以其汇"的譬喻,此时的相扶相助,不是上下一心的紧密关系,而是底层民众,包括仍处在民众中的贤能之士的力量积聚,以及相互之间的守望相助、疾病相扶。不和合的情况刚刚开始,所以还不能有急于解脱的打算,如同刚刚进入冬季的茅草,地面部分的草叶枯萎不可避免,但只要地下的根系仍保持紧密相绕的"汇"这种良好状态,就能积蓄能量,静待春天的来临。这一个与《泰》卦初九爻辞相同的比喻,重心在对那些尚处于底层的贤能之士的告诫,因而对这一比喻的断辞是"贞吉,亨",不同于《泰》卦初九爻辞的断辞"征吉"。贞,是指"汇"即与民众紧密团聚的动机纯正。所谓纯正,是指与民众团聚的动机不是为了自己的私利,而是为了积聚人脉,把上下失和的局面转变成为上下和合的局面。所以,后一个断辞"亨",就是指走向和合目标的进程必然是通畅的。

这个断辞的编排次序表明:"贞"是前提,"亨"是结果。周文王为什么要在上下失和的局面下,向那些贤能之士强调与基层民众团结在一起时要端正动机呢?因为在现实生活中,乘乱打劫、谋取私利的"贤能"之士并不少见。这些动机不良的"贤能"之士,蛊惑民众、制造混乱,不仅不能给上下不和的局面转化为上下和合的局面提供正能量,反而会使上下不和的局面加速走向深渊。之后的三千多年历史,也无数次地证明了周文王的这一忧虑是完全必要的。缺失了"贞"的"汇",不仅危害社会,也危害自己。民众企盼的和合局面,也便成了泡影。因此,周文王的"贞吉,亨"这一提示,是我们后人尤其处身上下失和状态下的贤能之士,应该牢牢记住的。

当贤能之士与民众紧密地联系在一起,扭转上下不和的局面初见成效之时,如何在"见龙在田"的背景下继续积聚正能量、为将上下不和的"否"翻盘而成上下和合的"泰"打下更坚实牢固的基础呢？在上下和合的正常情况下,"利见大人"即争取一切高位之士的帮助发展自己,在上下失和的"否"的状况下,其利不在上层高官而在下层民众,因为此时的上层高官,往往都是远离民众的利益集团中人,他们不可能倾听民意、倾听贤能之士的意见。与这些高高在上的利益集团中人接近,希图取得他们的理解,与他们共同扭转上下失和的"否"之局面,无疑是与虎谋皮,怎会有好的结果。因此,周文王一反《乾》卦九二爻辞"利见大人"的态度,给出了"小人吉,大人否,亨"的指示,认为这一时期处于下位的贤能之士,应该在与民众密切联系的基础上,从民众中汲取养料,寻求帮助,千万不要舍近求远、脱离民众,去梦想"利见大人"。亲近平民,远离权贵,才是能够在"拔茅茹,以其汇"基础上继续顺利发展的最佳选择。

周文王用"小人吉,大人否"指示贤能之士在上下失和的社会环境里应该依靠谁、远离谁,态度十分明确。这也是周文王自己的切身感受。身处羑里狱中的他,面对的正是一个上下完全不和合的商王朝即将崩溃的局面,他自己正是那位肩负转"否"为"泰"这一历史使命的领袖。他深知与纣王沟通是一件绝不可能成功的事情,唯有与诸侯们抱成团,才是转"否"为"泰"能够顺利实现的唯一正确的路径。

第三节　包　羞

第二个阶段是社会不和合状态严重,同时也是向和合转化的发轫期。六三、九四爻辞,对这一阶段的应变措施做了这样一番阐述:

六三:包羞。

九四:有命,无咎,畴离祉。

周文王借助"包承"与"包羞"这两个相近而又有差异的概念,努力区别两个不同阶段的肆应之道。

包承,是包容承顺,借用现在的话解释,似乎有逆来顺受的意思,也含有顺乎自然的意思。在第一个阶段中,贤能之士的主要工作是为"否"向"泰"转化打基础,因此面对上下不和的状况应采取包容承顺的态度,不可因小失大,妨碍整个大局翻盘的进程顺利开展。

包羞,包容羞耻,自然要比包容承顺的态度有了很大的不同。包承是低眉顺眼,逆来顺受;包羞是耻辱临身,也只能拍掉门牙往肚里吞。这是指不和合状态严重之时,即便已经积聚了相当的力量,有了一定的社会地位,贤能之士仍须小心谨慎,要有忍辱负重的心理准备。倘若不能包容羞耻,不能忍一时之愤,又要去改变不和合的生存环境,这是不可能的。在"否"势严重的局面下,容忍耻辱是对于能否成就大事者的一个严峻考量。周文王因其德、才出众而受到商王帝乙的器重,将女儿下嫁给他。他经过努力,在商纣王时已卓然成为西部诸侯中最有威望的国君,因统辖西部诸侯而尊称"西伯"。然而,当殷商进入纣王时代,上下失和、"否"的局面形成,纣王唯恐西伯叛乱,将其诱入都城,囚禁于羑里。既是殷商天子姻亲,又是西伯身份的周文王,因为扭"否"为"泰"的时机尚未成熟,甘愿承受囚禁之辱;他知道商纣王一手制造的"否"局一定会被扭转,便在羑里狱中静下心来,为子孙后代编写一部否极泰来之后的治国大纲,于是有了《周易》的诞生。

春秋时期的越王勾践在吴国长达三年守坟喂马的为奴生活,也是一个"包羞"的成功范例。"西伯"姬昌是以诸侯的身份去商王那里接受囚禁,越王勾践则是以诸侯国国王的身份自动到另一个诸侯国国王夫差那里侍奉,其羞耻受辱程度远甚于姬昌。勾践侍奉夫差,巴结讨好甚至做出尝粪辨病这样令人作呕的事情。因此,中国人习惯于将姬昌、勾践这种"包羞"行为,称之曰"韬晦"。

小而言之,一般士人在落魄之时也常常会有忍辱负重的遭遇。秦末汉初名将韩信在大庭广众之下,去钻那个泼皮的裤裆,被一众乡人耻笑,也算是一种"包羞",但不是韬晦。他将这次胯下之辱的"包羞"作为奋发的激励,实属难能可贵。

"包羞"只是权宜之计,因为挨过晚上最黑暗的时辰,黎明就要来临。这种转换的关节点,是在最黑暗的末梢;时机来临,就要及时抓住,不能白白丧失机会,延长痛苦的"包羞"。

"有命,无咎,畴离祉",说的就是由"否"转"泰"时机来临时的适度把握。命是天命,顺应自然,及时奋起,废除上下不和合的政权,建立上下和合的新社会,这是不会有错的。周文王在写这一爻辞时,既是对一般规律的阐述,也是对即将来临的推翻暴虐腐朽的纣王政权、建立新的周王朝的行动充满了信心。同时,周文王又指出:"畴离祉。"畴,为初,为类,即初六爻"拔茅茹,以其汇"所譬喻的底层民众;离,为丽,为附;祉,指否极泰来新局面所带来的福祉。意思是:采取这一符合自然规律的行动时,应携手同患难的志士仁人,上下团结一致,确保否极泰来新局面的实现,共享安泰的福祉。

第四节 系于苞桑

第三阶段是"否"的局面终结期,九五、上九爻辞以"休否""倾否"称之:

九五:休否,大人吉。其亡其亡,系于苞桑。

上九:倾否,先否后喜。

休,为止,为息。休否,即不和合之势得到了遏止,经历了长期的"否"之后好不容易迎来了安泰。作为主持安泰局面的君主,一定要让才德之士居于各个重要岗位,天下才会吉祥。此处的"大人吉",就是《乾》卦九五爻辞讲的"利见大人"之意。在这样一个万象更新的时期,周文王告诫新的主政者,一定要保持清醒的头脑,要有居安思危的忧患意识:"其亡其亡,系于苞桑。"

因为是"止",是"息",一不留神还会动,还会故态复萌,所以,处于刚刚"新桃换旧符"的新朝开张之际,务必心存惕怵,居安思危。倘若心存"我将亡,我将亡"的忧患之思,刚从不和合、不开明转化而来的和合开明之局,就能像根深叶茂的桑树一样不可动摇。周文王的这一忧思,在几千年的历史发展中一直起着座右铭的作用,成就了许多英雄。但是,也有一些刚刚出否入泰的人,忘掉了或者原本就不知晓周文王的"其亡其亡,系于苞桑"之忠告,成为功败垂成的失败者,如明末的李自成,经过长期的艰苦卓绝的战争,好不容易直捣北京城,逼得崇祯皇帝悬树自缢。他的领袖集团中的人却马上把精力投入到生活享受之中,全无一点点居安思危的忧患意识,以致很快败退,再次沦为流寇,在明王朝的残余势力与外族势力的合力攻击下,最终失败。而以毛泽东为领袖的中国共产党人,在行将终结"否"局、建立"泰"局之时,头脑清醒地在北平城外召开了一个核心领导人会议:不做李自成第二!这个进城之前的临时会议主题,正是周文王讲的"其亡其亡,系于苞桑"。这份忧患意识确保了中国共产党进城、成立中华人民共和国之后,安泰局面得以长久保持。

倾即倒,即瓦解。倾否,否势已彻底瓦解,泰势已成定局。此时的心情,已不是满腹忧思,而是满腔欢喜。

周文王以"先否后喜"作为苞桑故事的结束语,意味深长,是"系于苞桑"思想的进一步展开。由否转喜之后的喜,是发乎内心的喜,但不是无忧无虑的喜,而是保持着忧患意识的喜,是忧喜与共的喜。先秦时期的孟子,曾经说过这样一番话,可以看作他对周文王的"先否后喜"说的一种解读:"天将降大任于是人也,必先苦其心志,劳其筋骨,饿其体肤空乏其身,行拂乱其所为,所以动心忍性,曾益其所不能。"在他眼里,人生经历"否"境,不是坏事,而是创大业、成大事的必要条件。

"其亡其亡,系于苞桑。"任何一个朝代的开创者,都怀有这种强烈的忧患意识,所以,刚刚从前朝暴虐腐朽的统治者手里夺下政权的新王者,因为亲身经历了一个社会由否转泰的过程,头脑里那一根忧患意识的弦,始终绷得很紧。随着一代又一代人的传承,"系于苞桑"的忧患意识渐渐淡化。忧患意识的淡化以致消失,直接的后果就是统治集团肆无忌惮的腐败。腐败走向极端,再次走向"倾否",重演政权更迭。

本章思考题

1. "大往小来"揭示了《否》卦什么属性?
2. 《否》卦初六爻辞中的"拔茅茹,以其汇",与《泰》卦初九爻辞中的"拔茅茹,以其汇",含义一样吗?
3. 六二爻辞"小人吉,大人否"如何解释?
4. 九五爻辞中的"其亡其亡,系于苞桑",含义是什么?

第十三章 《同人》卦

☰ 同人：同人于野，亨。利涉大川，利君子贞。
初九：同人于门，无咎。
六二：同人于宗，吝。
九三：伏戎于莽，升其高陵，三岁不兴。
九四：乘其墉，弗克攻，吉。
九五：同人先号咷而后笑，大师克相遇。
上九：同人于郊，无悔。

《周易》第十三卦《同人》，讲述的核心内容是人与人的思想沟通，相互理解，但不必相同；后来儒家讲的"君子和而不同"，颇切此意。

第一节 同人于野

《论语》开篇就说："学而时习之，不亦说乎？有朋自远方来，不亦乐乎？"这是孔子做学问的两种方式两种境界："学而时习之"是自学的方式，"不亦悦乎"是自学所能达到的一种境界；"有朋自远方来"是交流切磋学问的一种方式，"不亦乐乎"是学术交流所能达到的一种境界。

为什么强调在与远方朋友进行学术交流时，才会产生"乐"？孔子这一认识，有其多年游学生涯的体验，细究其源头，还是在《周易》的《同人》卦。

《同人》卦辞这样写道：

　　同人：同人于野，亨。利涉大川，利君子贞。

"同人于野"，是《同人》所提倡的最佳沟通方式。从由近及远的空间角度而言，乡、邑、郊、野。野的空间，无边无际，超越了当时"国"的界限，与后人所说的"五湖四海"相似。人与人的思想沟通，增进了解，不仅要在同学之间、同乡之间进行，更要在远方的人、原本不相识的人之间进行。倘若与远方的人都能沟通思想，相互理解，获得支持和帮助，形成"四海之内皆兄弟"的氛围，那么，人生之路就会很畅通。

人生之路畅通到什么程度呢？

一是"利涉大川"，无论是泅渡大河还是在木筏或小船上横渡风高浪急的大河，都是一件风险很大的事情，但是如果随时随地都有众多朋友同心合力的帮助，渡大河也会如履平地一般顺利，如毛泽东在《七律·长征》中所形容的那样："乌蒙磅礴走泥丸。"毛泽东率领的工农红军为什么能够"万水千山只等闲"？就因为做到了"同人于野"，走到哪里都能结交朋友，得到他们的竭诚相助，化险为夷，顺利完成了二万五千里长征的战略转移。

二是"利君子贞"。广交朋友的另一功用，是有利于正道事业的蓬勃发展。唯君子正道，才会收获朋友越多越发展的效果。《水浒传》中，同样一个水泊梁山，王伦当山大王，私心重气量小，不敢广交朋友，终不成气候。广交朋友的晁盖、宋江入主水泊梁山，打出"替天行道"的旗帜，顿时声势浩大，震惊朝野。然而，宋江一旦背叛正义，充当朝廷打手，转身去镇压农民义军之后，很快走向覆灭之境。所以，只有从事正义的事业、广交朋友才会有蓬勃的发展和美好的结果。

《同人》的六个爻辞，通过"同人于门""同人于宗""同人于郊"等分析，对人与人沟通的不同阶段、不同方式做了阐述和评价，反映了先人对保守门户之见和社会封闭性的批判，对破除闭塞、广泛沟通思想,甚至化敌为友的赞赏。

第二节 同人于门

人与人之间的正常交往,朋友之间的结交,是一个由近渐远的过程。初九、六二爻辞,讲述了人生初期阶段人与人之间,尤其同道中人之间交往的基本原则:

初九:同人于门,无咎。

六二:同人于宗,吝。

"同人于野"的愿景,并不排斥与周围人的沟通。沟通不分远近,尤其是在年少初学之时,首先要与老师与同学沟通。"教学相长",是师生之间的学问沟通;"恰同学少年,风华正茂",是同学之间的志向与思想的沟通。因此,在自身力量积聚的最初时期,亦即《乾》卦初九爻所说的"潜龙"时期,与同门师兄弟之间交流学问、沟通思想,不仅是一件值得肯定的事情,而且是必须做好的事情。同门师友切磋学问、互敬互爱,不仅是做学问的起点和基础,也是做人做事的起点和基础。所以,《同人》的初九爻辞,对"同人于门"做出了"无咎"即"没有什么不妥"这样一个价值判定。

随着年龄的增长、知识的积累,人生已经到了"见龙在田"的阶段,如果仍然潜伏着,局限于宗族乡党门派之内的沟通交流,忽视了与宗、党、门之外人士的广泛联系和沟通,难免会造成目光短浅、遇事寡助等局限,前途自然也就不宽广。因此,对初九爻位的"同人于门"做出的价值判断是肯定性的"无咎",对六二爻位的"同人于宗"做出的价值判定就是否定性的"吝"了。

门是门派,宗是宗族、乡党,都是指活动范围有限的熟识人群。六二居于"见龙"之位,象征一个人的初始的知识积累已完成,应该走出宗族踏上社会,此时的处世观念和处世方式,应该是"利见大人",破除宗族乡党观念,走向社会,寻找和结交志同道合的朋友,尤其是在道德品性和知识才能两方面都比自己优秀的朋友,学习他们的长处,弥补自己的不足。在周文王看来,那些本该走出门庭广交朋友的人,如果不思进取、满足于厮守在原来的小圈子里的观念和行为,应该给予批评教育。他将这类行为定性为"吝"。吝是什么?魏晋玄学的旗手王弼解释是用心褊狭,宋代朱熹的解释是"不能大同而系于私"。这样的胸襟,自然不可能由近渐远地结交朋友,不利于涉大川之险、不利于君子的正义事业。

第三节　化敌为友

实现大同社会,关键在人心趋同,所谓志同道合。这就需要人与人之间的思想沟通。九三、九四爻辞,以形象的比喻,讲述了人际沟通的基础性和可能性:

九三:伏戎于莽,升其高陵,三岁不兴。

九四:乘其墉,弗克攻,吉。

其一,人与人之间的沟通与交往,应该是发自内心的真诚,信任、尊重对方,不能三心二意,朝秦暮楚。"伏戎于莽,升其高陵,三岁不兴。"本是对战争的描述:开始时伏兵于低凹处,隐藏在草丛中,继而又攀登上高坡,以致被对方察觉而导致兵败,三年不能恢复元气。作为喻例,意思是人与人之间、族与族之间、国与国之间的沟通,应至诚相待,不能三心二意随便变更;一旦被对方察觉到这种不专注、不真诚,就会在相当长时间里难以取得信任,成为朋友。

在我国历史上,不乏这样的故事。上面说的"朝秦暮楚",就是一个典型的例子:战国时期,秦、楚两国在七雄中最为强大,成为一山难容二虎的对立状态,战争不断。于是,其他国家从各自的利益考虑,时而与秦国结交成为朋友,帮助秦国与楚为敌;时而与楚国结交成为朋友,帮助楚国与秦为敌。一般游说之士,更是一会儿站在秦国一方立论,一会儿又倒向楚国一方说事,翻来覆去,尽显无原则的劣根性。由此产生成语"朝秦暮楚",极言立场转换之快,形象地展现了人性的反复无常。

在当今世界,国与国之间的交往也经常上演"伏戎于莽,升其高陵"的闹剧,国与国之间的"友好"交流,往往不是以诚信为基础,而是以利益为前提。当年追求的"海内存知己,天涯若比邻"式的国际友谊,早已成为一去不复返的历史和笑柄。

周文王用伏兵一事为喻,告诫人们在结交同道朋友的时候,一定要以诚信为基础。任何缺失诚信的同盟,都是靠不住的;表面上是同道中人,其实是陌路之人。一旦大难当头,马上原形毕露。

其二,人与人之间的沟通与交往,不能有勉强,更不能用强制的手段。任何勉强与强求,都不会达到真正的沟通、平等的交流和交往。但是,"不打不相识"也是人与人、国与国之间沟通的一种特殊方式。"乘其墉,弗克攻,吉。"同样是一个战争场景的描写:已经登上对方城头,忽然停止了进攻,这种方式能获得最佳的结果。这种在战争中常见的收场,后来的《孙子兵法》中也有推介,称之为"却人之兵不若却人之心"的不战而胜。强势的一方见好就收,弱势的一方因减少了战争损失、保全了脸面而感念强势者;战争双方又从言和走向沟通、和睦、交往。这样的结局,值得称道。后人总结经验说:将朋友变成敌人是一种愚蠢,将敌人转化为朋友是一种智慧。

在《三国演义》中,蜀国丞相孔明,为了稳定背后的少数民族,集中精力对付曹魏政权,"七擒孟获",化敌为友,就是一次智慧的显示。

然而,化敌为友的愿望,在现实世界里很难真正实现。一旦战争爆发,大批人员伤亡,即便强者见好就收,仇恨的种子已经在弱小国家播下,只要有合适的时机,仍然会滋生。当年吴王夫差也想化敌为友,越王勾践似乎也成了他的朋友,然而一旦时机成熟,勾践还是露出了复仇者的本相。

所以,化敌为友虽然是一种智慧,也须谨慎处之,方能取得"吉"的效果。

第四节 同人于郊

随着视野的开阔、事业的拓展,志同道合的朋友圈也会愈来愈大。九五、上九爻辞,就是对远交的憧憬与描述:

九五:同人先号咷而后笑,大师克相遇。

上九:同人于郊,无悔。

笑是快乐的一种表达方式,笑又与哭构成一对矛盾,互相转化。有些事情的发展,往往是一个由笑转化为哭的过程;有些事情的发展,则是一个由哭转化为笑的过程。与远方的人沟通思想、增进理解时,往往由于双方不熟悉、不了解,产生误会,导致冲突。但是,增进与远方的朋友之间的了解和交往,本身是一件好事,所以,一旦消除误会,人们的心情顿时变得明朗、快乐;本来天各一方的同人,就像两支兄弟部队经历一番挫折之后会师一处,欢乐无比。"同人先号咷而后笑。大师克相遇。"笑是快乐,号咷也是快乐;军队相遇不是战争而是会师,是"同人"的形象表达。

"郊"是城外,是跨越了门、宗之后,走向更大空间、结识更多志同道合者之时的一种快乐感觉。孔子抒发的"有朋自远方来,不亦乐乎",是一种接纳远方朋友的快乐。"同人于郊",则是一种主动走向远方结识志同道合者的快乐。"野"则是比"郊"更远的野外,极远处的虚指。因此,在卦象的最外端,也只能用"同人于郊"的实指,表达沟通的范围。结交远方朋友,追求"四海之内皆兄弟",是一件无怨无悔的事情。

"同人于野",不仅是先人的理想,更是今人的追求。前些年,上海搭建"中国学"交流平台,诚邀海内外中国学研究的专家学者,切磋探讨中国学。主其事的上海社会科学院院长要我替世界中国学论坛拟一个会标,我毫不犹豫地选择了《同人》卦的卦象,作为论坛的会标,得到了大家的一致认可。

志同道合,并不意味着相互之间的思想观点完全一致;正由于相互之间存在差异,才有可能取长补短、更上一层楼。因此,在以四海之内皆兄弟为主旋律的《同人》卦卦象会标为背景之下,世界中国学大会选择了"和而不同"作为第一次会议的主题,拉开了世界中国学论坛的帷幕。

野,富于想象,充满活力;同人于野,人类社会走向美好未来的最佳选择。

本章思考题

1. "同人于野"表达了什么思想?

2. 为什么初九"同人于门"的断辞为肯定的"无咎",六二"同人于宗"的断辞却为否定的"吝"?

3. "伏戎于莽,升其高陵"譬喻什么?

4. "乘其墉,弗克攻"为什么是"吉"?

第十四章 《大有》卦

☲ 大有：元亨。

初九：无交害，匪咎，艰则无咎。

九二：大车以载，有攸往，无咎。

九三：公用亨于天子，小人弗克。

九四：匪其彭，无咎。

六五：厥孚交如，威如，吉。

上九：自天祐之，吉无不利。

《周易》第十四卦《大有》，卦象上离(☲)下乾(☰)，乾为天，离为火，象征天上之火，光照一切，无所不包，无所遗漏。人之获得，倘若也达到了尽收天下之物的状态，自然算得上是最大的获得了。

第一节　大的获得

揭示一类事物属性的《大有》卦辞最为简练，仅二字：

大有：元亨。

大与小，有与无，都是相对的概念。有是获得，获得什么？获得名誉，获得钱财，还是获得地位、权力？有各取所需，也有什么都想获得。大有就是大的获得，是单项的大获得，还是全面的获得？《大有》的本意，倾向于后者，这从"元亨"两字可以推断出来：元，为大；亨，为通顺。元亨，即大通、大顺。因为是全面的大丰收,周文王赋予了《大有》以"元亨"即大顺的属性。

如何才能实现大的获得呢?《大有》的六爻,透露了这样一些信息:唯一的阴爻,处在君王之尊的第五个爻位,即处于上卦的中间那个爻位;其余五个爻位,均为阳爻。处于君位者有柔性并且有不偏不倚之性,所以上下虽然均为刚健之性者,但都能竭诚相辅,呈现"四海咸宁"的局面。这样的君主,能不大有收获?所以《易传·彖》说:"柔得尊位大中,而上下应之,曰大有。"这里说的"尊位""大中",所指皆为第五爻位。周文王的用意十分明显:处尊位者的柔性、持中之性至关重要,有了这两种个性,才能令上下刚健之人心悦诚服、尽其所能,真正实现"大有"目标。

那么,如何"柔得尊位大中"而能"大有"呢?《易传·彖》又做进一步解读:"君子以遏恶扬善,顺天休命。"天命,自然之性命,都是善的美的。不知为什么,一旦进入人类社会,由于人欲的作怪,往往滋生出恶的丑的东西。处于尊位的柔性持中,能够感化上下刚健者,同心协力,制恶扬善,维护人类社会合乎自然规律的健康发展。用孔子后人孔颖达的话来说,就是"遏匿其恶,褒扬其善,顺奉天德,休美物之性命"(《周易正义》)。

其实,周文王通过《大有》向人们诉说的,远不止财富、名誉、地位等俗世所看重的那些东西的获得。他赋予天上之火光照一切以"大有"之名,还有更深的用意。这里就有一个"大有"的境界问题。

事实上,做任何事情,都有一个能否"大有"、如何"大有"、是否"大有"的思考、努力与衡量的问题。以做学问为例,一个人对所从事的专业领域能否全部把握、如何才能够全部把握、是否已经全部把握?更具体而言,对《周易》六十四卦的理解和把握,就有一个能否把握、如何把握、已经有多少把握的问题。作为一个易学研究者,如果对六十四卦的言、象、意都有了比较准确的理解和把握,就算是达到了"大有"的境界。

所以，任何人都应该树立一个"大有"的具体目标，都应该有一个实现"大有"的规划，都应该经常检点自己距离"大有"还有多远。

《大有》的六个爻辞，从各个角度对如何获得、获得之后如何保持的原则，做了形象生动的譬喻分析。

第二节　大车以载

如何才能有大的获得？初九、九二爻辞就基本前提做了两个方面的分析：

初九：无交害，匪咎，艰则无咎。

九二：大车以载，有攸往，无咎。

首先是"无交害"。侵害别人，获得的结果是别人的复仇。所以，害人者必害己。不侵害别人，获得的结果是别人的不侵害，这种互不侵害是获得的基本前提。不侵害他人利益而能有大的获得，必然需要通过自己艰辛的努力，正如后来马克思所说的那样：只有不畏艰险在崎岖的山道上不断攀登的人，才有可能到达光辉的顶点。这种依靠自己的艰辛努力换来大的收获，不损害他人利益，是取之有道的正道，不会有任何过错。反之，不通过艰辛努力就想有大的获得，难免会侵害他人利益，而要犯错误。

周文王在《大有》卦之初就发出"艰则无咎"的断语，是要警示人们：若要有大的获得，必须牢记一个"艰"字；以"艰"为基础，在追求获得的人生道路上，就不会犯错误。

周文王的"无交害"理念，显然是他对所处社会环境的一种思考。文王所处的商末社会，纣王暴虐无道，各方国之间争战不息，人与人之间交相害成为普遍现象，所以他才提出"无交害"主张。人与人之间不侵害，是社会财富积累、人有所收获的基础。

周文王的这一理念,在周王朝建立之后得到了一定程度的落实,然而几百年之后,故态复萌,甚至愈演愈烈。"春秋无义战",一言道尽"无交害"理念的失落。所以,到了战国初期,主张"兼爱"的墨子在周文王的"无交害"理念基础上,进一步提出了"兼相爱""交相利"的处世理念。认为人与人之间、家族与家族之间、国家与国家之间,都因为只爱己而互相侵害,以致天下无一块安定之地。所以,人与人之间应"兼相爱",即"视人之室若其室,视人之家若其家,视人之国若其国",世间也就没有了盗窃、作乱、侵伐。墨子又进一步指出,"兼相爱"的真正好处是这种互爱能给人带来好处即"利","兼相爱"的结果,必然是"交相利"。也就是说,我爱人人、我为人人的收获,必然是人人爱我、人人为我。这无疑是世界上最大的获得。

"无交害"是大的获得的初始积累阶段的底线,有了初期的获得,就需要进一步的获得。此时的获得目标理应加大,而要想有更大的获得,仅仅不存害人之心是不够的,还需要争取得到别人的信任和帮助,尤其是取得"大人"即贤能之士的信任和支持帮助。这是获得的展开。"大车以载",表明获得之多,已经需要用大的车辆来装载了。既然获得的财富已经用大车装载,继续前进也就有了坚实的基础,不会在半路上出现什么问题。

因为"无交害",所以有"大车以载"。"无交害"是从自己做起;"大车以载"不仅是自己的力量,还要依靠他人的力量。这是周文王告诉人们在"大有"之旅的第一个阶段应该注重的两个方面的问题。

第三节 匪其彭

《大有》的九三、九四爻辞,对已经在"大有"之旅中斩获颇丰之际,如何保持既有,并进一步向"大有"目标进发,做出了警喻分析：

九三：公用亨于天子，小人弗克。

九四：匪其彭，无咎。

有公心，秉持公正，是获得之后向纵深发展、继续扩大成果的必要条件。"公用亨于天子，小人弗克。"有了一定社会地位，是小心谨慎、秉持公道、办事公正，还是胆大妄为、以权谋私、唯利是图，决定其能否继续前进，拓展更大的发展空间。秉持公道，办事公正，这种人到任何地方，做任何事情，都会顺顺当当，一路畅通。以权谋私，利欲熏心，这种人到任何地方，做任何事情，都不会顺利。"君子坦荡荡，小人常戚戚"，也是对"公用"君子与"私用"小人不同境遇的一种描写。一团正气，坦坦荡荡，自然能够亨通于天下；一肚子邪气，满脑子歪念，自然是寸步难行。

其实，上述道理谁都明白，尤其是科举时代已经获取功名、成为"天子门生"的读书人，不仅人聪明，社会历练也已经老成，然而在利欲面前，往往成了糊涂虫，偏偏脱离正道走邪道，不做"君子"做"小人"，拉帮结派、行贿受贿，不吃"公粮"食"私粮"。就像一个不大不小的厅局级干部，居然拥有几亿家财，自以为大有获得，谁料想有朝一日东窗事发，不仅既得财富归零，自身也锒铛入狱，落得一个不吃"公粮"吃枪子的结局。

所以，为官一任，务必一本初衷，秉持公心，方能"用亨于天子"，以"天子门生"的身份，用现代称之为"公仆"的身份，在"大有"的旅途上，才能越走越远。

面对越来越大的收获，头脑也要越来越清醒，尤其到了位极人臣、富可敌国的时候，更要有如临深渊、如履薄冰的忧患意识。此时时际，收敛锐气、谦逊待人，是巩固既得利益、谋求更大发展的重要保证。《大有》九四爻辞"匪其彭，无咎"，与《乾》九四爻辞"或跃在渊，无咎"，都是高位处境下如何保持既得利益的一种忧患意识。匪：非，否定辞；彭：盛而大。此处之义为不正常的盛大,喻义为膨胀。收获之大,已近乎巅峰,环视别人的收获,有了"一览众山小"的感觉。到了这个高度,往往容易产生自我膨胀的心理,本来像一块温润的玉,开始变成光亮耀眼的水晶,锋芒毕露。正确的态度应该是:地位愈高,愈要谦逊。对上级,不可居功自傲给人以"功高盖主""尾大不掉"的感觉;对同事,不可恃才自傲,锋芒毕露、盛气凌人;对下属,不能恃权自傲,嚣张跋扈、独断专横。倘若在高位、巨资面前自我膨胀,失态到连自己都不认识自己的程度,那么,这种人就不仅不能开拓新的获得空间,既有的利益也一定会丧失殆尽。在奔向"大有"的旅途中,无论获得的地位多高、资产多丰,只有收敛锐气、低调做人,才能走到"大有"的终点,拥有一切。

周文王的这一忧患意识,无疑成就了后来的众多成功人士。但是,古往今来仍有不少精英人士,随着地位、财富的越来越多的获得,渐渐淡忘了周文王的"匪其彭"告诫,在关键时刻犯了自我膨胀的错误,一次又一次地上演一失足成千古恨的错误,未能走向"大有"的终点。

第四节　自天祐之,吉无不利

诚信待人,获得人心。得人心者得天下,这当然是最大的获得;由得人心而得天下,也是获得者的最高境界。得天下之后,如何保持这最大的既得利益?六五、上九爻辞告诉人们,最大的既得利益,依靠"孚",即诚信来保持,且能获得上天的护佑:

六五:厥孚交如,威如,吉。

上九:自天祐之,吉无不利。

"厥孚交如",高居君位的"交",是君臣相交、君民相交。不因为高居君位而可以对臣民不讲信用;君王礼贤下士,以诚信待人,讲信用,臣民必然以诚信回报。社会和谐,政权稳定,固然是臣民所愿,最大的受益者还是统治者。后来老子主张"绝圣弃智",也是希望统治者在与臣民的交往中,不要把自己当作圣人,不要耍弄聪明忽悠臣民。统治者做到了这两个不要,臣民也就不会用"智"来对待君,社会也就平安无事了。战国末期最后一位思想家韩非,曾做过这样一个分析:君王一个人的力量,无法与天下千万民众的力量匹敌;君王一个人的智慧,无法尽知天下万事万物。与其靠一己之力、一己之智治理国家,不如利用一国人的力量和智慧:"下君尽己之能,中君尽人之力,上君尽人之智。"这是权术的一种。先秦法家讲权术,前提是法,讲的是不违诚信的统治技巧,属于技术层面,不属于道德层面。

"威如",亦即"厥孚威如"。高居君位的"威",是指最高的权威。威经常与诚信联系在一起,叫作"威信"。这里讨论的"威如",就是指威信,是君王的威信,不仅包含有诚信的因素,更包含有权威的因素。在君臣、君民的沟通交往中,只讲诚信还难以巩固政权、维护既得利益,还必须有君王之威,后来的汉高祖刘邦唱的《大风歌》,有一句"威加海内兮云飞扬",也是显示"威"在一统江山中的重要性。

以后注疏《周易》的学者,也对实现了"大有"之后为什么还要强调"威如"则"吉",表示很大关注。魏晋学者王弼认为:"不言而教行,何为而不威如? 为《大有》之主而不以此道,吉可得乎?"(《周易注》)他认为,周文王在此处讲的"威如",不是依仗行政命令的权威,而是"不言而教行"的威信;所谓"此道",也就是"不言而教行"的威信。宋代学者朱熹,认为"威如,吉"是周文王告诫后代统治者的诫辞:"君道贵刚,太柔则废,当以威济之,则吉。"(《周易本义》)

总之,这个威不是不讲诚信的淫威,而是"厥孚交如"济之以"威如"的威,是以诚信为前提的权威,是能获得人心的威信。威信,是政令畅通、社会稳定的重要保证。一个没有威信的统治者，政令不出王城，如何能够"四海咸宁"？

《大有》的结尾，收在"自天祐之，吉无不利"。这是整本《周易》中唯一一处来自上天的担保。获得了一切的利益集团内部，始终保持团结一致，刚健居上者，也要能上能下、思顺而下贤，如此，则无论名誉、财富，还是地位与权力，即使满了，也不会溢失。

内部团结、各安其位的"大有"，得到了上天的福佑；爻辞结语"吉无不利"的担保，为卦辞"元亨"画上了句号。

本章思考题

1. "大有"是指什么"有"？
2. 为什么"无交害"是实践大有的基础？
3. 为什么九四爻出辞"匪其彭"？
4. 为什么大有的维护不仅需要"孚"还需要"威"？

第十五章 《谦》卦

☷ 谦:亨,君子有终。
初六:谦谦君子,用涉大川,吉。
六二:鸣谦,贞吉。
九三:劳谦,君子有终,吉。
六四:无不利,㧑谦。
六五:不富以其邻,利用侵伐,无不利。
上六:鸣谦,利用行师,征邑国。

《周易》第十五卦《谦》,卦象下艮(☶)上坤(☷),是关于谦虚种类及其功用的分析。

第一节　君子有终

卦辞未借用譬喻,直接表达其功能属性:

谦:亨,君子有终。

何谓谦虚?《谦》卦之象告诉我们:下卦为艮,上卦为坤,艮为山、坤为地。关于山的定义,一些词典、字典中这样表述:"地面上由土石构成的隆起部分","陆地表面高度较大、坡度较陡的隆起地貌。"也就是说,山是相对于地面而言的一种高度。本来高高在上的山,如今居于地的下方,这就是谦。以象尽意:高山居于地之下方,就是谦的本义。延伸开去,如名声大而低调、地位高而若卑、学问满腹而虚心、财富多而若寡,等等,均为谦之品性的展现。展现方式不一,与"谦"组合而成的词组也小有差别,如"谦虚""谦逊""谦挹""谦卑"等。

谦虚的功能属性只有一个:"亨。""亨"即畅通、顺利;具有谦虚品性的人,做任何事情都会很顺利。

谦虚这种品性,有的人可能在创业之初,或地位不高、学问不大时,能够保持;当财富多了,或者建功了、社会地位高了、学问大了,谦虚这一品性往往会渐渐淡薄乃至丧失。这类现象,古代传说中有,现实生活中也不少。

所以,周文王在给《谦》卦的属性确定为"亨"之后,紧接着又说:"君子有终。"意思是,谦虚这种品性,只有君子才能保持始终;正因为能将谦虚这一品性保持始终,君子的一生,都会很顺利。

历史上有一个名叫曹彬的人,生于五代十国末年,青少年时期即熟读经史,尤喜《谦》卦之义,时时以之对照自己言行,很受乡里称赞,谦名远扬。周世宗正为处理与吴越的关系没有合适人选发愁,听到曹彬的名声之后,马上下诏,任命他为出使吴越的全权使者。以往出使吴越的使者,总是以大国使者自居,所以与吴越的关系越搞越坏。曹彬到了吴越后,以谦虚、平等的姿态对待吴越君臣,受到了吴越君臣的普遍尊敬。返回中原时,吴越的国君将一大批金银珠宝送到曹彬船上。回国之后,曹彬将这些金银珠宝悉数捐给国库。周世宗见他出使有功,又如此廉洁,便将一个侄女嫁给他,并让他担任宫廷里的一个重要职务。地位变了,曹彬谦虚待人的品性一如既往,没有丝毫改变。

后来,宋太祖陈桥兵变,改朝换代。曹彬作为后周皇室近亲,本应受到贬低,然而,宋太祖很赏识曹彬的谦虚品性,不贬反升,让他担任更重要的官职。之后,宋太祖为了一统天下,命曹彬攻打南唐,并许诺:攻下南唐,任曹彬为宰相。曹彬带兵攻下南唐,班师回朝,宰相一职已另有人选。曹彬不以为意,宋太祖感动之余,赏予二十万钱。曹彬受赏后,谦言道:"这是将士们的功劳,我不能独享。"遂将二十万钱悉数分赏属下。因为始终保持谦虚品性,曹彬后来进位枢密使,死后还被追封为济阳郡王。曹彬之善终,是因为他能始终保持谦虚品性,这正应了《谦》卦的"君子有终"。

如何才能终其一生,保持谦虚这个品性?《谦》卦的前四个爻辞,通过"谦谦""鸣谦""劳谦""扐谦"四个概念,阐述了在人生的不同阶段,如何保持谦虚这一品性。谦虚、谦逊的本质不是退让,而是在"亨"的护佑下自强进取。所以,《谦》卦的后两个爻辞,阐述了谦虚的效用和原则。

第二节 谦谦与鸣谦

初六、六二爻辞,阐述了人生的初期阶段应该如何谦虚的问题:

初六:谦谦君子,用涉大川,吉。

六二:鸣谦,贞吉。

一个人在还处于读书、尚未涉世,用《乾》卦初九爻辞的话来说,还在"潜龙"阶段,就应该培养自己的谦虚品性,将这种品性的培养看作是财富积累、力量积聚中的重要内容,因为这种财富和力量的作用,远大于金钱财帛、体魄力量,它可以使一个人走上社会、开拓事业之时,即便遇到很大的风险,也能化险为夷,抵达理想的彼岸:"用涉大川,吉。"

用于"涉大川"那样犯险之事而能够吉利的谦虚,是谦而又谦的品性。这里说的"用",不是有了谦而又谦的品性修养马上去用,而是将这种谦虚品性不断积累,以俟他日需要之时再用。此时的谦而又谦,只是人生的又一种积累即道德积累;如同"潜龙勿用",这一时期的道德积累,同样有一个不宜急吼吼地立竿见影的实用之心。谦而又谦,积而又积,待到日后"涉大川"之时,自然会起到"利"的作用,会有"吉"的效果。

谦虚品性,既不是一朝一夕可以培养,也不是像钱币一样积攒下来之后就万事大吉。谦虚品性的积累,是一个长期的过程;"谦谦",谦虚了更要谦虚。因为谦虚品性有程度差异,所以谦虚品性修养又是一个无止境的过程,"学无止境"中,也应当包括对谦虚的学习。而这种学习,既有书本上的学习,更有应用、实践中的学习。

如同"见龙在田",刚刚在社会上有了一些名声,便得意忘形,这是一种常见的社会病。"鸣谦",有了名声,仍保持谦虚品性,也就显得难能可贵。因为前期的品性修养和道德积累,涉世之后事业顺利,并且有了一点儿名声,此时仍能保持谦虚待人、甘居人后不争先等美德,就一定会得到更多人的支持帮助,既有同行、同事的关爱,更有上司的培养和提携,发展前景一定很美好。当然,有了一些名声而仍保持谦虚,必须是发乎内心,否则便是矫揉造作,会遭人厌恶。

名人而仍保持谦虚,历史上不乏其人。战国时期的四大公子,即魏国的信陵君魏无忌、楚国的春申君黄歇、赵国的平原君赵胜、齐国的孟尝君田文,都是手握重权的贵公子,其名声之大,已非"见龙在田"者可比,但是都有一个特点:礼贤下士。因为谦虚,所以大凡有一技之长的游士,都愿意投奔其门下,四公子不论贵贱,来者不拒,即便"鸡鸣狗盗"之辈,也不拒之门外,以至于各人门下,皆有清客愈千的规模,个别公子甚至有"食客三千"的传说。由于礼贤下士、谦虚待人,每到关键时刻,总有能人义士挺身而出、排难解忧。例如,秦王敬仰孟尝君名头,请到秦国,欲立为相国,因遭谗,又被软禁于秦。这时,有一位善于偷盗的门客,从秦宫仓库中盗取白狐裘,献给秦王宠姬,讨得秦王松口,获准放归。孟尝君连忙星夜赶到函谷关,按规定早上鸡鸣才能开关放行。一位善学鸡鸣的门客站出来,跑到一个鸡笼边,惟妙惟肖地学公鸡啼鸣,笼内众多公鸡,也跟着纷纷啼叫起来。守关士卒闻得鸡鸣,立刻开关。待反悔的秦王派兵赶来,孟尝君早已逃之夭夭。

这也算是一个名人谦虚而能逢凶化吉的故事。

第三节　劳谦与扚谦

九三、六四爻辞,讲述了身居高位的两种谦虚,分别加以评论:

九三:劳谦,君子有终,吉。

六四:无不利,扚谦。

居功自傲,是一种通病。汉初,刘邦带领一帮兄弟打拼多年,终于一统天下之后,自然要论功行赏。一批大将,各自显摆自己劳苦功高,"日夜争功不决,未得行封"。弄得刘邦十分为难。唯有张良,虽然被刘邦列为首功之臣,给他数倍于别人的封赏,却谦辞不受,轻描淡写地将自己的首席之功一笔带过,甘愿与萧何、周勃等人一视同仁。由于张良的"劳谦"榜样,一批开国功臣,当即停止了争功邀赏的闹剧,使得刘邦这位开国皇帝的论功行赏工作能够顺利进行。

"劳谦",劳:功劳、业绩;有功劳而不自满,值得骄傲而不骄傲,一如既往,依然保持谦逊的态度,这要比"鸣谦"更难能可贵。这种君子风范,勉强一时,或许不难;能够保持始终,则只有真正的君子才能够做到。张良辅佐刘邦时,一直保持谦虚谨慎的态度,从未居功傲睨诸将,因而在汉营之中,上获刘邦器重,下受众将敬重。一直到了江山一统、论功行赏之时,张良依然谦逊如初,将功劳归于刘邦和众将士,坚辞刘邦的"自择齐三万户"的特别封赏:"始臣起下邳,与上会留,此天以臣授陛下。陛下用臣计,幸而时中,臣愿封留足矣,不敢当三万户。"(《史记·留侯世家》)张良总结一生,谦言道:"今以三寸舌为帝者师,封万户,位列侯,此布衣之极,于良足矣。"张良的"劳谦",确实配得上"君子有终"这四个字;作为一个开国首功之臣,能够善终,也应了周文王对"劳谦"君子的断语"吉"。所以,有终而吉,是对"劳谦"的一种价值判定。

身居君王之侧的高位,要表现品性谦虚,还必须讲究言谈举止的分寸把握,不同对象、不同场合,都要保持相应的规范准则。处此高位,如何把握谦虚的分寸和规范准则?只要记住一个原则:用柔不用刚。守住这个原则,一切都会顺利。

所以,处于阴位的阴爻爻辞"扐谦",就是充满柔性地准确把握言行举止的分寸。这是一个身居高位者需要考虑的首要问题。因为,他每天都要应付和处理许多复杂的问题,对上直面君王,对下直面百姓,中间还有大大小小一众部属。对上的谦逊方式、谦虚内容,与对下的谦逊方式、谦虚内容,不可能一视同仁。其间的差异,有大有小;细微处的分寸把握,是一门复杂的技巧,也是一种智慧。准确把握了谦虚的分寸,日理万机的高位者,处理任何事情也就都能够举重若轻、游刃有余了。不然的话,很容易上得罪君王,下得罪部属、百姓,办事处处受阻,居于高位如坐针毡。

"扐谦",可以看作是周文王对高位权臣工作态度的一种期盼、一份嘱咐。

第四节　原则与功用

六五、上六爻辞,是关于谦虚品性的原则性及其在社会活动中的功能作用的分析:

六五:不富以其邻,利用侵伐,无不利。

上六:鸣谦,利用行师,征邑国。

谦虚也有原则。谦虚是一种美德，其用是以德感人，但是也有坚持原则的刚毅一面。例如："不富以其邻，利用侵伐，无不利。"不富裕的根源，来自邻国的侵扰。在正当的利益受到非正义外来势力侵害时，若再言谦让便是一种投降主义。此时，理应奋起反击，以正义讨伐非正义，必能得到世界各国的广泛支持，不会影响其美好的谦逊形象。远古时代，禹受命征伐有苗部落，就是一个例子。在舜治理天下时，一个有苗部落首领经常率领军队侵略中原，恣意烧杀抢掠，舜便任命刚刚完成治水任务的禹为统帅，率领数万中原兵马，长驱边境，讨伐有苗。因长途跋涉，又不熟悉地形，初战告负。舜连忙再次征集军队，援助禹军。禹经过数次交战，摸到了有苗军的作战规律，便利用有苗军队轻敌自负的弱点，诱敌深入，在一个盆地处，围而歼之，永绝边陲骚扰之患。

　　国与国之间，自古至今都存在有苗部落这类见不得他人过好日子的邻国。对于这一类不让邻居过富裕日子的国家，不能跟他们摆谦虚品性，而应该像古代的禹讨伐有苗军那样，给予迎头痛击。只有用武力狠狠教训这类贼心不死的掠夺者，本国人民才能真正过上一天比一天好的富裕生活。

　　谦逊的另一效用，是在平定叛乱中的战略运用。当祸起萧墙，属地发生动乱或背叛时，国君远播的谦逊之名，同样有利于出兵征讨叛逆、平定内乱。当然，这里所言的"谦"，不是人与人交往层面上的那些谦逊态度、谦逊方式，而是处理邦国关系尤其是大邦与小邦关系时的态度与方式，如同春秋末期的老子所说的那样："大邦以下小邦，则取小邦；小邦以下大邦，则取大邦。"（《老子·六十一章》）大国对待小国持谦虚的态度，小国当然会心悦诚服地跟随大国走；小国对待大国持恭敬谦后的态度，大国当然会接纳小国、保护小国。在邦国关系中，主动权在大邦，所以"大者宜为下"，大邦应该以谦下的姿态与小邦交往。

总之，谦虚这一品性，从平头百姓到九五之尊，都应通过不断的修养功夫而具有，因为百姓需要做事、需要生存，有了谦虚这一品性就能办事顺利、一生平安；九五之尊需要治国平天下，有了谦虚这一品性就能四海咸宁、江山稳固。谦虚的本质不是退让而是进取，核心则是"裒多益少，称物施平"，唯有平等，才有和平，才有谦虚这一美德的发扬光大。

谦虚有实践作用，也有原则性。谦虚必须发乎内心，成为人的一种重要的内在品性；否则，谦虚就会成为表面文章甚至沦为权术的帮手、政治的附庸。

本章思考题

1. 为什么谦虚能使"君子有终"？
2. 六二爻的"鸣谦"与上六爻的"鸣谦"有什么不同？
3. 为什么九三爻出辞"劳谦"？
4. 为什么六四爻出辞"㧑谦"？

第十六章 《豫》卦

☷☳ 豫：利建侯、行师。

初六：鸣豫，凶。

六二：介于石，不终日，贞吉。

六三：盱豫，悔；迟，有悔。

九四：由豫，大有得；勿疑，朋盍簪。

六五：贞疾，恒不死。

上六：冥豫，成有渝，无咎。

《周易》第十六卦《豫》，对于人际和乐、快乐原则做了系统阐述。

第一节　人心和乐"利建侯"

卦辞只是对"豫"的功能作用进行例说，以展示其强大：

豫：利建侯、行师。

《豫》的卦象，下卦为坤(☷)、上卦为震(☳)，按易传中的《说卦》一文解释，坤为地、震为雷。卦象的意思是：春雷动，震大地；大地所承载的万物，随着春雷发动而从蛰伏状态转向复苏。因此之故，先人将一年二十四个节气中的一个节气，取名"惊蛰"，置于春雨霏霏的"雨水"节气之后、春雷发动之时。"惊蛰"的意思，就是蛰伏了一个冬季的万物，因为春雷的发动而惊醒。无论是深藏于洞穴中的动物，还是一岁一枯荣的"原上草"，都在等待着惊雷滚滚动地来。春天来了,整个世界,恐怕没有比穴居动物爬出洞穴、百草千树绽放嫩叶更舒心、更快乐的事情了。这就是《豫》的象征义。

人是大地承载的万物之一,自然也有快乐。人的快乐,也有如同蛰伏一冬终于走出洞穴的那种快乐。但是作为万物之灵的人,快乐的种类,肯定要丰富得多;具有社会属性的人,自然还会有确保社会和谐与发展的快乐原则。

本卦所讲的"豫",包含有"和乐""快乐"两义。虽然,"和乐"主人与人关系而言,"快乐"主个体而言;但是,只要是"乐",都脱不掉人际与个体的感受。"和乐"若是只考虑别人的感受、淡化了个人的感受,就不是真正的乐;"快乐"若是只考虑个人的感受、不顾及别人的感受,个人的乐也不会安稳和长久。所以,将和乐与快乐集于一身的"豫",很能代表中国人所提倡的快乐原则。

宋代朱熹在解释《豫》卦之义时说道:"豫,和乐也。人心和乐,以应其上也。九四一阳,上下应之,其志得行。"(《周易本义》)朱熹是将本卦中的唯一阳爻九四爻所象征的对象视为《豫》的核心人物:居于高位而保持内柔外刚之性,具有这种和乐品性的人,既能获得最高领导层的赏识和信任,又能获得下属及民众的拥戴和响应,他的志向一定会畅行无滞。

谦虚的品性有利于出兵征伐侵略者、叛乱者,和乐的品性也有其功能属性,卦辞说:"利建侯、行师。"利是有利的利、顺利的利;建侯是有业绩而封侯;行师是领兵打仗。高位而又和乐之人,能获得最高统治者的赏识,封侯拜相是早晚的事情;能获得下属与民众拥戴的人,当然也适合领兵打仗。这便是"豫"的功用所在。

中国人常说:"和气生财",这是就个人而言。一个具有和乐品性的人,无论何时何地,都能与人和乐相处,都能时时处处获得他人相助,这无疑是最大的生财之道。"家和万事兴",这是就家庭而言。家庭成员之间和乐相处,遇事心往一处想,劲往一处使,家庭里的任何事情,都能做大做好,正所谓"兄弟同心,其利断金",家道兴旺是必然的结果。

对于一个国家而言,也只有人心和乐,上下同心,才能克服种种困难,跨越种种险阻,走向繁荣昌盛。

如何才能人心和乐,人人快乐?《豫》卦通过"鸣豫""盱豫""由豫""冥豫"等一系列概念,对处身于不同社会层面的人所应持有的快乐原则,分别做了阐述。这也是中国人最早就和乐问题所进行的系统分析。

第二节　独乐与众乐

初六、六二爻辞,是对处于人生发展初期、社会地位不高者如何把握和乐原则的分析:

初六:鸣豫,凶。

六二:介于石,不终日,贞吉。

"鸣豫"之"鸣",不同于"鸣谦"之"鸣"。"鸣豫"之"鸣",是自鸣得意之鸣。宋代著名学者朱熹对"鸣豫,凶"这个爻辞的解读,很具体生动:"阴柔小人,上有强援,得时主事,故不胜其豫,而以自鸣,凶之道也。"(《周易本义》)一个人初出茅庐,本来位卑才浅德薄,不料因为机缘巧合,受到了高位者的赏识和宠信,志得意满。原本是上下和乐带来的个人之乐,对于才浅德薄者而言,理应作为进德修业、发奋进取的动力。如果被这种早早降临的和乐冲昏头脑,得意忘形,不胜其乐,甚至溢于言表,好的遭遇也就必然地会酿出坏的结果。生于安乐者往往死于忧患,也是这个道理。因此,如何善待早到的和乐,如何安顿这种和乐,使之由独乐转化为众乐,确保个体之乐更稳更长,正是"鸣豫"所揭示的最基本的一条快乐原则。

在现实生活中,因为早到的和乐而导致好事变坏事的情况,在我们身边经常发生。以学术界为例,一位年轻才俊,因为在报纸上频频发了一些文章,又赶上改革开放之初、遇上爱才的领导,天时、地利、人和交集,幸运地跨越副高,直接晋升正高,成为学界骄子。于是,这位自鸣得意的骄子,不再刻苦科研,而是到处抛头露面,成了新闻媒体的公众人物,被同事戏称为"电视明星"。虽然表面看起来很风光,却已没有了学术底气。一个本可以在学术之路上有很好发展的才俊,最终走向了不需要什么学术功底却什么课题都可以"承担"、什么话语都可以出口的"公众"人物。从学术角度衡量,无疑不是一个好的结果。

初六爻辞,是从反面阐述初豫之时的一般原则,警示处此地位的人要善待和乐环境;六二爻辞则从正面阐述处身于"见龙在田"这样的境遇下,如何坚持豫即和乐的原则。快乐应以众乐为乐,不能以独乐为乐;众乐的获得,途径必须正当,例如,与上级交往不谄媚,与下属交往不贪婪。当普遍沉溺于不正当的欢乐环境时,应保持坚定的意志和清醒的头脑,尽快从这种不正当的"快乐"中走出来,洁身自好;切不可众乐亦乐,随波逐流。

六二爻象,处下卦之中,而且阴爻阴位,易学所谓的"处中得位",象征一个人虽然刚刚涉世,正处在需要"利见大人"即有力量者扶持一把的状态,然而其人禀性中正,坚持对上不谄媚、对下不贪婪的和乐原则。周文王以"介于石"为譬喻,高度赞扬这一品性。介为耿介;石为坚硬之物。介于石,耿介到如同石头一样坚硬不易的程度。持守和乐原则,一旦到了意志如磐石那样坚定的程度,便可以敏捷地辨别和乐中的对错,发现错误的苗头,就能及时予以纠正,绝不姑息养奸。"不终日",今日事,今日毕,极言纠错迅速。这样的品格,这样的处世方式,必然会有好的结果。"贞吉",是对"介于石,不终日"的高度肯定。

第三节　盱豫与由豫

在和乐的三个层面中,处于民之上、君之下的臣的和乐,似乎最为错综复杂。六三、九四爻辞,同样以譬喻的方式阐述了这一社会层面的和乐原则。

六三:盱豫,悔;迟,有悔。

九四:由豫,大有得;勿疑,朋盍簪。

"盱豫",正是对通过不正当方式获得快乐的一种批评,对快乐原则的一种坚守。盱,仰视,引申为察言观色;盱豫,就是依靠察言观色、进而阿谀奉承获得的和乐。"盱豫,悔",明确表达了对这种依靠不正当方式获得的和乐的批评:要悔过自新。通过阿谀奉承获得的"和乐"之"和"不是真诚之和、真心之和,所以这种所谓的和、表面的和是靠不住的,也不可能带来真正的快乐。如果对此缺乏改正之心,执迷不悟,"乐此不疲",其结果恐怕就不是乐而是后悔。

《周易》作者将"盱豫"置于六三爻位,其意颇深。这是一个"君子"之位,以宋人程颐的说法,其社会地位相当于地方官、郡守一类;再上一个台阶,就是决策层面的国家栋梁。这一层面上的"君子",终日乾乾,攀升欲望强烈,察言观色的功夫颇为老到,最易走上阿谀奉承、只认"主子"不认法理这条不正之道。在"君子"的面具下,以阿谀奉承换取稳定既得或向上攀升之"乐",是历朝历代的常见病。殊不知,这种并非建立在人与人之间真诚相待基础上的和乐生活,是靠不住的,一旦东窗事发,就会后悔莫及。

毋庸置疑,不依靠阿谀奉承攀升高位的正人君子大有人在。这种人对上不谄、对下不渎,一旦登上高位,上司信赖、下属信从,发号施令,政通人和。"由豫",就是对这种和乐局面的肯定。这种和乐是真正的和乐,也是真正的快乐。

就君臣关系而言,君王信赖,任其作为,这是高位权臣最大的一种快乐。就上、下级关系而言,在这样一个外刚内柔、以诚相见的领导面前,下属毋须察言观色、提心吊胆。"大有得",受益者不仅是主事大臣,因为被信用而放开手脚去做事、内心无比快乐;不仅是大臣的下属们,可以心情舒畅地施展自己的才能;受益最大的是君王,因为有了这样的大臣辅佐,保持了君臣之间的上下和乐。

然而,周文王意犹未尽,紧接着"大有得",又做了一个譬喻:"勿疑,朋盍簪。"盍:聚合;簪:束发之具。用簪将长发聚束起来作为例子,譬喻臣僚之间紧密相聚的和乐状态。当然,臣僚之间如同朋友一样抱成团的和乐情景,前提是"勿疑",主政的人对下属必须以诚相待。

就臣僚关系而言,贤德主政,诚信待人,贤能之士如同"拔茅茹,以其汇"那样,荟萃相助,和乐的基础也就根深蒂固。

真诚,乃快乐之根本。

第四节 冥 豫

如果说,上述四个爻辞所阐述的快乐原则是针对臣民而言,那么,六五、上六爻辞,就是针对最高统治者应该如何秉持和乐原则的阐述:

六五:贞疾,恒不死。

上六:冥豫,成有渝,无咎。

任何王朝的统治者,夺取政权往往都很辛苦,所以,夺取政权之后的快乐享受,也自在情理之中。否则,抛头颅洒热血何苦来着?不过,聪明或者说精明的统治者,不会满足于眼前的快乐享受。他们不但要确保这种快乐,还要延长这种快乐;不但确保自己终身快乐,还要让子子孙孙也像自己那样快乐。他们知道前朝统治者为什么永远失去快乐享受的原因,告诫自己不可以只顾自己独乐,要推己及人,让众人也乐。"后天下之乐而乐",

这句话虽然有点儿矫情,但多少反映了最高统治者在自己快乐享受时顾及"众乐"的观念。

周文王用"贞疾,恒不死"为喻,是对刚刚夺取天下、沉溺于快乐享受之中的统治者的劝诫。贞为正,疾为病。何为正?何为病?居于君王之位,快乐享受理所应当;倘若享受过度,就是一种病态。所以,"贞疾"就是"乐而不能极"。君王一旦明白了这个豫之道,时刻提醒自己,不仅自己"乐而不能极",而且在自己快乐享受的同时,也要为天下臣民的快乐享受创造条件;只有大家都快乐,既得的江山才能永固长存:"恒不死。"

尽管开国君王的头脑很精明、很清醒,物极则反却是必然规律;乐极生悲的结局难免要发生。

"冥豫"这个概念,便是对最高统治者不遵循豫之道的一种批评。冥是黑暗,冥豫就是昏天黑地的欢乐,是乐的极处。在每一个封建王朝的末期,往往都会出现这样的欢乐。尽管周文王早就进行了告诫:"冥豫,成有渝,无咎。"即便到了昏天黑地的欢乐极处,只要幡然悔改,仍可避免得而复失之祸的来临。然而,一代又一代的王朝覆灭,说明要让乐极之处的统治者幡然悔改,是一件多么困难的事情。

如何把握快乐,不仅有许多历史故事可以为之诠释,也有很多现实生活中的例子可以旁证。所以,这个豫之道即快乐原则的阐述,极具现代意义。

本章思考题

1. 豫的本义是什么?为什么豫的功用能"建侯""行师"?
2. 为什么"鸣豫"的结局是"凶"?
3. 为什么批评"盱豫",肯定"由豫"?
4. 上六爻出辞"冥豫"有何用意?

第十七章 《随》卦

䷐ 随：元亨利贞，无咎。

初九：官有渝，贞吉；出门交，有功。

六二：系小子，失丈夫。

六三：系丈夫，失小子，随有求得，利居贞。

九四：随有获，贞凶；有孚在道，以明何咎。

九五：孚于嘉，吉。

上六：拘系之，乃从维之，王用亨于西山。

《周易》第十八卦《随》，围绕人际关系，对随从的行为与原则做了系统的阐述。

第一节　追随"利贞"

卦辞做出的是一种价值判断：

随：元亨，利贞，无咎。

"随"有"从"义。随和、随时，都是日常用语，看似平常，却是一种为人处世之道，一种至高境界。"随和"讲人际关系，为人处世以和谐为准则，非淡泊宁静者莫能为之。"随时"讲处世的原则、分寸的把握，不仅是对自然规律的适应，更是对事物发展过程中的具体状况和时间节点的准确把握。

春秋末期的老子说："人法地，地法天，天法道，道法自然。"（《老子·二十五章》）这里说的"法"，化为具体就是"随"，又称

"从"。随或从，不仅仅是人之道随从地之道、地之道随从天之道、天之道随从自然之道，也不仅仅是人类社会中的臣随从君、下级随从上级、妻子随从丈夫、儿子随从父亲，还包括智能、道德等方面的内容，最典型的共识就是择善而从的行为准则；择善而从，超越了君臣关系、上下级关系，以及夫妻关系、父子关系。随从之义，包含着一种双向的行为准则。所以，程颐解说道："凡人君之从善，臣下之奉命，学者之从义，临事而从长，皆随也。"(《周易程氏传》)

"随时"的内容，同样很丰富。周文王随纣王之意，自投羑里狱中，是准确把握"时"、审时度势的结果，他的这一行为，就是"随时"。越王勾践赴吴，随从吴王夫差，同样是审时度势之后的主动选择。孟子认为，这种审时度势、以小事大、以弱随强的"随时"行为，只有智者才能做到。

《孟子》一书中，有一段师生对话，讲的是又一类"随时"。学生问：男女授受不亲，是礼吗？孟子说：是礼呀。学生又问：嫂嫂掉在水里了，小叔子能否伸手救她呢？孟子说：嫂嫂掉在水里不伸手相救，简直就是豺狼。男女授受不亲，这是礼的规定；小叔子伸手援救落水的嫂嫂，这是权衡利害之后的结果。这是日常生活中"随时"的一种具体表达，流传至今依然成为人们在关键时刻"从权"处事的典范。

包含有追随、随从等内容的随，体大而畅通，有利益而合乎正道。所以，这样的追随当然不会有错失。《左传·襄公九年》有一段与《随》卦相关的占筮记载，对今人理解"随"之含义可备一说。这段记录很有名，说是穆姜死在了东宫。在开始住进去时，她占了一卦，遇《艮》之《随》。按变爻规则，应取《随》卦六二爻辞"系小子，失丈夫"作为推论依据，史官为了回避穆姜的丧失丈夫、捆绑儿子的实情，故意用《随》卦卦辞"元亨利贞，无咎"作为依据，推断她系无故被囚，很快就能获得自由。有自知之明的穆姜同样以"元亨利贞,无咎"为据,对自己的命运做了另一番解读:能体仁才可称"元",有德行才可称"亨",能祥和才可称"利",有操守才可称"贞";自己作为一个女人参与谋乱,元、亨、利、贞都没有,怎能无咎?她的推断是:"必死于此,弗得出矣!"事情的发展,果然如她所言。

这个故事告诉世人,只有遵循追随之道,才能获得"无咎"的结果。

当然,穆姜将卦辞"元亨利贞"作为四种道德品性的理解,是古人对"元亨利贞"的解读之一,是否符合《周易》本义,尚可讨论。

《随》卦的六个爻辞,以人际关系为轴心,对追随的功能作用及其基本原则做了一系列阐述,"择善而从"是其核心话题;后人所谓"良鸟择木而栖,贤臣择主而事",就是择善而从的具体展开。

第二节 择善而从

初九、六二爻辞,以譬喻的方式,阐述了在成长的初期阶段,选择追随对象的基本原则:

初九:官有渝,贞吉;出门交,有功。

六二:系小子,失丈夫。

初九爻辞通过"官有渝"和"出门交"这两个比喻,提出了"随"的两条基本原则:一是环境的变动不能影响从善的标准。尤其是官场中人,不能因为官职的升迁变动,改变从善的标准,根据自身利益做朝秦暮楚的追随选择;只有坚持从善的标准和追随的诚意,才能获得好的效果。在一般情况下,官员的任职时间有规定,官员的职务有变化。就官员本身而言,无论做地方官,还是做京官;无论管辖农业、商业,还是管辖礼仪、人事,抑或税务财政,都应该坚守追随正义、追随廉洁奉公这一原则,这也是为官的一条底线。就追随官员的后生而言,在一般情况下,能管理一方或一行的官员,都是德才兼具的贤能之士,值得尚处于"潜龙"状态的后生学习与追随,获得他们的帮助,为自己以后的发展打下坚实的基础;不能因为地方官员的经常调动,而动摇这种"以官为师"的学习和追随贤能的信念。

二是破除门户之弊,广泛结交朋友:"出门交,有功。"走出家门,广交朋友,方知山外有山,天外有天,世上贤能高士多多,从善的质量才有保证。这个例说所阐述的原则,与《同人》卦所说的破除门户之见,与远方朋友交流,即"同人于野"的思想一致。小有差别的是,《同人》讲的是主动寻找志同道合的朋友,这里讲的是主动寻找值得追随的贤能之士。后来的孔子,深谙其意,告诉学生,做学问须经历两个阶段:"学而时习之,不亦说乎?有朋自远方来,不亦乐乎?"第一阶段是闭门自学,第二阶段是开门交流。他率领众多学生四处游学,就是实践周文王的"出门交"思想。

这两条择善原则,出自《随》卦初九爻,显然是为刚刚涉世的年轻人制订的。虽然刚刚走上社会,善的标准必须明确,根据标准择友、择主,一经选定,便当没世不渝。正因为如此,选择对象的范围宜大不宜小;"出门交",拓视野,开眼界,从上善,无疑是一门终身受用的功课。

于是,便从择善原则导入具体操作。六二爻辞只有六个字:"系小子,失丈夫。"此时的处境,正是告别蛰伏期,踏上社会广交朋友阶段,所以择善须谨慎,切不可随遇而安,捡了芝麻丢了西瓜,留下因小失大的后悔;更不可贪图近利,丧失择善初衷。

按《乾》卦九二爻辞的说法,人处于这一阶段,正是薄有名声的"见龙",自有一班平庸之辈迎合上来;不知深浅,难免会与他们为伍。而志存高远的"见龙",按理是要选择和追随德高望重的"大人",不仅需要他们的提携帮助,更需要跟随他们接受能力培养和提高道德修养。所以,在人生的这一阶段,切不可因为轻率的选择而滞留于"小子"中间,失去了与"大人"(丈夫)的交往机会。

所以,周文王用反面例子"系小子,失丈夫",告诫在这一发展阶段的人要正确选择追随对象,这是"利见大人"的又一种表达。

第三节　系丈夫,失小子

六三、九四两爻辞,是对处身高位者在追随过程中的处世原则的阐述:

六三:系丈夫,失小子,随有求得,利居贞。

九四:随有获,贞凶;有孚在道,以明何咎。

"系丈夫,失小子",当然是择善的正确方式。这个方式出现于六三爻辞,顺理成章。因为择善方式正确,所以成为了有官身的"君子"。然而,这一阶层的"君子"攀升欲望最为强烈,古时科举取士之后那些刚刚博得进士功名的人,当了一任知县,就想着上京"打点",不要"平调"而要"上调"当个知府;刚刚当上知府,又在寻思届满之后上京谋个部吏肥缺。仕途捷径的最好办法,往往是拜在某个权贵名下做个"门生"。表面看是择善而从、虚心向学,实际上是谋仕途发展。孔子也说:"学而优则仕",读书人谋仕途发展,本属情理之中,只是不能只办私事不办公事。"随有求得,利居贞。"随从贤能,追求的目标能否实现,与择善而从的动机相关;只要择善动机纯正,仕途前景自然会向好。

丈夫(大人)与小子的标准,不仅是地位的高低,更是人的道德品性的优劣。所以,处身于官场中的人,如何把握"系丈夫,失小子",并不是一件容易的事情。首先是要看清位高者的道德品性,是优还是劣:位高且道德品性高,就是理想的追随对象;位高但是道德品性低劣,非但不能追随,而且要避之唯恐不及。否则,难免陷入"上贼船容易下贼船难"的尴尬境地。无论在历史上,还是现实生活中,因为不辨品性优劣而一味追随位高权重者,从随有求得开始,最后随而尽失的教训,比比皆是。

所以,周文王在指示刚进入官场者把握好"系丈夫,失小子"这一原则的同时,要坚守"居贞"即坚持走正道这一底线,唯其如此,才能通过追随达到"有求得"的目的。

由于社会地位的上升,处境的变化,"随"所带来的好处也从"有求得"转为"有获"。平时讲获与得,意思相同,所以组成了"获得"一词。在源头处,这两字差别很大,"得"是"求"的结果,是追随、从善的进步,如知县上京"拜师"或"述职"之后的上调;"获"是毋须"求"而能得到的结果,如权贵笑纳"门生"的孝敬。当然,"获"不仅有轻轻松松的笑纳,也有冒风险的索取而又称为"斩获"。为什么能无求而获?因为他追随的是最高统治者,手里掌握着各种各样的权力。所以,位高权重的人,享受无求之获,很容易。但是,这种无求之获的风险甚大,若贪得无厌,肯定没有好结果。周文王语重心长地告诫道:"随有获,贞凶。"

处于高位的人,若要在追随、辅佐君王的事业中实现自己的人生价值,获得好的结局,应该自我约束,坚持两条基本原则:一是"有孚",要有尽心竭力追随、辅佐君王的诚信,就像诸葛亮对蜀国的两代君主那种"鞠躬尽瘁,死而后已"的诚信态度;二是"在道",做任何事情都要头脑清醒,合情合理,按规律处置,不能因权重而任性,为所欲为。坚持这两条基本原则,理直气壮、光明磊落地施政决断,必然能上取信于君,下取信于民。

第四节 孚于嘉

最高统治者,更要择善而从。因为他的既得利益最多,肩负社会安定和发展的责任也最重。只有从善如流,才能确保既得利益,才能维持社会的安定,才能在社会发展中获得更多的利益。

九五、上六爻辞,就是对最高领袖追随善的正面阐述:

九五:孚于嘉,吉。

上六:拘系之,乃从维之,王用亨于西山。

孚是诚信,嘉是善,是贤能。对善、对贤能守信,择善而从是出自内心而非作秀,就一定能有好的收获。"孚于嘉,吉",是周文王对"九五之尊"的期许,也是《乾》卦的九五爻辞"飞龙在天,利见大人"在追随这一语境中的具体落实。由此可见,君临天下时的"利见大人",是在上者的从善、从贤,与初出茅庐时尽可能获得贤能之士提携帮助的"利见大人",有很大的区别。初出茅庐时对德高望重的贤能之士的追随,一般都是容易做到的。而居于"飞龙在天"之境的最高统治者,就很难真正做到"孚于嘉",真心诚意地尊重贤能之士、听从贤能之士。一旦做不到"孚于嘉",结局就是"凶"。商纣王虽然是一个"资辩捷疾,闻见甚敏",能力很强的君王,但是不能"孚于嘉","矜人臣以能,高天下以声,以为皆出己之下"(《史记·殷本纪》)。他不仅不从善、从贤,相反却重用奸佞小人,如善谀、好利的费仲,善毁谗的恶来等人,最终身死国灭。这是发生在周文王时期的反面例子。吴王夫差拒绝贤能之士伍子胥的屡屡忠告,导致吴国被越国所灭、自己自刭而死的结局,则是周文王之后数百年发生的又一典型例子。夫差临死时发出"吾悔不用子胥之言,自令陷此"(《史记·吴太伯世家》)的感叹,可惜觉悟已晚。

最高统治者因为以充满诚意的择善从而感动天下人,天下人也同样会以至诚的态度追随他。不管他是在权力的巅峰,还是在逆境中,追随之心不会改变。"拘系之,乃从维之,王用亨于西山。"即使处于囚禁状态,仍有人紧紧相随;追随之心,如同君王祭祀西山之神一般真诚。这是紧接九五爻阐述九五之尊"孚于嘉"之后,从领袖的追随者角度衬托"孚于嘉"之后获"吉"的具体场景,展示了真诚从善、从贤的领袖,越来越受到贤能之士的尊崇与追随;这种君臣关系,无疑达到了追随的最高境界。

周文王(当时还是"西伯")因崇武侯向纣王进谗言而被囚于羑里,在被囚期间,追随周文王的一大批文人武将,不仅未作鸟兽散,反而更紧密地团结在他的儿子姬发(后来的周武王)周围,积极地从事营救周文王的工作。以闳夭为首的一些贤能之士,"乃求索莘氏美女、骊戎之文马、有熊九驷、他奇怪物",买通纣王身边的亲信费仲,献给纣王,果然博得纣王欢心:"此一物足以释西伯,况其多乎!"(《史记·周本纪》)西伯不仅获释,还受赏各种武器,赋予征伐其他诸侯的权力。

周文王被囚于羑里时,潜心演绎《周易》,在《随》卦的结尾,以自己的切身经历和感受,写下了这一段爻辞。

本章思考题

1. 《随》卦的"元亨利贞"与《乾》卦的"元亨,利贞",在含义方面有何差异?春秋末期鲁国的穆姜将本卦的"元亨利贞"加以四种德性解释,是否符合《周易》本义?

2. 为什么六二爻出辞"系小子,失丈夫",六三爻出辞"系丈夫,失小子"?

3. 九四爻"随有获",为什么"贞凶"?

4. 九五爻出辞"孚于嘉",有何深意?

第十八章 《蛊》卦

䷑ 蛊：元亨，利涉大川；先甲三日，后甲三日。
初六：干父之蛊，有子，考无咎，厉，终吉。
九二：干母之蛊，不可贞。
九三：干父之蛊小有悔，无大咎。
六四：裕父之蛊，往见吝。
六五：干父之蛊，用誉。
上九：不事王侯，高尚其事。

《周易》第十八卦《蛊》，对如何整治腐败的原则及其方式做了全面阐述。

第一节 女惑男，风落山

卦辞对清除腐败的风险进行了警示：

蛊：元亨，利涉大川；先甲三日，后甲三日。

盛物的器皿里生了虫，表明食物已经变质腐烂。以虫、皿这两个象形字构造的"蛊"，其本义为腐败。用这个字作卦名，该卦义理一目了然：如何整治腐败。当然，这个腐败不是器皿中的食物腐败，而是它的延伸义：生活腐败、政治腐败。

《左传·昭公元年》记载了一件事：晋侯生病，向秦国求医，秦伯派医和前往诊视，找到了病根："疾不可为也，是谓近女室，疾如蛊。"有人问：何谓蛊？医和解释：食器里生了虫子叫作蛊，谷子里生了虫子也叫蛊,"在《周易》女惑男、风落山谓之《蛊》"。前面两个例子,取于日常生活;后面两个例子,取自《周易》中的《蛊》卦卦象。

《蛊》卦之象,下巽(☴)上艮(☶)。巽为长女、为风,艮为少男、为山,故该卦有长女主动追求少男、风摧折山上树木之象,遂有了"女惑男""风落山"的含义。女惑男,即长女诱惑少男而称为蛊,容易理解;风吹折山木也称为蛊,似乎难以理解。其实在《周易》故事里,两个譬喻是相通的。

《左传》中晋侯生病、医和诊断的记载,讲的是生活腐败之蛊。

政治腐败、生活腐败,古已有之。周文王面对的就是商王朝的全面腐败。根据历史的传统说法,这始于妲己惑纣王之蛊。把政治腐败的责任推给一个女人来承担,似乎是历来的男性政治家惯于玩弄的把戏。周文王并不这样看。

祸福相倚,是先人早已发现的一条规律。腐败中蕴含着新生,是因为腐败激起了人们的改革决心,也正是才德之士有所作为之时。周文王认为清除腐败具有"元亨"即大畅通的属性,有利于去做"涉大川"这类高风险的大事。当然,清除腐败并不是一件容易的事情,其间多有凶险。因此,清除腐败的每一举措,都要深思熟虑,"先甲三日,后甲三日",事先要有周密的布置,还要估计到事后的可能结局;重要的反腐政策的出台,既能够铲除滋生腐败的根子,又能够防止产生新的腐败,诚如程颐所言:"善救则前弊可革,善备则后利可久。"(《周易程氏传》)病急乱投医,朝令夕改,不仅无助于清除腐败,甚至会加重腐败的病情而陷于"疾不可为也"的境地。

腐败分为两类,一类是政治、经济上的腐败,另一类是生活上的腐败。《蛊》卦以父之蛊、母之蛊为喻,对这两类腐败的清除方式做了阐述。

本卦重点分析"父之蛊",因为一个政权的腐败,核心是政治、经济的腐败,政治上的营蝇狗苟、权力的滥用与失控等,经济上的行贿索贿、苛捐重税、贪得无厌等,是导致天怒人怨、政权摇摇欲坠的关键。六个爻辞,就有三个"干父之蛊"、一个"裕父之蛊",一方面表明政治上、经济上腐败之严重,另一方面也说明清除腐败的复杂性。

第二节　父母之蛊

《蛊》卦的六个爻辞,都是以儿子替父母清除腐败为喻。初六、九二爻辞,是清除腐败的初期阶段,儿子虽然还处在积聚力量的状态,却是新生力量的代表:

初六:干父之蛊,有子,考无咎,厉,终吉。

九二:干母之蛊,不可贞。

清除腐败要趁早,否则积重难返。清除腐败的希望,寄托在年轻一代身上。"干父之蛊,有子,考无咎。"子是年轻人,新生力量;考是老年人,是受蛊惑之人。有了清除腐败的新生力量,腐败的局面就能得到遏止。正如毛泽东说的那样:"世界是你们的,也是我们的,但归根结底是你们的。你们青年人朝气蓬勃,正在兴旺时期,好像早晨八九点钟的太阳。希望寄托在你们身上。"正因为世界归根结底是年轻一代的,所以年轻人才有义无反顾反腐败的决心。虽然反腐败的力量尚或不足,但是在反腐败的过程中会逐渐壮大。"厉,终吉。"厉,是危险;终吉,指反腐败是一个既长又复杂的过程,既含有对反腐败初期局面复杂性的估计,也表达了对反腐败前景的肯定。

人们往往以为,腐败是一个王朝行将崩溃之时的必然现象,因而清除腐败是末代王朝所面对的事情。其实不然。从历史上看,几乎所有新政权伊始,都面临着清除腐败的问题。以李自成为首的农民起义军虽然推翻了明王朝,却因为部属一进京城就产生腐败而分裂,"大顺"的旗帜没撑几天就归于尘土。清朝末年,洪秀全为首的太平天国军攻进南京城之后,群王集体腐败,军心民心一时涣散,"太平天国"的旗帜,很快就从明朝洪武皇帝朱元璋建造的南京城楼上消失。有鉴于此,中国共产党在进入北平城前夕,于北平郊外专门开了一个党内高级干部会议,毛泽东郑重告诫大家:不要做第二个李自成!即便如此,仍有共产党干部腐败,毛泽东只得杀掉了天津的两位高级干部,老革命张子善、刘青山,以儆效尤。然而半个世纪之后,党内腐败死灰复燃,幸而反腐自有后来人,正应了周文王的"有子,考无咎"。反腐败是一场持久战,我们不仅要有耐心,更要有信心;反腐败是民心所向,一定能取得成功,还人民一个朗朗乾坤,正如周文王所言:"终吉。"

另一类腐败称为"母之蛊"。"干母之蛊"即清除母亲的腐败,不能采取清除父亲身边的腐败的那种方式。究竟采取什么方式?周文王只是说了"不可贞"三个字。为什么不能认真查办"母之蛊"?或者说,为什么不能采用"干父之蛊"的方式查处"母之蛊"?因为母亲的腐败是后宫里的腐败,例如养男宠等淫乱行为。这是家丑,不可外扬,只能悄悄处置。秦始皇的母亲,本来就与吕不韦有染,当了太后仍不收敛,蓄养男宠嫪毐于后宫。始皇无奈,借嫪毐谋反诛灭其族,再将母亲打入冷宫。这样做,也算是遵循了先圣的"干母之蛊,不可贞"这一条遗训。

母之蛊也是一种腐败,必须清除;如果任其发展,生活上的腐败有可能影响到政治、经济上的腐败。一旦坐大,皇权都有可能旁落。历史上,这样的教训也不少见。最典型的例子是唐代的武则天,发展到后来居然废除儿皇帝、自封"圣神皇帝",改国号为"周",直至临死那一年,才将皇权归还儿子中宗。由此可见,儿子"干母之蛊"不仅"不可贞",要考虑"家丑不可外扬"的传统习惯,还有一个量力而行的问题。唐代的中宗皇帝之所以不仅不能"干母之蛊",还任由母亲随意将自己废立,就是因为生活上不检点的母亲能力太高、实力太强了。中宗玩不过母亲,只得自认倒霉,听之任之。

第三节　裕父之蛊

九三、六四爻辞,讲述具有了实力的情况下,应该不失时机地反腐败:

九三:干父之蛊小有悔,无大咎。

六四:裕父之蛊,往见咎。

新生力量日益壮大,就应不惜采取强有力的手段清除政治上、经济上的腐败。"小有悔,无大咎",矫枉过正,难免有偏差,虽有小错也不会影响大局。

九三爻是阳爻居阳位,其象刚毅;九三之位,亦已完成力量积聚,是可以"终日乾乾"、大干一番事业的阶段。以乾乾不息的精神,投入反腐败斗争中去;雷厉风行之际,可能会有过激行为、过火举措,对腐败之人之事处置之后,发现行为举措或有不当而心中生"悔",但是这种"有悔"与反腐败这项大事相比,都是小小之悔,不足挂怀。"无大咎"是一个评判语,是对"小有悔"的评判,表明了这样一个意思:当你斗志昂扬地投入到清除腐败的行动中去时,不必太在意方式方法上的小失误,要继续坚定不移地清除腐败。所以,"小有悔,无大咎",实际上是《乾》卦九三爻辞"夕惕若厉,无咎"在清除腐败背景下的一种具体展开。

如果宽容腐败势力,既想挽救败局,却又不能严肃整治腐败现象、刨根究底铲除腐败根子,反腐的结果,只能自取其辱。六四爻是近君高位,是清除腐败的领头人,在这个位置上却要"裕父之蛊",无疑是姑息养奸。秦朝丞相李斯姑息养奸,宦官赵高坐大,其结果,不仅秦王朝"二世而亡",李斯也难逃于咸阳市上"夷三族"的厄运。在中国历史上,李斯的"裕父之蛊",算得上是最典型的教训。

据《史记·李斯列传》记载,秦始皇最后一次出游,至沙丘病危,令宦官赵高赐书长子扶苏:"以兵属蒙恬,与丧会咸阳而葬。"书未发,始皇崩。知驾崩者,仅公子胡亥、丞相李斯、宦官赵高等五六人。赵高乘机向胡亥进言:阴谋夺取政权。在说动胡亥之后,又进言:"不与丞相谋,恐事不能成,臣请为子与丞相谋之。"以李斯的地位和声望,本可以阻止这一场夺权阴谋,也可避免此后秦王朝二世而亡的命运。然而,在赵高这个奸佞小人的再三鼓动下,李斯这个追随秦始皇数十年之久的老臣、重臣,居然仰天一声长叹,垂泪同意了赵高的阴谋。"于是乃相与谋,诈为受始皇诏丞相,立子胡亥为太子。更为书赐长子扶苏曰……扶苏为人子不孝,其赐剑以自裁!将军恬……为人臣不忠,其赐死,以兵属裨将王离。"胡亥阴谋得逞,坐上皇帝宝座之后,"欲悉耳目之所好,穷心志之所乐",以致"赋敛愈重,戍徭无已",陈胜、吴广揭竿而起。身为丞相的李斯,却不仅不"干父之蛊",向二世皇帝进言革弊,劝诫腐败,反而为了确保自己的既得利益,即"重爵禄",而一味阿谀奉承、讨二世皇帝欢心,上书曰:"夫贤主者,必且能全道而行督责之术者也。……是故主独制于天下而无所制也,能穷乐之极矣,贤明之主也,可不察焉!"奏章递上去之后,二世皇帝大悦。正是由于丞相李斯的"裕父之蛊",二世时期的酷刑重税愈演愈烈:"刑者相半于道,而死人日成积于市。杀人众者为忠臣。"

从以上史料可以看到,正是李斯为了保全自己的既得利益,一次又一次地面对腐败势力采取宽容的态度,最终不仅自己的身家性命不保,而且数十年来与秦始皇一起打拼得来的一统江山,也很快分崩离析,转手他人。太史公司马迁对李斯的"裕父之蛊"行为,做了这样一番评价:"斯知六艺之归,不务明政以补主上之缺,持爵禄之重,阿顺苟合,严威酷刑,听高邪说,废嫡立庶。诸侯已畔,斯乃欲谏诤,不亦末乎!"李斯如果不犯"裕父之蛊"的错误,身居高位而能坚定不移地清除腐败,那么,秦王朝或许不会二世而亡,李斯在中国历史上的地位,也就能与周公并列。

"裕父之蛊"的历史教训,应该牢记。

第四节 用 誉

六五、上九爻辞,对最高层面上的清除腐败,以及清除腐败之后如何开创清明盛世进行了阐述:

六五:干父之蛊,用誉。

上九:不事王侯,高尚其事。

即便掌握了最高权力,清除政治腐败、经济腐败,也不可能由新君一人能办到。《乾》卦九五爻中的"利见大人",在这里得到了具体的落实:"用誉",起用、信用、重用那些有良好声誉的贤能之士,齐心协力,铲除腐败,并且巩固反腐成果。

战国初期的墨子专著《尚贤》一文,提倡人人为贤;主张执政者要崇尚并且重用贤能之士。之前六百年的周文王,不仅主张崇尚和重用贤能之士,而且更是指出,在特定的历史时期,要特别注意任用具有重大社会影响力的贤能之士;在清除政治、经济腐败时,也需要"用誉",任用有名望、有声誉的贤能之士,作为"干父之蛊"的主要力量。

从东汉时期开始,封建统治者倡导"乡贤"文化,对有作为的官员,或有崇高威望、为社会做出重大贡献的社会贤达,去世之后予以表彰,冠之以"乡贤"称号,并在各州县建"乡贤祠",供奉历代乡贤,并且形成一套完整的官方纪念、祭祀仪式。用正面的历史人物,营造一种反腐倡廉的社会风气,这是在基层政府层面上的一种"用誉"表达,也确实收到了一定的反腐败效果。

历史证明,历朝历代,没有哪一个朝代是不任用贤能名士而政治能够清明、经济能够在清除腐败之后迅速恢复的。中华人民共和国成立之后,中国共产党邀请各界名流组建政治协商会议,无疑是新时代的一种"用誉"。不仅中央政府组建"政协",省、市、县各级地方政府,也相应组建"政协",吸纳各个层面的知名贤达,参政议政,在一定程度上起到了当年"乡贤"文化的社会作用。

当然,并不是所有的乡贤、名士都愿意走仕途之路。他们不愿意走进庙堂为最高统治者服务,而愿意隐居乡间做学问、为乡里传播文化、做有益乡里的事情,政府应该尊重他们的选择。"不事王侯,高尚其事",隐士的可贵在于其精神,即高尚的气节和不为高官厚禄所动的原则。这是数千年来隐士之所以一直受到人们尊重的主要原因。清除腐败、开创新的太平盛世,也应尊重那些不愿涉足世事的高士,推崇他们的不世之学。隐逸高士的淡泊宁静,也是整治腐败的一帖良药。

本章思考题

1. 为什么反腐之《蛊》有"利涉大川"的效果?
2. 为什么"干母之蛊,不可贞"?
3. 为什么九三爻出辞"干父之蛊"、六四爻出辞"裕父之蛊"?
4. 为什么六五爻辞说"干父之蛊,用誉"?

第十九章 《临》卦

䷒ 临:元亨,利贞,至于八月有凶。
初九:咸临,贞吉。
九二:咸临,吉无不利。
六三:甘临,无攸利;既忧之,无咎。
六四:至临,无咎。
六五:知临,大君之宜,吉。
上六:敦临,吉,无咎。

《周易》第十九卦《临》,对临政的一般原则及其不同时期的临政方式做了系统的阐述。

第一节 利 贞

《临》卦的卦辞说:

临:元亨,利贞,至于八月有凶。

《临》卦具有与《乾》卦一样的属性:大的通畅,前提是:宜正。

"临"这个字,在人际关系上使用,取站在高处看低处一义。现代社会里最常见的是上级部门下基层检查工作,被检查单位往往会拉一横幅,上书"莅临指导"等内容;也有人际互访,主人总要说一句"欢迎光临",抬高一下客人的位置,以示尊重。人在地上,不可能一步登天;人的社会地位,步步高升,已属难能可贵。从"光临",一直到最高处的"君临天下",其间有很多阶段。

作为一个领导者,在不同的发展阶段,"临"的方式、"临"的态度,都是道德品性、领导艺术的展示。

"至于八月有凶",是一个譬喻,以八月里的骄阳容易伤人为喻,告诫临政以仁不以暴的道理。老子心目中的圣人品性:"方而不割,廉而不刿,直而不肆,光而不耀"(《老子·五十八章》),也正是这一古老思想资源的继承与阐发。

方正而不露痕迹,廉洁而不伤人,坦率而不无所顾忌,光明而不耀眼,这就是君子在任何时候都应该践行的临政之道。古人说"君子比德于玉",玉的特点正是"光而不耀"。宋儒称孔子如同"玉"、孟子如同"水精",就是因为孔子具有"光而不耀"的仁厚品性,孟子则"英气"逼人,以致齐宣王"王顾左右而言他",性格如同水精,光亮耀眼。所以,尽管孟子自诩"如欲平治天下,当今之世,舍我其谁也?"齐宣王怎么敢用他呢?

《临》卦通过咸临、甘临、至临、知临、敦临等五个词,对各个阶段的临政方式、临政态度,进行了比较系统的阐述。其中,咸临、甘临、至临讲的是为官之道,知临、敦临讲的是为君之道。

第二节 咸 临

初九、九二爻辞都用了"咸临"这个词,讲述初入仕途之时的为官之道:

初九:咸临,贞吉。

九二:咸临,吉无不利。

咸,通"感";咸临,就是用真情感召民众。刚刚踏上仕途,一无经验二无人脉,只有谦恭、正直的品性,可以感召民众,教化一方。刚入仕途,"正"是首要之务。一是为官者自身的"正",后世所谓的"打铁先要自身硬",尤其最基层的临政官员,一举一动都完全暴露在民众面前;一言一行都来不得半点偏见私欲。稍或藏私、偏袒，处事不公正，就会引发民众的怨愤，造成社会的不安定。所以，刚入仕途临政的基层官员，首先要有一个公正办事的志行。刚入仕，薪水收入低，生活条件差，都不应是影响走正道临政的理由。正如《论语·述而》记载孔子所说："疏食饮水、曲肱而枕，乐在其中；不义而富且贵，于我如浮云。"只有确保了基层临政者的志行之正，才有可能营造社会风气之正。这也正如孔子在回答一个名叫季康子的基层管理者问政时所说的："政者，正也；子帅以正，孰敢不正？"（《论语·颜渊》）

刚入仕途、基层临政，二是要倡导社会风气之正。临政者自身抱持志行之正，是端正社会风气的必要条件，也是前提条件。以一己之正影响社会之正，是临政者的一项主要任务。只有在社会处于正气占主导地位的状态下，人民群众推动社会向前发展的力量才会得到很好的释放。初九爻辞以"贞吉"作为断语，就是强调"正"是临政的出发点；倘若忽视了临政者的"正"、忽视了临政的首要任务是营造社会风气的"正"，那么，这样临政的前途必然会走向"吉"的反面。周文王在编写《临》卦的第一个爻辞时，特意加上"贞吉"这个断辞，真可谓语重心长。

本卦出现的第二个"咸临"，即九二爻辞的"咸临"，自古以来的解读就是一个难题。《易传·象》写了"未顺命也"这四个谜一样的解释词。宋代的朱熹实话实说："未详"，即没看出什么意思。近人高亨先生则认为，此处的"咸临"之"咸"，当作"威"解释，咸临即威临，以威势临政："以刑威临民，则民畏服，不敢为非，自吉而无不利。"（《周易大传今注》）

如此一来，这个爻辞也就表达了这样一个意思：随着仕途经验的积累，随着事业的展开、管理范围的拓展，临政的方式也须改进，临政的技巧也须提高。例如，以谦恭、正直的品性感召人的初始方式，升格为刚毅、中庸并举的临政方式。临政的宗旨是以仁为本，以中庸的方式感召民众，但是并不排斥刚毅的施政手段。战国末期的韩非主张用"二柄"临政：一为德，二为刑，就是要求恩、威并重，缺一不可。用恩，皆大欢喜；用威，就要得罪人，所以必须在积累了一定的临政经验、有了一定的人脉之后，才能施用。临政态度刚毅虽然是一种成熟的表现，但是必须把握好"方而不割"这一分寸，才能获得"吉无不利"的效果。

以上只是将"咸"释义为"威"之后的一种故事解读。如果仍然按照"咸"为"感"义解读，则九二爻辞的"咸临"，讲的是一个已有一定社会影响的基层临政者，仍须保持谦恭的态度，感召乡贤志士，协助自己搞好地方治理。这是处于"见龙在田"状态下的临政者如何"利见大人"的具体落实。一旦贤能之士都能竭诚相助，临政者自然也就事事顺畅，"吉无不利"了。

第三节　甘临与至临

随着社会地位的提升，讲究领导艺术，成为执政能力培养的一门重要科目。六三、六四爻辞就是对身处高位的官员如何临政的叙述：

六三：甘临，无攸利；既忧之，无咎。

六四：至临，无咎。

领导艺术的表达，必须符合诚信原则；与诚信相违，不是真正的"艺术"，一旦施政，不会有好的效果。"甘临"就是一种有违诚信的临政行为。"甘"为"甜"，这里指甜言蜜语。用甜言蜜语的哄骗手段临政，缺乏利益民生的实在政策，时间一长必然会引起民众的厌恶；一旦认识到这种做法的危险性，立即加以改进，就不会有麻烦的事情发生。"无攸利"，是对"甘临"前景的预判，也是忧患意识的表达。居于较高地位的临政者，本来就应该有一种"夕惕若厉"的忧患意识，何况是使用了甜言蜜语临政的人，更要考虑这种行政方式的后遗症："无攸利。""既忧之，无咎"，与

《乾》卦九三爻辞中的断语"夕惕若厉，无咎"，都是有了忧患意识就能避免错误发生的一种说辞。只是这个故事讲的是对具体的"甘临"危害性的忧患之思，《乾》卦九三爻辞是对"终日乾乾"中所有可能出现的错误的忧患之思。

"至临"是高位领导人的临政方式。至即到，到什么地方？到基层，到民众中去，掌握第一手材料，与底层民众同呼吸共命运。所以，"至"又有"贴近"的意思。第四爻出辞"至临"，是因为居此高位者容易高高在上脱离实际。这一层面的领导人往往以"鞠躬尽瘁，死而后已"自励，鞠躬尽瘁是一种态度、一种精神，不是仅仅在办公室里日理万机，就鞠躬尽瘁了，要下临基层，亲临现场，贴近民众；不是有了突发事件才下基层到现场，而是在平时就应下基层，为社会把脉开方。"至临，无咎。"高官下基层到现场的效果是不犯决策性错误，这也是中国传统文化中的高层为官之道。

至临，用现在流行语表达，就是"接地气"的政治。不贴近民众，脱离社会实际情况，仅凭下属的报告、个人的臆断，出台的政策往往与社会的实际不符，往往脱离民心所思所想。这样的政策，难免会遭到民众的反对，对社会的稳定和发展产生负面作用。例如，关于"医患"纠纷的问题，由来已久。引发纠纷的原因，既有医方的问题，也有患方的问题。在这一对矛盾中，医方是矛盾的主要方面，患方是矛盾的次要方面。"医院大门八字开，有病无钱莫进来"；医方为强势群体，患方为弱势群体，这也是不争的事实。在这样一个"看病难"已成为社会主要问题之一的现实情况下，临政者倘若不贴近民众，贸然出台一些片面保护医方的所谓解决"医患"问题的法律法规，势必会引发更大的医患矛盾，并由医患矛盾导致更大的社会矛盾，甚至激化社会矛盾。这显然是临政者不愿看到的结果。

由此可见，贴近民众的"至临"有多么重要。

第四节　知临与敦临

六五、上六两个爻辞,是关于为君者临政之道的叙说:

六五:知临,大君之宜,吉。

上六:敦临,吉,无咎。

与高位官员下基层到现场办公相反,君王的临政方式不是事无巨细揽于一身,而是任用贤能,调动贤能之士的积极性,发挥集体的功能作用,就好比汉高祖与韩信的一次对话:韩信是站在战争第一线的"将兵"者,汉高祖则是运筹帷幄的"将将"者。

正如战国末期的法家集大成者韩非所言,君王用自己的双眼双耳,不可能看到和听到千里之外的情况,直接做出准确的判断、采取恰当的手段管理国家,而必须借助贤能之士来扩展自己的视听能力,才能够治理好天下。善于驾驭天下贤能者的才智,平治国家天下,便成为"飞龙在天"的最高统治者必须掌握的一门学问。用人得当,如愿以偿;用人不当,必然坏事。"知临,大君之宜,吉。"就是对具有大智慧的君王用智不用力的临政方式的肯定。

善于"将将",并非易事。大凡真有才能者,往往性傲不听话,有作为的君王如汉高祖等辈,一定明白"良将难令,然可以使主贵"的道理,从大局考虑,善待人才,为己所用。当然,那些让最高统治者"难令"的人才,在君王"逐鹿中原"、争夺天下的时期,会被任用甚至受到重用;一旦天下权柄在握,最高统治者往往会"秋后算账",把那些有可能危及其子孙后代"千秋大业"的战将、能臣,清除出权力中心;那些真正的"贤良"之士,是不会列入"大君"的清除名单中的。这种历代开国君王都要做的"杀功臣"功课,似乎也是一种"知临"的题中之义。

君临天下,不仅要善待贤良,更要善待民众。孟子的"民为贵,社稷次之,君为轻"的主张,就是建立在这一认识的基础之上。以民为本，必然要以仁为本；爱民，民才会爱君，君临天下才能维持久远。"敦临"，是周文王对久居君位者的忠告。厚道这一品性，要保持始终，因为无论何时，对民众不厚道，就会政权旁落。即便善于"将将"，也无济于事。所以，水能载舟亦能覆舟的道理，早在唐太宗之前就已成为统治者的共识。

"敦临"，以质朴、敦厚的德性临政。这是对久居大君之位者的一种提示。与九三爻的"甘临"正好相反，上六爻的"敦临"是一种肯定的临政态度和方式。无论对待民众，还是对待各级官吏，最高统治者都应该以发自内心的诚恳、厚德载物的胸襟，教化、施政。久居君位之人，必然是年老之君，往往有一种通病，老而多疑；他周围的近臣、重臣，在多疑的君王身边工作，难免有伴君如伴虎的恐惧感，难以正常发挥他们的聪明才智。因此，久居君位者倘若能做到发自内心的"敦临"，对任何一个政权而言，都是至关重要的事情。

最高临政者的敦厚品性一以贯之，是上下和顺、天下太平的重要保证，所以，周文王在向久居君位者提出了"敦临"治政之后，给予了"吉"和"无咎"的承诺，明确告知久居君位的最高临政者：居于大君之位的时间无论多长，质朴、敦厚的品性不能丢失；敦厚地施政治国，是一条继续获得吉祥、不发生错误的正确之路。

本章思考题

1. 卦辞"至于八月有凶"譬喻什么？
2. 为什么初入仕途宜"咸临"？
3. 从爻象角度看，为什么六三爻出辞"甘临"、六四爻出辞"至临"？
4. 为什么说"知临"是"大君之宜"？

第二十章 《观》卦

䷓ 观：盥而不荐，有孚颙若。

初六：童观，小人无咎，君子吝。

六二：闚观，利女贞。

六三：观我生，进退。

六四：观国之光，利用宾于王。

九五：观我生，君子无咎。

上九：观其生，君子无咎。

《周易》第二十卦《观》，对临政者如何考察民情、国情的基本原则及其方法，做了系统的阐述。

第一节　观察要虔诚

卦辞用一个譬喻，道尽了观察的核心：

> 观：盥而不荐，有孚颙若。

《观》卦居于《临》卦之后，因而赋予了观政的内涵，作为对临政者考察民情、考察国情的一种素质培养和能力考核。

在佛教里，"观"的目的是获得智慧；在《周易》里，"观"的目的是治国平天下。所以有人说，《周易》这本书是写给统治者看的。其实，不同的语境，借不同的对象说理，无论求智还是求实，观的方法是一致的。

欲得智慧，欲得真相，观察的态度必须端正。卦辞用了一个比喻:"盥而不荐,有孚颙若。"祭祀之前须洗手,虽然尚未向神灵奉献祭品,在盥洗室洗手时的心情和态度,已经像奉献祭品时一样虔诚恭敬。这个譬喻,揭示了《观》卦的核心问题:诚敬。考察民情、国情,也要保持如此诚敬的态度,才能由表及里、去粗取精,形成正确的认识,找到解决问题的关键,开出对症下药的处方。

态度真诚,是通过观察获得真情、取得真知的必要条件。如果上层领导下基层考察民情、国情的态度不端正,下属也往往会弄虚作假,报喜不报忧。那么,考察的目的非但达不到,还会在虚假材料的基础上,得出错误的判断,形成错误的决策。

各级临政者对地域性、全局性社会情况的考察缺乏诚敬态度的情况,在当今社会里仍然普遍存在。据笔者对县、乡镇两级的观察,如今的县长、书记,任期之内,很少到乡、村进行实际考察;甚至乡镇的乡镇长、书记,也很少到村里工作考察、了解农民的生产、生活。乡镇负责人,绝大多数都在县城置房,每天一下班,即驾着公车、私车往县城里赶。这与20世纪六七十年代,乡镇领导人都住在乡镇大院里的情况,形成了鲜明对照。

周文王用祭祀神灵时的诚敬态度为譬喻,可谓用心良苦。

人有长有幼,官有大有小,地位有高有低,《观》卦六个爻辞中的童观、阚观、观我生、观国之光、观其生,是在不同层面上对观察方法、观察作用等所做的分析。

第二节 童观与阚观

初六、六二爻辞,通过譬喻,讲述了处于社会底层的人,在观察社会人事方面的一些基本要求:

  初六:童观,小人无咎,君子吝。

  六二:阚观,利女贞。

"童观",童是儿童,这里用来譬喻普通的底层民众。爻辞的意思是说,底层民众的头脑要简单,当官的头脑要复杂。试想,如果每个老百姓都要遇到事情问一个为什么,临政者岂不要头痛,天下岂不要汹汹然? 所以,春秋末期的周朝图书馆馆长老子,站在当政者的立场上实话实说:"虚其心,实其腹,弱其志,强其骨。常使民无知无欲。"(《老子·三章》)这固然是统治阶级的偏见之言,但是,对于有一定社会地位、负有教化之责的基层管理者来说,头脑简单、幼稚浅显地观察社会,就不应该了。这在每一个时代都是如此。所以,同样是"童观",初六爻辞明确指出:"小人无咎,君子吝",地位不同,要求当然不一样。小人即平民百姓也许可以像儿童一样幼稚浅显地看世界,不能算是一种错误(无咎);君子即有一定社会身份的人如果也像儿童一样浅显地看问题,就是一种耻辱。

"闚观",闚通"窥",指小孔或缝隙;闚观,即指从小孔或缝隙、隐僻处观察,譬喻观察片面。看问题片面,就像佛教里说的不能"中观",虽然比幼稚浅薄地观察社会有了一些进步,仍然不利于社会的治理,这是负有治理社会之责的临政者所应该避免的。"闚观",从门缝里观察外面世界,对于足不出户的家庭妇女而言,因为有利于贞操的持守,值得表扬,然而这一视察原则不能推及临政的君子。虽然在六二爻辞中没有如同君子童观那样对君子闚观加以评论,但是,由"利女贞"的评论,同样可以推演出"君子吝"一类的结论。

在周文王眼里,小人与女子可归于一类,他们幼稚地、片面地观察社会、思考问题,顺理成章情有可原。这种将小人与女子归为一类的分类方法,被后来的孔子所继承,发出过"唯小人与女子难养也"的感叹。但是,对于负有社会责任的基层临政者而言,幼稚、片面地观察社会、分析问题,是不能原谅的错误。

周文王关于"童观""闚观"的譬喻,重心不在对"小人"与"女子"观察身边事物情况的认可,而是对"君子"即有一定社会地位的基层临政者的一种警示,不要因为身处社会基层而混同于一般老百姓,简单浅薄地观察世事、分析问题,不要像围着灶台转的家庭妇女那样,片面狭窄地观察世事、分析问题;而是要深入地观察身边的事物情况、全面地观察世事。唯其如此,才能成为一个合格的基层临政者,确保一方平安。

第三节 观我生与观国之光

六三、六四爻辞,代表着地位较高的临政者的观察视野:

六三:观我生,进退。

六四:观国之光,利用宾于王。

有了较高地位还想继续晋升的临政者,观察的方法更讲究,观察的意义更重要。"我生",我是自己,生为道、为动。"生生之谓易",讲的就是生之为道、为变化。"观我生",就是观察自己的临政措施,适时做出进或退的调整。例如,地方官吏在制订具体的地方条例尤其税赋征收政策时,应该从本地区的实际情况出发,不能让老百姓有赋税过重而避走他乡的情况发生。

《礼记·檀弓下》记载有这样一个故事:"孔子过泰山侧;有妇人哭于墓者而哀。夫子式而听之;使子路问之;曰:'子之哭也;壹似重有忧者。'而曰:'然;昔者吾舅死于虎;吾夫又死焉;今吾子又死焉。'夫子曰:'何为不去也?'曰:'无苛政。'夫子曰:'小子识之:苛政猛于虎也!'"老百姓对苛政之害怕,甚于老虎吃人。在人口自由流动的春秋战国时期,百姓宁愿居住在有老虎吃人危险的地方,也不愿迁往赋税沉重的地方。显而易见,赋税沉重的苛政,必然导致为渊驱鱼、为丛驱雀的后果,呈现人口凋零、经济萧条的局面。

地方临政者一旦发现政策有误,就应该尽快修正地方性的政策法规,做到能进能退,始终保持在正确的地方治理这个轨道上。地方治理之道的目标，是确保地方繁荣和安定，这也是地方临政者的最大政绩。

站在辅佐最高统治者的位置上，观察的角度和作用，自然又有不同。一是观察的范围已经不是一城一地，而是"观国之光"，将整个国家的风俗民情、百姓疾苦尽收眼底，在此基础上制订一套以仁为本的治国方略，尤其要防止"筐箧已富，府库已实，而百姓贫"这种"上溢而下漏"的局面出现。这才是辅弼大臣"观国之光"的意义所在。二是要有中正之心。官场往来，难免有亲疏。作为辅弼大臣，地方官吏的业绩、上缴税赋的多少、赈灾济款的发放等，都要一碗水端平。水端平了，各路贤能才会竭诚为君王效力。

一个国家，因为尊重、汇聚贤能之士而名显于世；因为贤能之士的竭诚相助而繁荣昌盛。作为辅助国君的重臣，绝不可以嫉贤妒能，而应该尽心考察贤能之士，将他们推荐给君王，成为君王的座上宾，让这些贤能之士的智慧得到充分的发挥。"用宾于王"，"用"是发挥贤能之士的作用，"宾"是对贤能之士的尊重。对待贤能之士，不仅要让他们发挥作用，更要尊重他们、待若上宾。只有这样，才能收获"利"，有利于国家、有利于重臣自己。周文王在这个爻辞中写的"利"是对"用宾于王"的判断辞，是对"用"且"宾"这个合取判断的肯定。三代以后，居于重臣地位的辅弼大臣，对待贤能之士，往往或用其能而不尊重，或待若上宾而不信用，唯恐尾大不掉影响自己的地位，而将圣王的忠告置之脑后。这样的高位临政者，前景难免会由"利"转化为"不利"。

第四节 观我生与观其生

九五、上九爻辞，是对最高临政者应该如何观察的指导：

九五：观我生,君子无咎。

上九：观其生,君子无咎。

作为最高临政者的君王,同样有一个观察的任务。只是他所观察的重心,既不是某一个地区,也不是所统治的一个国家、整个天下,而是他自己。考察自己在识贤、任贤、用贤方面的情况。"循名责实,君之事也。"(《邓析子》)用错了人,分析错误的原因;用对了人,也要总结经验。这样,以后就会少犯错误,甚至不犯错误。

第三爻和第五爻,都系辞"观我生",因所处地位不同,其含义也大不一样。六三爻的"观我生",是对一个地区的政府行为,进行不断纠错、完善地方性政策的必要考察。九五爻的"我生",是指最高临政者的行政情况,此处的"观",是对君王统治的总体考察。在古代社会,统治者的一举一动,都会对臣僚及天下百姓起到重大影响作用,所以,君王应该时刻检点自己,在临政时始终保持阳刚中正,为自己所统领的贤能之士树立榜样,这些贤能之士就会效法君王,在临政中也能阳刚中正,不犯错误。

在周文王之前的古代社会,一些开明的君主,在"观我生"即自我考察方面,就已经做出过很好的榜样。例如,《论语·尧曰》记载有尧帝自我观察检点政绩的一段话:"朕躬有罪,无以万方;万方有罪,罪在朕躬。"在《吕氏春秋·顺民》中,也有类似的记载:"昔者汤克夏而正天下,天大旱,五年不收。汤乃以身祷于桑林,曰:余一人有罪,无及万夫;万夫有罪,在余一人。无以一人之不敏,使上帝鬼神伤民之命。"

处在最高临政地位的人,对自己的临政情况进行自我观察和检讨,并勇于承担一切责任,似乎是我国古代明君的一个优良传统,所以周文王在撰写《观》卦的九五爻辞时,才有了"观我生,君子无咎"的表达。

上九爻位,是处在九五之尊上面的高位,其尊如同舜临政时的尧、禹临政时的舜。所以,此处的"观其生",是居于至尊位的尧观察刚上位的舜如何临政,是后来的舜将治好了洪水的禹推上临政第一线之后对其治政情况的观察。无论是尧还是舜,观察的对象不是自己而是自己的接班人。所以,不是"观我生"而是"观其生"。有了"太上皇"的观察和顾问、督导,临政天下的君王,不犯错误也就有了保证。同样是"君子无咎"断语,与九五爻的"君子无咎"断语,含义自然也有了差异。

由"观其生,君子无咎",不禁想到20世纪80年代中国共产党在新老领导人交替时期,由一批德高望重的老一辈革命家组成的"中共中央顾问委员会",对新一代中央领导的工作进行考察、顾问,起到了中央工作平稳过渡的重要作用。这一上下辈临政过渡时期的特殊设置,应该不是直接受到《观》卦上九爻辞的启示,而是古今同心使然。

本章思考题

1. 卦辞"盥而不荐,有孚颙若"譬喻什么?
2. "童观"为什么是"小人无咎"而"君子吝"?
3. 六三爻辞的"观我生"与九五爻辞的"观我生"有什么不同?
4. "观其生"有什么功用?

第二十一章 《噬嗑》卦

䷔ 噬嗑：亨，利用狱。
初九：屦校灭趾，无咎。
六二：噬肤灭鼻，无咎。
六三：噬腊肉遇毒，小吝，无咎。
九四：噬干胏，得金矢，利艰贞，吉。
六五：噬干肉，得黄金，贞厉，无咎。
上九：何校灭耳，凶。

《周易》第二十一卦《噬嗑》，对用狱的原则、治狱的复杂性、治狱的方式等做了详细的阐述。

第一节 用 狱

卦辞很简短、直接：

噬嗑：亨，利用狱。

战国末期法家集大成者韩非，主张君王执"二柄"治天下，二柄即刑与德。刑即杀戮，德即庆赏："为人臣者，畏诛罚而利庆赏，故人主自用其刑德，则群臣畏其威而归其利矣。"(《韩非子·二柄》)韩非的用刑之说，源自《周易》中的《噬嗑》卦。

《噬嗑》卦象，形状如同张大的嘴，初九爻与上九爻形同上、下颚，九四爻则如同口中一物，成为咬合咀嚼的对象，其余三爻均为中空之阴爻，所以，该卦就用了咀嚼之义的"噬嗑"命名。

噬嗑的本义是食,咀嚼即吃东西。口中有物,只有将它咬碎,才能进入肠胃,顺利消化、吸收。所以,噬嗑有通畅的功能。噬嗑的这种功能,与政府将违法乱纪分子投入监狱、施以刑罚,使之改恶从善、使社会保持和畅的功能相似。噬嗑可以象征治狱,其属性是"亨"即通畅,最适用于"狱"即惩治罪犯:"亨,利用狱。"

卦辞只用"亨"这个字,揭示了《噬嗑》卦的本质属性。在日常生活中,任何食物下肚,必经咀嚼这一程序,咀嚼的主要目的不是品味,而是让食物经过这一程序之后,能让肠胃顺利地消化吸收。在咀嚼食物的同时,还要对食物中可能存在的骨头、鱼刺、碎石、金属物等杂物进行剔除,不能让那些对喉管、食道造成损害的东西混在食物中下肚。人们常常说,吃饭要"细嚼慢咽",不仅包含有尽量嚼碎食物以利消化的意思,还含有在仔细咀嚼过程中辨别有无杂物、在缓慢下咽时不让杂物漏网的意思。在日常生活中,骨鲠在喉的情况时有发生,往往因为一根鱼骨或骨刺的作梗,而开膛破肚动手术,甚至因此丢掉性命。

由此可见,咀嚼在整个饮食过程中具有何等重要的作用。一个表示顺畅的"亨"字,对咀嚼的功能属性的表达,是何等贴切。

在社会生活中,尤其在审理案件的治狱过程中,理官的粗心大意可能造成的后果,也会如同骨鲠在喉一样,性命攸关。周文王用"噬嗑"喻治狱,显示了他的智慧。

《噬嗑》爻辞,在"噬嗑"的名义下,阐述了小惩大戒的用刑原则,分析了审理案件的艰难。爻辞用的都是比喻,生动、易懂。

第二节　灭趾与灭鼻

初九、六二爻辞,分别用"屦校灭趾"与"噬肤灭鼻"两个比喻，形象生动地表达了小惩大戒的用刑原则：

初九：屦校灭趾，无咎。

六二：噬肤灭鼻，无咎。

屦校灭趾，这大概是古代刑罚中最初最轻的一种。屦：草鞋，引申为足；校：囚人的刑具，如"枷"；屦校：锁住脚的刑具，如同后来的脚镣。商末时铜、铁均为贵金属，想来还没有脚镣，而以木质刑具为多，故用木字旁的"校"名之。

戴着锁脚的刑具，还把脚趾也割掉，是为了限制他的行动，告诫他不要在犯罪道路上继续走下去。刚刚走上犯罪道路，就断其脚趾，或许有小罪重罚之嫌，而其目的恰恰是以小罪重罚引起犯罪者戒惧，从此以后不犯大恶。与大恶斩首相比，断趾也就是小惩而已。

在《庄子·德充符》一文中，有几个受到过断趾足刑者的故事。其中，鲁国就有两人，一位名叫王骀，后来居然成为鲁国的名师，从其游学者，与孔子相若，跟随他的学生，"虚而往，实而归"，以至于孔子也称他为圣人，"将以为师"。另一位名叫叔山无趾，受刑之后，用脚后跟走路去见孔子。孔子说："你不谨慎犯了错遭了刑罚，现在才来请教我，来不及了。"无趾说："我只因不识时务而轻用我身，所以被断了趾。今天来这里，是因为还有比脚趾更尊贵的东西存在，我想保全它。天地生物，厚德载物，我把先生当作天地，哪知先生原来是这样的！"孔子十分惭愧："丘则陋矣。"无趾离开之后，孔子跟学生说："弟子们要努力啊，无趾是一个断趾的人，还要勤奋求学补过前非，何况没有犯过错误的人！"

这些故事未必真实，庄子讲述这些寓言故事的用意，也不是为了说明小惩大戒的道理。但是我们在阐述小惩有大戒作用和道理时，这些寓言故事正好提供了支撑，证明了小惩确实能起到大戒的作用，甚至能换来"浪子回头金不换"的良好局面，完成了一个又一个坏事变成为好事的祸福转换。

噬肤灭鼻,其刑罚显然重于断趾。噬肤,在暴露的皮肤上烙刻犯罪的印记;灭鼻,割掉鼻子。脚趾在人体最下方,不容易被人注意;况且割断脚趾的人穿上鞋子,尚可掩饰;倘若在脸上刺字,或者割掉鼻子,就像《水浒传》里的宋江、林冲等人的脸上刺了字,让人一见就知道是犯过罪的劳改释放犯,顿时升起警惕戒备之心。所以,这种形之于表面化的刑罚的最大作用,就在防范与监督;对于受刑者而言,有了全社会的防范和监督,客观上也制约了他继续犯罪的可能,这种效果对受刑者本人而言,未必是坏事。

从商周至宋代,历时两千年,在惩处犯罪者时一直沿着这一方法。无论是对社会还是对受刑者,这种惩罪禁恶的方法,自有其积极的意义。

第三节　噬腊肉遇毒

治狱关键,在案情是否清楚、量刑是否适当。如果吃了冤枉官司、受不公正判决,还要让受刑者认罪、重新做人,怎么可能?因此,《噬嗑》卦的后四个爻辞,将"理官"即法官的审案判刑之复杂性做了重点分析。

六三、九四爻辞,用了"噬腊肉遇毒"与"噬干肺,得金矢"两个譬喻,形象地讲述了审理案件过程中的艰难性。

　　六三:噬腊肉遇毒,小吝,无咎。
　　九四:噬干肺,得金矢,利艰贞,吉。

"噬腊肉遇毒",腊肉是长期置放的腌制品,由于受潮等原因,内部已经变质,外表往往看不出来。然而一旦下肚,就难免中毒。这样的例子,在人们的生活实践中,是经常遇到的。周文王用这个人们在生活中常见的事情进行譬喻,意思就是遇到复杂的事情时，如果只看现象不看本质，往往会出现错误。移之治狱，例如审理案子时，千万不要被表面现象所迷惑，造成冤假错案。一旦发现失误，必须立即纠正，这样就不会有错案发生。如何细心地审读分析案件？宋代理学家朱熹在给学生讲如何做学问时，经常举一些自己在审理案件中的故事，告诫学生做学问也必须小心仔细。有一次，他向学生讲了这样一个经验之谈："向来某在某处，有讼田者，契数十本，中间一段作伪，自崇宁政和间至今不决；将正契及公案藏匿，皆不可考。某只索四畔正契，比验前后所断，情伪更不能逃。"（《朱子语类》卷第十八）一件搁置多年的讼田宿案，由于朱熹的细心梳理分析，终于从数十本田契中寻找到中间一段作假，使"情伪更不能逃"，还原了田契的真相。当然，像朱熹这种思维清晰、方法正确的理学大家，轻易不会犯"噬腊肉中毒"的错误。对于那些初出茅庐的年轻官员，在审理案件时犯"噬腊肉中毒"的错误往往是难免的。所以，周文王对这类初登理官之位的年轻官员，善意提醒他们在审理处置罪犯时要小心谨慎，只要对审理案件时的复杂性有所认识，提高警惕，在审理实践中就不会犯错误："小吝，无咎。"

"噬干肺，得金矢。"肺，带骨的肉脯；干肺，已经风干的带骨肉脯。腊肉与干肺，都属于猎得的兽肉，而噬风干的肉脯本来就比噬腊肉来得费力，何况又是带骨的兽肉。因为是猎物，所以很有可能在干肺中有断箭头的存在。事先有了防范意识，所以在扯咬啃食时特别小心翼翼，结果不是"咬"到而是"得"到了断箭头。噬干肺时的用心情状，与法官审断复杂案子时的情状何其相似！周文王讲述"噬干肺，得金矢"的故事，正是在提醒坐堂的法官断狱之难：在断狱过程中，不仅有明摆着的"硬骨头"必须去啃，而且还有比骨头更硬、更艰难的案情需要仔细查办。面对复杂的案子，法官除了刚毅、无私，还要有冷静的头脑、清晰的思路、明察秋毫的判断能力。

如同"噬干胏,得金矢"那样,法官若要洞察并获得隐藏在案件中的"金矢",必须具备两个前提条件:一是"艰",二是"贞"。断案,尤其发生在高层的案件,往往错综复杂,需要办案人付出艰辛的努力,方能理清真相。一旦理清真相,又会发现案件牵扯到高层的方方面面,办案人须有一颗秉公之心,方能给出一个公正的结果。有了"艰"又有了"贞",不仅案件得到了公正的处置,法官也因此而获得清明之誉。

第四节　何校灭耳

本卦最后两个爻辞,通过生动的比喻,从正反两个方面对法官在治狱断案过程中的清与不清、正与不正的行为,进行了价值判定。

六五:噬干肉,得黄金,贞厉,无咎。

上九:何校灭耳,凶。

"噬干肉,得黄金",这个"干肉"是饲养兽肉而非猎物之肉,肉内是不应有金属之物的,现在却不但有而且是贵重的黄金。显然,这家养兽肉中夹着的黄金,是赠送者有意放置的。黄金既是贵金属,一旦吞下肚子却又能要人性命。《红楼梦》中的尤二姐,就是因为不堪凤姐捉弄,而"吞金自尽"。由此可见将夹有黄金的干肉送给法官这一蓄意行为,意味着什么。当然,这只是一个比喻。

周文王用这个比喻告诫身居最高位的治狱者:不能被虚假的表面现象所迷惑,对错综复杂的案情掉以轻心;办案过程中,不仅要保持秉公断案的清醒头脑,而且时时都要保持如履薄冰的谨慎心态。断狱如临阵,务必小心谨慎。一是因为狱事中往往伏有圈套,稍有不慎便落入其间;二是大案要案往往牵涉权贵要人,秉公办案总会树敌于人,越是涉及高层,危险性越大,以致有性命之虞。

为官多年的宋代理学家朱熹读到此处,曾经深有感触地向学生言道:"大抵才是治人,彼必为敌,不是易事。"(《朱子语类》卷第七十一)可见,做一个秉公办案的官,历来都是一件为难的事情。然而,即便再难,既然当了官,就要艰苦办事、秉公办事。这是为官的底线,更是治狱者的基本要求。"无咎",不犯错误,就是周文王对治狱者的基本要求;如果这个层面的人审错了案子,还有谁能来平反昭雪呢?

"何校灭耳",肩荷枷锁,耳朵被割掉,这个刑罚是加之于法官的。头脑不冷静,案件理不清,又刚愎自用,不是着人圈套,就是偏听偏信,冤假错案不断,这样的法官,受割耳之刑,警示其耳不聪之过。

在周文王之前,负责治理狱事的刑法官员,因听讼有误而遭此刑罚,应该是有这种刑法规定的,否则,周文王也不会在讲述治狱的故事时,以"灭耳"作为结尾。

《噬嗑》卦告诉我们:耳不聪,则目不明。威是治狱的基本手段,明是治狱的基本要求;明察秋毫,就是治狱的理想境界。所以,朱熹曾将做学问比作"理官",比作"断狱",要求学生以即使一分钱的赃款也要问个水落石出的精神,去做学问。

本章思考题

1. 为什么用噬嗑来譬喻治狱?
2. 六三爻辞中的"噬腊肉遇毒",譬喻什么?
3. 九四爻辞中的"噬干肺,得金矢",譬喻什么?
4. 六五爻辞中的"噬干肉,得黄金",譬喻什么?

第二十二章 《贲》卦

☲ 贲:亨,小利有攸往。

初九:贲其趾,舍车而徒。

六二:贲其须。

九三:贲如濡如,永贞吉。

六四:贲如皤如,白马翰如,匪寇?婚媾。

六五:贲于丘园,束帛戋戋,吝,终吉。

上九:白贲,无咎。

《周易》第二十二卦《贲》,对礼仪修饰的一般原则进行了阐述。

第一节 小利有攸往

贲:亨,小利有攸往。

"贲"为饰;卦象下离(☲)上艮(☶):离为火为明,艮为山为止。所以,《易传·彖》解读为"文明以止,人文也"。礼仪修饰,是人类文明进步的标志,是人类社会集体生活的美化。

在日常生活中,举办重要的喜庆活动,男女主人都会精心打扮一番,接待来宾;应邀出席亲友的重要庆典,男子总会着装整齐、女子总要梳妆打扮,还不忘礼尚往来,携带一些礼品。主人的衣着容貌修饰,是出于对宾客的尊重;来宾注重衣着容貌修饰,同样是重视庆典、尊重主人的一种表达。礼仪是人与人之间的一种情感沟通方式,尊重对方,就是尊重自己。

当然,礼仪修饰毕竟不能替代实质本身,它只是本质的附庸、外在的表达方式。在社会活动中,必要的礼仪修饰对事业的顺利发展,能起到一定的作用,但不宜寄于过高的期望。所以,《贲》卦在肯定修饰具有顺利功用的同时,又明确表达了这种功用对于人生的进步和事业的发展只起到小小的作用:"亨,小利有攸往。"在《周易》的六十四个故事中,"利有攸往"即有利于发展这一判断词多有出现,但在这一判断词前面加限制词"小"的,仅此一例。周文王借助于这个"小"字,是要让人记住:礼仪性的修饰,虽然对事情的顺利发展有所帮助,但这种帮助的作用毕竟有限,不能寄予太大的期望。

几百年之后,到了战国初期,木匠出生的墨家创始人墨翟,从平民实用的角度,针对修饰一事提出了自己的一套观点,似与周文王的"白贲"至上的审美观一脉相承。墨翟认为,衣服的作用可以六字概括:"适身体,和肌肤。"然而当代的君主却耗尽老百姓之力,大加修饰:"以为锦绣文采靡曼之衣,铸金以为钩,珠玉以为佩;女工作文采,男工作刻镂,以为身服。"(《墨子·辞过》)做出来的衣服不是为了身体,而是为了好看。建筑宫室,地基高度足以避潮湿,宫室四边足以挡风寒,屋顶足以御雪霜雨露,室内墙壁足以区别男女之礼。可是,"当今之主"却用老百姓的衣食之财,营造"台榭曲直之望,青黄刻镂之饰"(同上)的豪华宫室供自己享受。这种种建立在横征暴敛基础之上的过度修饰,必然导致国贫民怨。

由此可见,修饰一旦过度,不仅于事业不顺畅,还会出现不利于事业发展的后遗症。

《贲》卦的六个爻辞,阐述了这样一些关乎礼仪修饰的原则:制订文明的礼仪,规范个人的行为,是社会安宁与和谐的需要;礼仪和修饰应该恰如其分,适可而止;实质与外在形式,实质是第一位的;不可沉湎于外在形式的过分修饰,更不可因虚荣而伤害实质;应该懂得一切修饰都是服务于实质,唯有内涵丰富的实质,才是礼仪修饰所追求的理想境界。

第二节　贲其趾与贲其须

初九与九二爻辞,以"贲其趾""贲其须"为喻,从人体的脚趾和脸面的修饰讲起:

> 初九:贲其趾,舍车而徒。
>
> 六二:贲其须。

贲其趾:把脚趾修饰得很漂亮;舍车:放弃车子。自己有车不乘,宁愿徒步而行,是不是这个人的脑子有毛病? 不是。这个譬喻表达的意思是:在商周时期,礼仪是有等级规定的,大夫以上必须乘车而行,大夫以下有车也不能乘坐而行。这一规定何时才取消,尚待考证。但是在春秋末期的孔子时代,还遵循这一礼制。

孔子的爱徒颜回死了,家里贫困只能做棺,没有财力购置材料配一层椁,颜回的父亲请求孔子:"您平时很喜爱颜回,把他当成儿子一样看待,能否将您那辆车卖了,给颜回做一个椁?"孔子一口回绝:"不行,我是大夫,不能出门没有车。前年我儿子死的时候,也没有卖车做椁。"

所以,坐车而行的都是大夫以上的贵族,处在社会底层的人,即便有能力买车,最好也不要乘坐,原因是庶民坐车会给人以不伦不类的感觉,还不如把自己的脚趾修饰得漂漂亮亮的,舍车步行,保持底层老百姓应有的礼仪修饰。

在改革开放之后的今天,尤其在热天,年轻女子将十个脚指甲涂得五光十色,穿着凉鞋在大街上行走。原以为这种"贲其趾"的做派是社会开放之后从海外传入的西洋风气,殊不知三千多年前华夏先辈就已盛行,这一修饰风气的倡导者,竟然还是周文王!这一爻辞告诉人们,礼仪修饰得体与否,与作为修饰主体的人的社会地位相关。

"贲其须"是对"见龙在田"这一层面上的人的一种修饰要求。当一个男子走向社会,寻找谋生机会的时候,一定要注意自己的面容修饰。此时此刻,积累了一些谋生能力的人,还须得到更有能力和更有社会资源者的提携帮助。但是,谁也不会对一个面目可厌的人心生好感。因此,将自己的脸面修饰得干干净净、漂漂亮亮,一见面就能给别人留下一个好的印象。脸面,自古以来都是一个重要的修饰平台。脸面长得好,修饰胡须便是锦上添花,如关羽之"美髯公"。脸面或其他方面有不足处,也可通过胡须的修饰来弥补,如国学大师马一浮先生,年轻时因为长得矮小,别人总把他当作小孩子看待,他就蓄了一脸的乌黑长须,让别人感觉到自己是一位成熟的学者。"贲其须",修饰胡须,使脸面美观。意思是:既然脸上长了胡须,就应该按一定的仪表规范修饰它。不修饰,胡子拉碴对不起自己,也对不起别人;经过修饰,自己美了,别人看了也是一种美的享受。

据古文字专家考释,"须"是指长在脸颊上的毛,似乎与胡子的生长部位也有差异,但人们习惯称"胡须",将胡与须连在了一起;离开了胡子,单独的须即颊上之毛恐怕也不好修饰。周文王说的"贲其须",应该指的是修饰胡须。又,在中国的文字运用里,"须"与另一个字"发"也经常联用:"须发。"尤其在脸面修饰时,头发的修饰占据很大一部分。尤其女子,花在美发上的时间,远甚于脸面的其他部位。

比喻讲的是"须",或者其内容还包含"胡"与"发",而周文王的真正用意,是要初出茅庐的人们,注重自己的仪表,给别人留下一个良好的初始印象。

第三节　濡如与皤如

随着社会地位的攀升,是否仍需修饰、如何修饰才符合身份呢？第三、第四爻辞言道：

九三：贲如濡如,永贞吉。

六四：贲如皤如,白马翰如,匪寇？婚媾。

贲如：华丽之貌；濡如：润泽之貌。贲如濡如：不仅修饰得很华丽,而且修饰得光彩照人。随着社会地位的晋升,更要注意礼仪修饰。在第三爻位上的人,在《乾》卦里已称之为"君子",在周代应该是大夫之位。处于这一地位的人,出头露面的机会多,自身的修饰也就更要讲究一些,仅仅"贲其须"一类的修饰已经不够,还需要在两个方面提升修饰之力：一是所穿戴的衣服、所乘坐的车子,文饰的程度要与身份相一致,给人以华贵的感觉；二是在容颜方面,不仅要在修饰胡须、修剪发型方面下功夫,还要进行必要的涂脂抹粉,修饰得光彩照人,给人以"君子终日乾乾"的良好感觉。

在当代社会,这一层面的官员,同样需要"贲如濡如"的礼仪修饰。官员的仪表,体现了政府的形象；一定的、规范的礼仪修饰,是必要的。例如,出席会议、接待宾客时,要穿正装、皮鞋等；接受电视媒体采访时,要梳理头发、脸部做一些必要的化妆。

但是,修饰毕竟只是一种表面功夫。精巧甚至奢华的修饰,并不能使人产生实质性的提升,更不能为了掩盖缺陷去做过度的包装、修饰。前些年,有一些试图借助于名牌手表、名牌香烟修饰自己高贵形象的官员,往往弄巧成拙,被新闻媒体曝光,露出了腐败本相。周文王用"永贞吉"三个判断字,提示这一层面的"君子"们,不要迷信过度包装,要始终坚守礼仪修饰的质重于文的原则,礼仪修饰才能收到理想的效果。

由此联想到当下各种商品过度包装的行为,助长了社会腐败。这种形重于质的现象,既违反了修饰原则,也增加了消费者的负担,因而遭到正常消费者的诟病和反对,是情理之中的事情。

拾级而上,社会阶层更进一步,到了中央一级的大臣层面上,又应当如何修饰呢?周文王信手拈来一个更形象生动的譬喻:"贲如皤如,白马翰如,匪寇?婚媾。"

皤:"白"义,引申为没有任何文饰的衣服;"白马"之"白",同"皤"之白,指谓没有任何修饰的马匹;翰:快速。一群服装简朴的汉子,鞭策同样没有任何修饰的快马如飞而来;初看外表,似乎是一群打家劫舍的强盗,再细看,原来是一支娶亲的队伍。

这个比喻告诉人们,外表修饰是非本质的东西,并不影响到实际内容,就像骑士服饰简朴、坐骑无装饰的队伍,并不能改变娶亲的本质。修饰多了,更要注意透过现象看本质。尤其是在特殊情况下,即普通的礼仪修饰被赋予了新的含义之后,一定要正确解读其真正的意义。

这一则匪寇形式、婚媾实质的例说,也解开了我国一些少数民族地区至今还保留着的"抢婚"习俗之谜:原来早在殷商时期,这种"抢婚"就已经普遍存在。

第四节 白 贲

修饰的最高境界,是返璞归真。本卦的最后两段爻辞这样说道:

六五:贲于丘园,束帛戋戋,吝,终吉。

上九:白贲,无咎。

六五爻是天爻,地位之高可想而知。在这个层面上办婚嫁喜事的场所,理应在雕梁画栋的宫室之中,极尽铺张华丽。然而,周文王却将这场婚事安排在"丘园"之中。丘是丘墟,园是园囿;丘园,即谓草木生长的质朴之所,而非雕梁画栋的华丽之所。不仅举办婚事的地方简朴,而且"贲如皤如,白马翰如"一路快马加鞭赶来的新郎,奉上的彩礼也很简少:"束帛戋戋。"对于最高层面上的这一场近乎吝啬的婚礼,周文王给出了"终吉"的价值认定,理由是:富有的家庭注重节俭,是家族长盛不衰之道;新娘子嫁给这种简朴的男子,一定吉祥如意、家道兴旺。

礼尚往来,是一种文明的表达;繁文缛节,却是一种虚荣的表现。《红楼梦》中的荣、宁两府,便因为讲排场、过于注重礼仪修饰而内囊掏空,最后落得个"白茫茫大地真干净"的悲凉结局。

在漫长的封建社会里,一个新政权建立初期,由于前朝覆灭的教训近在眼前,大多能够惕怵自警,重视礼仪修饰而不过度。随着和平年代的长久、财富积累的增多,繁文缛节滋生,过度的礼仪修饰抬头,并且愈演愈烈。平民百姓、基层官吏财富有限,只能随波。社会上层,则愈高愈烈。周文王目睹商朝末年王室的过度修饰,遂在编写上九爻辞之时,用了"白贲"两字,希望后人尤其是最高统治者记住这样一个道理:朴实无华才是修饰的最高境界。宋代学者朱熹读到这两个返璞归真的例说时,很有感触地跟学生说:"六五居尊位,却如此敦本尚俭,便似吝啬。如卫文公、汉文帝虽是吝,却终吉。""到上九便'白贲',和束帛之类都没了。"(《朱子语类》卷第七十一)朱熹举卫文公、汉文帝之事迹,用意也很显然,希望最高统治者带个头、做节俭的榜样。

本章思考题

1. 为什么说《贲》卦只能"小利有攸往"?
2. 为什么要"贲其趾"?
3. "束帛戋戋,吝"为什么能"终吉"?
4. 上九爻出辞"白贲"是何意?

第二十三章 《剥》卦

☷ 剥：不利有攸往。

初六：剥床以足，蔑贞凶。

六二：剥床以辨，蔑贞凶。

六三：剥之，无咎。

六四：剥床以肤，凶。

六五：贯鱼，以宫人宠，无不利。

上九：硕果不食；君子得舆，小人剥庐。

《周易》第二十三卦《剥》，阐述了在社会处于腐败局面下如何顺应时势、全身避害的一般原则。

第一节　阴盛阳衰

卦辞只有一个告诫：

剥：不利有攸往。

将世界一分为二：阴与阳。这是中国人对世界的一种认识方式。因为只有中国人才形成了这样一个认识，并且用阴、阳两个概念，解说世界，解说社会，解说人体，形成了与其他地区文化迥然不同的中国传统文化。阴阳观念的形成，按目前最可靠的资料分析，应与《周易》的阴阳爻画的形成相关。用阴阳爻画之间的关系赋予卦象以某种意义的《周易》六十四种卦象，便成为后人通过阴阳爻画之间的关系解读卦意的最佳途径。

《剥》卦六个爻,从下往上连续五个爻都是阴爻,只有最上面一个是阳爻,阴盛阳衰已至极处。如果以阴爻象征小人,阳爻象征君子,该卦便象征小人强势、君子弱势的局面。又,卦象的下卦为坤(☷)为土为母,上卦为艮(☶)为山为少男,象征意义为:在自然界,山体不断地剥落为土;引入政治社会,强势老母剥夺弱势幼子的权力。卦象象征的便是后一种情况:老母与幼子之间的关系。在中国历史上,小皇帝登基早,太后听政,戚党横行之事多有发生,汉代最盛,以致小皇帝长大之后,外甥杀舅舅之事也最多。到了清代,最典型的事情就是慈禧太后垂帘听政,同治、光绪两朝皇帝都被架空,任她摆布。

　　阴阳消长,本来就是自然规律。端平了讲,武则天、慈禧太后这些人都是女中豪杰,管理国家的能力也不在一般男性皇帝之下。只是因为冒犯了男权,那些母后当政的历史才被妖魔化了。周文王通过《周易》的《乾》《坤》两卦的排序,明确表达了重阳轻阴、重男轻女的观点,从而将下五阴上一阳的卦象用"剥"字表达,将其义确定为小人强势、君子弱势,并在这一语境下阐述了社会处于剥落时期的君子应该如何规避风险、等待时机的一些原则。

　　总的原则是:"不利有攸往。"在阴盛阳衰时期,不利于君子行动,故宜静不宜动,妄自进取必然自取其辱。古人所谓"识时务者为俊杰",即由此而来。承认弱势,全身避害,是这一时期的最佳选择。

　　几乎每个家庭里都有年深日久而剥落的木床。周文王以日常生活中常见的剥落木床为例,譬喻政治生活中两种势力之间的一种阴盛阳衰的特殊状态,借此比喻阐发了顺应时势、曲身避害的肆应之道。

第二节　蔑贞凶

　　卧房一般都选择在住宅中比较隐蔽的位置,而床又都安置在卧房的后侧隐蔽部位。所以,床是家里最容易受潮剥落的一种家具。《剥》卦的前四个爻辞都选择床来警喻,原因就在这里。床的剥落与阴湿受潮相关,所以剥落也总是由下往上发展,从"剥床以足""剥床以辨"一直到"剥床以肤",循序渐进。

初六、六二爻辞,通过床足、床辨两个部位的剥落,阐述了不能轻视木床早期腐朽的思想。

初六:剥床以足,蔑贞凶。

六二:剥床以辨,蔑贞凶。

俗话说:人无千日好,花无百日红。任何事物都会由盛而衰,都要剥落,这是自然规律。剥落始于何时?古代哲人说:"日方中方睨,物方生方死。"(《庄子·天下》)太阳当空的时候,也正是西斜的开始;生物诞生之时,也正是死亡的开始。同样道理,剥落始于成时,也有一个渐进的过程。虽然剥落之事总是要发生,但是推迟并延缓剥落是人们的应尽责任。倘若对初期的剥落持漠视态度,势必会加速剥落的趋势。

"剥床以足",是整张木床剥落的开始。一旦发现床足受潮发霉,就应该立即采取措施,例如用砖石垫高床足,并使卧室通气、减小潮湿度。这样,床的剥落就能得到抑制。如果发现了床足受潮剥落,持漠视态度,不采取任何防止受潮的措施,任其继续受潮剥落,势必不断扩大受潮程度,加速剥落。"蔑贞凶",漠视床足受潮剥落必然走向不可收拾的剥落下场。这是对蔑视初期腐败现象者的警诫之言。经济腐败是这样,政治腐败亦然。

由于蔑视床足的剥落,湿气渐渐上侵而渐近于床身的床辨之处:"剥床以辨。"当剥落现象加重,渐至于床身之处,仍然无动于衷任其发展,必然会导致不可收拾的局面早日来临,此时的"蔑贞凶",从凶险程度而言,自然要比床足剥落之时的腐败情况更严重。

轻视早期剥落会有凶险,这一警语连续在两个爻辞中反复出现,体现了作者的高度重视,也反映了他的忧虑和担心。当然,"剥床"只是比喻,作者真正忧虑和担心的不是床而是人,是君子在刚刚开始恶化的处境下的生存状态。倘若君子对刚开始恶化的生存环境掉以轻心,难免要有危险;倘若能引起重视,感觉到已经处于弱势地位,而且这种趋势还将延续下去。那么,就有可能产生自我保护意识,就会顺应时势,不去做劳而无功甚至自取其辱的事情。

"蔑贞凶"是一个从反面例说的断语,其含义,不仅指示不可漠视初期的剥落,而且蕴含着"不蔑则吉"的意思:重视初期剥落,积极寻找良策,尽可能消解剥落因素,延缓甚至终止剥落的趋势,走上转危为安的轨道。

第三节 剥床以肤

第三、第四个爻,代表了剥落的中期。在剥落愈来愈严重、腐败势力甚嚣甚上的时期,如何做一个出淤泥而不染的君子,如何面对极度的腐败而临危不惧,实为真君子、大丈夫。六三、六四爻辞言道:

六三:剥之,无咎。

六四:剥床以肤,凶。

《剥》卦从下往上连续五个阴爻,象征着阴险小人对健康政体的剥落拾级而上不断加剧。六三爻是五个阴爻的中心之爻,从表面来看,应该最能体现不中不正的阴邪之象。然而,辩证法告诉人们,阴与阳、好与坏、污与洁等,从来都不是绝对的。君子群体中,总会有小人藏匿其间;小人群体中,也会有君子存在。六三爻所对应的是上九阳爻,是本卦中唯一阴阳相应之爻,象征六三阴爻受上九阳爻的感召,毅然脱离下面两个阴爻、上面两个阴爻的束缚,从腐败中脱颖而出,如同泥塘中挺拔而起的荷花一般,真可谓"出淤泥而不染"。所以,该爻辞说:"剥之,无咎。"意思是说,虽然处身于剥落之中,但是并无过错。无过错,就是因为在普遍剥落的环境里,能够与邪恶势力保持距离,更不同流合污,在长时期的忍耐中磨砺自己的道德品性,保持了君子洁身自好的品德操守。

由此想到,在20世纪40年代后期的解放战争中,国民党军队中一些高级将领,不与日益腐败的国民党同流合污,在共产党晓以大义的感召下,毅然在阵前起义,成为推翻国民党政权、建立社会主义新中国的领军将领。中华人民共和国成立之后,这些从腐败的国民党军队中脱颖而出的将军,成为中国人民解放军的将领,最有代表性的陶峙岳、陈明仁、董其武三人,于1955年被授予中国人民解放军上将军衔。

本卦中难得一见的"无咎",应该是对"出淤泥而不染"者的一种肯定。然而,在漫长的中国历史上,还是经常出现对"出淤泥而不染"者的怀疑,甚至否定和莫须有的打击。读了《周易》讲述的剥落故事,才明白这种做法是有违文王之教的错误行为,从淤泥中走出来的洁身人,我们应该给予"无咎"的肯定和信任。在普遍的腐败环境中保持洁身自好是一件很不容易的事情;倘若能脱离腐败群体,加入到反腐败的队伍中来,就更是一件值得赞扬、伸出双臂欢迎的大好事。

当剥落越来越严重,腐败势力已经从暗处走向明处的"剥床以肤"阶段,君子即便与邪恶势力保持距离、洁身自好,也很难不受伤害了。"肤"不仅指皮肤,更指身体肌肤,极言腐败之盛,即便高度警惕,亦已经于事无补。所以,此时此刻的判断语,已不再用"蔑贞凶",而是直接用"凶"了。剥落造成的灾害,已成为现实,《易传·象》中,作者感叹道:"'剥床以肤',切近灾也!"唐代的孔颖达进一步表述:"切近灾者,其灾已至,故云切近灾也。"宋代的朱熹也持此论,言道:"阴祸切身,故不复言蔑贞,而直言凶也。"(《周易本义》)

在这种情况下,君子的审时度势更为重要;既然灾难已经不可避免来临,就应当泰然处之。周文王正是如此想,如此做的:自投于羑里监狱,气定神闲地编写《周易》,为他日治理天下做好理论上的准备。

第四节　君子得舆,小人剥庐

剥落到了尽头,总要向反面转化。六五、上九爻辞,对由阴而阳的变化做了生动的叙说:

六五:贯鱼,以宫入宠,无不利。

上九:硕果不食;君子得舆,小人剥庐。

"贯鱼"的贯,是一以贯之的贯,如同一支竹签,将几尾鱼儿贯穿在一起。这里讲的贯鱼,不是说将鱼儿穿在一起,而是一群活泼泼的鱼儿,像被竹签贯穿着那样,游入游出。人们经常形容人群行走时的有序状态为"鱼贯而入",就是由来于此。六五爻为连续四个阴爻的最上层一爻,这个爻所处之位是天爻位,所谓"六五为后",贵为掌控后宫权力的王后之象。在小人势盛的剥落局面中,端坐此位者无疑是群小领袖。这位腐败势力的掌控者,也深知阴长阳消总有尽时的道理,明白阴盛至极,必然会向反面转化。顺应阳长阴消局势的转化,是居于众阴之首的人物必然要郑重考虑的问题和正确选择的唯一路径。

如同垂帘听政的老太后,眼看着儿子已经长大成人,可以亲政天下了,就应该带头交出权力。"以宫入宠",多为"以宫人宠"。其实,"人"当为"入",与"鱼贯"相应。这段爻辞的意思是:如同贯穿在一起的鱼,后妃恪守妇道依次入宫侍寝,就不会发生任何不利。众阴之首的这一明智选择,无疑是腐败至极状态下的一道豁然开朗的风景线。这种和平的权力交接,可以避免亲人之间、君臣之间的一场血雨腥风。在我国历史上,即便志大如武则天,最后还是放弃了"武周"王朝,还政于儿子李显;唐中宗李显也不计前嫌,给母亲上了"则天大圣皇帝"的尊号。

然而,也有一些不知好歹的太后级历史人物,在历史的转折关头,选择了不肯将权力交给儿子的举措。例如,春秋时期,鲁成公的母亲穆姜因与大夫叔孙侨如私通,丈夫死后居然还想废除儿子成公,阴谋败露后,被儿子成公迁禁东宫。据史料记载,穆姜在被迁禁于东宫之初,还让史官占了一卦,遇《艮》之《随》,史官分析说,穆姜一定能很快脱离困境。穆姜却摇头苦笑,自己分析认为,一个妇人不顾国家利益而参与作乱,作为一个国母而不顾体面只图自己淫乐,元、亨、利、贞四德全无,不可能获得儿子和国人的原谅,脱离东宫之禁。果然,穆姜最终郁郁终于东宫。

"硕果不食",仅存的硕果,没有被吃掉,有说是天道使然,其实还是有德君子顺应弱势、全身避害的原因。试想,倘若李显被母亲赶下台之后,纠集忠良与母亲对着干,不唯跟随他的一帮忠良要受到迫害,李显也不会有第二次上台当皇帝的机会。因为有了中宗的复出,此前受迫害的贤能之士如长孙无忌、褚遂良、韩瑗等人,才有机会得以身后平反、子孙"咸令复业"。

"君子得舆,小人剥庐",君子出门有车,小人则连起码的茅庐也被剥夺,腐败局面终于得到了实质性的转化。周文王的这一预见,如是全称判断,则未必全对。关键要看权力转换时,究竟是以和平方式还是用武力解决。穆姜及叔孙侨如等一班腐败内宫又企图扰乱鲁国政权的阴险小人,最终的下场岂止"剥庐"?

本章思考题

1. 《剥》卦象征的是一种什么状态?
2. 为什么初六、六二爻的断语都是"凶"?
3. 为什么六三爻的断语是"无咎"?
4. 上九爻中的"硕果不食",表达了什么意思?

第二十四章 《复》卦

䷗ 复:亨,出入无疾,朋来无咎;反复其道,七日来复,利有攸往。

初九:不远复,无祗悔,元吉。

六二:休复,吉。

六三:频复,厉,无咎。

六四:中行独复。

六五:敦复,无悔。

上六:迷复,凶,有灾眚;用行师,终有大败,以其国君凶,至于十年不克征。

《周易》第二十四卦《复》,阐述了在告别腐败、恢复元气的各个阶段,怎样把握时机、进取有道的一般原则。

第一节　反复其道

卦辞从两个方面,阐述本卦内涵:

复:亨,出入无疾,朋来无咎;反复其道,七日来复,利有攸往。

复之义甚多,如:又、更;还、返;恢复;回答;报复;累土;答、告,等等。《复》卦之复,与"返""恢复"之义相近似;阴极而阳,阳刚之气返回来了。这也是《复》卦居于《剥》卦之后的应有之义。

本卦之象,初爻为阳,上方的五个爻均为阴,《剥》卦的上九阳爻返回到了《复》卦的初爻之位,象征阳气开始从地下升起;虽然阳气很微弱，却代表着一种向上的趋势，是万物复苏、生生不息的基础；这样一个大背景，决定了这股阳气的复兴之路一定会畅通无滞。"亨"即畅通，是《复》卦的唯一属性。

"出入无疾，朋来无咎。"疾：病，引申为缺点错误；咎：过失错误。疾、咎，都是不利之事，不利之事皆无，是君子重返与发展趋势使然。卦辞中的"出入""朋来"，都是针对该卦中的唯一阳爻而言。初九阳爻也是内卦"震"（☳）的第一个爻，震为雷为动，作为该经卦的唯一阳爻，肩负雷动之责，无论动出还是动入，都是情理中事，没有任何过错。阳刚之气复苏，自是需要正能量的阳刚之性者聚合、给力，所以，值此新生力量崭露头角、正义事业百废待兴之际，有为之士必须抓住时机，改变剥落时期那种洁身自好、静观其变的姿态，积极主动地与同道中人沟通，并努力争取对立面的返回正道，共创新时期的辉煌，是完全正确的选择。

"反复其道，七日来复"，颇有深意。在《周易》卦爻辞中，经常出现一些数字，尤其以三、七、十这三个数字为多。"三"表示时间较短，"七"表示时间不短也不长，"十"表示时间很长。阳气从《剥》卦中的逼至尽头，又返回至《复》卦的初始，七天的时间即可完成这一过程。倘若时间匆促，则难以完成；若时间过长，又不利于阳气的及时复归生长。阳刚之气的由衰转盛，遵循了"七日来复"这一自然规律，以后的发展道路，也就有了可靠的保障。

说明《复》卦的卦辞较长，可见周文王对《复》卦象义的重视，原因无他，此时的周文王父子，正经历着阳刚正气势力被逼至绝处、努力向着复返正道的转化。重要历史关头有许多话想说却又难以直面世人，于是选择了上述这一长段卦辞，若用现代语言表达就是：我们正在从事的事业是正义的，道路是曲折的，前途是光明的。

春秋末期，孔子第一个对《周易》做出了系统的阐释，对《复》卦卦象卦辞的解释也用了比其他卦更多的笔墨。后代的阐释大家同样如此，唐代的孔颖达用了足足千字，反复阐释其意；从

《朱子语类》一书中可见,宋代的朱熹给学生讲《复》卦,也绞尽了脑汁,留下了七八千字的讲课记录。

《复》卦的重要性、特殊性,可见一斑。

该卦六个爻辞,借助于不远复、休复、频复、独复、敦复、迷复等六个概念,分析了在剥落之后恢复元气的各个阶段,应该怎样做到进取有道。

第二节　不远复与休复

初九、六二爻辞,通过"不远复""休复"两个概念,讲述了恢复元气的初期阶段应该遵循的原则:

初九:不远复,无祗悔,元吉。

六二:休复,吉。

"不远复",复兴之路不要走得太远;"祗",朱熹给学生讲课时说:"只有这'祗'字使得来别,看来只得解做'至'字。又有训'多'为'祗'者。"(《朱子语类》卷第七十一)"祗悔"释为至悔、多悔。《复》卦的初九爻辞表达的意思是:虽然百废待兴,时不我待,但是阳气初聚,力量还很单薄。所以,刚开始阶段,需要积聚力量,既要积聚物质力量,更要积聚人才力量,改革复兴之路不宜走得太远;革除旧弊,创建新规,也需要一个探索过程,不可能一蹴而就。一开始走远了,回头路就不好走。开始阶段"摸着石头过河",走得慢一些、走得近一些,即便犯错误,也是小错误,容易纠正。按照这样的思路走下去,复兴之路一定越走越好。"元吉"即大吉,既是周文王对"不远复"方略的充分肯定,也是周文王对推翻商纣王暴政、建立周王朝新政之后所要施行的基本方针的确定。

20世纪80年代,中国人以"摸着石头过河"的心态,开始了改革实践。改革初期,还围绕改革速度问题展开讨论,以行船为喻,得出了在船转向时速度过快容易翻船,因此改革速度宁可慢一些的结论。四十年的改革实践,证明了这些讨论是必要的。虽然没有专门讨论和汲取《复》卦中的"不远复"思想,但改革四十年的历程居然与之惊人地符合,可见周文王的"不远复"思想早已潜移默化融入我们华夏子孙的血液之中。

复兴之路不仅要走得稳,起点也要高。"休复",就是在质量上的要求。在该卦语境中,"休"之义不是休息、停顿,而是美与善。崇尚和追求美与善,是复兴者必不可少的基本素质。不能因为回归正道是顺应自然规律,就可以在具体的复兴过程中忽视实践的完美、完善性。有一个词"矫枉过正",把弯曲的东西扭直,结果又倾向了另一方。喻义是,纠正偏差时,往往会超过应有的限度。在人们的普遍意识中,"矫枉过正"是不可避免的,也是可以理解的。然而,三千多年前的周文王并不这样认为。他将"休复"这个概念置于复兴之路的初期阶段,并给予"吉"的肯定,是要阐述这样一个思想:只有将形式上的美与内容上的善完整地结合,复兴正道才有意义,复兴大业才会得到社会上下一致的拥护支持。

总之,周文王通过初九、六二爻辞告诉人们:稳妥与完善,是复兴之路的两条基本原则。

第三节 频复与独复

当复兴之路走入深水区,两手已经够不到河床上的石子,初期阶段的"摸着石头过河",已经渐渐失效。既要大胆前行,又要不偏离正道,是肩负复兴重担者不能回避的一项历史使命。六三、六四爻辞,对身处这一阶段的复兴者做出重要提示:

六三:频复,厉,无咎。

六四:中行独复。

复兴不是恢复旧文化、旧制度,而是建设新文化、建立新制度。因此,当进入复兴之路的第二个阶段,要及时摆脱"摸着石头过河"的依赖性,在实践中大胆探索新路子,开创新天地。这样,复兴过程中出现一些偏差或失误,是不可避免的。最好的情况,也就是弯路短些、失误小些。"频复",频繁地走弯路,频繁地出现失误,当然不是好事,而是一种危险的现象。但是,只要立志复兴,知错即改,表面上看,似乎不是好事,但是知错本来就是一种自觉的认识,改过更是一种勇决精神的体现。正是由于"频复",保证了复兴之路的正确回归。

在今天的改革实践中,我们也经常看到改革者的频繁失误。有政府买单的失误,也有民营企业自掏腰包的失误。无论哪种失误,只要弯路少,错误小,只要坚持走改革正道,多能继续前行,并能得到社会、民众的谅解。可以毫不夸张地说,我们耳熟能详的那些企业家,大多数人一路走来无不"遍体鳞伤"。正是这些累累伤痕,使这些企业家逐渐走向成熟。所以,《复》卦中的这一"频复",正是《乾》卦中的"终日乾乾"精神的一种具体展现;唯君子,方能"终日乾乾",唯君子,方能做到"频复"!

事业越做越大,走的弯路有可能也会越远,失误也可能越大。此时此刻,务必谨慎决策,要有"如临深渊"的忧患意识。在重大决策时,不仅要头脑冷静,更要坚持原则,为所当为。意见分歧时,宁可独善其身回归正道,也不能随波逐流走入歧途。

"中行独复",复在"中行",贵在"独"字。六四爻,下有两阴爻,上有两阴爻,正好居于五个阴爻的中间,故有"中行"之谓;又唯有六四阴爻,与象征复兴的初九阳爻阴阳相应,于是又有了"独复"之谓。一个身居六四高位的人,积极配合正义力量的复兴,能带领众人一起前进当然好,当众人在历史潮流面前一时犹豫未决之时,能够毅然挺身而出,站在复兴正道的进步力量一边,更值得称道。20世纪40年代,一位名叫李鼎铭的开明人士,积极站在代表劳苦民众的中国共产党一边,被推举为陕甘宁边区政府的副主席,出谋划策,提出著名的"精兵简政"提案,毛泽东十分欣赏,批示道:"这个办法好,恰恰是改造我们的机会主义、官僚主义、形式主义的对症药。"

"中行"而又有"独复"精神者,尤其可贵。列宁有一句名言,毛泽东也多次说过:"真理往往掌握在少数人手里!"这是一句有感而发之言。在长期的革命实践中,毛泽东多次成为少数派代表人物。在现实生活中,关键时刻能守住一个"独"字的人,必是复兴之路上的大有作为者。

第四节　敦复与迷复

本卦最后两个爻辞,是对复兴目标实现之后的正反两个方面所做出的肯定与警示:

六五:敦复,无悔。

上六:迷复,凶,有灾眚;用行师,终有大败,以其国君凶,至于十年不克征。

"敦复",是对引领复兴大业的领袖的要求。敦解释为厚,是一种道德诉求。复兴大业的顺利完成,领袖功不可没;众贤协力、民众支持,更是厥功至伟。历史是英雄和群众共同创造的,复兴成果也应共享。复兴成功之日,领袖应该一本初衷,在"忧以天下"之后,也要"乐以天下",以"众乐"为乐,以仁厚之心治天下。

纵观历史,一个新政权成立之初,大多数领袖的头脑往往都很清醒,都能牢记复兴初衷,忧以天下,乐以天下。最典型的一例,是中国共产党领导集体行将进驻北平城时,在城外专门召开了一个会议,毛泽东向党的最高领导集体敲响警钟:"不做李自成第二!"廉洁奉公,严禁腐败,成为新中国各级党政部门有别于国民党政府的重要特征。"为人民服务",成为开国功臣们完成复兴大业之后的共同追求。

周文王推出"敦复"概念，表达了他对后来者的一种良好的伦理愿望。他也知道，在完成复兴正道的大业之后，未必都能够进入"敦复"状态。

在历史上，久居高位的统治者，更是很难一本初衷，将敦厚之心保持始终，将复兴宗旨贯彻到底。时间一久，唯我独尊、专横跋扈、忠言逆耳等前朝陋习沉渣泛起，迷失了当初复兴大业所为何来？正因为如此，周文王才借助《复》卦的最高一爻，提出了"迷复"这个概念。

"迷"是迷失，不是迷而无处寻找"复"之途，而是得而复失，迷失掉了复兴的初衷。初衷一旦迷失，重蹈覆辙之事必然紧随而来，"有灾眚"便是题中应有之义。如果去出征打仗，不仅必败无疑，而且会一败涂地。为什么如此凶险？原因就在这个国君迷失掉了复兴的初衷，不是在为正义而战。迷失了复兴的正义初衷而导致的战争失利，不是小败而是大败，元气之丧，在很长时间里都不可能恢复。"十年不克征"，极言时间之长。

本卦六个爻辞，五个爻辞都很简约，唯有上六这一爻，用了一长串字，申述"迷复"之凶，且明确表达：遭受凶险的主因就在于其国之君。

复兴大业是一件应天时、顺人心的大好事，成就大业所付出的努力是无比艰辛的，一路之上的弯路和教训刻骨铭心，倘若最后因为"迷复"而又毁于一旦，岂不悲哉！

本章思考题

1. "七日来复"是何意？
2. 初九爻为何出辞"不远复"？
3. "频复"为何"无咎"？
4. 上六爻出辞"迷复"的用意是什么？

第二十五章 《无妄》卦

☰ 无妄：元亨，利贞；其匪正有眚，不利有攸往。
初九：无妄，往吉。
六二：不耕获，不菑畬，则利有攸往？
六三：无妄之灾，或系之牛，行人之得，邑人之灾。
九四：可贞，无咎。
九五：无妄之疾，勿药有喜。
上九：无妄行，有眚，无攸利。

《周易》第二十五卦《无妄》，从正反两方面阐述了不虚妄的一般原则及其功用。

第一节 不虚妄

卦辞从正反两方面明示了不虚妄的功用、原则：

无妄：元亨，利贞；其匪正有眚，不利有攸往。

实事求是，任何时候都会顺畅，前提是走正道、做符合道义之事。相反，若不实事求是，心存虚妄之念，则对前途不利。

妄，虚而不实；古人曾说过"无验之言之谓妄"的定义。东汉学者王充以"疾虚妄"著称于史，一生反对虚妄，崇尚真实。在他的《论衡》一书中，将虚妄之言之事归纳为九类，逐一批驳。王充在《书虚》开首言道："世信虚妄之书，以为载于竹帛上者，皆贤圣所传，无不然之事，故信而是之。"其实，有不少书籍，所载内容皆为虚妄之事。他举例说:"或言颜渊与孔子俱上鲁太山,孔子东南望,吴阊门外有系白马,引颜渊指以示之,曰:若见吴阊门乎?颜渊曰:见之。孔子曰:门外何有?曰:有如系练之状。孔子抚其目而正之,因与俱下,下而颜渊发白齿落,遂以病死。盖以精神不能若孔子,强力自极,精华竭尽,故早夭死。世俗闻之,皆以为然。如实论之,殆虚言也。"王充分析说:"盖人目之所见,不过十里;过此不见,非所明察,远也。""使颜渊处阊门之外,望太山之形,终不能见。况从太山之上,察白马之色,色不能见明矣。非颜渊不能见,孔子亦不能见矣!"

这是王充对古书中记载孔子与颜渊事迹的虚妄性,运用生活常识进行了实事求是的分析批判,揭示其虚妄不可信。

还有一则对虚妄的揭露与批判,也很有影响,值得在这里一说,这就是千百年来关于"一人得道,鸡犬升天"的最早出典。王充在《道虚》中记述了这样一个虚妄故事:"儒书言:淮南王学道,招会天下有道之人,倾一国之尊,下道术之士。是以道术之士,并会淮南,奇方异术,莫不争出。王遂得道,举家升天,畜产皆仙,犬吠于天上,鸡鸣于云中。此言仙药有余,犬鸡食之,皆随王而升天也。"他明确判断:"此虚言也!"理由是:"夫人,物也,虽贵为王侯,性不异于物,物无不死,人安能仙?鸟有毛羽,能飞不能升天,人无毛羽,何用飞升?使有毛羽,不过与鸟同,况其无有,升天如何?"

这是王充对道家传说中的虚妄故事的批判。

王充的"疾虚妄"精神,是对周文王在《无妄》卦中倡导的不虚妄精神的最好的继承与发扬。无论儒家的传说,还是道家的传说,只要发现虚妄不实之言,王充一律加以揭露和批判。

无妄,即不虚妄,用现在的话说:实事求是。

不虚妄是做人的底线。如果一个人从来都是说真话、做实事,那么他做任何事情,谁都会相信他,并且愿意帮助他。如果一个人总是妄言妄语,没有一句真实话,谁还能相信他?他还能做得成什么事?所以《无妄》卦要告诉人们:只有崇尚真实不虚妄,才能够无往而不利;反之,必生祸患,做任何事情都不会成功。

《无妄》卦的六个爻辞,通过正反两方面来譬喻,表达了这样一些意思:为人做事讲真实,对于事业成功是有利的,但是它并不确保在所有场合都能一帆风顺,有时也会有意料之外的灾难降临;不虚伪、不谬乱是天地间、人世间的正理,为人处世都应该刚健无私,讲究真实,不存非分的奢望,但是也不能一味坚持己见而不知变;无妄走到了极端,同样寸步难行。

第二节 不耕种哪来收获

初九、六二爻辞,是对人生初期阶段不存虚妄之念的阐述:

初九:无妄,往吉。

六二:不耕获,不菑畲,则利有攸往?

"无妄,往吉。"简约的开篇,寓有很深的期许:年轻人在积聚力量的初期,就要牢固树立不虚妄的思想观念;有了这一思想观念,才会耐得住寂寞,踏踏实实地学习、锲而不舍地打基础。有了厚实的基础,以后走上社会、开拓事业,才能举重若轻、游刃有余,良好的发展前景是可以预期的。

人生的初期,积聚力量为首要任务。这一时期,切忌虚妄之念的滋生。一旦有了不切实际的虚妄之念,必然不安于锲而不舍地积聚力量。稍有积累,便想着出风头、露锋芒,把"潜龙勿用"的告诫忘得一干二净。本卦以"无妄"作为初爻之辞,与《乾》卦的初爻之辞"潜龙"相合:蛰伏状态的"潜龙",必然无虚妄之念;无虚妄之念的年轻人,必然能做好"潜龙"功夫。潜龙无妄念而能坚持做到"勿用",前途必然看好;同样,无虚妄之念而能养精蓄锐的年轻人,发展前景一定向好。"往吉"这一断语,是周文王对这一时期的"无妄"者前途的一种肯定。

刚踏入社会,创立事业、走上仕途,如同"见龙在田"一般,为人们所认识。这一发展的初期阶段,有"利见大人"一说。所谓利见大人,传统的另一说法是"贵人相助"。无论"利见大人"还是"贵人相助",不是被动地依赖他人,而是要谦卑做人处世,尽可能积极主动地争取获得贤能之士的支持帮助。但是,不能完全依赖"大人"的支持帮助。如果心存这种不着调的虚妄之念,注定不会有好结果。周文王用了一个反面的比喻,对人生发展中的这一时期心存虚妄之念提出批评:"不耕获,不菑畬,则利有攸往?"不耕耘播种就想有好收成,不开垦荒地就想得到熟地;这种不切合实际的期望,发展下去能有什么好处呢?

"不耕获,不菑畬",就是一个典型的虚妄之念。周文王运用这个典型事例,与"利见大人"一语相对照,可以看出这个用反问的方式叙说的比喻,其真实的意思是:争取别人帮助时,不应该存有非分之念,企图依赖别人的劳动,自己坐享其成。这种不劳而获的虚妄之念,不仅不可能如愿以偿,而且会被"大人"所鄙视,事业或仕途的前景,也会因此中断。

从无虚妄的"往吉",到不劳而获的妄念,以及质疑以"利有攸往",周文王告诉人们一个道理:无妄是一个人步入社会、成就事业的基本前提。

第三节　无妄之灾

随着社会地位的升高,事业的兴旺发达,"无妄之灾"降临的可能性也便增大。六三、九四爻辞,就是在忧患意识背景下,对"无妄之灾"可能降临的提示分析:

六三:无妄之灾,或系之牛,行人之得,邑人之灾。

九四:可贞,无咎。

世界是复杂的,尤其当一个人的事业或社会地位蒸蒸日上之时,忧患意识也应随之加强。事业草创时期,有虚妄之念固然不利于自己的发展,及至事业或仕途发展阶段,没有虚妄之念,有时候也会有意外的灾祸临头。周文王选择了这样一个例子,形象地讲述了"无妄之灾"究竟是一种怎样的灾难:"或系之牛,行人之得,邑人之灾。"一头牛拴在路旁树上,被过路人顺手牵走,居住在周围的人都被怀疑,遭受诘捕之扰。这种意外之灾,就叫"无妄之灾"。在现实生活中,这种无妄之灾时有发生。尤其是在社会动乱等特殊情况下,被视为"嫌疑对象"的人往往都面临无妄之灾。试想,一人作案,十人嫌疑,即使作案人就在这十人之中,也有九人遭受无妄之灾。若能尽快结案,尚属侥幸;倘若长期不能结案,众多嫌疑人也就长期遭受无妄之灾。

当然,日常生活中的"无妄之灾",大多降临在平民头上。例如,一位老实本分的年轻小伙子,莫名其妙地被认定为强奸杀人犯,很快就被判决枪毙。老母亲历经十几年的奔走鸣冤,无济于事。一个偶然的机会,真凶落网,经过异地重审,有关部门仍然迟迟不愿意为这一起典型的"行人之得,邑人之灾"案件中遭受"无妄之灾"而死去十几年的平民小伙子平反昭雪。

当然,不能因为无妄之灾的出现,削弱人们坚持真实、反对虚妄的信念。尤其是处在高位的人,本来就应有"如临深渊"的忧患意识,为人处事都要成为众人的楷模,不能有丝毫的虚妄不实之念。居于高位之人的虚妄之念,一旦东窗事发,不仅自己难逃重罚,还会累及他人,给国家给人民都会造成巨大损伤。"可贞"两字,语重心长。没有设反面比喻,当属心照不宣。遗憾的是,此后数千年,居于高位后往往滋生虚妄之心,以致身首异处者,不可胜数。

身居高位者,事业兴盛者,虽然"无妄之灾"的可能性比别的群体中人大一些,但是只要去除一切虚妄之念,坚持实事求是之道，完全可以远离"无妄之灾"、确保平安无事。

第四节　无妄之疾，勿药有喜

九五：无妄之疾，勿药有喜。

上九：无妄行，有眚，无攸利。

王者风范的重要标志，是自信。经常收看拳王争霸赛电视节目的人，会有这样的感觉：两位拳手一上场，从气势上就能预感到谁是胜者。这是因为，拳王一伸手，就会自然而然地流露出一种充满自信和必胜的王者之气。这种王者之气，现代有人把它叫作"气场"。作为最高领导，自然也应拥有这样一种充满自信的"气场"。自信是有力量的表达；能晋升成为最高领导，自是因为有力量。因此，任何事情，都应该充满信心地面对，不可自疑自惑，举棋不定。

"无妄之疾，勿药有喜。"相信自己的身体非常健康，偶尔染恙也能不用吃药、依靠自我调理便可痊愈。这种以不治而治之的方法能否奏效，关键就在是否有足够的自信。最高领导如能运用这种排除自扰、以不变应万变的方法治理国家，就可以避免许多翻来覆去的折腾，赢得臣民更多的尊敬。

哲学上有一个概念叫"度"。任何好的事情，都不能走向极端；一入极端，便会向着反面转化。自信一旦过了头，就是刚愎自用。

久居高位者，要养成自悔的习惯；经常进行自我省视，一定能自堵漏洞，少犯错误。自信还是刚愎自用，就是一个重要的自悔内容。久居高位，听惯了奉承话，往往容易高估自己而自以为真。《吕氏春秋·壅塞》中记载有这样一则故事：

宣王好射，说人之谓己能用强也，其实所用不过三石，以示左右，左右皆试引之，中关而止，皆曰不下九石，非大王孰能用是。宣王悦之。然则宣王用不过三石，而终身自以为九石。

齐宣王的臂力其实只有三石，其左右近臣奉承说，他试引的那张弓不止九石之力方能拉开，于是，齐宣王真的以为自己能拉开九石之弓，受骗了一辈子。世上有多少君王，假话听多了，信以为真；奉承话听多了，自以为能。于是，自信过了头，成为听不得不同意见的刚愎自用。一旦君王走上了刚愎自用这条道，就预示着这个王朝也开始走下坡路了。

《无妄》的最后一个爻辞"无妄行，有眚，无攸利"，原因就在此时的"无妄"，虽无虚妄，却是不可更易的刚愎"圣旨"；一旦付诸行动，就成了独断专行。于是，难免在实践中碰壁，给事业带来不利的后果。周文王用这一不会有好结果的"无妄行"告诫庙堂之上的主持人：无妄走到极端，也会向反面转化；自信过了头，就是刚愎自用。

本章思考题

1. "无妄"为什么被赋予"元亨"属性？
2. "不耕获，不菑畬"为什么不能"利有攸往"？
3. 为什么六三爻出辞"无妄之灾"？
4. 上九爻辞中的"无妄行"为什么"有眚，无攸利"？

第二十六章 《大畜》卦

䷙ 大畜：利贞，不家食吉，利涉大川。

初九：有厉，利已。

九二：舆说輹。

九三：良马逐，利艰贞；曰闲舆卫，利有攸往。

六四：童牛之牿，元吉。

六五：豶豕之牙，吉。

上九：何天之衢，亨。

《周易》第二十六卦《大畜》，对养贤蓄德的规则、过程及其方式，做了全面阐述。

第一节　不家食

卦辞以"不家食"作为本卦核心概念开场：

大畜：利贞，不家食吉，利涉大川。

在《周易》作者看来，财富的积累，哪怕已经累积到了百万千万，也只能算是小的积蓄；与积累财富相比，养贤积德，才是大的积蓄。倘若一个人能够一点一滴地努力于知识的积聚、道德的修养，则遇事皆能亨通，抱负可以施展。倘若一个政府能够将养贤蓄士放在首位，使得贤能之士皆为政府所用，则国家必然兴旺发达，即使偶然发生天灾人祸，也一定能够顺利化解。

"利贞，不家食吉，利涉大川"，核心是"不家食"，不吃家里的饭。贤能之士不远避山林之间躬耕自养、不吃家里的饭,是因为他们在吃"皇粮"。吃皇粮,意味着他们正在或准备辅助君王。所以,宋代的朱熹解释说:"不家食,谓食禄于朝,不食于家也。"(《周易本义》)这些"不家食"的贤能之士,便是君王治国平天下的最大资本。同时,作为贤能之士,读书修德、成为贤能的目的,也不应当是孤芳自赏,而应该走"不家食"的路,选择时机报效国家、服务社会。后来的儒家说"学而优则仕",不仅是"不家食"理念的具体落实,而且揭示了"不家食"的自身前提:必须是"学而优"。

"不家食"的前提条件,是要"学而优",成为贤能之士。到了先秦时,不仅是儒家这么倡导,与儒家同为"显学"的墨家也如是说。《墨子》中有一篇《尚贤》的文章,先从统治者的"识贤""用贤"说起,要求对贤能之士的任用不论其出身,不论远近亲疏,"虽在农与工肆之人",都有被选择的机会。任用贤能之士,要"富之贵之,敬之誉之",要"高予之爵,重予之禄,任之以事,断予之令"。然后又说,既然做贤能之士是"富之贵之"的最佳捷径,那么,就人人都应该去修业聚德,成为一个贤能之士,被圣明之君选拔任用,为实现国家治、官府实、万民富而入仕参政,做一个享受君王高薪俸禄的"不家食"之士。

贤与能的积累,包含有两个方面的内容:一是如何养贤蓄德?二是如何防患止恶?前者就正面言,后者就反面言。正面而言,贤与能的积累不可能一蹴而就,须日积月累,一时一事上做起,翻来覆去地磨砺。古代"悬梁刺股"的苏秦、从老妇人"铁棒磨成针"中受到启示的李白等人,都是经过刻苦磨砺终于脱颖而出的正面例子。尤其苏秦其人,不仅食一国之禄,而且食多国之禄,成为腰悬数国相印的显赫人物。反面而言,人性中也有恶的一面,越是能人,恶的一面一旦爆发,破坏性就越大。因此,抑恶、止恶,防患于未然,便成为养贤中的一项重要内容。

"利涉大川"这一断语,就是对贤能之士作用的肯定。有了一大批不吃家里饭而争取吃皇粮、替国家尽力的贤能之士,政府就十分有利于规划大事。在发展过程中,即便遇到艰难险阻,也总会有贤能之士披荆斩棘勇往直前。

第二节　舆说輹

初九、九二爻辞,是关于养贤蓄德的早期阶段情况的叙述,尤其九二爻辞,选择了一个很形象生动的比喻:

初九:有厉,利已。

九二:舆说輹。

首先从正面言,贤能之士的道德品性及其处事能力,都有一个逐渐成长、成熟的过程。初入仕途,能力不足,便须量力而行;若处事遇到险情,就应该稍加停顿:"有厉,利已。"厉:危险。对于一个刚刚开始积聚书本知识和道德修养的人而言,时时都有可能面临难以解决的困难或危险;一旦遇到这类情况,就应该自觉地停顿下来,徐图良策,寻找克服困难、排除险阻的办法。

这种实事求是的学习方法或工作态度,正是贤能之士应有的基本素养,会得到导师、尊长或上司的谅解。如果遇到了险情仍要争强好胜、铤而走险,就失去了贤能之士最基本的素养。这里,举一个做学问的例子。宋代学者朱熹有一首读书有感的诗:"昨日江畔春水生,艨艟巨舰一毛轻;向来枉费推移力,今日中流自在行。"讲的是读书过程中所经历的事,其中一句"向来枉费推移力",耐人寻味。枉费推移力,正是读书做学问的过程中,遇到了很难逾越的障碍;此时,倘若硬做学问,难免吃力不讨好,"枉费"精力。遇到难题,一味地钻牛角尖,往往越钻越迷糊,以致深陷其中不能自拔。做学问,能遇难而止,及时调整思路、方法,产生"江畔春水生"的感觉,再继续前行,自然就会事半功倍,收到"艨艟巨舰一毛轻"的效果。

总之，无论是在学习还是工作过程中，遇到一些麻烦，需要"已"即停顿一下，是为了理清思路、清除障碍，有利于继续学习和工作。这是一种自觉和理智的表现。

当完成了知识和道德积聚的初始期，便进入踏上社会的发展期。这一时期是在人与人沟通中的学习与积累，是在虚心学习别人的知识和优秀道德品性中的能力与德性的积聚。初入社会，可能因为涉世不深、阅历有限而识人不清，甚至误将"小人"当"大人"，难免出现不利局面。当此之时，应该果决斩断与"小人"之间的关系，不可在失误的道路上继续前行。

"舆说輹"是一种自觉行为，比"已"更进了一步。舆是车子，輹是制约车子行动的车闸，车子脱离輹即停止。这是一个比喻，车子在前行过程中发现导向性错误，或遇到了大的障碍物，就应该立即停下来，以免在错误的道路上越走越远，或在翻越障碍时力不从心而车毁人亡。在事业发展的初期阶段，难免会遇到曲折和困难，随时停止行动，纠正错误，对于更好地规范学习、增进道德修养，是极其重要的。认识失误，从中吸取教训，是磨砺贤能之士的一种良机。过了这些坎，贤能之士的能力、毅力等都能得到提升。

在前进道路上，在自觉停顿和自觉停止的过程中，人的处事能力、人的精神毅力、人的道德品性等，经受了一次又一次的考验、磨砺。大浪淘沙，有些人被淘汰出了局，有些人的贤能不仅得以展示而且不断得到提升。

第三节　童牛之牿

知识的丰富、才能的提升，天赋固然重要，刻苦与努力不可或缺。一旦成才而受重用，法规的制约同样不容忽视。九三、六四爻辞，就人才培养中的这两个问题做了如下阐述：

九三：良马逐，利艰贞；曰闲舆卫，利有攸往。

六四：童牛之牿，元吉。

"良马逐，利艰贞；曰闲舆卫，利有攸往。"其中"曰"，朱熹认为："曰，当为日月之日。"(《周易本义》)这个爻辞中包含了两个比喻。第一个比喻：仕途就像良马竞逐场，只有利于那些艰辛的正规训练者。这个道理，深刻影响着华夏后人。20世纪40年代，中国共产党领导下的军队，虽然用小米加步枪赶走了日本帝国主义，但是仍感到军队正规训练的重要性，坚持在战争年代筹建自己的军事学校，请在国内外军事院校毕业的战将主持工作，甚至聘请被俘虏过来的国民党将校中具有国内外军事院校学习经历的人担任教官，利用一切战争空隙时间正规培训我军干部。中华人民共和国成立后，毕业于苏联伏龙芝军事学院的刘伯承元帅，主动要求筹建南京军事学院，将战争年代浴血奋战的一大批战将重新回炉接受正规的军事理论培训。

第二个比喻：入仕者就像操练舆卫的军卒，每日苦练，关键时刻才能战无不胜。一个人即使有发展的机遇和良好的环境条件，也必须有自身力量的积聚，才能抓住机遇，获得成功。否则，难免要有"书到用时方恨少"之叹。现代有一句名言："机会只留给有准备的人。"其意甚合此爻辞。

周文王在九三爻辞中选用这两个比喻，是对"君子终日乾乾"精神风貌的一种具体展开：终日乾乾，需要平时的训练积累；有了能力，才能终日乾乾。

有了能力，但是在道德上未达到贤人境界，这还是不行的。知识很博、能力很强的人，随着地位的高升，其劣根性也有可能从"隐性"转化为"显性"。此时，权位愈高愈重，危害性也就愈大。如何防患于未然，就成了一个大问题。

"童牛之牿"，是一件人人都熟悉的事情：给尚未长角的小牛安装上防止触人的横木。这个比喻的意思是：防患于未然，止恶于未形。当恶行尚未形成气候之时，就要采取有效措施，将其化解。这样，不仅拯救了可能的受害者，也挽救了可能的作恶者，使之免犯刑戮之罪。这一比喻作为六四爻辞，也是要提醒最高统治者，对那种"一人之下，万人之上"的高官，一方面要重用，另一方面要有防患于未然的意识和相应的监督措施。

周文王的第二个比喻，一定饱含着他的诸多所见所闻，有感而发。在中国历史上，周文王之后的诸多高官重臣权大失控以致祸国殃民、害人害己的事情，各个朝代都不胜枚举，而试图采用"童牛之牿"的措施，也层出不穷。周文王说的"童牛之牿"中，"童牛"两字真值得我们后人玩味；"童牛"一旦除掉恶，剩下的便是德与善。

第四节　何天之衢

随着地位不断攀升，对恶的制衡措施也更讲究。只有抑止了恶，能力与道德的发挥才能达到极致。本卦最高层面的两个爻辞这样写道：

六五：豶豕之牙，吉。

上九：何天之衢，亨。

"豶豕之牙"：被阉割的猪，虽有牙齿却不再伤人。这个比喻的意思是：止恶的有效措施是釜底抽薪，从根子上铲除作恶的基础。作为六五爻辞，其措施之有力，甚于"童牛之牿"。能登上最高之位的人，当然也是最有能力、最有权势的人。这样的人，更需要有法律的严格约束。所以，从根本上去除恶源的最好办法，就是用法律规定制约君权。唯其如此，才有可能确保君王的行为不离正道。在周文王之后的若干时期内，天子与诸侯，都有贵族内部的制度约束。这种制度约束，到了春秋末期尤其是战国时期，逐渐弱化。

有了正反两方面的行为规范,人才的培养和使用就能得到数量上的积聚和质量上的提升,事业的发达与成功,便成为必然。

《大畜》以"何天之衢"的比喻为结语,再一次显示了人才积聚之功。何与荷通,衢为大道。由于长期的人才积累和道德积聚,梦想的实现已成必然之势。背负青天,壮游于大道,事业之亨通、盛大,跃然眼前。

由此联想到庄周在《逍遥游》中的描述:"有鸟焉,其名为鹏,背若泰山,翼若垂天之云,抟扶摇羊角而上者九万里,绝云气,负青天,然后图南,且适南冥也。"大鹏若无远大目标之设定、前期能量之厚积,焉能扶摇直上九万里云天?后人不明老庄思想,总以为庄周的逍遥,是一种不思进取的观念与态度,殊不知庄周的洒脱与逍遥,是以超乎常人的艰苦积累为基础的一种表达,否则,只能成为在树丛间飞跃的蜩鸠、在蓬蒿之间翱翔的小鸟。由此联想,庄子在他的传世之作中讲述的第一个关于大鹏鸟背负青天"图南"的寓言故事,是否就是对周文王的"何天之衢"的具体描写?在九万里高空翱翔,无疑就是背负青天行进在宇宙间最宽广的大道之上。

本章思考题

1. "不家食"为什么"吉"?
2. 九二爻辞中的"舆说輹"譬喻什么?
3. 九三爻辞中的"良马逐""曰闲舆卫"譬喻什么?
4. "童牛之牿""豮豕之牙"譬喻什么?

第二十七章 《颐》卦

☶ 颐：贞吉，观颐，自求口实。
初九：舍尔灵龟，观我朵颐，凶。
六二：颠颐，拂经；于丘颐，征凶。
六三：拂颐，贞凶；十年勿用，无攸利。
六四：颠颐，吉；虎视眈眈，其欲逐逐，无咎。
六五：拂经，居贞吉，不可涉大川。
上九：由颐，厉吉，利涉大川。

《周易》第二十七卦《颐》，围绕观颐、颠颐、拂颐、由颐等一系列概念，有系统地阐述了颐养之道。

第一节　自求口实

卦辞首先提出了"自求口实"的颐养原则：

颐：贞吉，观颐，自求口实。

《颐》卦下震（☳）上艮（☶），即下动上止，又其形如"口"，故取名为"颐"，寓意为养，引申为饮食："观颐，自求口实。"口实，即口食。与其观人美餐，不如自己去寻食。自求口实，用我们常用的表达就是：自力更生。放在自己力量的基点上，叫作自力更生。依靠自己的劳动，自己的努力，获得生存的饮食必需，便是《颐》卦所要表达的核心思想。

《易传·象》将"观颐"与"自求口实"分成两处看："观颐，观其所养也;自求口实,观其自养也。"由是之故,又延伸出"天地养万物,圣人养贤以及万民"的议论。虽未脱颐养范围,不免有过度诠释之嫌。

《易传·象》则对《颐》卦卦辞做出了"君子以慎言语,节饮食"的解读。但是,综观六个爻辞,周文王似乎以饮食为喻,更侧重于从社会伦理的角度阐述颐养之道,却未涉及"慎言语"的话题。例如,为了满足"口实",常常因为"吃人嘴软"而引祸上身;也有因"口实"之需而不惜走上种种犯罪道路。因此,走正道满足"口实"之需,是人生的一项重要课题。这些思想,无疑是社会经验的积累,也是社会生活中常见的现象,对后世具有很重要的规范警示作用。

这是一个以"颐"为中心的概念群,通过观颐、颠颐、拂颐、由颐等一系列概念,阐述了颐养的原则:颐养要靠自己,不应羡慕他人,更不应依赖他人;要运用自己的智慧和能力,不仅自养,还可以养人。颐养应循常理,采取正当的手段;事非得已,亦可变通,求食于人,但动机要纯正。颐养他人是一件值得称颂的善事,即便有风险,也应不遗余力地坚持做下去。宋代程颐接着《象》辞,释读出了"慎言语以养其德"(《周易程氏传》)的养德论,并将《颐》推向了"养德养天下"的高度。这就不仅是过度诠释,似乎无中生有了。

第二节 舍尔灵龟,观我朵颐

初九、六二爻辞,以形象生动的譬喻,讲述了人生发展之初期,务必培养自力更生的品性,自养则吉,依赖他人则凶:

初九:舍尔灵龟,观我朵颐,凶。

六二:颠颐,拂经;于丘颐,征凶。

卦辞中的"观颐",到了爻辞中,就具体化为这样一个比喻:

"舍尔灵龟,观我朵颐。"放弃你自己的美味龟肉不吃,却羡慕我口中之食。一味贪得无厌、羡慕别人的财富,这不是正当的颐养之道。卦辞中说:"贞吉",遵循正当的颐养之道则吉,这种"舍尔灵龟,观我朵颐"的非正道的颐养,其结果必然是凶。

《列子》一书中,记载一个名叫公孙穆的好色之徒,后庭"比房数十",选择年轻貌美女子"以盈之";摒除一切亲朋交往,"逃于后庭,以昼足夜"。意犹未惬,一旦见乡里哪家有娥姣少女,"必贿而招之,媒而挑之,弗获而后已"。《红楼梦》中,贾母形容贾琏孙辈是"吃着碗里,望着桌上"的"馋嘴猫"。公孙穆、贾琏一类人物形象,与此爻辞中的譬例类同,均属"舍尔灵龟,观我朵颐"之流。此类人物的结局,周文王早有断语:凶。

"颠颐",指被颠倒的颐养之道;拂经,指不符合、违反道义;丘,指高于地表之处,丘颐,就是指从高处获得颐养资源。这一爻辞的故事表达了这样一个思想:进入仕途不久,需要尽可能多地得到上级的支持帮助,却不能依赖于上级的支持帮助。处在"见龙在田"阶段的人,虽然有"利见大人"一说,但是仍须牢记"自求口食"的颐养原则。违反自力更生的颐养常理,做不切实际之想,寄希望于位高势重者的施舍,径自往前必然碰壁,其前景之不妙可想而知。想当年,中国共产党领导的工农红军,历经二万五千里长征,在延安站住脚跟,建立了红色政权,为全世界所瞩目。虽然力量弱小,迫切需要并积极争取国际国内各个方面的支持帮助,但是共产党始终坚持自力更生的基本原则,毛泽东手书"自己动手,丰衣足食",表达了此时此际共产党军队"自求口实"的颐养之道;三五九旅在南泥湾垦荒种粮大生产,一曲充满自豪的《南泥湾》,唱出了红军指战员"自求口实"的欢快心情。

在《周易》六十四卦中,《颐》可能是最难读懂的一个卦。朱熹在给学生讲解这个卦时实话实说:"《颐》卦最难看。"(《**朱子语**

类》卷第七十一)他说的"难看",就是难读、难懂。而本卦的六二爻辞,最为典型。首先是标点问题,自古以来就不统一。以唐、宋两大儒为例:唐代的孔颖达,将这个爻辞句读为:"颠颐,拂经于丘,颐征凶。"宋代朱熹,则句读为:"颠颐拂经,于丘颐,征凶。"标点不同,对爻辞中的关键词的理解当然也就不同,其中对"丘"的不同解读最为明显。孔颖达的疏解是:"丘,所履之常处也。"由此引申释读该句之意:"下当奉上是义之常处也,今不奉于上而反养于下,是违此经义于常之处,故云'拂经于丘'。"朱熹的解释是:"丘,土之高者。"他对"于丘颐,征凶"的理解是:"求养于上,则往而得凶。"两者对比,朱熹的标点和解读似乎更贴近于"利见大人"而不能仰仗、依赖于大人这一爻位背景及周文王倡导的自力更生的颐养原则。

第三节　虎视眈眈,其欲逐逐

六三、六四爻辞,对处身于高位者的颐养之道进行了形象生动的比喻分析:

六三:拂颐,贞凶;十年勿用,无攸利。

六四:颠颐,吉;虎视眈眈,其欲逐逐,无咎。

"拂颐",违背颐养之道。处身于六三爻位者,已经属于为官一任的地方治理者。处于这一地位的官员,以"终日乾乾"的工作状态,治理好一方政事,教化治下百姓,让人们明白君子爱财取之有道的道理。吃饭虽然是人的自然要求,但是采取不正当手段谋取食禄,会招致凶险。因此,凡是有违自力更生这一颐养之道的事情,任何时候都不要去做。

然而,居于这一地位的人,因为上升空间很大,往往攀龙附凤之心甚切,利用手中权力,搜刮民脂民膏,用以走上层路线,阿谀奉承,献礼邀宠。用孔颖达对居于此位者的"拂颐"疏解,就是

"履夫不正以养上九,是自纳于上以谄媚者也"(《周易正义》)。

爻辞从时间长度上做出告诫:"十年勿用。"十年,不是一年半载,极言时间之长。周文王明确表示,这种企图通过行贿方式往上攀升的人,长期不得任用。他又用"无攸利"告诫这类有违颐养正道的人,存这种念头的人,不利于自己的仕途发展。

反之,处于这一地位的君子,遵循颐养正道,勤恳做事,淡泊为人,仕途之上,一定会逢凶化吉,遇难呈祥。有了这样一种心态,到了这样一个自觉的境界,也就有了孔子那一份悠然和惬意:"饭疏食饮水,曲肱而枕之,乐亦在其中矣。不义而富且贵,于我如浮云。"(《论语·述而》)

同样是"颠颐",处在不同的位置,蕴含的意义也发生了变化。对于身处高位者而言,除了自养,还有养人的社会责任。高位者养人,似乎是自力更生这一颐养原则的颠覆,其实不然。社会上有一些丧失生活能力的人,例如孤寡、残疾等;有一些遇到特大的天灾人祸的难民;有一些富有天资却无力求学的贫寒子弟,等等,都需要当政者的统筹安排和救助。而这些救助资金,必须取之于民。"虎视眈眈,其欲逐逐",正是当政者向老百姓收税时的一种描写。因为收税是为了养人,所以,即便"吃相"难看一些,亦属"无咎",不是错误。当然,税收变相为高位者的敛财之门,苛政猛于吃人的老虎,就不是"无咎"而是"凶"了。

历代的儒者,往往将"虎视眈眈,其欲逐逐"做这样一番解读:虎视眈眈,威而不猛;逐逐,尚敦实也。孔颖达就是这样疏解的:"虎视眈眈者,以上养下不可亵渎,恒如虎视眈眈,然威而不猛也。其欲逐逐者,既养于下,不可有求,其情之所欲,逐逐然尚于敦实也。"(《周易正义》)将震慑人心的虎视眈眈释为"威而不猛",将急于得利貌的"其欲逐逐"释为敦实貌,原因无它,历来疏解者如王弼、孔颖达、朱熹等辈,均为官场中有较高地位的儒者。其实,周文王编撰的爻辞,都是浅显的比喻,他就是要用"虎视眈眈,其欲逐逐"这一吃相很难看的描述,告诉居于高位的治政者,只要不悖"取之于民,用之于民"的颐养之道,哪怕吃相难看一些,也会被人们理解,不算是错误。

第四节　拂经与由颐

对居于统治地位者的颐养之道,周文王通过六五、上九爻辞作了这样的阐述:

六五:拂经,居贞吉,不可涉大川。

上九:由颐,厉吉,利涉大川。

拂经:拂是违反,经是道义;拂经,就是违反颐养之道。为什么六五爻系辞"拂经",说此爻含有违反颐养之道呢? 六五爻是天爻,象征君主,是一位受人奉养而又养贤养民的最高治政者。然而六五爻是居于阳位的阴柔之人,而居于其上的上九阳爻,象征君王之上还有一个刚健的太上皇,于是,居于君主之位者便依靠上位长辈行使权力、谋取生存发展。这种本应养贤养民的最高统治者,反而仰仗他人颐养自己、维持政权的现象,自然违反了颐养之道。但是,这种有违常规的行为,在某种特定的环境里,并非坏事。例如,古代的圣王尧,"令舜摄行天子之政,荐之于天。尧辟位凡二十八年而崩"。《史记·五帝本纪》还记载:"舜年二十以孝闻,年三十尧举之,年五十摄行天子事,年五十八尧崩,年六十一代尧践帝位。"可以想见,尧虽然让舜"行天子事",自己退居二线,在这长达二十八年的时间里,美其名曰"辟位",实际仍操控着大权,倘若舜有违规操作,仍可随时将其换下。这样的政治游戏规则,对后世的影响十分深远。面对这种颐养局面,周文王给出了解决办法:"居贞吉,不可涉大川。"孔子解读道:"'居贞之吉',顺以从上也。"(《易传·象》)居是居住,意谓不要有自己意图的行动,贞是顺从上位者的意图。后半句是告诫语：千万不可冒险！

舜，无疑是做得最好的一位，小心翼翼"拂经"二十八年，熬到了六十一岁，终于"代尧践帝位"。而数千年来，有多少人好不容易"摄行天子之政"，却未能听从周文王的建议和告诫，又跌落尘埃，甚至坏了性命。

颐养的最高层面，是居于四阴爻之上的上九爻所代表的人物。居于这一最高位者，不仅养君，还养贤、养民，亦即各阶层的人皆由其所养，故名之曰"由颐"。虽然他享有君王都不如的崇高威望，如同"辟位"后的尧，但是毕竟没有名正言顺的君王之位，所以，每有行为举事，总是心存一份警惕，这样就能始终保持吉利的局面。这样的人物，即便遇到艰难险阻，也因为上下一心、同舟共济，而能化险为夷，抵达理想的彼岸。

从自力更生到颐养他人，这就是一个成功者的全部人生。自力更生，穷不失志；颐养他人，富不忘贫，以众乐为乐。这是一个健康的、和谐的社会最坚实的基础、最可靠的保证。

本章思考题

1. "观颐"是否符合颐养之道？
2. 为什么六二、六四爻同样出辞"颠颐"，结语却一凶一吉？
3. 为什么六三爻的"拂颐"不仅"贞凶"而且"十年勿用"，六五爻的"拂经"却能"居贞吉"？
4. "由颐"是怎样一种颐养之道？

第二十八章 《大过》卦

☱ 大过：栋桡，利有攸往，亨。

初六：藉用白茅，无咎。

九二：枯杨生稊，老夫得其女妻，无不利。

九三：栋桡，凶。

九四：栋隆，吉，有它吝。

九五：枯杨生华，老妇得其士夫，无咎无誉。

上六：过涉灭顶，凶，无咎。

《周易》第二十八卦《大过》，是对超越常理现象的认识，及对其恰当把握的一般原则的阐述。

第一节 超越常理

卦辞以譬喻对超越常理现象做出了正面的价值判断：

大过：栋桡，利有攸往，亨。

《大过》的含义是什么？唐代的孔颖达说："过谓过越之过，非经过之过。"(《周易正义》)过越相当于现代语"超越"。孔颖达又说："此衰难之世，唯阳爻乃大，能过越常理，以拯患难也。故曰大过。以人事言，犹若圣人过越常理以拯患难也。"宋代朱熹说："大，阳也。"此处之"大"，释"阳刚"义，指谓有阳刚之气的圣人、君子。大过，即圣人、君子超越常理之举。

一般的知识，木浮于水。然而有一些名贵木材，如紫檀、酸枝、花梨木等，入水即沉。沉于水，是这些木材本性使然，而非外力相加的结果。《大过》卦上兑（☱）下巽（☴），兑为泽，巽为木，木自沉于泽之象，寓意圣人、君子能屈能伸，不得意时可以隐姓埋名。而卦辞以"栋桡"为喻，讲的是君子有时也要如同栋梁受重压时会向下弯曲一般，能屈能伸。栋梁之材，须有韧性。有重压而向下弯曲，表明木材有韧性，如杉木。木材无韧性，受重压易折，就不宜打造成栋梁。从这个角度而言，"栋桡"即栋梁受压弯曲，容易被人察觉，不能算是坏事。

中国有一句名言："大丈夫能屈能伸。"在中国历史上，大丈夫不拘常规、超越常理、能屈能伸，最终成为拯救一邦一国乃至整个天下的栋梁之材，屡见不鲜。周文王本人就是这样一位"过越"的大丈夫，他在商纣王这位舅子的威胁下，不做任何抗争就自投羑里狱中；以后又以奇珍异宝讨取纣王欢心，得以脱离牢狱之灾，回归自己领地，为儿子推翻商纣王的暴政创造了充足的条件。秦末楚汉相争，明明是刘邦"明修栈道，暗度陈仓"，率先攻入咸阳称王，却迫于楚军四倍于汉军这一现实，还是退出咸阳城，让位于项羽。待时机成熟，立即拉开楚汉相争战局，与楚军决战于垓下，一战定乾坤，遂有四百年的刘汉王朝之兴。在这一场空前绝后的"过越"大剧中，还同样演绎了一场"过越"小剧，这就是汉军统帅韩信早年的"袴下之辱"。韩信年轻贫贱时，曾被城里一个泼皮拦住去路："信能死，刺我；不能死，出我袴下。"韩信"孰视之，俯出袴下，蒲伏。一市人皆笑信，以为怯"。其实，韩信并非胆怯怕死，而是胸有大志，不能因为一时之愤抽剑杀人去触犯刑律，毁掉自己前程。统率汉军消灭项羽之后，韩信受封楚王，到家乡后，他把那泼皮找来，任命为中尉的职务，对手下的将士说："此壮士也。方辱我时，我宁不能杀之邪？杀之无名，故忍而就于此。"（《史记·淮阴侯列传》）

古往今来，成大事者皆有韧性，关键时刻能屈能伸。刚烈无韧性者,则难成大事,如楚霸王项羽,即便力能举鼎,难免乌江自刎。

所以,《大过》卦以"栋桡"即栋梁受压弯曲为喻,申明曲则全的道理:"利有攸往,亨。"

六个爻辞,以栋梁为中心讲了以下三个问题。

第二节　枯杨生稊

第一个问题,心怀敬畏,不拘常规:

初六:藉用白茅,无咎。

九二:枯杨生稊,老夫得其女妻,无不利。

房屋之安全,系于栋梁,所以从一开始就要对用材小心谨慎,检验是否合适,不能有丝毫大意。以此比喻栋梁之材的君子,在人生的起步阶段,自身力量尚属弱小,还不足以应付重任,尤其需要小心谨慎;"初生牛犊不怕虎"的精神固然可嘉,但在肩负栋梁重任时切不可贸然行动。初爻之辞借用了"藉用白茅"这一比喻,示以小心翼翼的敬畏心态:祭祀时,在祭品下面铺上一层洁白的茅草。意思是:在建屋上大梁的时候,要有用茅草铺垫祭品那样的敬畏态度。孔子在解读这一爻辞时说:"藉用白茅,柔在下也。"(《易传·象》)柔是柔顺,后辈对先人的一种敬畏谨慎的态度。栋梁之材,在初期力量薄弱时期,保持以柔处下的态度,就不会有过失之事发生。

"枯杨生稊""老夫得其女妻",是两个并列的比喻,表达同一个意思:不拘常理,壮大自己。

稊是嫩芽;枯老的杨树,居然长出了新芽。年老的汉子,居然娶得了年轻的妻子。这两件事情虽然一为植物一为人类,却都属于超越常理这一类情况。枯木逢春发新芽,给老朽的杨树添加了新的活力。老头子娶到了一个年轻妻子,替他生儿育女,繁衍后代。虽然不合常理，却都是值得称道的好事，所以爻辞断语为充分肯定的"无不利"。这两个譬喻配于九二爻，因为此爻正是"利见大人"、需要争取一切帮助壮大自己的位置。枯杨发嫩芽、老汉生儿女的比喻表达了一个道理：栋梁之材的成长，往往不拘常理，利用一切有用的条件，团结一切可以团结的力量，确保自身的生存与发展。

唐代孔颖达解读此爻辞说：老夫而有老妻，是理所当然，如今老夫而得少女为妻，便是一种超越常规的"大过"。少女而配少年郎，是理所当然，如今少女嫁给老夫为妻，便是一种超越常规的"大过"。但是，正因为这种超越，使得老夫少妻的相配有了新的生面：老夫因为拥有少妻，而给衰老的生命添注了新的活力；少妻也因为与老夫相配，由稚嫩而变得成熟。这就是"大过"的行为举动给双方带来的好处。

这两个比喻，当然都是为阐述栋梁之材的成长历程，其意思就是：心怀敬畏、超越常规，是成才初期阶段的一大特征。

第三节　栋桡与栋隆

第二个问题，刚柔相济，全面发展。

九三：栋桡，凶。

九四：栋隆，吉，有它吝。

栋梁之材，须有韧性；韧性亦即柔性。栋梁之用，若以硬木，一旦受压弯曲，势必断裂，十分凶险。九三阳爻阳位而系辞"栋桡"，即表达了用刚而险之意，故断语为"凶"。这是隐喻，及于人道，栋梁重位之人，为人处事宜于用柔不用刚，切莫因为自己居于重要岗位而听不进忠言慧语，以致刚愎自用、一意孤行，容易造成肩负重任而独木难支的危险局面。所以，该爻辞说："栋桡，凶。"

《易传·象》解释九三爻象时说："'栋桡之凶'，不可以有辅也。"辅是辅助之辅；不可以有辅，是指这类性格的人，虽然有"终日乾乾"的不息精神，但是不会有贤能之士辅佐他，他也不会让贤能之士辅佐他。所以，性格刚烈，宁折不弯，可以是勇士、烈士，足以为英雄豪杰，但做不成栋梁之材。一旦安置在栋梁之位，断梁的危险随时都有可能发生。

担负重要职务的贤能之士，既有独立不惧的刚强个性，也有不拘常理、善于变通的柔性风格，然而事业的发展与成功还需借助各方面力量的配合。所以，环境条件的好坏，也会影响到事业的成败。个人能力再强，但环境条件不好，也照样无济于事。九四爻辞说："栋隆，吉，有它吝"，讲的就是这个意思。

九四爻与九三爻都处于本卦的中部之爻，都属于栋梁的中坚力量；九三阳爻居阳位，故有刚烈之义，有"凶"象；九四阳爻居阴位，阳中有阴，故有刚柔相济之义，九四爻辞的"栋隆"，即栋梁中间隆起，因而经得住压力，显然是好事，断语曰"吉"。可是，仅仅九四爻有韧性还不够，如果其他栋梁出了问题，如刚烈过甚的九三爻，一旦受不住重压而折断，仍然会连累这根隆起的栋梁。所以，屋宇上的栋梁是一个整体，受压能力要匹配。否则，所谓"独木难支"，仅靠一根大梁，亦难于撑起一幢大厦。九四爻辞中的"有它吝"，就是对九三爻象过于刚硬而易折的一种忧患意识。

引入人事，任何事业的成功，均非一人之力造就。例如，《三国演义》中的诸葛亮，在将才济济的刘备时代，运筹帷幄战无不胜，很快就辅助刘备从寄人篱下的流亡小军阀，开拓壮大为雄踞一方的蜀国之主，形成三国鼎立中的一方。然而到了后主时代，已经"蜀中无大将"，六出祁山，皆无功而返，实践了自己"鞠躬尽瘁，死而后已"的夙愿，蜀国也便在三国鼎立中第一个出局。诸葛亮这根蜀国的九四爻位上的栋梁之材，就是受到关羽、张飞这两位有勇无谋、刚烈易折之人的牵累而壮志未酬，訇然倒下。他的失败原因,就在"有它吝"。

总之,栋梁之材,刚柔相济为上;而周边环境的优劣,也起着至关重要的支持作用。

第四节　枯杨生华

第三个问题,脚踏实地,不做表面文章。

　　九五:枯杨生华,老妇得其士夫,无咎无誉。

　　上六:过涉灭顶,凶,无咎。

栋梁因受力之故,大多材料在适当刨光之后还涂以桐油,以防干裂。那些大富大贵之家,还讲究"雕梁画栋",在栋梁之上雕花作图。从实用角度、受力角度考虑,这种雕梁画栋的"表面文章"并不可取。尤其到了最高统治阶段,过度的雕琢,往往招致物议。先秦时期的墨家创始人墨翟,曾在《节用》中对这种劳民伤财、华而不实的过度装饰提出过严厉批评。

九五爻辞中的"枯杨生华""老妇得其士夫",也是两个并列的比喻。枯萎的杨树开花,衰老的妇女嫁壮汉。对这两个事例的评价是"无咎无誉"。为什么枯杨发嫩芽、老汉娶少妻的评价是充分肯定的"无不利",而枯杨开花、老妇嫁壮汉的评价却既不否定也不肯定的"无咎无誉"？这是因为:枯杨本来就无多少生机,即使开花也不会结果,反而损伤元气加速死亡;衰老的妇女即使嫁给了健壮的汉子,也不会再生儿育女。因此,这两件事情都是华而不实的,虽然算不上什么错误,但是也不值得称道。

无论是老汉娶少女,还是老妇嫁壮男,从年龄差距看,都属于"大过"现象。但是位居九五的老少配"大过",给予"无咎无誉"的价值评判,表明了以中正居尊位者对"大过"的把握务必慎重的思想,至少不提倡华而不实的"大过"。

安定之时,避免华而不实之事。危急之时,不以才弱自诿;

明知不可为而又不能不有所为,居于高位者的这种不顾自身安危铤而走险的精神,应予肯定。上六爻辞的"过涉灭顶"是一个比喻,明知河深灭顶,凶险无比,仍奋勇涉渡,其行为确实感人。这正是一种敢于承担、勇于超越自己的栋梁精神。所以,周文王给予了明确的肯定:"凶,无咎。"后人说的"明知山有虎,偏向虎山行",也正是这种明知"过涉灭顶"却仍要冒险渡河的《大过》卦精神的延续。

本章思考题

1. 为什么对卦辞"栋桡"的断语是肯定性的"利有攸往,亨",对九三爻辞"栋桡"的断语却是否性的"凶"?
2. "枯杨生稊"与"枯杨生华"有什么差异?
3. 九四爻辞中的"有它吝"所指何意?
4. 为什么对"过涉灭顶"的最终断语是"无咎"?

第二十九章 《习坎》卦

䷜ 习坎：有孚维心，亨，行有尚。
初六：习坎，入于坎窞，凶。
九二：坎有险，求小得。
六三：来之坎坎，险且枕；入于坎窞，勿用。
六四：樽酒，簋贰，用缶，纳约自牖，终无咎。
九五：坎不盈，祇既平，无咎。
上六：系用徽纆，寘于丛棘，三岁不得，凶。

《周易》第二十九卦《习坎》，讲述了身处险陷之境时应该保持怎样的心态，以及脱离险境的原则与方法。

第一节 有孚维心

卦辞认为信心是脱险的核心：

习坎：有孚维心，亨，行有尚。

《习坎》卦，是我们的先人最早就人生磨难问题所做的思考，讲述了身处险陷之境时应该保持怎样的心态，以及脱离险境的原则与方法：身处险境之际，也正是体现人性光辉之时，临危不惧，对光明的前途依然保持执着的态度。危险的境地，绝非好事，因而尽可能避免陷进去；若已陷入，则不可心浮气躁急于解脱，而应稳步涉险，徐图解脱。陷入既深，更不可轻举妄动，先去寻求自保之策，静以待变。居于领导地位的人，应发挥自己的才能,化险为夷,帮助人民一起脱离险境;事关全局,尤须小心谨慎,稍有不慎,就会愈陷愈深,不能自拔。

《周易》中由八个经卦各自相重而成的八个六爻重卦,只有《坎》卦在卦名前面添加一个"习"字而为《习坎》卦。习坎之习,是练习之习;习坎,就是对可能遇到的险难之事,预先要有一个心理准备,筹划如何应对的方案,模拟练习一番,及至险难降临,便能够满怀信心地从容面对,化险为夷。孔颖达《周易正义》如此解释"习坎"一词:"坎是险陷之名,习者便习之义。险难之事,非经便习不可以行,故须便习于坎事乃得用,故云习坎也。"

"有孚维心",是面对重重险境时应有的态度。有孚:有诚信;这个诚信是对平陷脱险的坚持,如同水之流动,前有凹陷,必注满溢出之后才继续前行,无论前方有多少凹陷,流水绝不会违背这一原则。维心,是指克服险阻的信心;处身于重重的险陷之中,丝毫不减化险为夷走向光明的信心。一个原则一个信心,是《习坎》卦的核心。

《易传》作者,还对"坎"即险难在防御性功能方面的作用,诸如天险、地险,进行了分析,《易传·彖》言道:"天险不可升也,地险山川丘陵也,王公设险以守其国:险之时用大矣哉!"就是说,险陷也有两面性,对于阻碍正常活动的前进者来说,虽有磨炼意志、提高能力之效,毕竟不受人们的欢迎;对于阻止侵略者的入侵而言,利用天、地之险,人为设置各种险陷,是值得肯定的事情。不过,《彖》辞所说的后一种作为防御工事的险陷,似乎不是周文王在《习坎》卦里所要表达的内容。

《习坎》卦通过六个爻辞要讲述的内容是:身处险陷之境,分为三个阶段,一是刚刚进入险境之时,二是在险陷之中寻求自保与改善,三是即将脱离险陷之境。

第二节　坎有险，求小得

初六、九二爻辞，对初入险陷之境时的心态和处置方法做了如下阐说：

初六：习坎，入于坎窞，凶。

九二：坎有险，求小得。

年轻人，即便有事前的心理准备和臆想中的识险、脱险练习，终因为既缺少能量的积累，又缺乏实践的历练，险到面前，仍难免跌落其中，而且跌得很深很深，一时之间难以自拔。

初爻的"习坎"，便是指年轻人在跌落险陷之前的自我练习。习坎而仍不免，源自年轻人的力量和经验的不足。

这样的事情，在现实生活中时有所闻。在这些年经济大潮的涌动中，一些刚刚跨出大学校门的年轻人，怀着一颗创业雄心，开公司、办企业，然而商场如战场，等待他们的往往是一个又一个陷阱，商业社会的复杂性，是他们在大学教科书里找不到的。几番挣扎，大多数年轻人从险陷之中解脱出来，不得不放弃创业的雄心壮志，关闭自己的公司、企业，到国企、外企、大型民企中当"小白领"。

"坎窞"，是陷阱的底部，险陷的最危最深处。陷入险境，一定有原因，例如缺乏经验、迷失正道造成误入歧途，或者力量不够难以止住前行步伐坠入陷阱；既入险境，就不能指望侥幸，寄希望于侥幸，势必愈陷愈深。一旦明白了处境，摆正心态，寻找到陷入险境的原因，做好长期磨砺的思想准备，才有可能准确地寻找逢凶化吉的脱险机会。

周文王用"凶"这个断语，告诫初入江湖的年轻人，切不可高估自己，稍有不慎，掉入别人的陷阱之中，就是凶险无比的结局。近千年之后的战国末期，果然有一位名叫赵括的后生小子，以为仅靠自己的满腹书本知识，就可以傲睨一切，领军征战了。哪知刚一领军，就被身经百战的秦国名将白起，使了一个诱敌之计，赵括率领的四十万军队，尽皆进入白起布置的陷阱之中，落得个全军覆没的下场。

"坎有险，求小得"，是深陷险境之中以后，对处境的冷静分析和寻求脱险的最初行动方案。这是迈向脱险的第一步。可以看到，处于二爻之位的人，已经稍具经验，不会如同初爻之位者那样少不更事而容易导致"凶"的结果了。

"坎有险"，是身处陷阱底部的人的一种理智的自觉的认识，同时，他又清楚地认识到自己力量的不足，所以，此时的脱险要求并不高，只争取在"利见大人"的思路之下，利用周边一切可以利用的条件，在险境中寻求一些小小的改善。"小有得"是陷于险境者此时最切合实际的目标。因为，这一时期脱离险境的力量尚不足，倘若急于求成，反而会导致欲速则不达的结果，徒耗自身元气，不利于最终的脱险。

第三节　来之坎坎

第二阶段是脱离险境的行动期，既要注意在前进中保护自己，又要在前进中不断寻找机会化险为夷。第三、四爻辞，以形象的比喻叙述了这一历险过程：

六三：来之坎坎，险且枕；入于坎窞，勿用。

六四：樽酒，簋贰，用缶，纳约自牖，终无咎。

"来之坎坎，险且枕。""之"作"往"解，来之，即来往。来之坎坎，即来往皆为坎，进退皆险。就像刚要从一个凹陷的坑里爬出来，却发现前面还紧挨着一个陷坑。刚刚从一个险恶的环境里解脱出来，千万别高兴得太早，因为在前进的道路上还有更凶险的事情将迎面而来。面对错综复杂的险恶环境，千万不可以轻举妄动,而要多一份忧患意识,先求自保,静观其变。"入于坎窞,勿用",正是在这一险境下的一种警示,不要妄动是此时此境最理智的选择。

这是在"求小得"之后,终于从第一个陷阱之中解脱出来之后面临的新局面。这个新局面是发现了前后皆坎,真正脱离险陷,还有一长段路要走。每摆脱一个险陷之后,仍须保持高度的戒惧,保持"勿用"的谨慎。

理智的选择和小心谨慎,终于取得了理想的效果:"樽酒,簋贰,用缶,纳约自牖",一杯酒,两碟菜,用瓦器盛着,悄悄地从窗口递进来。

这一场景描写,表达了以下三层意思:第一层意思,已经可以获得亲人递送的酒食,险情显然有所减轻;第二层意思,尚须低调处事,生活水准仅限于一杯酒、两碟菜,并且只能用瓦缶之器而不是贵族享用的青铜之器;第三层意思,虽然已经度过了"勿用"的最险恶阶段,可以有所行动,但是一切行动仍须有所节制,不能因为环境有所改善而掉以轻心。在依然身陷险境的情况下,仍须保持高度警惕,一举一动都要谨慎,即便家人递送食物,也不能从大门进出,而要从旁窗侧翼处悄无声息地递入。有了这种如履薄冰的惕然心态,就能安然渡过险境。

"终无咎",极言行动之谨慎、改善环境之不易。由此联想到《乾》卦九四爻辞的断语"无咎"。《乾》卦的九四爻,是处在春风得意的上升时期、位极人臣的重臣处境,因为有了强烈的忧患意识而确保身处高位之时的不失误。《习坎》六四爻辞的断语"无咎",却是在险而又险、已经处在忧患之中时,由于处处谨慎、事事克制而换来的言行不失误、险中求平安。所以,同样是"无咎"即不犯错误,境遇大不一样。

第四节　坎不盈,祇既平

第三阶段是即将脱离险境。九五、上六爻辞,仍然以形象的类比,表达了领导人在脱离险境的关键时刻应该担负起的责任:

九五:坎不盈,祇既平,无咎。

上六:系用徽纆,寘于丛棘,三岁不得,凶。

前进的道路,需要圣贤开拓。谁能挺身而出,带领民众披荆斩棘、开疆拓土,脱离重重的灾难险陷,人民就拥戴他做领袖。

"坎不盈,祇既平",前进路上有凹陷,就取小丘之土填平它;即便凹处还有一些未填满,但是高起的小丘却已经被铲平。这是一个比喻,意思是:当国家、民族处于危难时刻,领袖人物有责任带领民众及早脱离险境,即使自身力量还嫌不足,但是只要竭尽所能,也会得到人民的谅解;上下同心,其利断金,再大的艰险都能摆脱。

据史料记载,尧为天子时,历山那个地方的农民经常因为侵占耕地而争斗,舜便前往历山耕地,垂范谦让之德,一年之后,历山农民不再因为田界之事争斗。河滨的渔民因为水中高地而争抢垂钓地盘,舜便前往河滨垂钓,一年之后,渔民养成了让长者居先的风气,争抢水中高地之事得以平息。东夷之地的陶工制作陶器很粗劣,舜便前往东夷之地亲自制陶,一年之后东夷制作出来的陶器都很坚固耐用。总之,哪里有险难发生,舜就往那里去,一次又一次的"坎不盈,祇既平",换来天下人的信赖与拥戴,遂成为尧之后的天子。

周文王的九五爻辞,是否就是有感于尧、舜、禹这些前辈圣王的经历,有感而发?

反之,如果统治者在关键时刻不能挺身而出,却畏首畏尾,如同手脚被绳索捆住那样,无所作为,那么,整个国家、民族,连同统治者本人，都将长久地陷入危险之境而无法摆脱。

"系用徽纆，寘于丛荆。"徽纆，三股之绳称"徽"，两股之绳称"纆"；"系用徽纆"，描述捆缚之结实，不容易解脱。"丛荆"，为险陷之所。这个比喻，正是对高位者在关键时刻不作为的一种写照。"三岁不得"，是对脱险时间的一种估计。不用"十年"而用"三年"，周文王对这类身居高位者留下了脱离险境的一线希望，期待他们在荆棘丛中思过三年，重新振足精神，再谋化险为夷之路。

将上六爻位上的人作为反面教员，让其在荆棘丛中思过三年的比喻，实在意味深长。

本章思考题

1. 身系险陷，依靠什么脱险？
2. 为什么九二爻出辞"求小得"？
3. 为什么六三爻出辞"勿用"？
4. "坎不盈，祗既平"的比喻之意是什么？

第三十章 《离》卦

☲ 离：利贞，亨；畜牝牛，吉。

初九：履错然，敬之无咎。

六二：黄离，元吉。

九三：日昃之离，不鼓缶而歌，则大耋之嗟，凶。

九四：突如其来如，焚如，死如，弃如。

六五：出涕沱若，戚嗟若，吉。

上九：王用出征，有嘉；折首，获匪其丑，无咎。

《周易》第三十卦《离》，通过一个故事的编织，表达人性的光明与温柔。

第一节 畜牝牛

卦辞以比喻，表达了本卦之义：

离：利贞，亨；畜牝牛，吉。

常言道：火要空心，人要真心。经卦离（☲）之象，上、下为阳爻，中间为阴爻，如同两段木块架空在中间。《易传·说卦》："离为火"，即缘于此。火给人类带来光明，《说卦》又云："离也者，明也。"因为火性热烈，所以人们经常用火爆来形容脾气急躁的性格。似乎象征火、象征光明、象征热烈的离富于阳刚之性。其实不然，离因为包含四个爻段即偶数组成而为阴卦，其性不是热烈而是温柔。

所以，由两个经卦离重叠而成的重卦《离》，就包含了两个内容：一为光明，二为温柔。用卦辞表达，即具有"利贞""畜牝牛"这两项属性。"贞"为光明正大之义；"畜牝牛"是一个比喻：畜为养，牛之性本温顺，何况牝牛即母牛之性情更为温驯，延伸为培养温柔的性格。光明磊落处世，温和柔顺待人，便是本卦之义。

《周易》六十四卦，每卦六爻辞多为一个概念系统。《离》卦的六个爻辞，却是通过一个故事的编织，表达人性的光明与温柔。

这个编织完整的寓言故事是：更深夜静，突然传来一阵错杂的脚步声。连忙戒备，总算平安无事。第二天，用黄鹂占卜，得大吉之兆，人们都松了一口气。放松警惕的男女老少，沉浸在轻松愉快的气氛之中。入暮，敌人突然袭击，气势汹汹，很快攻了进来，见房子就烧，见人就杀，见孩子就摔。劫后余生，人们泪流如雨，悲声叹气；痛定思痛，汲取教训。君王亲自率领精锐之师，出征讨伐侵略者，取得了胜利；斩决了残暴的敌人首领，对胁从者一律宽大处理，避免了冤冤相报的后遗症。

从这个反侵略战争的故事中，我们看到了善良的人们冲破黑暗争取光明的战斗精神，也看到了在向敌人展开雷霆一击、直捣敌巢斩决敌酋的同时，对胁从者宽大处置的柔情一面。这种刚中有柔的品性，正是经卦离两阳爻夹一阴爻所象征的意义。

《离》卦的六个爻辞，虽然完整地讲述了一个故事，但是按照这个故事发生发展的过程，仍可以分为三个阶段；每一个阶段，阐述一个思想。

第二节　敬之无咎

光明是人类所追求的理想目标，所以光明也代表了一种坦荡磊落的人格与风气。因为光明能将阴暗的东西照得无处藏身，所以必然会遭到黑暗势力的干扰与抵制。尤其是在光明乍露之时,躲在角落里的阴暗势力会以各种方式加以干扰,企图将光明扼杀于摇篮里。光明磊落并不等于不需要有防范意识。有了防范意识,阴暗势力就难于入侵,所谓"篱笆扎得紧,野狗钻不进"。

初九、六二爻辞,讲述了对入侵光明者必须保持警觉的思想。

  初九:履错然,敬之无咎。

  六二:黄离,元吉。

初九爻是光明的初始,自身力量十分有限,所以对可能招致的外来入侵者具有特别的敏感和警觉。一旦有风吹草动,立即察觉。履为鞋,此处引申为脚步声;错为杂乱。履错然,即杂乱的脚步声。一旦听到这种杂乱的脚步声,立刻产生警觉之心。保持高度的警觉,是防御外来者入侵时不犯错误的基本保证。

自古以来的大多数解读者,将"履错然"解读为自身的行动,是一种敬慎行事的表达。例如,魏晋学者王弼解道:"错然者,警慎之貌也。处离之始,将进而盛,未在既济,故宜慎其所履,以敬为务,辟其咎也。"(《周易注》)警,作"敬"用;盛,作"慎"用;辟,同"避"。这种解读,与《乾》卦初九爻辞中的"勿用"一致,确实有其合理之处,故尔此后学者,多循此释。然而与九三爻之后的爻辞之间,有不甚连通之弊。

六二爻辞的"黄离"之"黄",根据传统文化中的"东青西白南赤北黑中黄"理念,王弼解读为"居中得位"(《周易注》),历来解读亦宗此说。"黄离"之所以大吉(元吉),就在于六二爻既处下卦离(☲)的中间,又为阴爻处阴位而得正。居于"利见大人"的二爻之位,坚持正道而又能够以柔处世,当然能获得"元吉"的效果。所以,以"黄"释"中"的解读一直为人们所接受。但是,如果将本卦的六个爻辞联系起来作为一个完整的故事看,"黄离,元吉"就是另一番景象。

在旧上海,有一群专门靠着一些特殊工具替人预测吉凶的江湖术士,其中有笼着鸡婆、黄雀等小动物进行"衔牌算命"的营生,名称"小嘴子金"。这种民间预测方式,源远流长。在这个故事中,因为前一天夜里听到杂乱的脚步声,故尔在第二天请来村里的预测师,用黄鹂鸟进行被后人称为"小嘴子金"的吉凶预测,自在情理之中。预测的结果,是"元吉"!

由于预测结果是大吉,人们便放松了警惕性,于是,灾难降临。

第三节　突如其来如

光明处世,温柔待人,本来可以获得相应的回报,做任何事情都能既"亨"又"吉",却因为失掉了应有的警惕,导致阴暗势力乘虚而入,"元吉"顿时转化为"凶"。

九三、九四爻辞,以比喻的方式,形象地展示了失去警惕之心以后,光明所遭遇的重创:

九三:日昃之离,不鼓缶而歌,则大耋之嗟,凶。

九四:突如其来如,焚如,死如,弃如。

日昃,即太阳西斜。鼓缶而歌,即一边敲击瓦盆一边开怀歌唱,这是正常态;不敲击瓦盆而歌唱,便是非常态。大耋:年迈老人;嗟:感叹,也可作为引和歌声之解。因"不鼓缶而歌",故有"大耋之嗟",就是说:因为没有敲击瓦盆而歌唱,所以年迈老人便在一旁引和歌声。由于上午预测前途大吉,人们放松了警惕之心,这种情绪一直延续到日暮时分,人们仍处在歌唱欢乐之中,甚至年迈老人,也在一旁哼哼唧唧,引和歌声。这种麻痹大意、毫无警惕和忧患之心的状况,蕴藏着巨大风险。

九三爻位,是忧患之位,是一个"君子终日乾乾"还要保持"夕惕若厉"的位置。如今男女老少整天都处在载歌载舞状态之中,"凶"也就成为必然。

果然,凶险降临。"突如其来如"！对于一个时刻保持忧患意识的人来说,任何灾难的降临都是意料之中的可能事件。而对于失去忧患意识的人来说,任何灾难的降临都有一种"突如其来如"的感觉。例如,2008年5月12日的汶川大地震,对于每年都进行防震演习的某中学校长及其师生来说,是意料中可能发生的事件,因而当大地震果然来临时,全校师生从容应对,无一伤亡。相反对于其他没有进行准备的人群,则是"突如其来如"的特大灾难。

九四爻位,本属如临深渊的高危之位,如今一旦失去忧患意识,灾难自非一般可比。敌人的侵略,不仅"突如其来如",而且"焚如,死如,弃如",十分残暴。

九四爻辞以阴暗势力的突然袭击为喻,以"焚如""死如""弃如"这样一种极端残暴的行为,描述了阴暗势力绞杀光明的歹毒。这些描述,不禁使我们联想到20世纪三四十年代,日本侵略者闯入中华大地,在我们的家园,实施烧光、杀光、抢光的"三光"政策。在黑暗势力面前,是忍辱屈从,还是以牙还牙、舍命一搏？周文王告诉我们：光明岂容侵犯！动员民众,舍命拼搏,是唯一的选择。

将敌人入侵、施暴之辞系于六爻的中心两爻,更寓深意：《离》卦为光明,然而光明的核心处,往往包藏着黑暗与凶险。下方两爻与上方两爻的断语均为吉或无咎,中间两爻均为凶险断语,这一安排体现了自然界的辩证法则：任何事物内部都包含着矛盾对立的因素,光明亦然,世界上没有绝对的光明,文明古国之中,同样蕴藏着阴暗宵小之徒；当日本侵略者高举屠刀闯入我们的家园时,这些宵小之徒马上登场亮相,与侵略者一起践踏文明、残害光明。

阴暗势力对光明者的侵略残害,并没有因为日本侵略者被赶出中国,而在中国这片文明之地上消失。当下中国正处于"君子终日乾乾"的发展阶段，我们切不可因为总体实力跃居世界第二，而失去对国际上敌对势力的警惕之心和忧患意识，要随时防止敌对势力在经济领域发动的"突如其来如"的突然袭击。

第四节　恢复光明

"塞翁失马，焉知非福。"光明受挫，并非好事。然而，坏事在一定条件下可以引出好的结果。六五、上九爻辞，以比喻的方式，形象地讲述了汲取教训、恢复光明的战斗历程：

六五：出涕沱若，戚嗟若，吉。

上九：王用出征，有嘉；折首，获匪其丑，无咎。

"出涕沱若，戚嗟若"，这就是坏事中能引出好的结果来的重要条件。出涕沱若，即涕泪交流貌；戚嗟之嗟，已不是受创之前老人的引和歌声，乃是悲切叹息之声。而涕泪交流、悲切叹息，来自居于尊位之人。光明受挫之后，首先需要深刻反思的是领导人；挫折有两面性，能总结教训，深刻反思，坏事就可以转变成好事。这就是六五爻辞断语为"吉"的前提。

痛定思痛，为了今后不再痛，必须铲除邪恶滋生的土壤。"王用出征"，以战争终止战争，是不得已的选择。例如，第二次世界大战，美、苏、英、法等各国军队围歼纳粹德国，苏联红军又重兵东进，援助中国歼灭盘踞在中国东北地区的数十万日本关东军。"折首"，即后来所谓的"擒贼先擒王"，斩决侵略者中的首恶分子，是必须的手段。"获匪其丑，无咎"，丑是指胁从者。对胁从者宽大处理，不是因为他们没有犯错误，而是"给出路"，让他们改邪归正。这样的政策是正确的，没有什么错误之处。

上九爻辞，以首恶必办、胁从不问的方式，不仅为这一场反侵略战争画上了句号，也将本卦的内涵——正大与光明，落到了实处。

本章思考题

1. 卦辞中的"畜牝牛"譬喻什么？
2. 初九爻辞中的"敬之无咎"，表达了什么意思？
3. 为什么九四爻出辞"突如其来如"？
4. 上九爻辞中的"首"与"丑"，分别指谓什么？

下编（下经）

第三十一章 《咸》卦

䷞ 咸:亨,利贞;取女,吉。

初六:咸其拇。

六二:咸其腓,凶;居吉。

九三:咸其股,执其随,往吝。

九四:贞吉,悔亡;憧憧往来,朋从尔思。

九五:咸其脢,无悔。

上六:咸其辅、颊、舌。

《周易》第三十一卦《咸》,下艮(☶)上兑(☱),少年追求少女之象,阐述了男女恋爱的基本原则与循序渐进的恋爱过程。

第一节 取女吉

卦辞申述了恋爱原则:

咸:亨,利贞;取女,吉。

《咸》卦的本意,是以青年男女的恋爱过程为例,阐述人与人之间的情感沟通要发乎自然,要循序渐进。因为六个爻辞比较完整地描述了青年男女情感发展的全过程,使我们明白了:充满浪漫色彩的谈情说爱,并不是现代社会里青年男女的专利。早在数千年之前,我们的先人就已经开始了充满热烈情感,又能很好地把握火候、注意分寸的谈情说爱。

无论男女,生理上的发育到达一定阶段,就有了性的欲念;

性欲加上情感，便形成了男女之间的爱情。离开了情感，人的性欲与兽欲无异；离开了性欲，人的情感就是一种亲情。恩爱夫妻白头偕老，前半段是爱情的维系，后半段是亲情的牵挂。这里有一个从爱情到亲情的过渡。

《咸》由下艮上兑两经卦构成，艮为少男，兑为少女，象征少男甘居下位，谦卑地追求少女，这就是青年男女之间不可避免地要发生的一种情感，即爱情。《周易》的上篇以乾、坤两卦的天地之道开篇，下篇则以《咸》卦的青年男女相爱的人道开篇。

古人谈情说爱有两条原则，一是"贞"，谈恋爱要自然真诚，要以真实的情感作为基础。二是"取女"，谈恋爱的最终目的是婚娶，不能"始乱终弃"，以玩弄异性的感情为目的；取即娶，以"取女"为目的的谈情说爱才是合乎正道的、吉利的。这也是本卦所申述的核心思想。

谈恋爱有成功，也有失败。成功的恋爱，有一个感情从无到有、从浅到深的过程。本卦的六个爻辞，将整个谈恋爱的过程细分为三个阶段：追求、相思、相爱。

第二节 始于足下

青年男女的恋爱，始于相互间的好感、动情，随后便是行动上的追求。六爻的开局，初六、六二爻就是从脚拇指、小腿由静到动的描写开始：

初六：咸其拇。

六二：咸其腓，凶；居吉。

第一阶段为恋爱萌动期。"咸"即感，感则动。"咸其拇"，是大脚拇指有感觉，不是心里有感觉。大脚拇指的感觉，是人在生理上的自然而然的本能反应。例如，青年男女初次相见，便有一种本能的异性相吸之感产生，脚下就有了蠢蠢欲动的反应，这种反应就是"咸其拇"。然而毕竟初次相遇，不会有真正的行动。"咸其拇"，一种欲动还止的谨慎心理，跃然纸上。

《诗经》的第一首诗歌《关雎》，讲的也是少年追求少女的故事。这首诗歌共分四段，其中第一段诗歌描写的，大致相当于恋爱萌动期的《咸》卦初六爻辞内容："关关雎鸠，在河之洲。窈窕淑女，君子好逑。"当初次见到一位文静而又秀丽的少女时，小伙子便出于本能地产生出一种想与她结为配偶的心思。"好逑"一词，恰当地表达了这位年轻小伙子的正确的恋爱观：他追求窈窕淑女的目的，是与她做夫妻，即《咸》卦卦辞所说的"取女"。这种恋爱态度，按《周易》作者的评价属于"贞"即正确的恋爱态度，因而此后的谈恋爱过程会很顺利，结果也会很吉祥。

即便恋爱动机纯正，恋爱初期的行动举止，仍须稳重谨慎。因为恋爱是双方的事情，稳重的试探是必须的功课。其实，做任何事情皆如此。中央电视台体育频道每周日转播的世界拳王争霸赛，两强相遇，第一个回合大多持谨慎心态，做一些动作小而少的试探性比画。耐心的、沉稳的试探，是为了马上就要展开的疾风骤雨般的进攻。谈恋爱是决定终身大事之举，自然更须耐心沉稳的试探。

试探是双方的事情。在这个阶段，宜静不宜动。倘若不遵循这一原则，操之过急，便要事与愿违。六二爻辞"咸其腓，凶"，讲的就是这个道理。腓，是小腿肚。感于脚拇指，只是一种跃跃欲动之感；感于小腿，那就是在迈腿去追求了。双方还处于试探阶段，你就要迈腿去追，岂不要把对方吓跑？这一阶段的正确方式是安稳守序的等待，恋爱之路才能健康发展："居吉。"

动则凶，静则吉。这是青年男女谈恋爱初期阶段的基本准则。现实生活中，有多少原本很好的姻缘，就是因为男方的操之过急，使恋情的发展戛然而止。中国有一句警示之言："欲速则不达。"六二爻辞之义，是否就是这句警示语的源头？

第三节　憧憧往来，朋从尔思

有了一定的基础，恋爱的情愫在男女双方的心田中开始扎根伸展，于是便开始了行动上的追求和发自内心深处的思念。第二阶段为男女情感的升华期，九三、九四爻辞展示了恋爱过程的第二阶段中的"君子"付诸行动时的不舍追求和内心世界的朝思暮想：

九三：咸其股，执其随，往吝。

九四：贞吉，悔亡；憧憧往来，朋从尔思。

这一时期，负有主动追求之责的青年男子如何把握分寸，至关重要。"咸其股"，股是大腿，比小腿更上一段部位，比喻男女双方的情感交流上升到了新的阶段。此时的情感表达，也便由内而外，付诸行动。感情基础既然已经有了，便须顺应自然，迈开双腿大胆追求。此时此际，一方面是迈开双腿大胆地追求，另一方面是在追求中恪守礼仪、把握分寸；如果信马由缰、完全听凭感情妄动，难免要有不愉快的事情发生。"执其随，往吝"，无疑是一种善意的忠告。这是一个大有可为但又需要保持头脑清醒的阶段。

循着发乎自然的感情路径，循序渐进，一路吉祥如意，终于完全坠入情网，感情进入到了"一日不见，如隔三秋"的地步："憧憧往来，朋从尔思。"这八个字，颇值得玩味。先说"憧憧"，憧是憧憬，是一种想象，想象的内容当然是"君子好逑"，与娴静的美女结为情侣。在他做这样憧憬之时，也希望思念中的她也能做如是想。所以，有了"憧憧"，自然也就有了此感彼应的"往来"。后来的"朋从尔思"，便是"往来"的结果，少男的思慕，得到了少女的回报，诚所谓"心有灵犀一点通"。

这是一种经过交往、了解之后生长出来的爱恋之情，是一种发乎自然的求爱之心。正如《关雎》这首民歌中所描写的那样："窈窕淑女,寤寐求之。求之不得,寤寐思服。悠哉悠哉,辗转反侧。"年轻小伙子对娴雅美女的情思,已经到了无论梦中还是醒来,都在想着她,到了翻来覆去睡不着的欲罢不能的境地。《关雎》所描述的是君子对淑女的追求。其实,在恋爱过程中,青年男女之间的如潮慕思是相互的,不仅少男思恋少女,少女也同样思恋少男。

有了这一阶段的刻骨铭心的朝思暮想,少男少女之间的恋爱才有可能推向高潮。

宋代的朱熹,则对"憧憧"之思颇有微词,认为自己一心要感动对方,却又一心要求对方来回应自己,便是一种"私心"。意思是说,自己一心思慕对方,但不应该同时要求对方也回应自己。自己一心去感动对方,对方自然而然地给予回应,这是常理。正如天地之间,雨下多了,自然会转晴;晴天多了,自然会下雨。"如日往则感得那月来,月往则感得那日来;寒往则感得那暑来。一感一应,一往一来,其理无穷。"(《朱子语类》卷第七十二)朱熹的这种"心无私主"、顺乎自然不强求的恋爱态度,当然在品位上更上了一个台阶。

但是,在实际生活中,"憧憧往来"还是最常态的表现。

第四节 咸其脢

少男少女之间的恋爱故事,终于发展到了最高阶段,从内心情感的公开表白,进入到了肢体语言的宣泄。本卦的最后两个爻辞这样言道:

九五:咸其脢,无悔。

上六:咸其辅、颊、舌。

恋爱到了收获期,情感的历程,进入由浅入深的第三阶段。

感情的发展,终于到了可以向对方说出"我爱你"这三个字的时候了:"咸其脢,无悔。"脢,历代学者均释为背脊肉,不妥。脢当释为喉节,男子喉节突出,表示已性成熟;喉节蠕动,表示在说话。与谁说话?当然是与朝思暮想、令自己辗转难眠的窈窕淑女说话,尽情倾吐着爱的宣言。出于喉间,发自肺腑。山盟海誓,终身无悔。这"无悔"两字,既是对自己爱情表白即"咸其脢"这一行为的无悔,也是一种山盟海誓的无悔,即爱情专一的无悔。

情深意浓,言不尽意,干脆用肢体语言表达:"咸其辅、颊、舌。"辅为上颌,颊为脸的两侧,舌即舌头。古代学者如王弼说:"辅、颊、舌者,所以为语之具也。"(《周易注》)似不妥。九五之"脢"既已动且"无悔",再上一个台阶自应是恋爱达到顶峰时的肢体语言:接吻。正如 20 世纪后期的西方马克思主义的代表人物赖希所说:人身上的每一个细胞都是情爱交流的场所(参见《性革命》)。三千多年前的周文王,将少男少女的情爱交流场所定位于辅、颊、舌,也足见我们的古代先贤在情爱交流方面的意识,已经很开放了。

贴腮哺舌,将恋情推向高潮,是十分自然、十分正当的事情。

朱熹认为:"此卦虽主于感,然六爻皆宜静而不宜动也。"(《朱子语类》卷第七十二)然而,爱情既已发动,少男少女如何还能静下来?朱老夫子之言,未免过于理性化了。就这一点而言,后来的儒家贤人,不如周文王来得开明和自然。而从魏晋的王弼到唐代的孔颖达,都将辅、颊、舌释义为语言的工具而非情爱交流的场所,也看出这些老夫子对周文王自然本色的一种回避。

综观历代学者对《咸》卦所述故事的解释,缺失自然与浪漫。然而,自然与浪漫,正是《咸》卦的灵性之所在。

谈恋爱的浪漫告诉人们,人与人之间的感情培养,同样要以自然和真诚为基础。人与人之间的感情交流,既要尊重他人,也要保持自己的独立人格,要有原则,不可盲从。身处高位的人,仍应保持中正待人之心，与民众保持密切的联系和沟通。只要遵循这些原则，人与人之间就能建立起和衷共济、亲密无间的友好关系。

本章思考题

1. 《咸》卦告诉人们，谈恋爱应该遵循哪两条原则？
2. 恋爱初期，为什么宜静不宜动？
3. 如何理解"憧憧往来"？
4. 为什么说"咸其脢"是一种情感表达？

第三十二章 《恒》卦

䷟ 恒：亨，无咎，利贞，利有攸往。

初六：浚恒，贞凶，无攸利。

九二：悔亡。

九三：不恒其德，或承之羞，贞吝。

九四：田无禽。

六五：恒其德，贞妇人吉，夫子凶。

上六：振恒，凶。

《周易》第三十二卦《恒》，下巽(☴)上震(☳)，长女追随长男之象，阐述了妻子追随丈夫、夫唱妇随的夫妻之道。

第一节 夫唱妇随，天长地久

恒：亨，无咎，利贞，利有攸往。

恒，永恒、常久。先秦哲学家老子将不能用语言表达的道称之为"恒道"，又称"常道"。就是因为这种虚无缥缈的道，是一种先于天地而生，恒久不会改变、不会消失的东西。

然而，先于老子数百年的周文王就认为，天地间有许多实实在在可以言说的道理，也是恒久不变的，例如：夫妻之道。《周易》讲的《恒》卦，下巽上震。巽为长女为顺，震为长男为动；长女追随长男，夫唱妇随，就是这个卦象所表达的意思。周文王将该卦取名为"恒"，就是希望这种夫唱妇随的夫妻之道能够天长地久、永恒不变。

谈恋爱时,还是少男少女;结婚之后,成了长男长女。谈恋爱时,少男追求少女,因而谦卑地居于少女之下;结婚之后,立即长男居于长女之上,还要冠名为"恒"。该卦向我们披露了这样一个事实:男尊女卑、夫唱妇随的家庭伦理,可能就肇源于此;夫妇关系贵在长久,以天长地久、白头偕老为理想的观念,亦渊源于此。

周文王认为,确定这样一种夫妻之道,有三个好处:

一是"亨,无咎"。男尊女卑、夫唱妇随的夫妻关系确定之后,家庭主要成员之间关系顺畅,家庭决策不会有扯皮现象存在,处理任何家庭问题也就不容易发生失误。

二是"利贞"。震为长男为外卦、巽为长女为内卦,男主外、女主内的夫妻分工确定之后,有利于丈夫与妻子位其所位,各司其职。

三是"利有攸往"。夫妻关系的正确定位,有利于家庭前景的不断向好,兴旺发达。

以上三点,便是本卦的基本内涵。家庭是社会的细胞,几千年的中国社会,能够一以贯之地绵延发展,与周文王通过《恒》卦确定的夫妻原则有着极大的关系。人们在实践中不断地看到并感悟到,凡是遵循周文王所倡导的夫妻之道,不仅夫妻关系能够保持长久,家道事业也必然兴旺;如果背离周文王所倡导的夫妻之道,夫妻关系也就难以保持长久,即使勉强维持夫妻关系,矛盾不断的家庭也不可能兴旺发达。

当然,以上这一男尊女卑、夫唱妇随的夫妻之道,只是在周文王所处的社会环境里,以及以周礼为普遍价值的几千年封建社会里,才成为一条"永恒不变"的社会伦理。随着社会的发展进步,人类社会进入了男女平等的时代,夫妻之间的关系因人而异,在家庭生活中,谁有能力谁做主已经成为新的夫妻之道,一些女强人在家庭甚至家族中居于至尊地位,是顺理成章的事情。如果相对低能的丈夫硬要在家庭中争抢主导地位,不仅夫妻关系难以持久,更影响到家庭事业的兴旺发达。

第二节　能久中

初六:浚恒,贞凶,无攸利。

九二:悔亡。

夫唱妇随这一夫妻关系,也有一个逐渐磨合的过程。谈恋爱时,少男追求少女,不仅谦卑,还要仔细揣度少女心思,唯恐有失。一旦将少女娶回家里,如果马上改变为一副居高临下的姿态,让妻子唯命是从,夫妻关系显然要发生危机;如果夫妻刚刚结婚就发生冲突,一定会对今后夫妻关系的发展造成负面影响。所以,夫妻关系的原则虽然是男尊女卑、夫唱妇随,用后来儒家的说法是"夫为妻纲",但是在妻子刚进门的时候,还是要让她有一个适应的过程,千万不要一进门就要求过深,勉强行事,使年轻的妻子在心理上一时难以接受而产生抵触情绪。

初六爻辞"浚恒,贞凶,无攸利",就是对年轻丈夫的一种善意提醒。浚之义为深,引申为高标准、严要求;浚恒,刚结婚,就对夫妻之道高标准、严要求。这种要求本没有错,完全合乎夫妻之道,却因为操之过急而招致新婚妻子的反感,产生抵触情绪。"贞凶"与"无攸利",便是操之过急带来的后果。任何事情,都有条件性,"贞"即"正",若不当时,也会走向反面,成为"贞凶"的结果;新婚夫妻的"浚恒",也因为未经磨合期而不合时宜,对夫妻感情、家庭事业的发展带来不利影响。

夫唱妇随必须建立在自愿的基础上,成为一种自觉的观念而落实于行动,才能成为丈夫与妻子的一种德性,才是真正意义上的夫妻之道。作为丈夫,既要将"唱"视为一种家庭中的最高权利,也要将它看作是一种重要的责任和义务。这样,他的一言一行就有了自我省视和自我监督的要求;对于妻子而言,因为丈夫的"唱"有了质量的保证,她的相随也就有了信心,从而转化成为自觉的行动。于是乎,无论是"夫唱"还是"妇随",就再也不会有后悔的事情发生。

"悔亡",是对九二爻的象征意义的简约评判。夫妻之间因为刚刚相处,必然时有争执,纠纷难解,后悔之事频仍。然而九二爻所象征的意义,则是以阳居阴、刚而处中,既有夫妻之道的原则性,又有"柔"的灵活性,更可贵的是秉持"中"即不偏不倚的持中态度和夫妻之间不可缺少的中肯态度。所以,《易传·象》在释读周文王的这一简约评判时言道:"九二'悔亡',能久中也。"夫妻之间秉持的"中",不是一时一事的"中",而是保持长久的"中",才能消解后悔之事的发生。

"能久中",无疑是新婚夫妻在磨合时期需要保持的一种态度。

第三节　不恒其德

九三:不恒其德,或承之羞,贞吝。

九四:田无禽。

随着岁月的逝去,夫妻之间的爱情渐渐淡去,而另一种情感即亲情,随着儿女的哺育成长、随着生活的磨砺,则渐渐生长,日益浓重。这是正常的夫妻之道。

社会是复杂的,自然也有越出夫妻之道的情况发生。九三爻辞中的"不恒其德",讲的就是不能坚持夫妻之道。不能将夫妻之道坚持到底的原因多种多样;不仅有发生在丈夫身上的,也有发生在妻子身上的。有几个传统文学塑造的人物,颇具代表性。

先说丈夫"不恒其德"的典型人物，首推高中新科状元的陈世美，因为皇帝要招他为驸马，竟抛弃了妻子秦香莲和一双儿女。这种行为，明显违反了中国传统文化中的"糟糠之妻不下堂"的夫妻之道，理应受到制裁。即便有皇亲的"打招呼"，秉公执法的包拯也绝不宽容。在现知最早的宋代南戏《王魁》中，有一个名叫王魁的读书人，高中状元之后，经不住丞相招婿的诱惑，抛弃了患难之妻焦桂英，以致焦桂英愤而自尽。

妻子"红杏出墙"的故事也不少，最有名的大概要数潘金莲了。她不仅"红杏出墙"，还毒死了深爱她的丈夫。这种"红杏出墙"的故事，在商业经济比较发达的明代，尤其在江南地区似乎存在比较多，如冯梦龙、凌濛初编写的"三言二拍"小说集中，多有此类故事。冯梦龙的《喻世明言》中，有一篇《蒋兴哥重会珍珠衫》的故事，讲述了一位名叫蒋兴哥的商人，"只为蝇头微利，抛却鸳被良缘"，常年在外奔走经商，把一个年轻漂亮的娇妻王巧儿冷落在家里独守空房。妻子经不住性的饥渴和诱惑，难免红杏出墙，还把丈夫的一件"珍珠衫"送与情人。蒋兴哥返归故里，礼貌休妻。《恒》卦九三爻，《易传·象》云："'不恒其德'，无所容也"，无论原来的夫妻感情如何深，无论妻子因为什么原因"红杏出墙"，丈夫必然是不能容忍的；曾经"红杏出墙"的王巧儿，被休回娘家之后，再嫁与一位知县为妾。数年之后，知县感于蒋王之间仍然存在的深情，将王巧儿还嫁给蒋兴哥。

在戏剧或小说里，凡是"不恒其德"的丈夫或妻子，大多身败名裂，甚至付出了生命的代价。当然，这类故事都发生在《周易》之后，应了"不听老人言，吃苦在眼前"这句话。用《恒》卦中的话来说，其结果难免"承之羞"。即便有极少数像蒋兴哥重会珍珠衫的故事中人物王巧儿那样，最终仍得以破镜重圆，也只能做一偏房，毕竟不光彩。九三爻辞的断语"贞吝"，应该就是指的这一类情况，即便重归夫妻之道，耻辱的经历仍存在心里。

因此，一个人如果遇事辄变，反复无常，不仅为人鄙视，自己内心也会感到不安；一旦丧失掉夫妻之道，往往追悔莫及。

不能守恒的另一种情况，是超越了男女定位、各尽其职的夫妻之道，由此造成家庭生活不正常，严重影响了家庭的兴旺发达。吃力不讨好，好心办坏事，往往根源于丈夫或妻子的"出位"，例如丈夫插手干涉本应由妻子管理的事情，妻子插手干涉本应由丈夫管理的事情。先秦名家的开创者邓析告诫君王要"循名责实"，按当官的职位考察他们的相应业绩。儒家的开创者孔子也说："名不正则言不顺，言不顺则事不成。"(《论语·子路》)越位做事情，既不符合规矩，也做不成事情。

九四爻辞只有"田无禽"三个字。这是一个比喻，意思是既然打猎走错了地方，自然也就找不到猎物了。既然名不正言不顺，劳而无功也就是意料之中的了。

夫妻中道分手，对于双方都不是好事。本卦中的九三、九四爻辞，无疑是从反面提醒婚姻旅途中的长男长女，恪守夫妻之道，"执子之手，与子偕老"。

"执子之手，与子偕老"这两句诗，出自《诗经·邶风》中的《击鼓》，本来是对出征前夕战士们生离死别之际的情感描写，后来普遍转引到了男女之间的情感描写。恪守夫妻之道，同样能够相互之间产生执手共老的情愫。

第四节　恒其德

六五：恒其德，贞妇人吉，夫子凶。

上六：振恒，凶。

那么，恪守夫妻之道亦即"恒其德"，又当如何呢？周文王认为，恪守夫妻之道也有一个男女有别、因人而异的把握问题。例如，中庸柔顺这一种德性，是每一个人都应该具有的。但是落实到夫妻关系上,情况就发生了变化。在夫唱妇随这样的背景下,柔顺服从对于妻子来说是一种美德,如果丈夫也以同样的柔顺服从对待妻子,就不但不能视为美德,而且还会给家庭制造麻烦。所以,在夫妻之道的背景下谈论"恒其德",要分清所恒之德究竟是夫德还是妇德。宋代朱熹也深以为然。他认为这种以"柔中"应"刚中"的德性,"乃妇人之道,非夫子之宜也"(《周易本义》)。

六五爻辞之所以说:"恒其德,贞妇人吉,夫子凶",是因为这个爻是阴爻居于阳位,而且处于上卦的中间爻位:阴爻处中。联系《坤》卦的六五爻辞"黄裳,元吉",我们就不难理解"妇人吉,夫子凶"的含义:"黄裳"便是女德的象征,即便布料再精颜色再美,也不能制衣只能做裳,遮掩在外衣之内。以此为喻:夫妻之道,即便妻子荣登皇后之位,仍应恪守妇道,听命并追随于丈夫之后。作为妻子,自觉遵守这种妇德,必然能和谐夫妻关系,吉祥无比。反之,如果丈夫也以这种妇德约束自己,势必会造成家庭秩序的混乱,出现牝鸡司晨的反常现象。以此发展下去,不仅正常的夫妻之道会消失,整个家庭也将招致凶险。

但是这种"妇人吉,夫子凶"的观点,在男女平等的今天,显然已经不合时宜。在家庭中,无论丈夫或妻子,谁的能力强,谁说得对,就应该听谁、随谁。只有这样,才能夫妻和睦、家道兴旺。

永恒是人类的一种愿望或理想,在现实世界里,其实并没有什么永恒不变的东西。物极则反的规律,在恒久问题上同样起着作用,当恒久发展到了巅峰,自然也要向它的反面动摇转化。在一般情势下,这种转化是对自然规律的顺应,不会出现什么凶险。但是对于夫妻之间的关系来说,无论什么原因引发的"振恒"即对恒久信心的动摇,都不是一件好事;唯有天长地久才是圆满的、吉祥的。

本章思考题

1. 为什么说《恒》卦确定的夫妻关系,具有"亨,无咎""利贞""利有攸往"等好处?
2. 为什么新组成的家庭需要一个磨合期?
3. "田无禽"这个比喻要说明什么问题?
4. "妇人吉,夫子凶"的观点,今天还适合吗?

第三十三章 《遯》卦

☷☰ 遯：亨，小利贞。

初六：遯尾，厉，勿用有攸往。

六二：执之用黄牛之革，莫之胜说。

九三：系遯，有疾厉；畜臣妾吉。

九四：好遯，君子吉，小人否。

九五：嘉遯，贞吉。

上九：肥遯，无不利。

《周易》第三十三卦《遯》，对隐退的价值理念及其相应的隐退方式做了系统的阐述。

第一节 隐退三义

遯：亨，小利贞。

隐退的故事，在悠久的中国历史上，屡有发生。以周文王之前的历史而言，著名的便有尧、舜诸君主动退让于贤人的故事。在周文王所处的时期，因为商纣王的暴政而多有贤能之士的隐退避害。所以，周文王将六十四卦中的一卦定名为"遯"，以此阐述关于隐退一类事物情况的基本规律，表达他对这一社会现象的基本理念。

遯，即遁，有逃、避、隐等多义。在《周易》的《遯》卦语境里，遯为隐退之义。隐退的原因大致有三种：一是儒家所说的"道不同,不相为谋",隐退者当然是处于弱势的那一方人士;二是功成身退,如春秋时期辅佐勾践复兴越国的范蠡,如秦末辅佐刘邦谋取天下的张良;三是长江后浪推前浪,当新的领袖人物横空出世时,居于高位者主动让贤退隐,如尧让位于舜、舜让位于禹。

《遯》卦所讲的隐退,究竟是上述三种的综述,还是其中之一?历来的易学家,都偏重于第一种原因的理解。例如,《易传》对卦辞的解读比较含糊,《彖》辞说:"刚当位而应,与时行也。"也就是说,遯即隐退,是审时度势的一种行为。《彖》辞又说:"遯之时义大矣哉。"这是针对卦辞中的"小利贞"这一断辞而言,虽然隐退所得之利甚小,然而社会影响、人格意义甚大。《象》辞则说得稍微具象一些:"天下有山,遯;君子以远小人,不恶而严。"《遯》卦之象下艮(☶)上乾(☰),艮为山,乾为天,山每上升一步,天便往上退一步,故其象为"君子以远小人";至于"不恶而严",则是对天退让于山的一种评议。在《易传》作者眼里,山居然成了阴柔小人的形象代表。

唐代人的解读开始清晰,孔颖达疏解说:"遯者隐遯逃避之名,阴长之卦,小人方用,君子日消。君子当此之时,若不隐遯避世,即受其害,须遯而后得通,故曰遯亨。"疏解《象》辞"君子以远小人"时又说:"君子当此遯避之时,小人进长,理须远避。"(《周易正义》)

宋代的朱熹对卦象的解读,也是循此而言,颇有意思:"天体无穷,山高有限,遯之象也。"(《周易本义》)无穷的天体,是指君子的空间;有限的山高,当然是指小人的发展空间了。意思是说,小人即便得势,无论时间、空间都是很有限的,君子的发展空间却是无限的,隐退只是一时的、有限的权宜。应该说,在诸多学者对"遯"之象义的疏解中,朱熹的"天体无穷,山高有限"这八个字,最富有辩证思想,也最贴切地表达了君子与小人之间的关系特征。

但是，仔细玩味《遯》之卦象、卦辞，觉得囿于第一种的退避之义解读整个《遯》卦，似乎有蔽于一曲之嫌。善于譬喻的周文王，没有在卦辞中安放一个形象的比喻。不设比喻，可能是因为该卦所要表达的意思，既有第一种原因的退避，也包含有第二种原因的急流勇退，第三种原因的禅让隐退。毫无疑问，第二种、第三种原因的隐退，不是退避之退。

如果将《遯》卦的六个爻辞，由下而上，两个爻一组，分为三种隐退状态，分别予以解读，或许可以解开《遯》卦所要表达的真实思想。

第二节　黄牛之革

初六、六二爻，为该卦体中的"地爻"，又是六爻中仅有的两个阴爻，其象柔弱可知。两个爻辞所表达的，正是弱势状态下的隐退心境：

初六：遯尾，厉，勿用有攸往。

六二：执之用黄牛之革，莫之胜说。

两爻辞所表达的遯，属于第一种原因造成的隐退，即政见不一致，又处于弱势状态，便主动选择了隐退。按中国传统的说法，叫作小人势盛、君子势弱；为了避免遭受伤害，自动退出政界。当然，这类隐退也并非只有退出庙堂、遁隐山林一途，还有一种退隐方式，所谓"大隐隐于朝"，最大的隐退是身在庙堂而不发表己见，耐心等待复兴的时机。

初六爻辞"遯尾，厉，勿用有攸往"，说的是应该隐退时不可犹疑不决；当已经错过了隐退的最佳时机，面对危情，宜以静观变，不可积极对抗，避免不必要的伤害。这个爻辞中的核心是"勿用"，联想到《乾》卦初爻的"潜龙，勿用"，可知"勿用"是弱者的基本特征。《乾》的初爻是"潜龙"状态下的"勿用"，《遯》的初爻则是隐退状态下的"勿用"。勿用不是永远的勿用，潜龙的"勿用"是自身力量的积聚还不够、基础还不厚实；隐者的"勿用"是对立面还势盛，各方面的条件对自己不利，主要不是自身力量的积聚而是审时度势、等待时机，所以是"勿用有攸往"，其中"有攸往"三字，表明了隐退者对前途的信心。据说，朱熹欲上书弹劾持不同政见的权臣韩侂胄时，自己占了一卦，得此爻，遂谨遵"勿用"之戒，中止了上书弹劾的行动。

六二爻辞"执之用黄牛之革，莫之胜说"，无疑是紧接着初六爻辞中的"勿用有攸往"说的。黄牛之革是最坚韧的皮革，喻义是被黄牛皮做的绳子捆缚住，谁也挣不脱。黄牛之革捆缚什么？捆缚隐退之士那颗不甘隐退的心。这既是对初爻"勿用"的进一步约束和警示，又是对信仰的固守。

无论小隐于野，还是大隐于朝，"勿用"不是放弃自己的主张，而是在心里坚守自己的正确理念，任何时候、任何情况下都要像用黄牛皮绳捆缚住一样，不能解脱、不可动摇："执之用黄牛之革，莫之胜说。"同时，隐退过程往往是漫长的，在忍辱负重的退避中，"勿用"之心能否持之以恒，对于隐退之士是一个严峻的考验。"黄牛之革"是一个比喻，极言自我约束之艰难。唯其艰难，才见《象》辞所言"与时行"的隐退之重要。

在历来的疏解中，还将"黄牛之革"的"黄牛"与六二爻象联系：第二个爻处于下卦的中位，而黄色在五色中的方位为居中；六二爻为阴爻主柔，而牛的禀性为柔顺。所以，六二爻辞取"黄牛"为喻。

第三节　急流勇退

九三、九四爻辞表达的遯，属于第二种原因之下的隐退，即功成名就之后的急流勇退：

九三：系遯，有疾厉；畜臣妾吉。

九四：好遯，君子吉，小人否。

当一个人建立了功劳、有了很高的地位之后，不居功自傲已属难得，如《谦》卦讲的"劳谦""扐谦"更属可贵。此时此景，居然连人人羡慕的高官、盛誉都不屑一顾，飘然而去，其思想境界，自然要比谦虚更高一层。人们将这一举动称为"急流勇退"，也称"功成身退"，其勇决之气概，古往今来确实寥寥无几，因而像范蠡、张良这几个古人的名字，大凡有点历史知识的人都能记住。

居于九三爻位的"系遯"，是指具有较高社会地位的人，往往在隐退之际或隐退之后，还有些瞻前顾后、患得患失，或被亲朋好友牵扯住，不让其走上真正隐退之路。这种还时时为某些利益驱动而操心的隐退是极其危险的。既然已经隐退，就千万不要再去参与政治、人事。"畜臣妾吉"是一个例说，意思是隐退之后只可做一些蓄伎养妾之类个人纳福的小事，别人才认可你是真正在过着隐居生活，自然也不会提防你有什么以退为进、东山再起的图谋了。

在现代史上，中国共产党内有一位开国将军甘祖昌，就属于这种类型的隐退者。甘祖昌在新中国成立后的第一次军衔授予时，定衔为少将，正符合九三爻之位；当了少将之后的第三年，就带着妻子儿女十一口人返回江西莲花县故乡，耕耘农田，成为一个日出而作、日落而息的农民，一直到1986年去世，隐退家乡务农时间长达三十年。他将三分之二工资收入，用在修水利、筑公路、建校舍等山区基本建设上。像甘祖昌这样的主动隐退者，在中华人民共和国成立半个多世纪的时间里，绝无仅有。由此可见，无论历史上还是现实生活中，真正的急流勇退者，是多么的稀少。

居于九四爻位的"好遯"，是指自愿放弃一切好处，在恰当时机以恰当方式隐退。这是一个位极人臣的高位之人超然物外的隐退，这种隐退在后来的历史上也并不多见。越国范蠡是勾践能够复兴称霸的第一功臣,然而在勾践还来不及赐给他权力与财富的时候,范蠡就已经携带着他的爱人、另一位为复兴越国做出贡献的西施姑娘悄然离去,不知所终。汉初的张良,是汉高祖刘邦的第一谋士:"运筹策帷幄中,决胜千里外",在辅佐刘邦一统天下之后,刘邦让张良"自择齐三万户",张良谢绝:"不敢当三万户",甘愿将赏赐降低,与萧何等二十多位大功臣一致。这与当时许多功臣"日夜争功而不决"的情状形成了鲜明对比。张良表示,自己以三寸之舌成为帝王之师,封万户侯,已经心满意足,"愿弃人间事,欲从赤松子游耳"。

不恋高官重禄,自动淡出官场的行为,周文王认为"君子吉,小人否",只有君子才能做到,小人是不可能做到的。

第四节　嘉遯与肥遯

九五、上六爻辞表达的遯,属于第三种原因之下的退隐。这是在君临天下状态下的退隐,是一种尊位者主动让贤、年长者主动让位于年轻人的高尚行为:

九五:嘉遯,贞吉。

上九:肥遯,无不利。

居于九五之尊的位置,"飞龙在天",正是施展抱负的时候,为什么要有隐退的想法和举动呢?仔细分析,原因只有一个:长江后浪推前浪。

"嘉遯",嘉是对美好的赞许,"嘉遯"自然要比"好遯"更值得赞许。这是因为,好遯是臣隐退,嘉遯则是君隐退。君王隐退被视为是一种美好的事情,原因有二:一是君王是一个为社稷百姓着想的负责任的统治者;二是君王发现了比自己能力强的接班人。尧帝得悉舜的贤德,为了进一步考察,将两个女儿嫁给舜为妻。《史记·五帝本纪》载"尧辟位凡二十八年而崩",前二十年是将舜推在第一线工作,自己退居二线,处于半隐退状态;后八年,则"令舜摄天子之政",自己完全处于隐退状态。而当禹完成了治水任务之后,"舜豫荐禹于天,十七年而崩"。也就是说,舜让禹主持工作之后,自己隐退的时间长达十七年之久。正因为尧、舜及时让贤,以恰当的方式隐退,才会被后人尊奉为"圣王"。

周文王显然熟知尧、舜禅让的事迹,并对还在壮年时期就做出禅让动作的尧、舜心怀敬佩,才有了"嘉遁,贞吉"的赞扬与评判。在此后的几千年历史舞台上,如尧、舜这样的圣王,再也没有出现过。

"肥遁",宽裕自得的隐退,似乎较嘉遁更有余裕,更洒脱。这是久处君位、老而思休的隐退。人到暮年,精力衰退,思维迟钝,这是自然规律。臣子年老,多有主动致仕,也经常有朝廷颁布七十岁一律退休的规定。但是从未规定过皇帝的退休年龄,一般都是终身制。在中国历史上,极少有皇帝在到了晚年、健康状况良好的情况下主动退位,让儿子或孙子继承大统的。像清代的乾隆皇帝晚年主动退位的举动,不仅得到了时人和后世的好评,也使皇权的平稳交接有了保证。周文王对这种久处尊位而有隐退之心并付诸实践的君王,表达了充分的肯定:"无不利。"

以上三种隐退的方式,值得今人玩味:隐退,不能一概而论;隐退,更不是消极的行为。以《遁》卦为中心,对中国的隐逸文化,我们确实需要重新解读,从中体悟出更多的正能量。

本章思考题

1. 《遁》卦展示了哪三种隐退方式?
2. "黄牛之革"的比喻说明了什么?
3. 为什么位居九三的人容易"系遁"?
4. 为什么九五之尊隐退称"嘉遁"?

第三十四章 《大壮》卦

☰ 大壮:利贞。

初九:壮于趾,征凶,有孚。

九二:贞吉。

九三:小人用壮,君子用罔,贞厉;羝羊触藩,羸其角。

九四:贞吉,悔亡,藩决不羸;壮于大舆之輹。

六五:丧羊于易,无悔。

上六:羝羊触藩,不能退,不能遂,无攸利,艰则吉。

《周易》第三十四卦《大壮》,阐述了强盛状态下理性思考和行为举事的一般原则。

第一节 利 贞

大壮:利贞。

强盛、壮大,自然是好事;但是,如何面对强盛与壮大,如何利用强盛与壮大之后的强势,是一件并不容易的事情。一方面,任何人处于强盛状态,在轰轰烈烈地从事一番事业的同时,必须增加理性意识:真正的强大有力,不在于超越他人,而在于克制自己,只能去做合乎正道的事情。另一方面,物极必反,如同"物方中方睨"一样,任何事情一旦达到了强盛的状态,就要向它的反面转化,强盛的反面就是衰弱;所以,审时度势延缓衰退,就成为强盛时期必须具有的一种理性思考。

《大壮》卦象，下面四个均为阳爻，象征阳刚之气呈现上升盛势，故名。卦辞虽然仅有"利贞"两字，却揭示了本卦的丰富内涵：一是阳刚强大之势有利于正义事业的发展；二是阳刚强大之时必须坚持走正道。《彖》辞说："'大壮，利贞'，大者正也"，解读出的是前一个内涵；《象》辞说："君子以非礼弗履"，则是以否定判断的方式解读出后一个内涵。魏晋时的王弼，对后一句的意思做了进一步的细释："壮而违礼则凶，凶则失壮也，故君子以大壮而顺礼也。"(《周易注》)至此，"利贞"两字的含义，就已经讲得比较清楚了。而唐、宋两代学者，又做了更细致的分析。《周易正义》的作者孔颖达认为，周文王之所以仅用"利贞"两字告诫，原因就在"盛极之时，好生骄溢"。程颐则对先秦儒家的"非礼勿履"的解释做进一步的说明："君子之大壮者，莫若克己复礼，古人云，'自胜之谓强'。"(《周易程氏传》)这些话，可以看作是对"利贞"这两个字的展开。强盛，必须用于正道。反之，若用于邪道，则势力愈大为害愈烈。

18、19世纪以来，以英国为首的欧洲列强，瓜分掠夺世界，中国也成为它们啃食的一块肥肉。这些帝国主义国家的无止境的贪婪最终导致第一次世界大战的爆发，暴尸百万，血流飘杵，老欧洲的霸权宣告终结。到了20世纪三四十年代，德国法西斯、日本军国主义，从现代文明中得到了利器，又相继在欧洲、亚洲发动侵略战争，然而兵败国破，也给世界人民带来了深重的灾难。当今世界的头号强国美国，在苏联解体之后，以独一无二的军事力量称霸世界，侵略伊拉克、阿富汗，耗费海量军费，荼毒生灵无算，却至今身陷泥潭，难以自拔。这些就是古人预言的"盛极之时，好生骄溢"的典型实例。骄溢的下场，如希特勒、墨索里尼、东条英机等辈，足可警世。

春秋末期的哲学家老子，深谙物极则反之道，他有一句名言："物壮则老。"他从"飘风不终朝，骤雨不终日"的自然现象中悟出一般规律："暴兴必早已。"因而从"物壮则老"中得出了"不道早已"的结论。这与周文王赋予《大壮》卦以"利贞"的内涵是完全一致的。由于这一觉悟，老子又引申出"强大处下""坚强者死之徒"等一系列富于辩证的思想。溯其源，即在《大壮》卦。

第二节　壮于趾，征凶

初九、九二爻辞，对刚刚进入强盛时期的所作所为，通过形象的比喻做了警示性的分析：

初九：壮于趾，征凶，有孚。

九二：贞吉。

势弱而遯，势强而进，这是通则。但是，若恃强冒进，亦人之大患。虽然强盛，总有限度，并非任何事情都可以做得，所有的路都可以行得。尤其是在刚进入强盛阶段，更须谨慎求发展。"壮于趾，征凶，有孚"，就是对刚刚进入强盛期就采取轻率冒进行为的警示。"壮于趾"是比喻，脚趾强壮，容易履险，征兆为"凶"，这一断语是可以确信无疑的；"有孚"在别处通解为诚信，此处借用"孚"表达对脚趾强壮容易履险的深信不疑。中国有一些谚语，如"善泳者溺"等，就是对恃强冒进之教训的概括与警示。不善泳的人，往往见到大水就产生恐惧心，远远避开；善泳的人，一见到大水就兴奋，游水欲望强烈，冒险精神十足。于是，便有了"善泳者溺"的现象。当然，这句话不是说善于游泳的人容易溺死，而是说仗着有水性常在水中游泳，比不会游泳的人溺水身亡的机会多一些。曾从电视里看到一位二十几岁的小伙子，在澳大利亚从事房产介绍工作，经常在海边游泳，有一次仗着善泳游得离岸远了一些，又不巧遇上退潮时间，结果在海水里挣扎了半个多小时，却离海岸越来越远。陷入绝望之际，幸好被一个正在冲浪的运动员发现，才被救上岸来。这可以说是"壮于趾，征凶"的一个很好例证。

在最近二三十年的中国经济发展中,也不乏"壮于趾"而导致"凶"的悲剧。一些得到政策利好而在较短时期内打下一定基础的企业,急于扩大生产规模,甚至盲目涉足不熟悉的生产领域,结果不仅将刚刚积聚的有限资本赔得精光,甚至因无力偿还贷款而连累银行,这些企业的经营者成为再也不能东山再起的失败者,甚至落荒而逃,为躲债而远离家乡,四处流浪。

正如《乾》卦初九爻所揭示那样,处在这一时段的人,应该秉持积聚力量、坚持"勿用"的基本原则;即便处在强盛之初,也同样要以"勿用"的理念惕厉自勉,千万不可急躁冒进,使得刚刚起步的事业戛然而止。

与此相反,当自身力量壮大的时候,善于把握自己,发现冒进及时纠正,使得挟壮前行的足迹,始终保持在不急不徐、不偏不倚的正确轨道之上。九二爻辞只用了两个字:"贞吉。"贞就是卦辞"利贞"的贞,指盛大势头中的正确发展轨道。九二之位,是强盛势力在"见龙在田"背景下的入世阶段,避免了挟壮前行,利用一切有利条件稳步前进。此时此际,唯有坚持正确的发展方向和前进方式,才能获得"吉"的效果。所以,"贞吉"之贞,含义很深,值得盛势者玩味。

第三节　壮于大舆之輹

九三、九四爻辞,以长角的公羊抵触篱笆的形象类比,阐述了当强盛达到一定高度之时,如何用强的基本原则:

九三:小人用壮,君子用罔,贞厉;羝羊触藩,羸其角。

九四:贞吉,悔亡,藩决不羸;壮于大舆之輹。

在"民"即百姓与"国"即政府之间,时常有一些贫富、强弱的话题引发争议。例如,中国传统文化中,"民富国强"的观念一直占据主导地位。人民富有,老百姓安居乐业,社会自然也就安稳。国家强大了，就不会遭受邻国的侵略或骚扰。这样的状态，无论百姓还是政府，都应是理想之中的。而在历史上，有识之士将"国富民贫"的社会现象视作亡国征兆看待，吁请当政者务必让利于民；认为只有民富才会社会稳定、政权稳固、国家强盛。

《大壮》卦九三爻辞说的"小人用壮，君子用罔，贞厉；羝羊触藩，羸其角"，就是针对"国富民强"这一状况所做的警示。"小人用壮"，就是"民强"的表达。"君子用罔"，君子是有社会地位者，九三爻位的"君子"，就是指地方官吏，如州郡之官；罔：网，罗网，引申为法律，如"天网恢恢"中的网。意思是：庶民以武力反抗官府，地方官吏则用法律制裁恃强的反政府力量，这样的处理方式虽然合乎常规，但是很危险；其形势就如同：好斗的公羊持长角撞触篱笆，结果羊角拘累缠绕在篱笆上。九三爻辞告诉人们这样一个道理：无论是庶民还是统治者，都不可恃壮轻举。庶民恃壮即为无礼之勇；地方官吏恃壮凌民，不仅不能达到目的，反而会"官逼民反"，陷于尴尬之境。

强者不是不能用强，而是强势用于何处，怎样用强。以用强最烈的战争为例，是像日本军国主义那样用于侵略战争，还是像苏联红军攻克柏林、围歼关东军那样用于消灭德日法西斯的正义之战？《大壮》卦的态度十分明确："贞吉，悔亡，藩决不羸；壮于大舆之輹。"伸张正义的用强只有吉利，没有后悔。就像雄壮的公羊持角撞破篱笆而其长角不会致伤；又像载重车辆的车轴用坚韧的皮革包裹，行再远的路也一样牢不可破。"贞吉"讲的是强势用于何处的问题：用于"贞"，做出的预判是"贞"则"吉"。所做的比喻有二：一为公羊触篱，结果是"藩决不羸"；也就是说，公羊的强盛之力，撞破了束缚它的藩篱。二为"壮于大舆之輹"，用坚韧的牛皮加固大车的车轴，使之能够任重道远。这两个比喻，都是将强壮之力加诸应该加强之处，使之能够达到预期的效果。这就是"贞吉，悔亡"的具体展示。

以上两爻，从"触藩，羸其角"到"藩决不羸"，阐述了强盛之力如何准确把握和发挥正道作用的原则。

第四节　丧羊于易，无悔

然而，强盛的态势不可能永恒。俗语"强弩之末"，能洞穿一切的强弩之势何其大，然而飞行至一定距离，必然势消力尽，一层薄板都穿不透。人的权势同样如此，明白了这一层道理，得饶人处且饶人，能放手处尽放手，不必太计较得失胜负。如果将《大壮》卦的最后两爻，看成是强弩之末的那种状态，或许对爻辞的比喻之意的理解，更接近一些：

六五：丧羊于易，无悔。

上六：羝羊触藩，不能退，不能遂，无攸利，艰则吉。

"丧羊于易"，显然也是一个比喻，而且直接前两个爻辞所述公羊触藩、藩决不羸的比喻而来。强盛之势到了这里，开始势渐消、力渐弱，以致羝羊脱篱而去了。面对此情此景，不是亡羊补牢心理，而是顺其自然的"无悔"心理。后世的"楚王遗弓"故事，以及孔子对遗弓的评论，似乎与此爻辞之意相近。据《公孙龙子·迹府》所载，有一次楚王在云梦之囿打猎，不小心将弓丢失，左右随从欲将弓寻回来，楚王阻止说："楚王遗弓，楚人得之，又何求乎？"孔子听到这件事之后评论道："楚王仁义而未遂也。亦曰人亡弓人得之而已，何必楚！"未遂，即未通达。孔子是从仁义胸怀的角度考量，认为楚王的仁义胸怀尚未达到最高境界。但是，无论是楚王的"楚王遗弓，楚人得之"，还是孔子的"人亡弓人得之"，都是对遗弓之后并不后悔因而觉得不必把弓寻找回来的心理，这与爻辞中所表达的跑掉羊却依然保持"无悔"的心理，应该有着同样的源流关系。而鉴于"无悔"的位置在六五爻，"丧羊于易"而仍无悔的心理，似乎与楚王失弓楚人得之因而发出"何求乎"的无悔之心更为接近。

然而，上述"无悔"心理，似乎还有更深一层的意思。六五爻既是尊位又是四个阳爻之上的第一个阴爻，表明阳刚强盛之势已经开始向着反面转化。由强转衰因而力不从心，任由羝羊决藩而去，用后人的一句诗表达："无可奈何花落去"，顺从自然，毋须后悔。若生后悔之心，便是自寻烦恼。

如果无视已经由大壮强盛转向势消力弱的现实，仍然一味地逞强使能，就难免要陷入进不能进、退不能退的尴尬境地。"羝羊触藩，不能退，不能遂"，正是对不明时势、一味强求者的形象类比。如此发展下去，显然不会有什么好处，一旦如同公羊角卡在藩篱之中，进退不得，难免会萌生后悔之心。所以，最明智的办法，就是郑板桥在一首诗中所说的"退一步当下心安"。中国人还有一句佳言："退一步海阔天空"，说的也是这个道理。

大壮之人、大壮之事，居然要做"退一步"的打算，似乎有些不合情理，其实是一种智慧，它不仅能换来"当下心安"，还能换来"海阔天空"。

本卦的最后两段爻辞，从无悔转入有悔，周文王意在告诫人们，强势不是永恒的东西，强势终究也会向其反面转化。一旦强势发生转化，就应该顺应自然，不再强势。本卦的最后三个字"艰则吉"，唐代大儒孔颖达释"艰"为"艰固其志"（《周易正义》）。对于一个强势者而言，顺应自然，退一步想，无疑是一个艰难的决定，然而也是一个有智慧的决定。强势者能应时制宜退一步想，一定会有好结果。

本章思考题

1. 卦辞"利贞"包含哪两层意思？
2. 为什么初九爻出辞"壮于趾，征凶"？
3. "壮于大舆之輹"这个比喻要说明什么问题？
4. "丧羊于易，无悔"反映了什么理念？

第三十五章 《晋》卦

䷢ 晋：康侯用锡马蕃庶，昼日三接。

初六：晋如摧如，贞吉；罔孚，裕，无咎。

六二：晋如愁如，贞吉；受兹介福，于其王母。

六三：众允，悔亡。

九四：晋如鼫鼠，贞厉。

六五：悔亡，失得勿恤，往吉，无不利。

上九：晋其角，维用伐邑，厉吉，无咎，贞吝。

《周易》第三十五卦《晋》，对于晋升中用柔不用刚的一般规则做了系统的阐述。

第一节 依附与柔顺

晋：康侯用锡马蕃庶，昼日三接。

《升》卦的升，为升进之义；《渐》卦的渐，为渐进之义。《晋》卦的晋，亦为"进"之义，却与升进、渐进之义有所区别，是指人的社会地位的升迁，内含仕途进取中不可或缺的两大要素：一为依附，二为柔顺。这两层意义，通过《晋》的上、下卦象获得：上卦离（☲）为日，下卦坤（☷）为地，日出地上，为明于上而附顺于下之象。《易传·彖》对《晋》卦的内涵做了这样一个解读："'晋'，进也。……柔进而上行。"也就是说，晋之能进，贵在用柔。这与《乾》卦自始至终皆阳刚的自强不息的内涵，正好相反。如何"柔

进而上行"？程颐释义："上明下顺，君臣相得。在上而言，则进于明盛；在臣而言，则进升高显。"(《周易程氏传》)

因此，晋不仅有臣下进升之义，还有慧眼识英才的明君提拔之义。上级不提拔，下级如何能晋升？由此引出又一个话题：下级不依附不柔顺，上级如何能够提拔？

《晋》卦的卦辞："康侯用锡马蕃庶，昼日三接。"只用一个比喻，省略了所有的明象评判，是因为比喻已经足以表明晋升的附与柔这两大要素。对于那些能够康民治国的公侯，天子不仅赏赐给他们许多马匹，还在一天之内连续接见他们三次，以此礼遇表达了最亲近的规格。治国有方的公侯，未必都能既享受君王的物资重赏，还享受一日三次召见的爱宠待遇。依附与柔顺，才是物质、感情双丰收的根本原因。

与"昼日三接"形成鲜明对比的，是《讼》卦的上九爻辞："或锡之鞶带，终朝三褫之。"即使有赏赐，仍有一天之内连续三次被剥夺的可能。因为其赏赐之物是依靠诉讼争取来的，是建立在树敌和别人的痛苦之上的结果，所以这样的受赏与收获并不牢靠。"昼日"与"终朝"，极言时间之短；"三接"与"三褫"，极言次数频繁；而"接"与"褫"，凸显遭遇迥异。由此可见刚与柔、讼与顺的后果差异之大。

所以，缺乏依附和柔顺之德，君王是不可能既给予物质上的重赏又在情感上拉拢示宠。柔顺、依附，构成"晋"即晋升，真的很有意思。在长期的封建社会的历史上，中国的官员无不以柔顺、依附作为晋升的必要条件，恭顺和人身依附成为升官图中必不可少的两大要素。这种封建残余观念，绵延至今，仍未完全消失。

《晋》卦的六个爻辞，四个象征柔顺的阴爻，两个象征刚健的阳爻。四个阴爻中的断语，三个"吉"一个"悔亡"；两个阳爻中的断语，一个"贞厉"，一个"贞吝"。周文王通过这些断语告诉人们：晋升途中，用柔不用刚。

周文王的这一番教诲，对后来在仕途上奔走谋生者，影响巨大。这是因为：只要走在正道上，无论是柔顺还是依附，都是应该加以肯定的品性。跟着德才兼具的领袖走，是一种好的机遇，是一种福气。此时的柔顺和依附，是心服口服、心甘情愿的事情。唯其如此，才能协助领袖治国平天下，也有利于自身的仕途发展。如果脑后有反骨，与德才兼具的领袖离心离德，甚至分庭抗礼，不仅有损于事业，也必然会祸及自身。

第二节　晋如愁如

晋升之路往往是一条长长的路。走在这条路上，困难最大的，应该是刚刚起步的那一段路。但是，只要从一开始就抱有柔顺之心，在起步阶段便能获得帮助，顺利起跑。本卦初六、六二两个象征柔顺之性的爻象，为晋升之旅开了一个好头，两个爻辞这样说道：

　　初六：晋如摧如，贞吉；罔孚，裕，无咎。
　　六二：晋如愁如，贞吉；受滋介福，于其王母。

初六爻辞，重在讲一个柔顺的心态。"晋如摧如"，晋是进，摧是退，意思就是无论进还是退；"贞吉"，"贞"指柔顺依附之心，吉是对贞的肯定。起步阶段，无论进退，都保持一颗柔顺之心，就会吉利。"罔孚，裕，无咎。"起步阶段，别人对你的柔顺之德还不了解，你要保持一种宽恕原谅别人的心态，这样就不会产生麻烦。

初六爻辞告诉人们这样一个道理：柔顺性格的最初体现，是无论进、退，都能安于正道；即便一时之间不能取信于人，亦要保持宽裕自处的平和心态。物理学上有一个概念叫作静摩擦，任何物体的移动，首先要克服静摩擦，而静摩擦系数远比正常运动状态下的摩擦系数大得多。谋求发展的人,踏上社会之初,也有一个静摩擦需要消除,这就是如何让周围的人了解自己、信任自己。尤其是在不被人理解、前进的道路受阻之时,依然能够保持无怨无悔的平和心态,坦然面对现实,对前进的目标依然充满信心,那么,仕途晋升是迟早的事情。

克服了静摩擦,晋升之路展现在面前。一旦有了进路,反而产生了忧愁:"晋如愁如。"愁什么?魏晋学者王弼认为愁在"其德不昭"(《周易注》),为柔顺之德难以让人认识知晓而忧愁;担忧由于"其德不昭"而能否得到"大人"的提携。六二爻是"见龙在田"之位,因而如何将自己的"德"昭示于人,是能否"利见大人"即得到上级领导重视和提携的前提。周文王认为,只要坚持中正之道、坚守柔顺之德,就能获得同道中人的称道和帮助,得到上司的关爱和提携,晋升之路畅通无滞。

"受兹介福,于其王母"这个例说,便是"贞吉"的具体展示。介福:大福、洪福;王母:居于六五之尊的王后。这个比喻说:由于无论晋升还是不被人了解,都能坚守柔顺中正之德,终于获得极大的恩惠与福泽,而且这一洪福来自同样具有柔顺德性的高位之人的厚赐。在努力争取一切帮助、实现及时晋升的基础阶段,能够获得来自高层的关怀与帮助,显然是一个令人鼓舞的好兆头。

第三节 众 允

用柔不用刚的晋升原则,在以忧患意识为主旋律的第二个阶段,显得尤为突出:

六三:众允,悔亡。

九四:晋如鼫鼠,贞厉。

在晋升之路上,仅仅获得最高层的亲近与青睐,是不够的。

尤其是在朝乾夕惕的奋斗阶段，能否获得上级的信任、下级的支持，是事业成败的关键，也是能否晋升的基础。六三爻辞"众允，悔亡"，表达了晋升之路应以获得众人的拥护为前提；"众允"之众，不仅指上级，更包括下属。只有其志昭示于众人，才能其心同而形成众志成城之势，使理想成为现实，晋升成为可能。

　　在历史上，在现实中，由于获得了"利见大人"的好处而青云直上的人，往往因此忽视了同僚与下属在事业成功中的重要作用，造成失道寡助的尴尬局面，孤掌难鸣，事倍功半，即便自己"鞠躬尽瘁"，也难以做好每一件事。这类人，在仕途上往往"半途而废"。不是没有能力，而是不善于将众人之力形成一股"合力"。所以，缺失了"众允"的主事者，无论个人能力有多么强，难于成事是必然的。有了"众允"的主事者，个人能力的强弱，在成事过程中已经居于次要位置：事半功倍，弥补了能力上的不足。其实，能将众人之力组织成一股"合力"，正是主事者的最大能力的体现。若没有外柔内刚的品性，所谓的个人能力，是无法组织和驾驭这股"合力"投入于事业之中的。所以，能够获得"众允"的外柔内刚品性，已经不是个人能力而是个人魅力。个人魅力在晋升中的作用，往往甚于个人能力。

　　官场上，什么样的人都有。有些人既无能力又无魅力，却凭借着依附与柔顺，也晋升到了显赫的高位。因为既无才又无德，居于显赫高位、君王之侧，难免畏首畏尾，其贪婪而又畏人之状，如同田野里的硕鼠。这类人虽然能邀一时之宠，终因德才不胜其位而遭淘汰。九四爻辞"晋如鼫鼠，贞厉"告诉人们，祈盼晋升的愿望无可厚非，但是，高的职位需要有高的道德和才能相匹配，否则，且不说误国殃民，就个人而言，爬得高跌得重，何苦呢？鼫鼠是一种形如鼠，头如兔，尾有毛，青黄色，喜在田中食粟豆的小动物；又名"五技鼠"："能飞，不能过屋；能缘，不能穷木；能游，不能渡谷；能穴，不能掩身；能走，不能先人。"（《说文》）所以，汉代学者蔡邕在《劝学篇》中称"鼫鼠五能,不成一伎术",作为劝学时的一个反面教材。身无长技的鼫鼠,尚可苟活于田间;身无长技的人,怎么可以身居庙堂之上?

九四爻位是一人之下万人之上的高位,即便德高望重、才堪大用者,一旦晋升到这个位置,也总是战战兢兢,唯恐有失,保持着如临深渊、如履薄冰的心态。但是,这种高度忧患的心态,与"鼫鼠"那种既无才又无德而晋升到高位之时所表现出的胆战心惊、畏首畏尾的状态,是完全不同的。因而前者的战战兢兢,换来的结果是"无咎";后者的胆战心惊、畏首畏尾,换来的结果是"贞厉",即使竭尽柔顺、依附之能,也难免危险。

"贞厉"这一诫语告诉人们:"没有金刚钻,别揽瓷器活。"没有能力,别上高台。

第四节　失得勿恤

本卦最后两个爻辞,讲述了晋升至君王尊位之后,如何治国平天下的基本原则:

六五:悔亡,失得勿恤,往吉,无不利。

上九:晋其角,维用伐邑,厉吉,无咎,贞吝。

君王高位,数量有限,一个朝代只有一个位置。所谓"逐鹿中原,捷足者先登"。既然是捷足者,德才自然首屈一指。只是一旦登临其位,难免有不如想象中的情景那么好,尤其是日理万机,备感辛苦。但是既然晋升到了这个位置,就应消除一切悔意,去掉患得患失的忧虑之心,抖擞精神勇往直前,自然一路畅通。当然,个人的力量总是有限,居此高位的君王,只要有识人之眼光,有推诚用贤之胸怀,处事光明磊落,做任何事情都能举重若轻、游刃有余。

"悔亡,失得勿恤",是刚刚晋升到君王尊位时的基本原则。

以柔居尊，不会有后悔的事情发生；推诚委任，就应放手尽其才干，无论其得失，都不要忧虑或惊恐，更不要自作聪明干扰他们所担任的政务，照此发展下去，一定会无比吉利："往吉，无不利。"历来学者，对"失得勿恤"有不同解读，例如宋代的程颐与朱熹的理解就有不同。程颐认为："下既同德顺附，当推诚委任，尽众人之才，通天下之志，勿复自任其明，恤其得失。"朱熹批评说："如何说既得同心同德之人而任之，则在上者一切不管，而任其所为！岂有此理！"朱熹的理解是："'失得勿恤'，此说失也不须问他，得也不须问他，自是好，犹言'胜负兵家之常'云尔。"（《朱子语类》卷第七十二）在朱熹看来，《晋》卦的六个爻，此爻最为吉利。

"失得勿恤"，无疑是身居尊位者"利见大人"的一种具体表达。

与之相反，在君王高位上称孤道寡、自得其乐，凡事既无妥善的策划，亦无谨慎的措置，事到临头才仓促应付，发生了偏差才思补救，即便能够挽救于垂败，终非美事。"晋其角，维用伐邑，厉吉，无咎，贞吝。"如同猛兽以其锐利的角抵触来犯者一样，君王调动精锐之师讨伐叛乱的城池，终于逢凶化吉，天下复归太平；讨伐虽属正义，有人叛乱毕竟不是好事。晋卦的最后一个爻辞，是对久居高位者的一种语重心长的警示，值得后来者玩味思考。

本章思考题

1. 为什么说《晋》卦的特点是用柔不用刚？
2. 为什么六二爻出辞"晋如愁如"？
3. 如何理解"众允"在晋升中的重要性？
4. "失得勿恤"的本义是什么？

第三十六章 《明夷》卦

䷇ 明夷:利艰贞。

初九:明夷于飞,垂其翼;君子于行,三日不食。有攸往,主人有言。

六二:明夷,夷于左股,用拯马壮,吉。

九三:明夷于南狩,得其大首,不可疾贞。

六四:入于左腹,获明夷之心,于出门庭。

六五:箕子之明夷,利贞。

上六:不明晦,初登于天,后入于地。

《周易》第三十六卦《明夷》,讲述了在正义受挫时韬光养晦的一般原则。

第一节 明夷,利艰贞

明夷:利艰贞。

卦象上坤(☷)下离(☲),象征太阳沉入地下,光明受到压抑、伤害,故取名"明夷"。本卦是光明入地之象,包含有两义:

一是当贤能之士的明德受创、境遇艰难时,应做最大限度的忍耐,收敛自己的智慧与锐气,先求自保,然后再徐图进取。在古代中国,周文王、箕子是第一拨韬光养晦者;数百年之后,卧薪尝胆的越王勾践同样是一个韬光养晦的经典范例。

二是当光明过甚,例如阳光过于强烈,反而会导致万物逃避;

当事物处于无遮无挡之境时,容易造成伤害。因此,明德君子要领悟其精义,面临民众时隐藏智慧,"绝圣弃智",平易方能近人、真正了解民情民意。《易传·象》说:"君子以莅众,用晦而明",以表面的昏暗洞明一切。老子说:"其政察察,其民缺缺"(《老子·五十八章》),也是将这一思想方法引入了政治。古代君王之冠,往往前有遮目珠帘,两旁有棉球塞耳,也是借以表达自己闭目塞听以防扰民之意。清代学者郑板桥的名言:"聪明难,糊涂难,由聪明转为糊涂更难",与此卦的韬光养晦之意也大有渊源。

《明夷》卦辞"利艰贞",包含了韬光养晦的两项内容:一是"艰",韬光养晦是一个艰苦的过程,如箕子的装疯卖傻;二是"贞",韬光养晦的目的必须是正义的,如周文王的等待时机发动革命推翻暴政。否则,就不能称为韬光养晦,而应称为图谋不轨的阴谋诡计。

《明夷》的六个爻辞,具体阐述了正义受挫时韬光养晦的原则。

第二节　明夷于飞,垂其翼

初九、六二爻辞,通过多个形象的比喻,表达了正义初创阶段的韬光养晦情状:

> 初九:明夷于飞,垂其翼;君子于行,三日不食。有攸往,主人有言。
>
> 六二:明夷,夷于左股,用拯马壮,吉。

"明夷于飞,垂其翼;君子于行,三日不食。"这是两个并列的类比。受伤的鸟,累得垂下了双翅;被逐的君子,已经饿了几天肚子。处境之恶劣,可见一斑。不仅如此,一路之上,还要蒙受世人的恶言凌辱。这一连三个比喻告诉人们,当光明受创之初,不仅要承受住生活上的艰难,还要承受住精神上的打击。即便被人误解遭人物议,也应以大局为重,不可逞一时之气。这种忍辱负重、韬光养晦以保元气的行为,应该是一种值得肯定的明智选择。

历代学者,对这两个比喻有不同释读。例如,王弼认为"垂其翼"不是翅膀受伤的原因,而是"怀惧而行,行不敢显,故曰'垂其翼'也"。因为不敢张扬,飞行时才自觉收敛。"志急于行,饥不遑食,故曰'三日不食'也。"(《周易注》)因为急于前行,虽腹中饥饿,也无暇进食。不是无食可进,而是自己不食。后来的众多学者,包括奉旨"正义"的唐代孔颖达,亦承此释。但是,从卦辞指示的"艰"而言,受伤、无食,似更贴近韬光养晦生活之艰苦。

当邪恶势力的残害愈益逼近时,应想方设法,借助周围一切可资利用的条件和力量,尽快脱离险境。六二爻辞譬喻道:"夷于左股,用拯马壮",左腿受伤不能行走,就用健壮的马来代步。为什么创伤在左股?古代先人有左阳右阴的观念,左股受伤亦即阳刚之气受到损伤;为什么"用拯马壮"?因为马代表阳刚,在《易传·说卦》中有"乾为马"一说。六二爻为阴爻阴位,阳刚不足,所以要用"马壮",寻求阳刚之力拯济之。

这就是自身力量不足以脱险的情况下,借助其他力量的一个形象生动的比喻。此辞系之于争取一切力量壮大自己的第二个爻,可以看作是"利见大人"的一种特殊用法。不仅在积聚力量成就大业的时候需要"利见大人",在寻找机会摆脱邪恶势力伤残自己之时,也同样需要"利见大人"。不同的是,此时的"大人"不是能够提携自己的贤能高位者,而是能够帮助自己脱离险境的高义者。

第三节 获明夷之心

正义受挫、韬光养晦,不是一味地被动避让忍受,其中也包含着积极地寻找机会创造条件恢复光明的内涵。九三、六四爻

辞,通过譬喻的方式阐述了光明受到伤害的中期,应当如何韬光养晦:

九三:明夷于南狩,得其大首,不可疾贞。

六四:入于左腹,获明夷之心,于出门庭。

在暗处窥视明处,寻找最恰当的时机躲避灾难保全自己,是韬光养晦术中的关键之处。

"明夷于南狩,得其大首,不可疾贞。"狩同"守";首同"头",引申为头脑。意思是,君子被贬于南方担任牧守,由于"终日乾乾,夕惕若厉",获得了广大民众的拥戴。但是,这与正义事业的复兴还有很大的距离,千万不可操之过急。这个例说,使人联想到宋代大诗人苏东坡,曾经被贬海南,不仅为当地带去中原的先进文化,还做了许多实事,赢得民众的信任和爱戴。已经步入晚年的苏东坡,当然不可能与朝廷叫板,去做团结民众、开创光明的事情。但是,这个例说却简直是撰写此爻辞的周文王的真实写照。文王之所以被纣王囚于羑里,就是因为他"笃仁,敬老,慈少。礼下贤者,日中不暇食以待士,士以此多归之"(《史记·周本纪》),形成了"得其大首"的局面,才遭崇侯虎之谮而入狱。"不可疾贞",也正是他亲身经历的经验教训之谈。文王死后,他的儿子武王谨遵"不可疾贞",当八百诸侯会盟于津,皆曰纣可伐矣之时,武王以未知天命不允,还师而归。越二年,纣王杀比干、囚箕子,太师、少师奔周,武王认为时机成熟,才发出伐纣通告,陈师牧野,发动推翻商纣政权的战争。

本来处于权力高位的人,在遭受打压伤害时,一方面韬光养晦,另一方面也要知己知彼,有意识地接近对方,获悉其残害正义的缘由,以便及时做出应对计划,以免临事措手不及。六四爻辞"入于左腹,获明夷之心",目的就是要知己知彼。有了知己知彼的功夫,就能"于出门庭",及时采取防范措施,将伤害降到最低程度。从"夷于左股"到"入于左腹",受伤的部位明显升高,受伤的程度自然也在增加，因而对受伤的原因势必要有更清楚的了解。入于左腹，似乎有双重意思。一是因为心脏在左腹，受到的伤害之处在左腹，可知受伤害程度的严重性；二是正由于心脏在左腹，所以要想探知受伤的原因，必须深入加害者的左腹，了解清楚加害的内幕。正如同周文王被纣王囚于羑里，必须深入到纣王的核心圈子，摸清楚是崇侯虎向纣王谮言："西伯积善累德，诸侯皆向之，将不利于帝。"(《史记·周本纪》)周文王才能想方设法找到纣王的"软肋"，如同走出门庭那样，创造条件脱离囚笼。"于出门庭"这一比喻，应该是指比较容易脱离受害之处。周文王撰写此爻辞时，还在羑里狱中，知己知彼的他，对自己脱离牢笼如同"闲庭兴步"，充满着信心。

第四节　箕子之明夷

在特殊的历史时期、特定的历史条件下，处身于尊位之人，也难免会遇到"明夷"处境。尊位之人如何面对这种局面，本卦最后两个爻辞如是说：

六五：箕子之明夷，利贞。

上六：不明晦，初登于天，后入于地。

世道黑暗，不甘于与邪恶势力同流合污，便采取装疯卖傻、自掩聪明才智的方法，这就是箕子的韬光养晦之术。这是韬光养晦中的一种方式，因为有了箕子做榜样，自此以后的中国历史上，这种方式屡有使用。有的历史故事，还被搬到了戏剧舞台上。例如，京剧《宇宙锋》，讲述了秦二世时的故事：赵高之女赵艳容既恨父亲诬陷其夫家惨遭灭门之祸，又恨秦二世胡亥荒淫无道，为拒绝胡亥欲立其为嫔妃之命，遂假装疯癫，以抗强暴。

六五爻辞的断语"利贞"，揭示了箕子这种韬光养晦，是为了坚守正道保持实力，有朝一日驱邪扶正。如果没有守正之心，没有驱邪之志，仅仅为了保身而装疯卖傻，那就不是韬光养晦，而是苟且偷安。

处于显赫地位而能收敛锐气、放弃权势，是不容易做到的。处身高位者应该明白这样一个道理：邪恶势力虽然能够得逞于一时，甚至威慑四方，拥有至高无上的权力，但是，由于它违背了正义的原则，最后必然会走向愿望的反面。倘若不能审时度势一味贪恋高位，甘与邪恶同流合污，即便开始时也能保持高高在上如登天堂的高位，最后难免要坠入地狱。"初登于天，后入于地"，就是对不明智的高位之人的警示。在中国历史上，有一个处于尊位的人物汪精卫，打着韬光养晦的旗帜，喊着"我不入地狱，谁入地狱"的口号，在日本帝国主义入侵中国的历史关头投入敌营，当汉奸，建伪政权，为虎作伥，苟且偷安。他的卖国求荣的一生，恰好印证了周文王在三千年前写下的"不明晦，初登于天，后入于地"的警语。

总之，在邪恶势盛掌控局面的情况下，我们有三种选择：一是奋力抗争，壮烈牺牲；二是同流合污，贪图眼前安逸，放弃正义与良知；三是韬光养晦，坚守正义，保存实力，东山再起。第一种选择，富有激情，可歌可泣。第二种选择，过于现实，用人格换安逸。第三种选择，富有理性，用尊严换正义。若第一、第三不可兼得，则取第三种选择不失为明智。而第二种选择，永远是可耻的！在周文王之后的中国历史上，第二种选择也从未断绝过，建立汪伪政权的汪精卫不过是其中之一。

本章思考题

1. 光明入地的《明夷》卦象，寓有哪两种意义？
2. "垂其翼""三日不食"的本义是什么？
3. "获明夷之心"就能"于出门庭"？
4. 为什么"不明晦"会导致"初登于天，后入于地"？

第三十七章 《家人》卦

䷤ 家人：利女贞。

初九：闲有家，悔亡。

六二：无攸遂，在中馈，贞吉。

九三：家人嗃嗃，悔厉，吉；妇子嘻嘻，终吝。

六四：富家，大吉。

九五：王假有家，勿恤，吉。

上九：有孚威如，终吉。

《周易》第三十七卦《家人》，以家庭伦理为中心，阐述了治理家庭事务的一般原则。

第一节 利女贞

家人：利女贞。

家庭是由家人组成的整体，家人是家庭中的个体，家庭与家人，是整体与个体的关系。本卦名为"家人"，分析重点在个体的人，在人与人之间的关系。治家就是治人，如同治国就是治人，同一个理。儒家典籍《礼记·大学》中有一段关于修身、齐家、治国、平天下的叙述，其中有一句话："家齐然后国治"，治家是治国的基础，治国是治家的延展。

《家人》卦的讲述以家庭伦理为中心，阐述了治家的一般原则，因而在六爻中只有男女之别、长幼之别，而无君子、小人之分。精要阐述卦辞的《彖》辞这样说道:"家人,女正位乎内,男正位乎外",开启了几千年来中国传统文化中"男主外、女主内"这一思想观念的先河,奠定了中国家庭格局的基础。卦辞虽然只有"利女贞"三个字,释义的《彖》辞却说了一长段话。在说了上述一句话之后,意犹未尽,继续细致分析道:"男女正,天地之大义也。家人有严君焉,父母之谓也。父父,子子,兄兄,弟弟,夫夫,妇妇,而家道正;正家而天下定矣。"这一番话,重心落在父(夫)权尊严上面,显然是怕后人误读"利女贞"。很显然,这是后来的儒家学者的"正名"思想在家庭伦理上的具体表述。儒家的这一番释义之辞,似乎超出了周文王所系卦辞的内容,偏离了周文王所拟定的重心。

  在周文王看来,男人虽然是一家之长,但是男主外、女主内的分工,决定了家庭关系中的重点是女人,女人不仅要相夫教子,料理全家温饱,还负有协调家庭成员之间关系的责任。所以,主妇在家庭中的位置、影响至为重要,这就是该卦以"利女贞"为辞的原因。只有主妇守本尽职,家道才会正,家人之间才会和睦相处,丈夫才能无后顾之忧,放放心心地谋求外面世界的发展。《水浒传》中,武大郎娶了漂亮女人潘金莲,他不论刮风下雪都要挑着担子出门卖炊饼,"家主婆"却不守妇道在家偷汉子,结果,武大郎不仅发不了家,还被妻子灌毒药丢了性命。这只是两口之家的事情。《红楼梦》中的荣国府,则是一个人口众多的大家庭,当家主妇王熙凤泼辣专权,外号"凤辣子",放高利贷、通官受贿、设局害人,将偌大一个荣国府,整治得上怨下怒、乌烟瘴气。到头来,不仅整个荣国府大厦将倾,主妇王熙凤也搭进了自己一条性命。虽然荣国府败落的主要责任不能由王熙凤这个当家女人来承担,但王熙凤也负有一定的责任。从王熙凤治家的不"贞",或许能说明在一个大家庭中的主妇能否做到"女贞"的重要性。

总之，能否娶到一位贤妻良母型的女人，对于一个家庭的兴旺发达至关重要。

第二节　无攸遂，在中馈

初九、六二爻辞，从日常家教开始，进入到家庭主妇的基本准则，为多少年之后的"家训"提供了模本：

初九：闲有家，悔亡。

六二：无攸遂，在中馈，贞吉。

在一个大家庭中，当家人还没有发生问题，当家人之间还没有发生矛盾纠纷之前，就进行严格的家庭教育，这种防患于未然的措施，对于家庭成员的健康成长、家庭成员之间的和睦相处，是十分必要的。"闲有家，悔亡"，核心在一"闲"字，就是要求在无事即未发生"事故"时进行严格正规的家庭教育，不让使人后悔的事情发生。后来的一些传世家训中说："教妇初来，教儿婴孩"，教导媳妇，应当在刚进门的时候；教导儿女，应当从婴儿开始。这一类家训，正是从这一爻辞中衍生而来。在一些家训中，甚至还将家教提前到了"胎教"的层面上，例如《颜氏家训》中说："古者，圣王有胎教之法：怀子三月，出居别宫，目不邪视，耳不妄听，音声滋味，以礼节之。"

当然，如何才是严格正规的家庭教育，也是一个难以确认的问题。例如，在漫长的封建社会里，媳妇进门时大多只是十七八岁未成熟的小青年，确实需要进行家庭伦理道德、勤俭持家等各方面的继续教育。但是，有些主持家政的婆婆，为了树立权威，往往对刚进门的新媳妇要求过严甚至苛刻，形成婆媳之间的对立情绪，违反了以家庭和谐为目的的"闲有家"本意。这种婆婆"立规"的习俗，延至现代社会就更不合适。由于结婚年龄的提高，尤其城市青年的婚龄，大多在二十六七岁，甚至三十岁左右，早已是一个成熟青年；以学历而论，大学毕业多年，甚至硕士、博士，其书本知识、社会见识，往往超越婆婆，倘若婆婆还要如法炮制"古时丹"，让刚过门的儿媳妇一清早给她倒痰盂、刷马桶、烧汤端水等，以此立威，不但收不到教育媳妇的效果，反而从媳妇一进门就在婆媳之间平添了一道不和谐的裂痕。

好的婆婆，应是一个柔顺谦逊、默默无闻地操持家庭内务的家庭主妇。"无攸遂""在中馈""贞"，这是周文王对家庭主妇订立的三条标准。一是遇到事情不自作主张，二是在家庭中料理烹饪、供应食物很尽心尽职，三是生活作风正派。这三条标准，是柔顺中正这一妇德的具体展示；久而久之，形成中国妇女的传统美德。《颜氏家训》中有一段话，几乎就是对这一爻辞的详细解释："妇主中馈，惟事酒食衣服之礼耳，国不可使预政，家不可使干蛊；如有聪明才智，识达古今，正当辅佐君子，助其不足，必无牝鸡晨鸣，以致祸也。"在这一段家训中，主妇按照成员等级料理家庭成员的饮食、服饰等操持家庭内务的内容，排在了首位；主妇的聪明才智只可用在辅佐家长、弥补家长思虑不足之处，严禁超越家长独断家政即"牝鸡晨鸣"的内容，排在了第二位。在现实生活中，真正能够完全符合上述三条标准的家庭主妇，被称为"贤妻良母"，并不多见。例如，《红楼梦》中的家庭主妇王熙凤，第二条基本达标，第一、第三条就没有达标。所以，她的结局不是"吉"，而是"哭向金陵事更哀"的凶。

第三节　家人嗃嗃与妇子嘻嘻

为什么家庭主妇即便才智很高，也不能"牝鸡司晨"、自作主张？因为在家庭主妇之上，还有一个充满阳刚之气的家长。九三、六四爻辞，讲述了作为一家之长如何治理家政的基本准则：

九三：家人嗃嗃，悔厉，吉；妇子嘻嘻，终吝。

六四：富家，大吉。

主妇遇事不自作主张，因为在她之上还有一位家长，即主妇的丈夫，他是家规的制订者和贯彻者。后来儒家的"三纲五常"，就明确了夫妇关系是"夫为妻纲"，主妇治家过程中，若没有丈夫的旨意，怎能自作主张？所以，治家的严或宽，取决于一家之长的丈夫而不是作为主妇的妻子。一般而言，家教的过严或过宽都不是良方，而应该以不严不宽的中道为佳。倘若一定要在严与宽之间选择，则宁严勿宽。过严虽有失误处，却不失其本；过宽却会造成不知礼节、不知勤俭，导致有辱家门、有损家庭的灾祸。"家人嗃嗃"，是说家人苦于家法之严，整天战战兢兢。如此状况，自然会有人怀疑这么严厉的家教是否正确？事实表明这种过严的家教给家庭发展带来了莫大好处。"妇子嘻嘻"，是说家人乐于家法之宽，妻子儿女整天戏耍嬉笑无所顾忌。其结果，难免会有羞辱家门之事降临。

南北朝时期的颜子推写的《颜氏家训》里，讲述了一家之主在家庭治理中过严、过宽的例子，以警后人。"梁孝元世，有中书舍人，治家失度，而过严刻，妻妾遂共货刺客，伺醉而杀之。"这讲的是南朝梁元帝时一位中书舍人，治家过于严厉苛刻，妻子小妾忍无可忍，便共同买通凶手，趁其酒醉之时，取了他的性命。"世间名士，但务宽仁；至于饮食馈馈，僮仆减损，施惠然诺，妻子节量，狎侮宾客，侵耗乡党。此亦为家之巨蠹矣。"这讲的是治家过宽的一般现象：社会上一些名士，只知道宽容仁厚，以致款待客人、馈赠礼品，被家里的僮仆克扣减少；答应接济亲友的东西，被妻子把持节省，甚至欺辱宾客、侵害邻里。颜子推将这种因治家过宽而造成的种种弊端，称之为腐败家门的"巨蠹"。不仅如此，颜子推还举了一个治家过宽的例子：南朝萧齐时吏部侍郎房文烈对待家人僮仆从不生气发怒，有一次连续下雨家里断了粮米，便遣一婢女去外面买米,婢女乘机跑掉了。几天之后总算找到逮回家里,房文烈只是心平气和地跟她说:"我们全家人都没有吃的了,你跑哪儿去啦?"竟不加责打。房文烈曾将一处房子借给别人居住,家里的奴婢们居然将房子拆了当柴烧,一直到房子快拆光时,房文烈才知道,却只是皱了下眉头,始终没说一句话。这样一个老好人家长,显然不是一个合格的家长。

一个家庭的贫富,与家人之间是否和睦有着十分密切的关系,而夫妻之间的和睦尤为重要。所以,"和气生财",首先是夫妻之间的"和气"。六四爻,在它卦为权臣,在本卦则为主掌家政大权的主妇;柔顺而中正,表明主妇既能理顺家庭财政,又能协调家庭成员之间关系而不会招怨。倘若在聚敛财富的同时,却开罪家人以致怨声四起,即便一时"富家"也不会坚持很久。《红楼梦》中的王熙凤可谓理财能手,却不注意理顺家人关系,以致上怨下恨,终无善果。古人说:"国乱思良相,家贫思贤妻。"可见主妇的能否理财,在家庭经济中占据何等重要的位置。

第四节　有孚威如

九五、上九爻辞,是关于做好一家之长的一些基本原则的阐述:

九五:王假有家,勿恤,吉。

上九:有孚威如,终吉。

九五之尊,在一个国家里,就是国君;在一个家庭里,就是家长,就是妻之纲、子之纲。家有高下,有大小。王室有家,贫民窟也有家。无论王室还是贫民家庭,家人之间如能和睦相处,无忧无虑,则任何时候任何事情,都能够吉祥如意。"王假有家",王是尊位之人;"假"为"至"即到达之义;"有家"是明于家道。《易传·象》对这四个字的解读是:"'王假有家',交相爱也。"颇有墨家的"兼爱"思想的表达。魏晋的王弼做了详细解读:"居于尊位而明于家道,则下莫不化矣。父父、子子、兄兄、弟弟、夫夫、妻妻,六亲和睦,交相爱乐,而家道正。"(《周易注》)恤为忧虑之义,"勿恤"即毋须担忧的意思。居于尊位的家长,明于治家之道,家庭成员之间交相亲爱,和睦共处,这样的家庭,一定很吉祥。此爻断语"吉",便是对"王假有家"这一状况的充分肯定。

在我国历史上,多有家人之间相互争斗甚至杀戮的悲剧,尤其王室内部,父子相残、兄弟相残、夫妻相残的事情层出不穷,这显然有违于先人所倡导的家人之间互亲互爱的基本原则。春秋五霸之首的齐桓公晚年时意志衰退,宠妾用奸,病笃之际儿子们忙于争位,以致最后饿死宫中,尸体无人料理,尸虫爬出了宫门。这是一件发生在《周易》诞生之后仅三百多年的事情,竟成为《家人》卦的一个典型的反面例子。

"有孚威如,终吉",是"家人嗃嗃"的进一步展开,不仅讲一家之长的威严治家,同时也讲一家之长的诚信在治家中的重要性。作为一个成型家庭的成熟家长,对家庭里的每一位成员,不仅要严于律己有信用(孚),还要有权力与威严。一个家长不仅有信还有威,即便家庭在发展过程中遇到什么坎坷挫折,最终都会逢凶化吉,抵达理想的彼岸,这就是本卦最后两个字"终吉"的含义。

古人在《大学》中说"修身齐家",一家之长以身教为首务,唯严于律己,以身作则,方能用威而服众,否则家人必因怨而心生不服。孟子说,自己做不到的,就不能要求妻子;诚实的反省,是最大的快乐。这一治家原则,也适用于治天下。孔子说:"政者,正也。子帅以正,孰敢不正?"(《论语·颜渊》)这一思想,可以看作是对"有孚威如"义理的延伸。

以上这些治家良方,使得我们这个民族将维护家庭稳定作为一种至高的传统,从而也确保了数千年来社会的相对稳定。

本章思考题

1. 为什么《家人》卦辞只有"利女贞"三个字?
2. "闲有家"中的"闲"是什么意思?
3. "家人嗃嗃"与"妇子嘻嘻"分别表达了哪两种治家状况?
4. "王假有家"是什么意思?

第三十八章 《睽》卦

☲☱ 睽：小事吉。

初九：悔亡。丧马勿逐，自复；见恶人，无咎。

九二：遇主于巷，无咎。

六三：见舆曳，其牛掣，其人天且劓，无初有终。

九四：睽孤，遇元夫，交孚，厉，无咎。

六五：悔亡。厥宗噬肤，往何咎？

上九：睽孤，见豕负涂，载鬼一车；先张之弧，后说之弧，匪寇婚媾；往遇雨则吉。

《周易》第三十八卦《睽》，讲述了在相互背离的局面下，解除孤独的原则与方法。

第一节　君子以同而异

睽：小事吉。

本卦取名"睽"，源于上离(☲)下兑(☱)之象。离为火，兑为泽。火势上行，泽水下行，火、泽运行方向相反，构成本卦的上、下经卦为相互背离之象，遂取名为"睽"。

睽是目不相视，相互背离。在人类社会里，人与人之间的关系，往往会发生这种状况，对于社会而言，形成不和谐局面；对于个人而言，形成孤独感。不和谐的社会，孤独的人，也就只能做一些小事，不可能成就大事。故周文王将此卦的属性确定为"小事吉"。

　　人一旦有了孤独感,就会觉得整个世界都与自己格格不入,所有的人都与自己过不去,有痛苦没有地方倾诉,有困难找不到援手;更有甚者,孤独感上升为抑郁症,成为一种有可能夺人性命的精神类疾病。到了这个地步,小事都做不成了。

　　大概从春秋末期开始,由于人们越来越注重《周易》六十四卦的义理研究,使得这部象、辞一体的权威之作终于从占筮书转变成为思维工具书和修身养性、齐家治国平天下的典籍,因而对卦象卦辞的解读,也有了一定的衍生变化,有的解读谨遵原意,有的解读难免借题发挥,甚至纳入后人的思想体系。《易传》作者对《睽》卦的解读,颇有代表性。从思想层面而言,《彖》辞作者似乎是孔子一流的易学大家,或许就是孔子,《彖》辞先是解释卦象:"睽,火动而上,泽动而下;二女同居,其志不同行。"意思是说,上卦离火运行方向为往上,下卦兑泽运行方向为往下,两者运行方向为背离;又,上卦离为中女,下卦兑为少女,虽然少女时期在父母家中共居一室,终有一天都要出嫁,势必各奔东西。两个譬喻性的卦体分析,其义唯一:离。继而以卦爻之象解释卦辞:"说而丽乎明,柔进而上行,得中而应乎刚,是以小事吉。"这是从上下卦及九二与六五爻阴阳对应中寻绎出三个优良属性来阐释卦辞为什么是"小事吉"的理由。但是,《彖》辞的作者似乎又不甘心于"小事吉"断语,所以继续发挥其义理申述:"天地睽而其事同也,男女睽而其志通也,万物睽而其事类也:睽之时用大矣哉!"这都是天地之间的头等大事,已不是什么"小事"。于是,《彖》辞的作者便由此上升到道德价值的层面加以概括:"君子以同而异",直接孔子的"君子和而不同"思想。

　　从《彖》辞的睽而同,到《象》辞的同而异,确实值得后来的学者玩味深思。没有天与地的相异,也就没有万物的生成;没有男女两性的相异,也就没有家庭的组成、后代的繁殖;没有万物的差异,也就没有事物的归类。睽是前提,同是目标;没有睽的存在,同就是一潭死水。宋代学者朱熹深得其意,形象生动地对前人的"君子以同而异"一语做出解释:"如士人应科举,则同也;不曲学以阿世,则异也。"(《朱子语类》卷第七十二)

《睽》卦的六个爻辞,告诉人们如何解除孤独的一些原则与方法。一旦远离孤独,就不仅能做小事,也能做大事。朱熹对六个爻辞的解读心得,也用了一个形象的譬喻:"马是行底物,初间行不得,后来却行得。大率《睽》之诸爻都如此,多说先异而后同。"(《朱子语类》卷第七十二)

第二节　丧马勿逐

初九、九二爻辞,以生动的譬喻,讲述了在人生发展的初始阶段,如何远离孤独、建立人与人之间的互信合作关系:

初九:悔亡。丧马勿逐,自复;见恶人,无咎。

九二:遇主于巷,无咎。

人与人之间的疏远、背离,以致形成孤独,有一个负面积淀的发展过程。因此,在这一过程的发轫之初,倘若对人与人的交往抱有往者不究、来者不拒的心态,孤独的行程就能戛然而止。"丧马勿逐,自复""见恶人,无咎",是两个例说。

第一个例说:坐骑跑掉了不必去追,家养既久,相信它会自己回来。如果发现坐骑不见,就怀疑被人牵走,赶紧去追寻,遇见谁都觉得是盗马贼,就难免陷入孤独之境。一种是往者不追,顺其自然;另一种是怀疑一切,追赶必得。两种心态,反映了两种处世态度。在这一个譬喻中,"丧马"讲的是人与物之间相"睽"的事情,以马背离人为起点,以"自复"即马自动回归的"同"为终点,完整地讲述了一个"睽而同"的故事,在这个故事中,"勿逐"展现了人面对人物相睽时的态度,这是一种顺应自然的态度,更是一种面对人与物相睽时充满自信的态度。

第二个例说:遇见恶人而不相睽。这个"恶"不是指道德的善恶,而是指外表的美丑,也包括性格的优劣。不因为面目丑陋、性格暴戾而拒绝往来,是一种正确的态度。虽然有"物以类聚,人以群分"之说,但是世界上多有面目丑陋、性格暴戾之人,若拒绝与之往来,不仅被拒者性情愈戾,而且得罪者众多,难免会将自己置于孤独之境。一个面目俊秀、举止文雅之人,按照"人以群分"的一般法则,本来是两类相睽之人,然而面目俊秀、举止文雅之人在见到面目丑陋之人或者性格暴戾之人时,仍然能够应酬得体、和平共处,可见其"睽而同"的素养之高。一种是来者不拒,宽裕容之;另一种是疾恶如仇,孤芳自赏。两种态度,造成两种不同处境。

初爻的这两个例说,告诉人们一个道理:当一个人还处在人生起步阶段时,只要有一个既往不咎、来者不拒的好心态,就能远离孤独,融入社会。

为了营造一个适合自己生存与发展的环境,寻求尽可能多的支持和帮助,是十分必要的。然而,在人与人之间,尤其是上、下级之间发生相睽难合的状态下,寻求帮助的行为,往往被视为是一种逢迎,是在走歪门邪道。九二爻位是"见龙在田"即踏上社会但仍然需要积聚力量之时,需要从上位者那里寻找支持帮助的处境;九二爻又是阳爻阴位,处下卦之中,刚中有柔、中庸有度,因而其"利见大人"所采取的态度与方式不卑不亢,恰如其分。"遇主于巷"中的"主"指上位之人,如自己的顶头上司。这个例说,包含两层意思:一是与上级相遇,不是处心积虑专门追寻逢迎,而是不期而遇、必然相遇;二是与上级相遇的地方,不是邪僻山径、阴暗角落,而是在"巷"即人多通衢之处。君子坦荡之态,可见一斑。这样一种心态和姿态,一定能有效化解人与人之间的背离与猜疑,是由睽而同的基本保证。

第三节　无初有终

第三、四爻辞,同样以生动的比喻,讲述了一个人有了一定的社会地位,甚至处身高位之时,如何正确处理人与人之间的相睽,努力走向人与人和合的环境之中:

六三:见舆曳,其牛掣,其人天且劓,无初有终。

九四:睽孤,遇元夫,交孚,厉,无咎。

摆脱孤独的最好办法,是"终日乾乾"的奋斗不息和提高承受磨难的能力。"见舆曳,其牛掣,其人天且劓",又是一个很形象的比喻。看到有一辆车在缓慢而行,拉车的牛,两只角一低一仰,奋力前进。这上半个比喻,讲身处其境的人,要有"老牛拉破车"那种坚韧不拔的奋斗精神。这是"终日乾乾"的君子,在身处孤独境遇之下,仍然振奋精神努力前行的形象表达。

又看到那个赶车的人是一位屡遭烙额、割鼻之刑的苦难者。"天且劓",烙额之刑与割鼻之刑,屡屡遭受头部脸面的重刑,可见遭受挫折与磨难之深重。后来的庄子告诫世人说:"形全精复,与天为一"(《庄子·达生》),其中的"形全",讲的就是终生不受刑罚加身,始终保持道德的完善。而避免刑罚加身的最好处世方法,就是顺应自然规律,与自然之道保持一致,即"与天为一"。这下半个比喻,讲身处睽境的人,及时吸取教训,尤其要善于将他人的失误、教训,转化成为自己"夕惕若厉"的忧患意识。

整个比喻是要告诉人们:在人生旅途中,不必因为暂时的背离、惩罚、磨难而孤独苦恼,只要认准目标坚持"终日乾乾"的不懈努力,一定能被人理解和接纳。这是一个"无初有终"的人生历程,在后来的《庄子·德充符》中,就记载了几则"无初有终"的故事。例如,曾受刖刑(断足)之苦的鲁国学者王骀,后来成为与孔子一样的民间教育家:"从之游者与夫子中分鲁;立不教,坐不议，虚而往，实而归。"孔子告诉学生：王骀就是一位圣人，我也将以他为师。本来遭受断足之刑的人，最终成就为享有"王先生"（王者之师）荣誉的教育家，这就是周文王所期待的"无初有终"的典范。从"天且劓"的无初有终的例说中，我们终于看到了周文王所说的"君子终日乾乾"的又一种内容、又一种表达。当一个人遭受"天且劓"的惩处之后，与周围人际的关系一定跌到了低谷，其孤独之境可想而知。摆脱这一极度孤独之境的最佳途径，无疑是"终日乾乾，夕惕若厉"，从"无初"转化为"有终"。

孤独往往都是自找的。尤其是身居高位之后，便将自己置于高高在上、与下层民众甚至自己的亲朋好友相隔离的环境里。长期接不到"地气"、与自己的社会基础相背离，这个高官不仅孤独，而且仕途也充满危险。九四高位，一人之下万人之上，权力之大举世瞩目，因而有"或跃在渊"即如临深渊的忧患之思。"睽孤"这个概念，就是对充满背离、高位孤独者的写照。"遇元夫，交孚"，是一个善意的提醒：不要高高在上，要回到自己的社会基础中间去，亮出自己的诚意，与基层民众以心换心。这样，不仅孤独的局面会改变，如临深渊的忧患之思也会渐渐远去。

当然，对于接近权力巅峰的人来说，往往会将更大的注意力投向高层关系网的构织，甚至投向最高权力的角逐。真正意识到与"元夫"之间的"交孚"之重要，并且尽心尽力地主动与"元夫"进行交流的人，少之又少；而发乎内心、真心诚意地与"元夫"即自己的社会基础进行思想交流，更是难能可贵。这一譬喻中，核心在"交孚"，交是交互之交，是以心换心。能否以心换心，是摆脱"睽"境的关键。唯有"交孚"成功，位极人臣者才能消除忧患，转危为安："厉，无咎。"

历史上，身居高位而又摆脱孤独、与基层民众同呼吸者，一定是大有作为的名臣良相。

第四节　遇雨则吉

本卦最后两个爻辞，选择的比喻最为生动，令人难忘：

六五：悔亡。厥宗噬肤，往何咎？

上九：睽孤，见豕负涂，载鬼一车；先张之弧，后说之弧，匪寇婚媾；往遇雨则吉。

历史上最孤独的人，应该是皇帝。因为天无二日、国无二主，所以他自称孤家、寡人。皇帝为了玩权术，在众人面前从来不多话，更不说真心话，让任何人都捉摸不透他的真实想法。然而，有作为的君王，正确的做法应该是"利见大人"，即降尊礼贤，亲近忠良，激发他们的才能，巩固与发展自己的帝业。称孤道寡应该作为一种自悔的提示，警示自己不能背离贤能之士。事实上，历代明君圣王，都有几位肝胆相照的贤良大臣。如果一个帝王内心深处真的感觉到极度的孤独，那么这个政权也一定处于岌岌可危的状态。

本卦初爻和五爻，都以"悔亡"开始，阐述了处于低位与尊位的人，都应该注重消除孤独的有效方法。处于尊位者的"悔亡"之法，一是以柔待人，二是秉中处事。六五爻象透露的就是用柔与处中之法，而"厥宗噬肤"则是譬喻，讲的也是"中"（宗）与"柔"（肤）。尊位者以这样的姿态君临天下，"往何咎？"

久居君位，往往因孤独感而疑心愈重。因孤独而刚愎自用，因自用而性情暴躁，性情暴躁而愈孤独，形成恶性循环。多疑加上暴躁，眼中一切皆为鬼魅。"见豕负涂""载鬼一车"，就是在多疑与暴躁的双重背景下的一种视觉效果。豕本丑陋，又加泥涂，面目更是可恶之甚。鬼本无形，如今居然载满一车，无中生有到了极致。面对如此邪恶，对立成为必然，严重的孤独也就顺理成章。但是，当放弃对立，理性处世，就会发现周围的世界并不邪恶,如同装扮成强盗去"抢亲"的队伍,其实充满着喜悦与善意。消除乖离之念,疑窦顿开,极端孤独的人,也能融合到周围世界里去,如同天上的云,阴阳融合化作雨,沛然而下润万物。"往遇雨则吉"是出生动的比喻,描述了一个远离孤独之后上下和同的局面。

理性处世,便可远离孤独;阳光待人,方能惬意一生。

本章思考题

1. 为什么《睽》卦的属性是"小事吉"?
2. 为什么"见恶人"便能"无咎"?
3. "交孚"是什么?
4. 为什么"遇雨则吉"?

第三十九章 《蹇》卦

䷦ 蹇：利西南，不利东北；利见大人，贞吉。

初六：往蹇，来誉。

六二：王臣蹇蹇，匪躬之故。

九三：往蹇，来反。

六四：往蹇，来连。

九五：大蹇，朋来。

上六：往蹇，来硕，吉，利见大人。

《周易》第三十九卦《蹇》，是关于遭遇风险、处于困顿之境时，应对的一般原则及其处置方法。

第一节　遇险能止

蹇：利西南，不利东北；利见大人，贞吉。

在人生道路上，没有一辈子都风平浪静、称心如意的好运。风险、困顿，时常会不期而至。正是这些风险、困顿，磨砺人的意志，锻炼人的能力，促进人的成熟。但是，也有一些人，经受不住诸般风险的考验，挣脱不掉困顿的束缚，倒在了风险与困顿之中。

蹇的象意，足被阻而难行，其意为不良于行的跛。《蹇》卦之象，上坎（☵）下艮（☶），坎为险，艮为止，其意为遇险而止。以卦名"蹇"揭示卦象之意，应该是比较般配的。遇险能止，为智者。倘若终于止，则又成了懦夫。处于险境而能激发人的披荆斩棘奋进之心，又不能失掉该止则止的理智，这就是遭遇困顿时应对的总原则。

该止则止而又不终于止，有三条具体原则。一是用柔不用刚。"利西南，不利东北。"这是一个例说，与《坤》卦卦辞中"西南得朋，东北丧朋"的例说，是同一个用柔不用刚的意思。因为，按文王八卦方位，西南为坤位，坤为土地，至柔至德之性；东北为艮位，艮为山石，至坚至刚之性。在遇险而止的状态下，以柔处世，待时而动，无疑是最合适的选择。以柔处世，非一朝一夕之功，柔不仅是一种方式，更是一种德性的修养。古人说在遇险而止时要"反身修德"（《易传·象》），就是要人在困顿之际，反求诸身，通过提高自己的道德品性，作为相时而起的资本。这是一个特定状态之下用柔不用刚的原则。古往今来，不少注家学者似乎并不理解周文王在本卦中讲述"利西南，不利东北"的深意，例如宋代著名学者朱熹，在向学生讲解此卦辞时说："《蹇》'利西南'，谓地也。据卦体艮下坎上，无坤，而繇辞言地者，往往只取坎中爻变，变则为坤矣。"（《朱子语类》卷第七十二）这样的解读，是易学史上很有代表性的牵强解读。强加于上经卦坎之上的第二爻由阳变阴，并没有变爻的理由，实在是画蛇添足，随意解释。正因为如此，对于后半句"不利西北"，就不能做任何解释了。其实，用柔不用刚是在"蹇"的状态下一条完整的为人应世原则，对"利西南，不利东北"这一例说必须做出整体把握和解读。

二是广泛交友，不仅要与德才方面都比自己优秀的人交朋友，还要努力寻找值得自己追随的贤能之士，取得他们的指导帮助。这里的"利见大人"，不仅指获得同道朋友的帮助，更包含领袖人物在引领脱险过程中的关键性作用。在遇险则止、相时而起这一过程中，不做不自量力的单独冒进履险，而是广泛结交朋友，获得及时必要的支持和帮助，这是走出险境的必要条件。积极寻找德才兼具的领袖人物，一心一意地追随其后，则是走出险境的重要保证。试想,第一次国内革命战争时期,中国共产党在"大革命"失败之后,倘若没有毛泽东的引领,要想走出险恶的困境,不断壮大革命队伍,最终走向一统江山的新局面,恐怕是不可能的。集体智慧果然重要,一旦离开了领袖的凝聚,往往成为你争我吵的一盘散沙。尤其是在历史发展的关键性时刻,一个有战斗力的政党,不仅需要民主,更需要高瞻远瞩、一锤定音的领袖。

三是坚持信仰走正道。遇险而止之时,最能考验人。信仰是否真诚,意志是否坚定,如大浪淘沙,纤毫毕露。坚持信仰,得道多助,风雨过后自有一番新天地。中国共产党从弱到强,其间几多困顿磨难,尤其是在1927年大革命失败之后,许多人纷纷脱离共产党,有的甚至远避海外,从此成为共产党的陌路人。工农红军上井冈山打游击,几经国民党大军围剿,有人便信念动摇,产生"红旗到底能打多久"的怀疑,而以毛泽东为代表的中国共产党人,坚持革命信念不动摇,坚信"星星之火,可以燎原",最终建立了中央苏区。第五次反围剿失败之后,他们更是在极端困顿的状态下,进行了伟大的二万五千里长征,从江西转战至陕北,最后席卷四海,改天换地。"贞吉",便是对遇险之后仍执着于正道行为的价值评判。

《蹇》卦六个爻辞,是上述三原则之下的六种应对困顿险境的具体方法。

第二节　往蹇,来誉

初六、六二爻辞,对在初入困顿状态、自身力量比较柔弱的时期,如何审时度势、把握进退,提出了两条基本原则:

初六:往蹇,来誉。

六二:王臣蹇蹇,匪躬之故。

第一条原则，知险而止。处蹇之始，力量最弱，倘若继续往前走，就是"往蹇"，即明知前面是"坎"，是困顿你的环境，却还要往前走，必然会有陷险之危。处于初爻阶段，本来就是积聚力量、尽可能不要耗费力量即"勿用"的时期，遇到"坎"更应该停止，却偏要去碰撞一番，这种"往蹇"行为显然不可取。所以，这一时间段的"往蹇"行为是违反一般规律的举动。自知力不能胜，停止前进，即为"来誉"。魏晋易学家王弼释读此爻辞时说："处难之始，居止之初，独见前识，睹险而止，以待其时，知矣哉！"（《周易注》）因为知险而止，静以待时，故有见几知时的美誉。王弼对周文王的"往来"之辞下八字精解："往则遇蹇，来则得誉。"进与止，一念之差，两个境界，两种结果。往是往前的往，来是回来的来。如果站在《周易》的整体高度看，往前是"动"是"用"，回来是"止"是"勿用"。充满自强不息精神的《乾》卦初九尚且"勿用"，何况面对困顿之境的《蹇》卦初六？所以，此际的"往蹇，来誉"，实际上也是"勿用"原则的另一种表达。

第二条原则，顾全大局，挺身而出。知险而止只是在陷入困顿的初始阶段、应对困顿的能力十分薄弱状态下的守静原则。当自身力量有了一些积累，尤其是在全局利益面临侵害的关头，就应该终止守静、挺身而出。"王臣蹇蹇，匪躬之故"，王与臣，都处在"蹇"的状态，作为臣下，应该以蹇济蹇，不能以自己也处身于困顿之境作为理由而放弃对君王的援助与保护。这个例说的意思是：当君王与臣子一起面临险境时，臣子理应奋不顾身地挡在前面，保护君王的安全；保护君王，就是保全大局。倘若君王不保，自己也难苟全，正所谓："覆巢之下，安有完卵？"这种忠于君王、顾全大局而不顾个人安危的行为，就不能用知险则止的理性标准加以衡量。由于六二力量有限，虽未能解君之蹇，但是这种大义凛然的行为，还是值得提倡和称道的。

第二爻位,本来是处于下位之人努力争取上位之人的提携帮助,不断得到助益与进步。所以,在自强不息的《乾》卦第二个爻辞中有"利见大人"即利益来自上位的大人,以柔进取的《晋》卦第二个爻辞中有"受滋介福,于其王母"即恩惠与福祉来自居尊位的王母。然而,利益与义务总是对等的,处于下位之臣,不能一味向上索取,当全局性困扰和风险来临之际,急全局之所急、挺身而上也是不容推卸的义务与责任。以蹇济蹇,便成为处身困顿之境时的又一项行为准则。

第三节　来反与来连

九三、六四爻辞,通过两番"往来",以极简之语言,讲述了处于困顿中心的人,如何在往与来之间,做出准确的选择:

九三:往蹇,来反。

六四:往蹇,来连。

力量积聚到了一定的程度,面对困顿之境,依然要做切合实际的掂量和把握。在没有绝对把握之时,仍不可有冒险的举动。是"往蹇",还是"来反"?两种思考,不再是境界问题,而是审时度势的判断能力问题。在没有充分把握的情况下,与其蹈险前行,不如退回原处继续积聚力量。总之,当进则进,当退则退。"王臣蹇蹇,匪躬之故",出于君臣之义奋勇蹈险,值得提倡与推崇;"来反",审时度势退居安全之地,不幸进以求自保,同样可嘉。

九三之爻,阳爻阳位,刚健之性显然。处于困顿之境,充满阳刚之性者尤其需要压抑自己的真性情,不能轻举妄动,一味思进不思退。《乾》卦九三爻辞说"君子终日乾乾",然而处在困顿之境的君子,却不可"乾乾",而应正视现实,变更思维方式,能屈能伸,由刚转柔,由"往"转"来",才是化"蹇"为"反"、避害趋利的正确选择。"来反"之"反",古代学者多释为"正",与"往蹇"之"蹇"相对,其义应该是守正之正。但是,以本卦内涵在用柔不用刚的角度考虑,九三爻的"来反"之"反",应解读为由刚转柔之义。此爻位本属忧患意识阶段,何况本卦已入忧患之境,宜柔不宜刚。所以,此时宜静宜柔,转化为阳刚的反面,更适应困顿处境。

随着力量的积聚,已经到了可以履险的程度,所以,六四爻辞讲的"往蹇",已经是从小心翼翼的处世方式的选择,进入了直接的履险实践。然而,此时此际的"往蹇"之"往",是六四爻的阴爻阴位,既柔且正,进入困顿险境时所采取的姿态是最为恰当的。但是,处身于高位的"往蹇"者,除了自身的姿态,更要有广泛的社会基础,要以发自内心的至柔至顺的姿态,联合一切同道,团结一切力量,共谋脱险,救己救人。历史上有诸多易学家,将此时的"来连"之"连",释读为"难"。这一释意,始于魏晋时期的王弼:"往则无应,来则乘刚,往来皆难,故曰'往蹇来连'。"(《周易注》)人至高位,一旦遇困,进亦难("往蹇"),退亦难("来连"),总之是进退两难。王弼认为,对于身处高位而又持柔秉正的人而言,虽然有此遭遇,但并不是因为妄念所致。所以,解脱困顿,还是有一定的社会基础的,有忧患,却不必悲观。

第四节　君王的困顿

本卦最后两个爻辞,讲述了君王在困顿之际的遭遇与出困之路:

九五:大蹇,朋来。

上六:往蹇,来硕,吉,利见大人。

世界上的最大困顿,无疑是关乎社稷存亡的君王之困顿,所以,周文王将君王的困顿称为"大蹇"。君王的崛起与抱负的舒展,需要一众贤能之士的合力相助,即《乾》卦九五爻辞所说的"飞龙在天,利见大人"。如今,君王的困顿,仅仅依靠君王自身的力量,同样是难以解除的。倘若君王是无德之君,面临的恐怕是大权旁落沦为阶下囚甚至身首异处的下场。倘若君王是有德之君,即便处于极度险恶的环境中,也会有志士仁人共赴其蹇,匡扶正义,正如古人说的"得道多助"。宋代学者朱熹对"朋来"之义,向学生如此解释道:"人君当此,则须屈群策,用群力,乃可济也。"(《朱子语类》卷第七十二)这也是"利见大人"的一种特殊形式,只是将称呼做了适当的修改,将"大人"改换成为"朋",充满着患难与共时的亲近感觉。之所以将"大人"换成"朋友",是因为此时大义凛然地前来支援的人,自己也处在困顿状态,他们是"王臣蹇蹇,匪躬之故"的那一批义勇之士,是在以蹇济蹇;就情感而言,他们是贤臣,更是朋友。

当然,能够"朋来",即众多的朋友前来相聚、合力帮助脱困,也与君王的道德品性密切相关。用王弼的话来说:"居不失正,履不失中,执德之长,不改其节。"(《周易注》)这种动静皆宜的有德之君,才值得众贤们不顾自身安危,尽己之能,以蹇济蹇。在周文王之后的中国历史上,诸多开国君王,多有在患难与共中结下友情的贤臣战将,不仅是君臣关系,更是兄弟朋友关系,不仅有皇兄皇弟,还有皇妹,后人还将这类故事搬上戏剧舞台,成为妇孺皆知的千古美谈。

"朋来",还只是勤王的开始;"来硕",才是真正能够冲破困顿险境的强力支撑。一方面,只有众志成城,形成一股硕大无比的力量,才能冲破险境;另一方面,这股硕大无比的力量,需要一个刚毅中正的领袖人物协调指挥。贤能之士紧紧追随德才兼具、刚毅中正的领袖人物,无疑是相时而动的关键。一旦脱困成功,这些患难之中见真情的朋友,也便成为封妻荫子的大功臣。"利见大人",成为又一段名副其实的历史。

上述诸多原则及其办法,在以后的三千多年时间里,成为人们遇险能止、相时而起的借鉴。

本章思考题

1. 卦辞中的"利西南,不利东北"真实含义是什么?
2. "王臣蹇蹇"中的"王臣"是指王之臣还是王与臣?
3. "来反"与"来连"有什么不同?
4. "来硕"之"硕"指的是什么?

第四十章 《解》卦

䷧ 解：利西南，无所往，其来复，吉；有攸往，夙吉。

初六：无咎。

九二：田获三狐，得黄矢，贞吉。

六三：负且乘，致寇至，贞吝。

九四：解而拇，朋至斯孚。

六五：君子维有解，吉，有孚于小人。

上六：公用射隼于高墉之上，获之无不利。

《周易》第四十个卦《解》，阐述把握并实施赦过宥罪的界限与原则。

第一节 利西南

解：利西南，无所往，其来复，吉；有攸往，夙吉。

在字典里，"解"义列有十余种，却均与《解》卦之义难合，所以，《辞海》干脆单列一条：六十四卦之一，坎（☵）下震（☳）上。并引《易传·象》曰："雷雨作，解。"说实话，这样的解释，还是不能让人明白其义。

在八卦中，坎在地为水，在天则为雨，震在天为雷。为什么天上的雷与雨相结合，其义为"解"？《易传》中的《象》辞紧接"雷雨作，解"之后还有一句解释语："君子以赦过宥罪。"唐代孔颖达通过对此句的释义大致说出了"解"之义："赦为赦免，过谓误失，宥谓宽宥，罪谓故犯。过轻则赦，罪重则宥，皆解缓之义也。"（《周易正义》）宋代学者程颐对孔颖达的释义做了部分修正："过失则赦之，罪恶而赦之则非义也。故宽之而已。君子观雷雨作解之象，体其发育则施恩仁，体其解散则行宽释也。"（《周易程氏传》）

这样，我们可以大致体悟到《解》卦之义：雷为威烈之性，雨即水为至柔至善之性；如同天上的雷化乌云为雨滋润万物发育生长那样，对于人类社会中的罪与过，在上者既要有雷霆之威加以震慑，又要有赦宥宽厚之心，允许其改过自新。这种胸怀与行为，就是《解》卦之义的具体展示。

《解》的核心思想有二：一是适合于用柔。"利西南"的意思，与前一卦《蹇》的"利西南，不利东北"相同；《解》卦虽有雷之威义，但是重心在化解矛盾，故凸显用柔而不言用刚；既已赦过宥罪，始离险难，复归正道，则宜静不宜动。

但是，易学史上诸多易学家，则从卦辞中的"利西南"，解读出"西南"为八卦方位中的坤，又根据《说卦》中的坤有"多"义，推论出"利西南"为"利施于众"之义。而这一解读，源自先秦时期的《易传》之《彖》辞："'解，利西南'，往得众也。"众又是什么呢？《彖》辞说："天地解而雷雨作，雷雨作而百果草木皆甲坼。"甲为动物之卵、植物之蕾；坼为开裂。意思是说，春雷发动，雨水沛然而降，使得天地间的百果草木都含苞待放。这是对"利西南"的传统解读。

《象》辞说："雷雨作，解；君子以赦过宥罪。"从雷雨交加的自然现象，联想到了赦过宥罪的社会现象，两者之间的共通点，或许就在"利施于众"的情怀。

二是倘若还有当解而未解之事，则须尽早消解；当解不解，必然坐大，过大则难赦，罪大则难宥，复归正道之事愈难。春雷化雨之所以普受欢迎，甚至有"春雨贵如油"之誉，就在于被冰封了整整一冬的百果草木，因为春雷春雨的及时降临而获得了勃发的生机。如同一个人在刚刚犯有过失或初罪之时,因为获得了赦宥,罪过得以及时消解,便有了重新做人的机会。

无论是植物机体因为雷雨的滋润而及时绽放,还是人类在个体道德上的改弦重生,都是值得肯定的好事情。

第二节　田获三狐

初六、九二爻辞,是关于如何消解初期的过失和犯罪的譬喻分析:

初六:无咎。

九二:田获三狐,得黄矢,贞吉。

过初失,罪初犯,以柔中寓刚的方式,赦之宥之,则失误与过犯都能够顺利消解。

这是一个以柔为主的治政理念。长期的困顿险厄时期刚刚过去,正是春雷化雨万物复苏的局面,此时此际,呵护来之不易的生养万物的新局面,是最重要的事情。抱着既往不咎的胸襟,对那些犯有过失或初次犯罪的人,从治病救人的愿望出发,采取教育为主的赦过宥罪政策,给予改过自新的机会。这样的治政理念和治政方法,合乎规律,应予肯定。

然而,对于那些过失较大、犯罪较重,对社会秩序造成一定负面影响的人和事,消解的方式,就不能采用简单的赦与宥了。

首先,要了解过失与犯罪的真实原因,才能对症下药,做出相应的处置,施以刚柔相济之法。过失或犯罪,往往因为见不得人而隐伏得很深,轻易不示于人。所以,要想探明过失或犯罪之究竟,必须沉下心来,以堂堂正正的理由,以不偏不倚的态度,以直截了当的方式,获取真实可靠的信息,然后给予相应的惩处,才能收到良好的效果。"田获三狐,得黄矢",是一个含义至深的例说。田野中的狐狸,是一种隐伏至深的动物,很难猎获。黄是五种正色居中之色；矢即箭头，为直线飞行之物；黄矢，即寓有不偏不倚、处中直取之意。对付隐伏至深、狡猾至极的野狐，必须以迅雷不及掩耳之势、不偏不倚径直取之方可猎获。周文王选用这个生动的故事，是要告诉人们：欲知失误或犯罪的真实原因，并处置得当使其心服，从此安宁无事，必须采取中正、直接、迅捷的方法，方为上策。

而以"黄矢"猎获田狐，显然是一种动用武力的敌对行动，与赦过宥罪有着质的区别。当然，这一付诸武力的行动，目的在惩恶救世，所谓小洞不补，大洞就得吃苦，同一个道理。"贞吉"，是对这种付诸武力解决问题的肯定。

第三节 负且乘，致寇至

六三、九四爻辞，是关于身居高位者应该怎样避免过失和犯罪的讲述：

六三：负且乘，致寇至，贞吝。

九四：解而拇，朋至斯孚。

居于高位而失误，原因往往是不能正确认识自己，行为做事名不副实，说不符合身份的话，做不符合身份的事，就像《红岩》里的甫志高，西装革履，却肩扛一只行李箱，被国民党特务一眼就看出不合常理。"负且乘，致寇至"，就是这样的一个例说：身上背着东西乘坐在华丽的马车上，让人怀疑所负之物的贵重，于是便起了竞相争夺之心，人的丑陋面目得以暴露，社会秩序的不安宁由此开始。这种"致寇至"现象的产生，非由他人而起，全由自己产生。断辞"贞吝"是说，即便所负之物来路正当，确实为"乘者"所有，但是由于不合身份的"负且乘"行为，造成"致寇至"的社会效果，难免令人尴尬。

这一社会现象的产生，从名分角度来看，是完全可以理解的。正如先秦名家尹文说:"名定则物不竞,分明则私不行。"(《尹文子》)由此推衍开去,作为国家或政府,如果将权力地位授予不该得到的人,乱了正常的名分秩序,便会引发人们对不该得到的权力地位的觊觎之心,无疑会造成政治秩序的混乱。

当然,"致寇至"的情况还是存在的。贪官多了,尤其是不少贪官贪污受贿得来的钱,不敢存入银行,而是成捆成捆地藏在家里,于是,有些"梁上君子"便专门盯住官员的家里作案,不仅官员家里油水大,而且官员家里一旦失窃,往往不敢报案,因为被盗之物都是不义之财。这一类"致寇至"情况的发生,与官员家庭不合常规的豪华生活密切相关。与官员本身的正常收入明显不匹配的状况,也是一种引人注目的现代版的"负且乘"。

位高者除了行为做事都要中规中矩、符合身份,还要与宵小之徒割断一切关系,摆脱来自同僚下属的纠缠牵累,展示其雄姿英发的风貌,才能获得同道朋友的信任,聚拢在一起,竭诚相助。"解而拇"也是一个例说,拇是不走正道的脚,只有排除了前进中的障碍,解决了道路问题,确立了走正道的方向,才会有社会基础,有志同道合者:"朋至斯孚";否则,跟随的人再多,尽为貌合神离者,于事何益?

位高权重,必然会被一些怀揣各种欲念的人围困、纠缠,自以为都是左膀右臂,实际上各怀鬼胎,成事不足、败事有余。不仅如此,由于这类宵小之辈的包围贴近,使得真正有道德有能力的贤能之士避而远之。这无疑与周文王所主张的"解而拇"的《解》卦精神背道而驰,处于高位者的"朋至斯孚"的局面,如何可能?

第四节 射隼于高墉之上

本卦最后两个爻辞,以形象的类比,阐述了处于权力巅峰的人应该如何赦过宥罪:

六五：君子维有解，吉，有孚于小人。

上六：公用射隼于高墉之上，获之无不利。

居于权力巅峰的人，坚持赦过宥罪这一解除险厄的原则，一定会收到理想的效果。因为，犯有罪过的人，一旦对权力巅峰者不会改变赦过宥罪的这一原则抱有信心，那么，他们改过从善的态度，就会有明显的提升。"维有解"，是取得"小人"即犯有过失和初罪者信任的前提，也是他们下决心改过自新的重要条件。1949年，刚刚执政的中国共产党，对解放战争中俘虏的国民党军政要员，坚持一个都不杀的赦过宥罪原则，使得一大批曾经与中国共产党为敌的国民党军政要员，成为在社会主义社会里改恶从善、改过自新的对象。经过若干年的改造，共产党一以贯之的赦宥政策，终于使得一批又一批"战犯"的灵魂接受了洗涤，相继被赦，回归社会，有些人还成为全国或地方的政协委员，参政议政。在周文王以来的中国历史上，由于"君子维有解"而使得"有孚于小人"的事情，共产党领导下的人民政府做得最完美。

解的赦宥功能也有一定局限性，不可能每一位有罪过的人都会改弦易辙，重新做人。对于那些冥顽不化的罪大恶极者，理应举起解的另一手：以雷霆万钧之力痛击之。只有将那些死不悔改的罪魁祸首逮入法网，天下才能真正太平。周文王用了一个很生动的譬喻，申述了这一思想："公用射隼于高墉之上，获之无不利。"身居高位的公侯手执弓箭，站在城头上，随时准备射落那些盘旋而来的恶鸟。这个譬喻告诉人们，对付那些不知悔改、一心想着危害社会的人，除了准备好温情教化的一手，还要准备好雷霆打击的另一手。唯如此，社会的健康与稳定才有可靠的保证。这正如《我的祖国》中唱的："朋友来了有好酒，若是那豺狼来了，迎接它的有猎枪。"

本章思考题

1. 雷雨之释《解》卦的内涵是什么?
2. "黄矢"譬喻何意?
3. 为什么"负且乘"会"致寇至"?
4. "射隼于高墉之上"譬喻什么?

第四十一章 《损》卦

☶ 损：有孚，元吉，无咎，可贞，利有攸往。曷之用？二簋可用享。

初九：已事遄往，无咎，酌损之。

九二：利贞，征凶；弗损，益之。

六三：三人行，则损一人；一人行，则得其友。

六四：损其疾，使遄有喜，无咎。

六五：或益之，十朋之龟，弗克违，元吉。

上九：弗损，益之，无咎，贞吉，利有攸往，得臣无家。

《周易》第四十一卦，讲述了如何运用减损的方法，为自己开辟前进道路。

第一节　二簋可用享

损：有孚，元吉，无咎，可贞，利有攸往。曷之用？二簋可用享。

损，如损失、损伤、损坏等，与益相反，皆为不利之辞。然而，在《损》卦中，损为减损、减少，有损下益上之义，是一个褒义词。为什么损下益上称为损而不称为益？周文王做这一定性之时，应该是用心良苦的。他用"损"字提醒人们，损己益上要审时度势、量力而行，他还提醒统治者，要善待来自下面的竭诚助益，他们是在用减损自己利益的方式供养着你、支持着你。

损下益上,大致会出现两种情况,一种情况是老百姓的血汗被严重剥损以巩固并增加统治者的利益,老百姓当然受损大,统治者则似益实损,因为他们失去了最大的财富:民心。在中国历史上,秦二世而亡是最典型的例子,秦一统天下之后,不顾老百姓的生计,劳役、重赋,逼得陈胜、吴广等民众只好揭竿而起。一个孟姜女千里寻夫、哭倒长城的民间故事,也形象生动地反映了秦王朝重役老百姓的一幕。第二种情况是有限度、有节制地减损老百姓的利益,为了全局、整体利益,取之于民是为了用之于民,能被民众理解和接受;这种损也就是益。

所以,损下益上之损,有一个最重要的原则:"有孚。"孚,是诚信;有孚,是减损者具有自觉的诚信。这才是周文王主张的损下益上之损,他用多种价值判断之辞给予褒美:"元吉,无咎,可贞。"有了这种自觉而有诚意的损,发展前景就会很美好。

如何实施这种充满自觉和诚意的损?"二簋可用享。"这是一个形象的类比。二,数之小者;簋,祭祀礼器,是一种"质薄之器"。二簋,极言祭品之单薄。只要是"有孚",即便祭品单薄,也一样会被神灵所接受,得到保佑。当然,正因为心诚自觉,损下益上时总会量力而行,能丰则丰,实在不能丰则简。所以,"二簋可用享"是在不能丰则简情况下的无奈之举,而不是所要提倡的常态。由先秦学者撰写的《象》辞,对这种充满诚意的"二簋可用享"行为,展开了分析:"二簋应有时,损刚益柔有时:损益盈虚,与时偕行。"一连讲了三个"时":有时、有时、与时。充满诚意的、不讲究礼仪排场的损下益上、损刚益柔,是特定时间段的一种行为、一种态度。其中还包含着另一层意思:无论丰简,损下益上都不能成为一种常态。

总之,减损有道。

六个爻辞,从三个角度就减损问题做了具体阐述。

第二节　酌损与弗损

第一个角度是从下位，对损下的程度把握，对如何损下的方法的研究。一是"酌损之"，二是"弗损，益之"。初九、九二爻辞这样言道：

初九：已事遄往，无咎，酌损之。

九二：利贞，征凶；弗损，益之。

当上位者需要支持帮助时，下位者应当尽快结束自己的事情，迅速赶去帮助上位者，因为上位者代表整体或全局利益，下位者代表的是个人或局部利益。确保了整体或全局利益，个人或局部利益才会有保障。这种"已事遄往"的做法，没有什么可以指摘的。周文王明确定性为："无咎"，即没有错。倘若一听见上位有求，下位者不顾自己的事情正在进行之中，就赶紧停下自己未竟的事情跑去帮助，这种废事而往的行为，不仅于己损失过大，而且给人以媚上的感觉，显然是一种非理性的错误。倘若听到上位者有求，下位者自己的事情已经结束之后，仍不前往相助，就是一种骄逸散漫的态度，也明显是一种不值得提倡的错误行为。唐代学者孔颖达这样评议道："损之为道，损下益上，如人臣欲损己奉上，然各有所掌，若废事而往，咎莫大焉；若事已不往，则为傲慢；竟事速往，乃得无咎。"（《周易正义》）

当然，即便是竟事而往，对自己力量的减损程度，一定要有恰当的把握。原因是处于初爻这样最下位者本身也在积聚力量的初始阶段，此时只能做有限度的损下益上，不宜做不自量力的损下益上，自然更不能去做毁下益上之事了。"酌损之"，即损下益上必须量力而行，无疑是处身尊位的周文王对底层臣民的一个充满善意的理性的提示。

当积聚了一定力量，知上位有求，便倾力前往相助，向来被视为忠君表率。殊不知,此类唯知竭力顺上为忠者,并未深谙损下益上之道。处此之位的损下益上者,有两条原则必须把握:一是损下益上必须合乎正道,亦即下位应该明确,减损自己的利益,是为了上位做正事、大事。如果损下是在助纣为虐,那么损下的结果一定无比凶险。二是损下益上一旦达到高妙之境,可以做到"弗损,益之"。按常理言,损己益人应该提倡;倘若不损己而能益人,岂不更好?

因此,损益的原则,应根据实际情况灵活把握和运用。损己,是因为有利于正道;倘若损己不利于正道,何苦损己?为了正道,为了全局利益,当损则损;倘若能不损己而益人,则更好。不损己,不是藏私,而是有可能更会使得上位受力、正道受益。历史上多有愚忠愚义之人,往往拘泥于损益的一般原则,白白舍掉自己的财富甚至性命,却于大局未必有利,于正道未必有益。

第三节　损其疾,使遄有喜

第二个角度是从损与益的关系,阐述损益原则与方法。六三、六四爻辞以譬喻的方式,这样言道:

六三:三人行,则损一人;一人行,则得其友。

六四:损其疾,使遄有喜,无咎。

损下的一个前提是损有余,如同"三人行,则损一人"。三人同行,往往主张为二,一是一非,第三人或同是,或同非。从两种意见观之,二人是则一人非,一人是则二人非。于是,唯一主张者因意见不合而离去。损一人,即减去唯一主张之人。"一人行,则得其友。"一人独行,因为孤单寂寞而有寻找朋友结伴而行的愿望,所以必然会努力交友,两人同行。这个比喻,是生活经验的总结;人们对生活中的"三人行,则损一人;一人行,则得其友"现象,都很熟悉和认同。因此,通过三则余一而损之,一则不足而益之,具体表达的损益原则,人们自然也会认可。这是避开上下关系,仅从损益关系进行的一种分析。

为什么避开损下益上的关系谈损益呢?因为此时已进入一卦的中间两个爻,处此位置,注重同事之间的损益关系,似乎到了题中应有之义。历代学者,则多从卦爻之象上解读此爻辞,例如宋代朱熹说:"下卦本乾,而损上爻以益坤,三人行而损一人也。一阳上而一阴下,一人行而得其友也。两相与则专,三则杂而乱。"(《周易本义》)这也可以看作典型的损刚益柔。

同时,本爻辞也说出了天地间的损有余以益不足的原则:天地万物,都是二(即后来的老子所描述的"万物负阴而抱阳"),而天地是最大的二,男女是最明显的二;天地万物,又无不是合二生一(即后来的老子所描述的"二生三")。事物的发展,遂呈现这样一番景象:三则余一,故损之;一则不足,必得一而益为二。

在日常生活中,减损未必一定不好,"三人行,则损一人"的三余一,减损了一位不合志者,一路上避免了诸多争执与烦恼,就是一件好事。

一旦到了位高权重之境,减损成了几乎必走的一道程序。此时此际的减损,又不同于"三人行,则损一人"了。由于位高权重,必有诸多牵累之人、牵累之事,成为行政时的种种包袱,又因为碍于亲情友谊而难于抛弃。当此之际,若能及时起用损下益上的贤能、摆脱妨碍行政的亲朋旧属,便是一桩值得庆贺的大喜事。周文王以生动的比喻,讲述了高位之上的损益之道:"损其疾,使遄有喜,无咎。"以减损疾病为喻,告诫高位者减损身上的种种包袱和有害于正常行政的弊病。"使遄有喜",是一个方法性提示:只有尽快减损了这些包袱和弊病,才能不失时机快步前行,不仅能轻松地登上山巅,更有一飞升天的可能。"使遄"是"有喜"的前提。倘若放包袱、革弊端的动作迟缓,怎会有喜?

周文王对位高权重者所做的"损其疾,使遄有喜"的提示,语重心长,今天读来仍觉得很有现实意义。

第四节 十朋之龟

第三个角度是从上位处,对损下益上的理解。六五、上九爻辞以"十朋之龟"等比喻,进行了生动的讲述:

六五:或益之,十朋之龟,弗克违,元吉。

上九:弗损,益之,无咎,贞吉,利有攸往,得臣无家。

六五爻,阴爻阳位,处上卦之中,象征处于权力的顶端,仍然能保持柔和、中庸、谦逊的品性。正由于能以柔和谦逊的姿态居于尊位,才获得天下人归顺之心,并且在遭遇损伤之时,能获得天下人自觉、真诚的助益。周文王用这样一个比喻,展现了以柔处尊者的丰厚回报:"或益之,十朋之龟,弗克违。"十朋之龟,古代最神贵之物。面对如同十朋大龟这样的旷世未有之助益,就是想推辞也推辞不掉。损下之真诚、受益之巨大,可见一斑。

以柔居尊的姿态,也就是居高而处下。居高处下的结果,是"或益之,十朋之龟,弗克违"。周文王的这一思想观念,五百年之后的老子做了进一步阐发。他在讲解大国与小国的相处关系时说道:"大国者下流。"又后五百年的王弼解释:"江海居大而处下,则百川流之;大国居大而处下,则天下流之。故曰大国下流也。"(《老子道德经注》)老子又说:"大国以下小国,则取小国。"意思说,大国在小国面前放低姿态,小国就会心甘情愿依附大国。老子的结论是:"大国不过欲兼畜人,小国不过欲入事人。夫两者各得其所欲,大者宜为下。"(《老子·六十一章》)

很显然,老子讲的大国与小国之间的关系,与《损》卦九二爻与六五爻之间的关系,在本质上是一致的。九二爻小心翼翼的"弗损,益之",是因为心存"人事"六五爻之"欲";小国以下大国,也是因为心存"人事"大国之"欲"。反之亦然。

王弼做过这样的解读:"以柔居尊,而为损道,江海处下,百谷归之。履尊以损,则或益之矣。"(《周易注》)以柔居尊,与江海处下,所获得的效果完全一样。

与十朋之龟相比,统治者能获得的最大利益,是获得一批一心为国,以至于忘了自己家庭的忠臣。在周文王心目中,"得臣无家",无疑是损下益上的最高境界。

尽管从本卦一开头,周文王就倡导损下益上的基本原则是量力而行的"二簋可用享",或者"酌损之",甚至尽可能做到"弗损,益之"。但是,到了最后阶段,还是提出了长期处在尊位的统治者,同时应该注意教化和任用"得臣无家"的损下益上者。

大公无私,是《损》卦的核心,也是人类社会至今仍在努力的一个目标。

本章思考题

1. 在《损》卦中,"二簋可用享"的比喻表达了什么意思?
2. 为什么初爻出辞"酌损之"?
3. "使遄有喜"是一种怎样的损?
4. 为什么本卦以"得臣无家"终结?

第四十二章 《益》卦

☷ 益:利有攸往,利涉大川。

初九:利用为大作,元吉,无咎。

六二:或益之,十朋之龟,弗克违,永贞吉;王用享于帝,吉。

六三:益之,用凶事,无咎;有孚中行,告公用圭。

六四:中行,告公从,利用为依迁国。

九五:有孚惠心,勿问元吉,有孚惠我德。

上九:莫益之,或击之,立心勿恒,凶。

《周易》第四十二卦《益》,讲述了如何损己益人、损上益下的原则与方法。

第一节 损上益下

益:利有攸往,利涉大川。

如果说《损》卦的主题是讲如何减损,那么《益》卦的主题是讲如何增益。减损与增益,对立统一。不减损,哪来增益?故减损是增益之母。无增益,也就不存在减损,增益是减损的结果。人人都喜欢增益,殊不知增益一旦过度,不仅减损了别人,自己也成了最大的减损者。

《益》卦与《损》卦,卦象相反,本来上乾(☰)下坤(☷),上卦乾的一个阳爻与坤卦的一个阴爻换了位,遂成为上巽(☴)下震(☳)的

《益》卦，因而《益》卦的本义是损上益下；《象》辞遂有"损上益下，民说无疆"的赞誉之辞，作为《益》卦内涵或本质的解读。正常的增益，无疑是一件好事，不仅有利于事业的正常发展，而且在关键时刻能够化险为夷。作为一个国家一个政府，统治者通过减损自己的财富让民众增益，使民众欢悦。民众的欢悦，是统治者的最大收获。

增益不仅包括损上益下，也包括通过自身努力不断减损缺点，增益其所不能。《益》卦上巽下震，为风雷之象，君子在见到别人的优秀品德时，就要像风一样毫不犹豫地去追随学习；对于自己的过失，就要像雷一样毫不忌讳，果断改正。这也是使自己获益的最好办法。

处在人生的不同阶段，增益的途径与方式也各有不同；人生的际遇不同，增益的方式也不同。增益之事，不能仅仅用损上两字可以概括、可以道尽。

总之，有了人与人之间的助益，人类社会的进步就会更快速、更顺畅，人类社会在发展进程中所面临的种种不期而遇的灾难，都会毫无悬念地得到消解。

第二节　用为大作

初九、六二爻辞，讲述了处益之初的际遇：

初九：利用为大作，元吉，无咎。

六二：或益之，十朋之龟，弗克违，永贞吉；王用享于帝，吉。

正常的增益，不仅有利于事业的发展，而且能够"利涉大川"，冒风险做大事。如果是一位刚刚开始积聚力量的年轻人，聪明能干，又得到了高层领导的赏识支持，更应该抓住机遇，将自己的人生目标往高处、往大处着想。周文王以"利用为大作"

一语，加以激励。大作，做大事。此时此际得到上位赏识支持的年轻人，正是抓住机遇奋力一搏的时候。此时此际，务必要做大事，不可拘泥于小事。用王弼的话来说："居下非厚事之地，在卑非任重之处，大功非小功所济。"(《周易注》)正所谓一张白纸，没有负担，可以写最美的文字、画最好的图画。自古以来，有多少年轻有为之士，胸怀人生大目标，不拘泥于小事，一旦有了贵人助益的机会，立马成为做大事者。秦末汉初名将韩信，便是"利用为大作"的典型人物。他从未将"胯下之辱"这样的事情放在心上而感觉抬不起头，他也不屑于做楚王项羽的侍卫官，一旦得到张良、萧何的助益推荐，就毫不犹豫、义无反顾地去做统率汉军、一扫群雄平定天下这样的大事。

按照周文王在《乾》卦初九爻辞所表达的观念，初九爻属于"潜龙勿用"之位，宜于积聚力量、不轻易动用消耗。为何在《益》卦初九之位，却又鼓励年轻人不但要用，而且还要"大作"呢？原因有二：一是此卦为损上益下的《益》卦，初九虽然如王弼所说，"居下非厚事之地，在卑非任重之处"，却是高位权重者"益下"的重点对象，毋需按部就班、逐级攀升，构建自己的关系网、权力基础，而是可以像韩信那样破格擢升的对象。二是《益》卦初九为下卦震的第一爻，而震的属性为动，初九爻便是动之初。所以，此爻的属性不仅要动要用，而且要大动要大用；大动大用的结果，不仅"无咎"而且"元吉"。这一切，都归功于损上益下的作用。

柔顺、虚心、中正的人，即便自身力量柔弱，也一定会得到许多人的助益，尤其是来自上级的提携。第二爻位，本来就是自身力量不足而需寻求强者帮助的位置，在《益》卦这一个损上益下的大环境里，柔顺而又中正的六二爻，获得助益的力度，往往出乎意料之大；来自相应的九五至尊的帮助，想推辞都很难："或益之，十朋之龟，弗克违。"王弼称这一"十朋之龟"的好处"益自外来，不召自至"(《周易注》)。如同君王祭祀天帝,天帝只保佑循于正道的君王吉祥如意一样,倘能将柔顺、虚心、中正的品性保持始终,那么也一定能始终获得来自上层的真诚助益,在成功的道路上会越走越远。

给人深刻印象的是,此处来自至尊的助益是"或益之,十朋之龟,弗克违",与《损》卦中的六五之爻受到来自底层的助益,用词完全一样。周文王的用意十分清楚:民众损下益下,君王同样也会损上益下。用后人的话说,这叫"投之以桃,报之以李"。稍有不同的地方,损下益上,对于君王来说,意味着民心所归,是一件"元吉"之事。损上益下,对于民众来说,应感恩于君王,永远忠诚于君王:"永贞吉。"周文王毕竟是一位高高在上的统治者,他的基本立场是很明确的。

第三节 "中行"之诫

本卦的中间两个爻,即六三、六四爻辞,从其自身的地位角度,阐述了作为主政者应对损上益下的基本原则:

六三:益之,用凶事,无咎;有孚中行,告公用圭。

六四:中行,告公从,利用为依迁国。

已经拥有一定地位和权力的地方主政者(用宋代程颐的话来说,相当于刺史、郡守这种级别的人),往往会面临两种增益:既有上位者出于真诚的主动增益,也有主政范围内遇到不期而至的灾难或重大事情,请求援助的增益。遭遇不测灾祸或危难之事而请求别人的援助,并不违背正常的社会准则,但是在向别人请求助益时,必须本着一颗诚敬之心,并且申明增益一定用于正道;而上层对于下属的助益,也符合取之于民、用之于民的社会一般原则。请求增益,用于地方救灾这一类情况,在生产力低下的古代,十分常见;中央政府用于赈灾的支出,经常成为一种巨大的开销。不少的地方官吏，却往往将中央政府下拨的赈灾款，视为个人收益的财路，居然将贪婪之手伸向损上益下的"益之，用凶事"的专项拨款。这种情况，历朝历代都有发生。周文王确实有先见之明，在"益之，用凶事"，即地方官吏在主动向上级申请赈灾款项之后，给予了充分的肯定："无咎"，紧接着又提出了"有孚中行，告公用圭"的严格要求：本着救灾的诚信，保证赈灾款使用规范，并在上司（公）面前手执玉圭，以天地的名义起誓。

周文王似乎预感到了中央政府损上益下的财物，到了地方长官这一层面可能会有侵剥的情况存在，所以有这八字要求。三千年的历史，也证明了周文王的这一忧虑不是多余的。周文王的"有孚中行"告诫，又如何禁得住那些私欲熏心的贪官污吏？尤其是历代在相当于后来的"刺史、郡守"这一层面上，中央政府好端端的损上益下举措，往往被打了折扣。

世间最大的增益是益民。因此，有政治头脑的执政者，最乐意做的事情应该是不惜损己以益民。益民即益己，社会稳定，社稷长存，皆赖于益民这一举措。所以，任何一个明智的执政者，总是会说服最高统治者，顺从民意，将富民政策放在首位。"中行"，不偏不倚，中正之道。这不仅是对地方官吏的要求，更是对朝廷执政重臣的要求。位极人臣者，如何"中行"？王弼这样解说："体柔当位，在上应下，卑不穷下，高不处亢，位虽不中，用中行者也。"（《周易注》）位高而不脱离民众，权重而不偏不倚，对上对下不卑不亢。更难能可贵的是，只要是有益于国计民生的建议，都会认真听取，从善如流。"利用为依迁国"是一个例说，按程颐的解读，"自古国邑，民不安其居则迁。迁国者，顺下而动也"（《周易程氏传》）。迁国都，以顺应民意的益下为准则，而况乎其他政策？在我国古代历史上，多有迁移首都的情况发生。例如，商代从商汤至盘庚十代君王，中间就有五次迁都。最后一次是在盘庚时期。据后人墨子所说,是商朝君王大造宫室,贵族生活奢侈腐败,盘庚执政后,为了缓和贫富矛盾,携贵族和民众渡过黄河,西迁至河南安阳,建立了一个以茅草盖房的新首都。周武王灭商纣建立周朝,建都于镐(今西安市),经过二百多年时间,由于周朝军事力量的衰落、西戎的经常骚扰,周平王为了"辟戎寇"不得不东迁至洛邑(今洛阳市)。周文王在《益》卦的爻辞中称赞的"依迁国",可能是针对盘庚为摆脱贵族奢侈腐败而迁都安阳、茅草盖房一事的有感而发。后来的易学者则围绕着周平王的迁都进行解读,朱熹说道:"传曰周之东迁,晋郑焉依。盖古者迁都以益下,必有所依,然后能立。"(《周易本义》)

更值得玩味的是,周文王在这一时段的两个爻辞中,都用了"中行"一词。第三、第四爻是人爻,分别代表着地方官吏和朝廷大臣;在损上益下过程中,周文王要求这两个层面的官吏们遵循"中行"的行政理念,值得后人参考。

第四节 有孚惠心

本卦最后两个爻辞,是关于最高统治者损上益下的诚意和恒心的阐述:

九五:有孚惠心,勿问元吉,有孚惠我德。

上九:莫益之,或击之,立心勿恒,凶。

按王弼对九五爻辞的理解,在最高统治者的益民惠民举措中,"为益之大,莫大于信;为惠之大,莫大于心"(《周易注》)。信是诚信,统治者对民众的任何一个损上益下承诺,都不能改变,在贯彻过程中不能走样。心是君之心,统治者对民众的施泽之心必须真诚,有了这样一颗真诚之心,民众已经知足。"有孚惠心",说的就是君王益民时的两大核心:守信、真诚。有了这两点,不用问就可以确信,做任何事情都会非常吉祥如意。所以,王弼称赞君王的这种"惠心"是一种"惠而不费"的益下之举。究其原因,当你真诚、守信地增益民众时,民众也一定会以同样真诚、守信的态度,涌泉相报。

与此相反,身居高位者如果不思益下,反而贪得无厌地要求他人的奉献,以致由益下转变为损下,就有可能要面对与民众对立的尴尬:"莫益之,或击之。"如果益民之心有动摇,益民承诺不兑现,取之于民而不用之于民,时间一久,民众怨愤,其结局就会从原本的大吉转变为凶。周文王是从商纣王将一切生命视如草芥中感知到了上不益下,很有可能会遭到自下而上的反抗。作为《益》卦的最高之位,上九阳爻强势明显,然而阴阳不当位,如同商纣王,强势居尊位而走向了益下的反面,遭受"或击之"是完全可能的事情。这也成为周文王之子周武王率领各路诸侯"克商"、逼得纣王自尽的最大理由。

从基层受益、遇凶求益,一直到贪而莫益,周文王的启示与警示,至今仍有重要的指导意义。

《益》卦的故事,以"立心勿恒,凶"作为结语,给后人的启迪和警示至为重要。任何一个人、任何一个群体、任何一个政权,必须始终遵守开局时的益下承诺,才会有好的结局。否则,无论开局时的益下承诺多么诱人,一旦"立心勿恒",违背了益下的初心,结局必凶无疑。这是先知周文王的断语。历史上,王朝不断更替,根本原因就在于一代又一代依靠血脉传承的君王,与开国始祖的益下理念渐行渐远,经过十几代、几十代之后,终于到了被"击之"的终点。最遗憾的是历史上的一些农民起义,像明末农民起义、太平天国运动等,起义的领导集团刚品尝到执政的甜头,就背离了益下的初衷,遭到致命的"或击之",重又跌入尘埃。

昨天的教训,应成为今天的财富。

本章思考题

1. 为什么从卦象上看《益》卦是一个损上益下的卦?
2. 为什么本卦初九爻出辞"利用为大作"?
3. "有孚中行,告公用圭"寓有何意?
4. 为什么说"有孚惠心"是君王益民的两大核心?

第四十三章 《夬》卦

䷪ 夬:扬于王庭,孚号;有厉,告自邑,不利即戎,利有攸往。

初九:壮于前趾,往不胜为咎。

九二:惕号,莫夜有戎,勿恤。

九三:壮于頄,有凶;君子夬夬,独行遇雨,若濡有愠,无咎。

九四:臀无肤,其行次且;牵羊悔亡,闻言不信。

九五:苋陆夬夬,中行无咎。

上六:无号,终有凶。

《周易》第四十三卦《夬》,讲述了清除奸佞时应该把握的一些原则问题。

第一节 不利即戎

夬:扬于王庭,孚号;有厉,告自邑,不利即戎,利有攸往。

《周易》六十四卦中,尊阳抑阴的观念,《夬》《姤》两卦尤为突出。《夬》卦因为五阳一阴,而将上六阴爻目为必须清除的高位奸佞;《姤》卦(䷫)则因为一阴五阳,而将初六阴爻目为不可接近之健壮淫邪之女。夬、姤两名,抑阴之意甚明。

夬,本为拉弓时戴在大拇指上的护套,弦由此将箭弹离,夬因此有了一个延伸义：决断。《夬》卦五阳一阴，表达了众阳与居于上位之一阴决断，即处于不同地位的君子，如何与居于高位的奸佞小人决断。

与高位奸佞决断，一要公开，二要戒惧。

与奸佞决断，是一件光明正大之事；因为奸佞身处最高位，与之决断也必须在高层公示："扬于王庭。"将奸佞的罪行公开于高层，以示公正而无私隐。然后"孚号"，以安天下的至诚之心，昭示奸佞居于高位的危害性，号召全体臣民一起讨伐奸佞，将其从高位上清除出去。《孟子·梁惠王下》记载了战国中期时善养浩然之气的孟子与齐宣王讲评如何与高位奸佞决断一事：

> 齐宣王问曰："汤放桀，武王伐纣，有诸？"孟子对曰："于传有之。"曰："臣弑其君可乎？"曰："贼仁者谓之贼，贼义者谓之残，残贼之人谓之一夫。闻诛一夫纣矣，未闻弑君也。"

在商周的礼仪中，臣弑君是大罪。然而，在孟子看来，君是有类别的，有仁义之君，有贼仁贼义之君。仁义之君当然不能弑，但是像夏代的桀、商代的纣，是贼仁贼义之君，是独夫民贼，所以诛杀纣不是弑君而是诛杀独夫民贼，是清除高位奸佞的正当行为。孟子理直气壮地向齐宣王讲："闻诛一夫纣矣，未闻弑君也"，根据就在他所推崇的周文王所写的《夬》卦卦辞中。

公开，是与高位奸佞决断时必需的方式，既昭示公正性，也具有合法性。

古人说："易而无备，则有不虞之悔。"因为容易，就会由于疏忽而发生意外之过。何况，奸佞而能居于最高位，自有其过人伎俩；久居高位，自也有一众党羽。所以，不能因为奸佞已经相对孤单，就以为与奸佞决断、清除奸佞于高位是一件容易事情。在发动民众讨伐奸佞的同时，务必要向民众讲明清除奸佞过程中的危险性，谨防高位奸佞的垂死挣扎；倘若清除奸佞之事发展不顺利，则不惜动用武力。"有厉，告自邑，不利即戎"，充满着忧患意识。正是有了这种戒惧意识,除奸行动才能万无一失。周文王、周武王父子率领本部落民众,将纣王送上断头台的艰难历程,是这一卦辞的最好注解。

第二节 莫夜有戎

最初两个爻辞,是关于与奸佞展开决断行动的初始阶段,需要保持高度戒惧状态的形象叙说:

初九:壮于前趾,往不胜为咎。

九二:惕号,莫夜有戎,勿恤。

与奸佞决断是一个持久的较量过程。在决断行动初始阶段,应有一个缜密完备的筹划,然后才能付诸实施。"壮于前趾"是一个比喻,告诫不能在未筹划之前就急于行动。未进行形势分析,未做行动筹划,就轻举妄动、孤军深入,一旦失利,不仅不能清除奸佞,反而自取其辱。周武王清除高高在上的商纣王,之所以一举成功,就在于他能够避免"壮于前趾"的轻举妄动,而是审时度势,在最成熟有利之时,才正式开启讨伐纣王的军事行动。

据《史记·殷本纪》记载:"帝纣资辨捷疾,闻见甚敏;材力过人,手格猛兽;知足以距谏,言足以饰非;矜人臣以能,高天下以声,以为皆出己之下。"不仅如此,还"厚赋税以实鹿台之钱,而盈巨桥之粟。……大聚乐戏于沙丘,以酒为池,悬肉为林,使男女倮相逐其间,为长夜之饮"。以致百姓怨望,甚至有诸侯叛者,纣乃设施"炮烙"酷刑。周文王死后,周武王首次兴师东进,欲伐纣王,至盟津。"诸侯叛殷会周者八百。诸侯皆曰:'纣可伐矣。'"武王经过一番深思熟虑,认为纣王身边还有比干、箕子等贤人辅政,伐纣的时机还未成熟,决定还师等待。两年之后,纣王昏乱暴虐滋甚,比干强谏,触怒纣,竟然将比干开膛挖心。箕子恐惧,佯狂为奴，仍被纣王囚禁。周武王认为清除高位奸佞纣王的时机终于成熟，这才与诸侯会兵车四千乘，陈师牧野，正式举起了清除高位奸佞纣王的旗帜。

如周武王这样精准把握时机一举讨伐成功的牧野大会战，是清除高位奸佞的经典范例。然而在中国历史上，因为"壮于前趾"而出师未捷身先死的例子更多。

奸佞的势力越来越衰弱，清除出局是早晚之事。但是，切莫因为势在必行而掉以轻心，疏忽大意。在与奸佞决断的每一时刻，都要不忘危惧，警惕奸佞的阴谋，防范其随时有可能发动的反击。"惕号，莫夜有戎，勿恤"，是一个充满危惧意识的譬喻：大声疾呼警惕口号，即便暮夜有敌人偷袭，也毋需担心失利。因此，倘若能够处无事若有事，也就能够处有事若无事，虽夜半遭袭，亦处惊不乱，泰然应对。

反之，如果书生意气，缺少"莫夜有戎"的惕惧意识，对高位奸佞缺少应有的警惕，前景堪忧。清朝末年，倾向维新变法的光绪皇帝，多么想把压在他头上的慈禧太后边缘化，以便放开手脚进行变法，让中国跟上时代步伐。1898年，在康有为、梁启超、谭嗣同等人的发动下，掀起了一场称为"戊戌变法"的维新运动，然而，仅仅103天的时间，就被慈禧太后镇压下去，光绪皇帝被囚禁于中南海瀛台，康有为、梁启超外逃法国、日本，谭嗣同等六人被杀头。在这场悲剧中，光绪皇帝一直倚重的新军统领袁世凯，本身就是一个奸佞之徒，关键时刻出卖了光绪，倒向慈禧太后。而正是被推上断头台的谭嗣同，曾极力向光绪皇帝推荐了袁世凯，并在关键时刻将皇帝发动清君侧的宫廷秘令告诉了袁世凯。尽管谭嗣同在狱壁上题下了"我自横刀向天笑，去留肝胆两昆仑"的豪迈诗句，但这位贵公子在真正的政治斗争中却识人不明、举措轻率，不能有效地清除高位奸佞，还世界一个清明。

可见，周文王的"莫夜有戎"的重要性，并不是熟读《周易》的康有为、梁启超、谭嗣同这些书呆子能够轻易消化理解的。

第三节　独行遇雨，若濡有愠

九三、九四爻辞，对身居官位者在清除奸佞中如何作为进行了形象生动的阐述：

> 九三：壮于頄，有凶；君子夬夬，独行遇雨，若濡有愠，无咎。

> 九四：臀无肤，其行次且；牵羊悔亡，闻言不信。

第三爻位这一层次的官员，如何与奸佞决裂，在参与清除奸佞的行动中又当如何表现？在与高位奸佞决断的过程中，最尴尬纠结的往往就是这一类在官场中有一定地位，并且与高位奸佞有着某种牵连交往的人。这类人也明白奸佞应该被清除出局。如果激于公义，扯开脸皮与高位奸佞决裂，便会招致奸佞的憎恨甚至杀戮，必然凶险异常。"壮于頄，有凶"，讲的就是这种情况。如果虚与委蛇，心存决断但不动声色，又会被刚毅的君子误解为其与奸佞妥协，心中难免懊恼。"君子夬夬"，是"壮于頄"的延续，将情绪上的决断转向行动上的决裂。"独行遇雨，若濡有愠"是一个极其形象的比喻，道尽这一类君子在"夬夬"之后的遭遇：单独行走在路上，遇到了一场雨，虽然外面的衣服被淋湿，但是里面还有一件棉絮衣服，因而无妨。这一件能遮风挡雨的棉絮衣服（愠），正是处于九三爻位因而与上六爻位的高位奸佞有千丝万缕联系的君子，内心存在着的那一颗与高位奸佞决断之心。宋代学者朱熹在解读此爻辞时举例说："正如颜杲卿使安禄山，受其衣服，至道间与其徒曰：'吾辈何为服此？'归而借兵伐之，正类此也。"（《朱子语类》卷第七十二）

颜杲卿与大书法家颜真卿同为颜师古五代孙，以文儒世家。安禄山闻其名，把他从专管地方户籍的州县属官（范阳户曹参军)拔擢为常山太守。"禄山反,杲卿及长史袁履谦谒于道,赐杲卿紫袍,履谦绯袍……杲卿指所赐衣谓履谦曰:'与公何为著此?'履谦悟,乃与真定令贾深、内丘令张通幽定谋图贼。"(《新唐书·列传第一百一十七·忠义中》)后因反抗安史叛军,血战六昼夜,井竭,粮、矢尽,城破被俘。颜杲卿惨遭安禄山割肉、断舌,袁履谦亦惨遭安禄山割肉、断手足,两人同时就义。安史之乱平定之后,皇帝颁诏,赠颜杲卿太子太保,谥曰忠节。十几年后,又赠杲卿司徒。后人修史,将这位因"壮于頄"而"有凶"遇难的颜杲卿,写入青史,永垂不朽。

与高位奸佞决断,地位愈高,牵扯愈多,患得患失之念也愈多。于是,在行动上,就难免瞻前顾后、迟疑不决。"臀无肤,其行次且。"屁股上脱了皮,既不能坐下,又不便站起来走路,这是一副坐立不安、举止失措的状态。"牵羊悔亡,闻言不信。"羊牵在手里还怕它逃走,对别人的忠告将信将疑,这是一种缺乏自信、迟疑不决的心态。面对高位奸佞,君子的失措与迟疑显然要导致凶险。镇定与果断,才是高位大臣与高位奸佞决断时的制胜之道。

从坐立不安、举止失措的"其行次且"里,从缺乏自信、迟疑不决的"闻言不信"里,我们似乎感觉到了高层官员在与上位的奸佞小人决断时的那种强烈的忐忑不安的心情。

第四节　苋陆夬夬

本卦最后两个爻辞,是关于身居尊位者与高位奸佞小人决断、高位奸佞终难逃脱被清除命运的形象描述:

九五:苋陆夬夬,中行无咎。

上六:无号,终有凶。

清除高位奸佞之难,在于清除工作的主事者九五之尊与清除对象的关系太近了。按两者的关系,本是至亲至近关系,有如割苋陆草那样,地表的草很柔嫩,稍一用力就能割掉,然而地下的根系却很难除。执掌朝纲的至尊,必须痛下大义灭亲的决心,才有可能将苋陆斩草除根,永绝后患。周武王去世之后,周公旦剿杀两位弟弟之事,可以作为"苋陆夬夬"的一个注脚。

周武王灭纣,建立周朝。封纣之子武庚禄父为诸侯,以续殷祀。考虑到殷之遗民刚归属周朝,人心未定,武王让他的两个弟弟叔鲜、叔度"相禄父治殷",说是"相",实际是"监",怕武庚和殷商遗民视隙作乱。在分封诸侯时,将叔鲜封于管、叔度封于蔡,史称管叔鲜、蔡叔度。几年之后,周武王去世,太子继位,是为周成王。《史记·周本纪》载:"成王少,周初定天下,周公恐诸侯畔周,公乃摄行政当国。管叔、蔡叔群弟疑周公,与武庚作乱,畔周。"本来,周武王派弟弟叔鲜、叔度帮助武庚"治殷",实际是监视武庚、防止其叛周作乱的。如今,他们却帮助武庚,与他一起作乱,背叛周天子。显然,周文王的这两个儿子,怀疑兄长周公旦篡政只是借口,真正目的是看不起少不更事的侄子成王,他们想取而代之。但是,当他们鼓动和帮助刚被推翻的商纣王之子武庚作乱叛周,这就有了性质上的区别,一下子从王叔蜕变成为叛国的奸佞小人。此时,成王还是一个少年天子,做出"苋陆夬夬"、大义灭亲决策的是"摄行政当国"的周公旦。面对两位与纣王之子武庚一起作乱的亲弟弟,他毫不迟疑,也绝不手软,兴师讨伐。经过三年的战争,终于击溃叛军,诛杀武庚、管叔,流放蔡叔。周公之所以毫不犹豫地决定讨伐并诛杀和流放叛乱的亲弟弟,是因为在他的决定和行为中并没有掺杂任何个人的私心和欲念,而是以维护文王、武王仁政基业为唯一目的。这是他的责任。对于周文王的"苋陆夬夬,中行无咎"这一条爻辞,周公心领神会。

有了这一爻辞,周公才毫不犹豫、理直气壮地去讨伐并不顾世人非议诛杀、流放自己的亲弟弟。对他来说,这一举措只是"无咎",然而对于初定天下的周王朝,对于天下苍生来说,这是何等重大之事,用"元吉"作为断辞,也不为过。后来的易学家王弼却认为:"以至尊而敌至贱,虽其克胜,未足多也。处中而行,足以免咎而已,未足光也。"(《周易注》)与九五爻辞的断语保持一致。

既然连至亲至近的当国至尊都下了"苋陆夬夬"的除奸决心,并且以"中行"的姿态大义灭亲,高位奸佞自然也就走投无路,"无号"即哭喊求饶都已无济于事。"终有凶",无论怎样延缓,终究厄运难逃。这是上六爻所象征的高位小人的必然结果。

纵观与奸佞小人决裂的整个过程,下层的除奸热情很高涨:又是"壮于前趾",又是"惕号";到了官场,便开始有了"独行遇雨"的不爽遭遇,"臀无肤"的坐立不安,"牵羊悔亡"的患得患失。一直到了上层至尊位,由于痛下决心,采取快刀斩乱麻的"苋陆夬夬",高位奸佞才得以清除。

本章思考题

1. 《夬》卦提出了哪两条清除高位奸佞的方法?
2. 为什么初九爻辞不赞成"壮于前趾"?
3. "若濡有愠"中的"愠"是何含义?
4. "苋陆夬夬"譬喻什么?

第四十四章 《姤》卦

姤:女壮,勿用取女。

初六:系于金柅,贞吉;有攸往,见凶,羸豕孚蹢躅。

九二:包有鱼,无咎,不利宾。

九三:臀无肤,其行次且,厉,无大咎。

九四:包无鱼,起凶。

九五:以杞包瓜,含章,有陨自天。

上九:姤其角,吝,无咎。

《周易》第四十四卦《姤》,是关于正人君子如何防范邪恶及身的阐述。

第一节　女壮勿娶

姤:女壮,勿用取女。

在中国传统习俗中,一个男人明媒正娶三房四妾,或周旋于一群女人之间,这叫作本事,或叫作风流;若是著名才子,则在风流之后再加两个字,叫作风流倜傥,颇有羡煞旁人的感觉。但是,倘若一个女人拥有几个"面首",或者与多名男士有爱情交流,不论她地位高低,都要被视为淫乱,或叫作淫荡。高者如武则天,低者如潘金莲。

《姤》卦初爻为象征女性的阴爻,上面五个均为象征男性的阳爻,该卦便成为一女追五男之象,一女周旋于五男之象。即便是在三千多年前，这也是不能被世俗接受的现象，贤明如周文王，也认为此女过壮，不能娶为妻子："女壮，勿用取女。"《易传·彖》首先解释为不可以娶壮女："'勿用取女'，不可与长也。"孔颖达顺着"不可与长"进一步解释："女之为体，婉娩贞顺，方可期之偕老；淫壮若此，不可与之长久，故勿用娶女。"（《周易正义》）宋代的朱熹面对"女壮"，也持相同看法："遇已非正，又一阴而遇五阳，则女德不贞，而壮之甚也，取以自配，必伤乎阳。"（《周易本义》）为什么女子壮实，就是淫壮，就是女德不贞？

　　崇阳抑阴，在这里得到了充分的想象与发挥。在周文王及以后的注疏者眼里，初六爻所象征的女人虽然地位很低、力量也小，但是从发展趋势来看，会在不断削弱阳刚的过程中得到壮大。女壮，不是指当下，而是指发展趋势。所以，本卦的重心在防范，在增强防患于未然的意识。

　　对于《姤》卦内涵的价值评判，易学史上多有因为引申之义生发的讨论。最先提出引申义的是《彖》辞，在对卦辞"勿用取女"做了"不可与长"的释义之后，又做出一百八十度转弯的议论："天地相遇，品物咸章也；刚遇中正，天下大行也。姤之时义大矣哉！"为什么从否定一下子转变为肯定，而且是高度肯定呢？魏晋时的王弼很谨慎，未加解释。唐代奉旨作疏的孔颖达，不能无视这个坎，进行了详细的分析，认为这个转弯，是脱离了一女遇五男，仅围绕男女相遇之"遇"，博而言之，男女相遇的重要性，如同天地相遇："孔子更就天地叹美遇之，为义不可废也。天地若各亢所处，不相交遇，则万物庶物无由章显，必须二气相遇乃得化生，故曰天地相遇，品物咸章。"接着又解释说："若刚遇中正之柔，男得幽贞之女，则天下男女之化乃得大行也。"（《周易正义》）原来，这个转变是从事物的另一个方面引申的议论：如果阳刚男子遇到中正柔顺的幽贞之女为妻，那是一个多么理想的际遇，多么有利于人类社会的发展。《彖》辞最后说"姤之时义大矣哉"，就是在这样的理想之下发出的感慨。

其实，不能娶淫壮女人为妻，只是一个类比。如同《夬》卦的上六爻象征高位小人一样，本故事中的初六爻，象征低位小人。此小人虽然位卑，却有很大的发展空间，君子必须时时处处提高警惕，防患于未然。

孔子及以后的一些儒学大师，仅仅局限在譬喻中的男女相遇问题上议论和感慨其"时义"，似乎有些偏离了周文王设《姤》卦的本义。

第二节　系于金柅

初六、九二两个爻辞，讲述了要对尚处于弱势的宵小之辈保持高度警惕：

初六：系于金柅，贞吉；有攸往，见凶，羸豕孚蹢躅。

九二：包有鱼，无咎，不利宾。

金柅是车闸，羸豕是小猪。故事一开始，就用车闸和小猪譬喻。

有一句古谚语："月晕而风，础润而雨。"见微即应知著，防患应于未然。初爻是"潜龙"阶段，是积聚力量以求他日发展的初始时期，因而有"勿用"之诫。小人势力的形成，同样如此，也有一个悄然积聚力量，尽可能隐蔽自己，静待时机成熟，以求一逞的用心。所以，阳刚的君子，对阴柔小人的戒备，要在其未形成势力之前，就积极采取措施予以遏制，才能确保正道的健康发展。

然而，人们却往往会忽视那些力量微弱、处于最底层的小人，以致任其发展，一旦形成势力，后患无穷。所以，要及时采取措施，遏制小人势力的发展。"系于金柅"是例说：给车辆安装坚实的车闸。车辆靠轮子行动，车辆若没有安装车闸，或者车闸失灵，谁也不敢动用这辆车。原因很简单，失控的车辆，随时都有车翻人亡的危险。"贞吉"，指给壮实女子以制约的机制，树立正确的合乎礼制习俗的婚姻观念,心系一个男人。如果像没有车闸的车子那样,没有节制的机制,壮实的女子"若不系于一而有攸往行,则唯凶是见矣"(孔颖达:《周易正义》)。"羸豕孚蹢躅",是紧接着的又一例说:小猪虽然羸弱,也有一颗蠢蠢欲动之心。猪是任人宰割的动物,何况又是雌的小猪,其羸弱令人可怜,却也有蠢蠢欲动的不安稳之念。止恶于未然,不因未成而不为;防患于未然,不因弱小而忽视。

"系于金柅"则吉,不加制约则凶。这是两个比喻所展示的不同结果。

第二个爻位是一个力量积聚过程中"利见大人"、争取外界帮助的时期。力量积聚尚嫌不足的小人,处在这一时期,尤其需要来自阳刚朋友的支持帮助。阳刚的九二是近邻,便成为初六这个小人争取帮助的首选对象。这样,本来已经有些积累而仍需争取"大人"帮助的阳刚九二,因为帮助初六这个本不应该帮助的小人,而削弱自己。所以,尚处在力量积聚阶段的君子,对于处境卑微、力量羸弱的小人,不可产生同情怜悯之心。如若不然,不仅自己的平静生活要受到影响,甚至会发生危及性命的重大祸患。"包有鱼,无咎,不利宾",是一个日常生活类的例说:厨中有鱼,无忧无虑,应该达到了小康水平。宾是客人,即相邻的"女壮"。这位阴柔客人善于削弱阳刚朋友,所以小康之家一旦交上这位"宾",结果一定会"不利"。

第三节　庖厨无鱼

本卦中间两个爻辞,讲述了具有一定社会地位,甚至很高社会地位的人,如何防范和抵御阴柔小人的腐蚀:

九三:臀无肤,其行次且,厉,无大咎。

九四:包无鱼,起凶。

有了一定地位的人，自然会成为"女壮"贴近、腐蚀、拉拢的追逐对象。这是小人能够更快地壮大其力量，扩大其势力的最佳途径。本来至阳至刚的正能量不断被侵蚀变小的过程，同时也是阴邪的能量渐渐生长和变强的过程。阴阳对立的双方，便在此消彼长的过程中发生改变。在这过程中，阴长阳消的最大原因，不是阴邪势力本身的积聚，而是本来正能量的"君子"，腐化成为了邪恶势力，从阴邪帮凶转化成为阴邪主体，断绝了复归正道的回头路。因此，拥有一定社会地位的"君子"，如程颐所讲的刺史、郡守这样的人，务必坚持正道，洁身自好，宁可在官场之中有些孤独，也要持守"世人皆浊我自清"的品性，不受阴邪蛊惑，不与小人结伴。"臀无肤，其行且次"，本来是《夬》卦九四爻辞中的比喻，周文王又一次移用到了本卦九三爻辞中来，其意至深：居则难安，行则难进。即便到了如此孤独无援的危殆之境，也绝不与阴邪宵小之辈同流合污。在《夬》卦，是关于高位官员与奸邪小人决断时的纠结心情的写照；在这里，是对地方官员拒腐蚀时所面临的心理描述。两处都是坐立不安，前者面对的是来自高位小人的压力，后者面对的是来自下位小人的腐蚀。值得思考的是，周文王给予后者的断语是："厉，无大咎。"意思是说，拒绝来自下位小人的腐蚀，同样会暗藏凶险，但是，坚持这种正人君子的处世之道，一辈子都不会有大错误。

九四爻与初六爻本来就具有对应关系，如同原配夫妇关系，初六依靠九四是天经地义之事。本来这一对男女相遇，如同天地相遇品物咸章，一定家和万事兴。奈何初六不是贤妻良母，而是一位人尽可夫的壮实女子，以致家道衰落，到了庖厨中无鱼的地步。当然，这些只是比喻。真实要说的是，位高权重者一旦成为"女壮"的俘虏，被阴邪宵小所惑所控，阳刚的减损就成为必然的结果。地位再高权力再大，也将被剥落殆尽，走上"包无鱼"的穷途末路。

当然，位高权重者因为来自下层小人的腐蚀而导致"包无鱼，起凶"后果的，不仅来自壮实的妻子和奸佞贪婪的助手，还来自形形色色的宵小之辈的诱惑与腐蚀。庖中无鱼只是一个比喻，给予人的警示是：无论身居何等高位，都不能因为接受了一时的享乐而陷入困境。"起凶"，对于拥有相当高位的人而言，意味着从高山之巅跌入万丈深渊，一辈子努力都将付诸东流。

关于"包无鱼，起凶"这段故事，从早期儒家开始，许多大儒似乎不是如上面这般解读的。《象》辞的解读是："无鱼之凶，远民也。"王弼顺着这根线详细解读道："二有其鱼，故失之也。无民而动，失应而作，是以凶也。"（《周易注》）因为鱼（指初六爻）已为九二爻所有（九二爻辞"包有鱼"），因而九四爻失去了鱼。九四爻失去相应的初六爻，成为没有民众基础的高官，任何行动都会有凶险。这样的解读，离开了初六爻是一个"为壮至甚""人尽夫也"的壮实女子这一前提，转换成了一般民众这一角色，故有替换概念之嫌。难怪朱熹在给学生讲解这一爻辞时说了这样一句话："'包无鱼'，又去这里见得个君民底道理。"（《朱子语类》卷第七十二）当然，九四爻也不是君而是臣。

第四节　以杞包瓜

本卦最后两个爻辞，讲述了处在尊位的君子，应该如何处理"女壮"问题：

九五：以杞包瓜，含章，有陨自天。

上九：姤其角，吝，无咎。

君子对于小人的防范与制裁，尤其是居于九五之尊的贤明之君对于最底层的宵小之辈的措置，既要有防微杜渐的政策措施，又要坚持公平中正的原则，不能完全依仗手中权力以恶制恶，而应该不露锋芒，耐心等待时机，令其随着自然法则的作用而销声匿迹。"以杞包瓜,含章,有陨自天"是一个形象生动的比喻,杞是指用杞柳条编织的筐子,瓜是指甜美而容易腐烂的甜瓜,所谓"以杞包瓜",就是用杞柳筐将甜瓜装在里面,不让甜瓜显露出来("含章"),任其自然烂掉。

这个比喻所蕴含的内容,对来自下层的以壮实女子为喻的小人行径的处置,似乎很有分寸。对待这样一种具有诱惑力和腐蚀性的负面势力,似乎还没到严惩甚至杀头的地步,只需要保持警惕,制订一些必要的防范措施,在可控的状况下,任其自生自灭。

用味道甜美而有诱惑力又容易腐烂的甜瓜,类比性感而有诱惑力的壮实女子,显然能使人联想到两者之间的共通性。然而,后来的一些易学家,却将比喻中"以杞包瓜"中的动词"包"与名词"瓜"合为一名"包瓜",又根据《论语·阳货》中的"吾岂匏瓜也哉?焉能系而不食?"认为此处的"包瓜"即是属于葫芦一类不能食用的"匏瓜"。对于这一段比喻的解读,也就全然不同了。姤之色彩,难免淡化。

至尊的君子,将充满诱惑力的甜瓜装进杞柳筐,任其自然消亡,可见其不接受小人诱惑的态度十分明确。

不接受"女壮"的诱惑,不等于不接近"女壮"。君子对待小人的态度,不应采取远远躲避的办法,而应接近她,然后设法感化她,或者阻止她。如果因为小人的损人行为而采取远离的极端态度,虽然未必可取,但也不能视为过失,这就是周文王所说的"吝"但是"无咎"。在我国历史上,对于那些愤世嫉俗、不愿与小人为伍而远离俗世的逸民、高士,一直存在两种不同的看法。一种持赞美的看法,认为这种人不与小人同流合污,值得推崇;另一种持批评的态度,认为这种人太重视和珍惜自己的物质生命,对人类全体的生活漠不关心,丝毫没有服务的观念。"吝",即是对遁世高人的批评。不管怎样,这也算是正人君子防范邪恶及身的一种办法,一种消极应对的办法。

本章思考题

1. "勿用取女"隐喻了什么理念?
2. "系于金柅"告诉人们什么道理?
3. 九四爻辞"包无鱼,起凶"向人们告诫什么?
4. "姤其角"是什么意思?

第四十五章 《萃》卦

䷬ 萃:亨,王假有庙,利见大人,亨,利贞;用大牲吉,利有攸往。

初六:有孚不终,乃乱乃萃;若号,一握为笑;勿恤,往无咎。

六二:引吉,无咎;孚乃利用禴。

六三:萃如嗟如,无攸利;往无咎,小吝。

九四:大吉,无咎。

九五:萃有位,无咎,匪孚,元永贞,悔亡。

上六:赍咨涕洟,无咎。

《周易》第四十五卦《萃》,是关于人类群体聚集、人才荟萃的一系列基本原则的叙述。

第一节 情同乃聚,气合乃群

卦辞以祭祖譬喻,开始了对《萃》卦的内涵阐述:

萃:亨,王假有庙,利见大人,亨,利贞;用大牲吉,利有攸往。

萃为聚义。所以,故事的宗旨,讲人类群体聚集的原则。

在古代社会,人们群体聚集的原因,是祭天、祭地、祭祖,其中最多的是氏族祭祖。自从有了祠堂家庙,除了祭祖之外,也是氏族中人聚集在一起议决一切重大事情的场所。《易传·彖》对这种群体聚集,做了一个评价:"观其所聚,而天地万物之情可见矣。"魏晋学者王弼,对这种共同血脉、共同信仰、共同利益的聚集,做了这样一番剖析:"方以类聚,物以群分;情同而后乃聚,气合而后乃群。"(《周易注》)

个体的人,只有聚集起来,形成合力,才能轰轰烈烈地干一番事业。聚集的目的必须合乎正道,聚集的人都应该一心一意,始终如一;聚集在一起的人,应该互相信任,真诚相处,尤其身居高位的人应尊重自己的追随者;相聚在一起,应相互包容、相互激励,不应相互挑剔抱怨;相聚的愿望是否真诚,需要实践检验;处于领袖地位的人,应该注重以自己的德行感召民众,将民众紧紧团结在自己的周围;在群体中,不可孤高自负、脱离民众,发现缺点及时反省纠正,将自己的力量融汇到集体的事业中去。

聚集是一件好事,人才荟萃,可以成就大事。但是,需要有两个前提:一是动机是否合乎正道;二是领导人是否贤德,即《周易》所讲的"大人"。

动机合乎正道,聚集的人越多,健康力量就越大,社会的发展就越快。动机不合乎正道,就是一群乌合之众;聚集的人越多,对正义事业的危害就越大。20世纪出现的德国法西斯、日本军国主义,最为典型,都是在某种信仰之下聚集起来的社会群体,因为他们的动机不合乎正道,聚集的后果是给人类的进步造成了巨大破坏,给人类的生存带来了巨大灾难。

领导人贤德,聚集的群体就会形成一股合力,成为社会稳定和健康发展的重要保障。领导人能力弱、道德差,人群聚集越多则危险性越大。正如宋代学者程颐所说:"天下之聚,必得大人以治之。人聚则乱,物聚则争,事聚则紊。非大人治之,则萃所以致争乱也。"(《周易程氏传》)

幸而,周文王早就已经设定了一个人才荟萃的理想场景:第一,人才聚集的地点应该在祖庙里。为什么要放在祖庙?朱熹理解:"庙所以聚祖考之精神,又人必能聚己之精神,则可以至庙而承祖考也。"(《周易本义》)第二，人才聚集之时，其中必须有"大人"做领袖，方能确保"亨，利贞"。这是聚集共事顺畅、事业进展合乎正道的保证。第三，要用大牲口作为祭品，即仪式要隆重。这是聚会之人敬重神灵、敬畏天命的一种真诚表达。

第二节　引荐人才

最初两个爻辞，是关于聚集起点以及聚集途径的叙述：

初六：有孚不终，乃乱乃萃；若号，一握为笑；勿恤，往无咎。

六二：引吉，无咎；孚乃利用禴。

物以类聚，人以群分。既然走到了一起，表明意气相投，即王弼所说的"情同而后乃聚，气合而后乃群"，理应坚持正道永结至好，切不可互相猜疑影响团结。如果志同道合之心不能贯彻始终，必然会扰乱正常的聚集，瓦解相互间的信任，消耗群体的合力。根据爻象出辞，初六爻与九四爻属于"正应"关系，但是下位的初六爻自己有自卑感，缺乏与九四爻相应的信心，既想与九四爻会聚，又认为九四爻与相近的六三爻密切，总是心怀芥蒂。这种心理状况，就是初六爻辞说的"有孚不终"。由于对相聚的群体中人心存芥蒂，缺乏应有的信任，不仅不能遵守同道互信的原则，更是将相聚中人视为竞争对手，形成"乃乱乃萃"的状态。这种状态，显然与萃的基本原则"情同乃聚、气合乃群"是相悖的。

因此，一旦产生猜忌，就要及时沟通，消除误会，重建情同气合、互信互助的群体关系。如果从聚集之初就开始陷入相互之间的猜疑不信任而不能自拔，甚至将这种与聚集原则相悖的情绪通过言行宣泄出来，这种纠缠于小事而不能自拔的行为，其实是一种懦弱的表现。误会是聚集过程中难免的事情，不要因此而忧虑；记住教训，以后的道路上就不会重犯这种错误。

"一握为笑",究竟是纠缠于小事的不豁达惹人耻笑,还是一笑了之不计前嫌的大度气概,颇有异议。难怪宋代学者朱熹在学生面前说了这样一句话:"不知如何地说个'一握'底句出来。"(《朱子语类》卷第七十二)

人才荟萃,引荐是一种重要方式,并且这种方式具有相当的可靠性。可靠性来自于引荐者的真诚,更来自于求贤者的真诚,是真诚影响了引荐者,更打动了贤者之心。"孚乃利用禴"是一个比喻,本意是:只要心诚,薄祭也能得到神的福佑。这里的喻义是,只要有诚信,菲薄的待遇也能得到贤能之士的聚会帮助。楚汉相争时的韩信,是由于张良的引荐,才来到汉王刘邦的团队中,开始时因为没有出示张良的推荐信,遭遇了刘邦的冷待。韩信负气离开后,萧何连忙追赶劝归,韩信这才出示张良的推荐信,得以登台拜将,成为刘邦这个团队中的核心成员。《三国演义》中刘备"三顾茅庐",请诸葛亮出山共谋三足鼎立大业,也是由一位名叫徐庶的文化名人所推荐,然后又以刘备的诚意,将诸葛亮请出了隆中,聚会于新野。

引荐,确实是人才荟萃中的一种方式。有了这种方式,人才荟萃就打破了原有族群的封闭圈子,而使聚集的群体添加了新的活力,无疑是一件大好事,所以,周文王给引荐人才的价值评判是"引吉"。一个需要贤能之士相助的群体,只要有一颗竭诚欢迎、真诚相待的心,引荐而来的人才,一定能留得下来,壮大他们的队伍、发挥他们的作用。

高调评价"引荐"人才的周文王,大概没有想到,八百年之后有一个名叫毛遂的人,居然还上演了"自荐"人才的精彩一幕。

第三节 不容犯错的"大吉"

本卦中间两个爻辞,讲述了居于一定地位的贤能之士和位

高权重的辅弼大臣,在人才荟萃的进程中,应该持有的态度及其所应发挥的作用:

六三:萃如嗟如,无攸利;往无咎,小吝。

九四:大吉,无咎。

六三爻,阴爻居阳位,为不中不正之象。一个具有较高地位的人,倘若表现出不中不正的气象,难免遭人物议;作为群体中人,不免有耻与为伍的不适感觉,在群体中产生"萃如嗟如"的状况。

人才荟萃,不可能十全十美、人人都是理想中的伙伴。所以,求大同存小异,是人才荟萃题中应有之义。离开了求同存异,人才荟萃就是空中楼阁。"萃如嗟如",是荟萃中的一种不协调之音。因为人与人之间有所差异而挑剔抱怨、唉声叹气,显然是一种错误观念造成的不健康情绪,不利于聚会所期待的事业之发展。

就人才本身而言,无论原本就是群体中人还是被引进的人才,当在族群中的地位上升到了一定的高度,发现本来应该给予自己支持帮助、为自己创造发展空间的领袖人物,其实并不如期待的那么强大有力,于是便一味感叹自己遭遇之不幸。这样一种情绪,无论对于群体的提升还是个体自身的发展,都是不利的。与其停步埋怨叹息,还不如向前看往前走,在前进中改善环境,改变自己对环境的适应,正视所遭遇的缺憾。调整心态,融入群体,也是荟萃的题中应有之义。

在人才荟萃的群体中,有辅弼之材的人也便有了施展才能的机会,紧随领袖左右,建功立业。例如,西汉第一位丞相萧何,在秦王朝时期,只是沛县衙门里的一个"吏掾"。刘邦起事、逐鹿中原,萧何成为刘邦群体中的二号核心人物,"为丞督事",确保刘邦的军事行动顺利推进。其中的一大功劳,便是极力推荐韩信,促成其登台拜将。刘邦称帝之后,萧何列为第一功臣,唯一享有"赐带剑履上殿,入朝不趋"的待遇。

在人才聚集过程中,参与决策并辅助领袖发现人才、招揽人才、团结人才、任用人才的高层骨干,往往因为与人才之间的距离近、关系紧密,在高位却非尊位而得民众之心,难免会遭受领袖猜疑。所以,每做一件事,都要尽善尽美。一方面,建功立业、封妻荫子,是"大吉";另一方面,在疑危处境下只要能平安无事、"无咎"便是最好的结局。仍然说说西汉王朝的第一位丞相、第一功臣萧何。据《史记·萧相国世家》记载,他多次面临危机,幸而有人提示,才得以"无咎"。第一次危机发生在楚汉相争时期,刘邦屡次派人为难在后方安抚民众、筹集军饷的萧何。一位姓鲍的朋友提示他:"王暴衣露盖,数使使劳苦君者,有疑君心也。为君计,莫若遣君子孙昆弟能胜兵者悉诣军所,上必益信君。"于是,萧何听从其言,将家里几十个能上阵打仗的子侄兄弟,全部送去前线。刘邦这才消除后院失火的疑虑。

刘邦称帝之后,第一功臣萧何更是危机不断。陈豨反叛,刘邦亲自出征。此时韩信也在关中谋反,吕后采用萧何计谋诛韩信。刘邦得到韩信已诛的报告后,"使使拜丞相何为相国,益封五千户,令卒五百人一都尉为相国卫"(《史记·萧相国世家》)。众官都去道贺,只有一个名叫召平的人感觉有异,悄悄对萧何说:韩信新反于汉中,刘邦开始怀疑你了。给你安置这么多卫兵,可不是宠你。建议你赶快推掉这封赏,将家里所有的钱财都拿出来佐助军队,刘邦高兴,你的危机也就解除了。萧何只得听其计,破财消灾。

第二年,黥布也反叛了。刘邦"自将击之,数使使问相国何为"。"大吉"之后的萧何,一直处于这样的高危境地;"无咎",已成为他唯一的心愿。可是他还是犯错了。有一次,因为上林多空闲之地,萧何便向刘邦请示,让周边的老百姓"入田"谋生计。刘邦大怒:"相国多受贾人财物,乃为请吾苑?"当即将萧何投入狱中,"械系之"。后经人说情,总算获释。年事已高的萧何,赤着脚,走到刘邦那里,谢他的不杀之恩。

九四爻辞"大吉,无咎",言简;化为实际,内涵又是如此丰富。

第四节　尊位思悔

本卦最后两个爻辞,是关于处在领袖地位的人,怎样才能使得人才和民众始终如一地聚集在自己的周围,合力做一番事业:

九五:萃有位,无咎,匪孚,元永贞,悔亡。

上六:赍咨涕洟,无咎。

在济济人才汇聚在一起共谋大业之际,对于这个高素质群体的领袖人物,无疑是一次挑战和考验。不要以为掌控了最高的权力,就可以为所欲为。无论是在战争年代,还是在建立政权之后的和平时期,领袖所面临的来自群体内部的压力,远比别人大。所以,即便站在了群体的至尊位上,仍然不能放松自己,不能出任何错误,尤其不能犯失信于一众贤能的错误。"无咎"是底线,"匪孚"即不守信用,是底线的一个关键点。

至尊的"有位"而"无咎",与位高权重者的"大吉"而"无咎",是相同的道理。"大吉"而"无咎",我们以萧何为例;"有位"而"无咎",我们可以刘邦为例。刘邦气壮如牛,什么人都被他呼来唤去,随意升降杀戮。其实,韩信、卢绾、陈豨、黥布等一众大将重臣,对他形成的压力甚至威胁,时时令他坐卧难安。甚至一同起事的患难之交萧何,也一直是他内心深处视为重要威胁的人物。如此猜忌,是他长期处在生死边缘的直觉,并非全然是无端猜忌。例如,在战争的紧要关头,拥兵自重的韩信突然提出当"齐王"的要求。他勃然大怒,但在张良的劝说下,还是顾全大局,违心地满足了韩信的要求。他又几次三番逼迫萧何将子弟悉数送上战场,将他的私家财产"佐军",都是"有位"之后的压力使然。刘邦也想处事"无咎",但是这位高阳酒徒出身的君王无法完全做到。压力产生的猜疑,使他超越了底线,犯了"匪孚"这一大忌。于是,一幕又一幕离他而去的反叛悲剧,在他进入高龄阶段时频频发生:"汉十一年,陈豨反,高祖自将,至邯郸";"汉十二年,黥布反,上自将击之。"连已经被软禁在关中的韩信也要谋反,被吕后诛杀。刘邦镇压掉黥布之后,干脆把萧何也关进了大牢。即便刘邦死后,官居太尉的开国元勋卢绾也叛离汉朝,亡命匈奴。"匪孚",无疑是"有位"者的大忌。

处于领袖地位的人,凭借地位权力,一呼百应并不困难,难的是使民众、使贤能之士从心底里信服。因此,居于领袖地位的人,应注重德性修养,不是以自己的地位,而是以自己的德行感召贤能、号召民众,他们才会真诚如一地聚集在自己周围,合力投身于伟大的事业。

久处于领袖地位的人,倘若遭遇了贤能的背离、民众的遗弃,不应该躲在屋子里"赍咨涕洟",唉声叹气流眼泪,而应该深刻反省,尽快找出原因,究竟为什么自己会处于孤独之境;及时补过,求得贤能与民众的谅解,汇入到济济人众中去。

总之,如同"王假有庙",用大牲口祭祀祖宗、神灵那样,萃的主事者倘若能够怀着同样敬重、同样敬畏的心,对待汇聚而来每一位贤能之士,那么还有什么正事、大事不能如愿以偿?

本章思考题

1. 为什么《萃》卦卦辞中"用大牲吉"?
2. "一握为笑"的本义究竟是什么?
3. 九四爻辞是如何表达其忧患意识的?
4. 上六爻辞"赍咨涕洟"譬喻何义?

第四十六章 《升》卦

☷☴ 升：元亨，用见大人，勿恤，南征吉。

初六：允升，大吉。

九二：孚乃利用禴，无咎。

九三：升虚邑。

六四：王用亨于岐山，吉无咎。

六五：贞吉，升阶。

上六：冥升，利于不息之贞。

《周易》第四十六卦《升》，是关于光明正大地攀升进步的原则和方法。

第一节 柔以时升

升：元亨，用见大人，勿恤，南征吉。

升：攀升。按唐代学者孔颖达的说法："升者，登上之义。"（《周易正义》）按宋代学者朱熹的说法："升者，进而上也。"（《周易本义》）所以，《升》卦与《晋》卦的晋升、《渐》卦的渐进之义相近，而在侧重点上有所不同，特点即在攀升前进。攀升是一件好事，但是有两点要把握好：

一是要争取"大人"的帮助。这里说的是"用见大人"，而不是别处说的"利见大人"。"用"与"利"的区别可能在于："利"是间接的支持帮助，例如通过帮助创造条件、引荐、提供机会等，使受益者得以顺利成长和发展,至于能否成功,还需本人努力。"用"则是直接的支持帮助,即俗称的"派上用场",例如审批擢升、安排岗位、提供资助等,直接让受益者实现目标。清末著名实业家张謇高中"状元",就是典型的"用见大人":张謇是江苏人,1889年第一次进京参加会试,主持会试的两位江苏籍权臣翁同龢、潘祖荫便商量,让同乡张謇当状元,于是从考卷中挑出估计是张謇的一份试卷,谁知判断错误,让一位姓刘的考生中了状元。1892年,又到了会试期,尚未开考,主考官翁同龢就内定张謇为状元。吩咐几位阅卷官找出张的试卷。结果又一次判断失误,让一位姓陶的考生得了便宜。几次阴差阳错,最后一次,通过种种办法,终于找出张謇的试卷。又与其他几位试考官谈判,总算将状元的名额给了张謇。翁同龢、潘祖荫这种直接将张謇送上状元宝座的行为,便是"用见大人"。在中国官场上,此类"用见大人"的事情比比皆是。

　　如果定位于仕途方面的地位攀升,"大人"就是那些位高权重的王公显贵,在你的地位不断攀升的过程中,需要他们的鼎力支持、真诚帮助;如果定位于道即认识和把握世界的能力的提升,"大人"就是那些德高望重的圣贤之士,你的学识提升、智慧王冠的摘取,需要圣贤的教诲熏陶、点拨指导。

　　二是在方式上要光明正大。攀升前进只有光明正大,才会有好的结果。"南征"是一个例说。按文王八卦方位图,南为离为火,象征光明;按中国传统地图方位,上南下北左西右东。"南征",就是光明正大地向上攀升。仕途如此,做学问也如此。

　　《升》卦上坤(☷)下巽(☴),坤为土,巽为木。木在土下是嫩芽,需要一点一点积聚能量,才能破土而出。一旦破土,又开始一步一步积小而大成的攀升。始于细微,成于高大,当人们仰望参天大树、千年古树的时候,可曾想过大树古树在攀升过程中经历了多少狂风暴雨的磨砺?可曾联想过历史上的伟大人物的成长,同样是一点一点积聚力量,始于细微,成于高大?

《易传·象》对《升》卦卦象的解释是:"地中生木,升;君子以顺德,积小以高大。"后来的朱熹由此联想到人的做学问:"木之生也,无日不长;一日不长,则木死矣!人之学也,一日不可已;一日而已,则心必死矣!"(《朱子语类》卷第七十二)

攀升与晋升有一个共同点:用柔。虽然在《升》卦的卦辞中没有揭示,但是遇阴则"吉",明白地做出了交待。因此,《易传·象》在揭示《升》卦本质时,言简意丰地说道:"柔以时升。"

一是用柔,二是要把握准时机,才能升进。

第二节　诚信与攀升

初始两个爻辞,讲述了诚信是攀升初期最重要的素质培养:

初六:允升,大吉。

九二:孚乃利用禴,无咎。

不纳细流,难以成江海;不积抔土,难以成高山。成功人士在出道之初,往往都是一个势不强力不足的细弱之辈,这一时期的攀升进步,需要与同道中人形成合力,携手共进,尤其是要紧紧追随同道中的前辈人物,因为这些人不仅有力量,更富有经验。

植物种子播于地下,往往不是孤单一粒,而是数粒聚于一处,然后合力顶破泥土表层。《泰》《否》两卦的初爻有"拔茅茹,以其汇"的例说,讲的也是合力问题。初爻往往含有积聚力量之义,而积聚力量又往往是指个体力量的日积月累,如"潜龙勿用"。合力,则是积聚力量的又一种形式,如现代人经常唱的"团结就是力量"。"拔茅茹,以其汇",是自然界中的一种合力表达。而本故事一开始就讲的"允升",也是"合力"的一种表达,但是这一合力,是助推初六爻上升的合力:初六爻以柔顺获得九二爻、九三爻两阳刚上位的援手提携,共同攀升。因为是获得了上位强者的助推,是"好风凭借力"的攀升，所以虽处于初爻而毋庸"勿用"，而是当升则升。弱者以低姿态的柔顺，亦步亦趋地跟随阳刚高位者，原本就是一种正确的攀升方式，所以，周文王给予"大吉"以充分的肯定。

在争取高位支持帮助时，个体的诚信至关重要。在攀升的进程中，时时处处都须有一颗至诚至信之心。尤其是在"利见大人"的第二个爻位阶段，诚信尤为重要。

诚信不是一种形式，而是一种发乎内心的态度。随着攀升高度的进展，人的诚信也越来越重要。"孚乃利用禴"这个比喻，同样出现在《萃》卦的六二爻辞中。在引进人才时，需要上位者有一颗求贤若渴的诚信之心，如"三顾茅庐"的刘备。禴祭的比喻在本卦中的又一次出现，是在强调攀升初期处于下位的寻求帮助者的诚信之心。只要心怀诚信，就像薄祭也能获得神灵福佑一样，冀求攀升的人也同样能获得上位者的赏识提拔。尤其面对性格柔和、处事不偏不倚的君主，要想获得其赏识升擢，虚文修饰无济于事，赤胆忠心、办事效率才是最重要的前提。

每当讲到诚信这个话题时，周文王总是喜好用祭祀作为比喻。九二爻用"禴"即薄祭为例子，是因为诚信在"升"即攀升过程中的作用非同一般。随着本卦中爻位的上升，还可以在不同时段里看到以祭祀为比喻，阐说诚信在攀升中的重要作用。

第三节　升虚邑

本卦中间两爻之辞，仍然以比喻的方式，阐说已经升入高位的官员，如何继续奋斗，继续向上攀升：

九三：升虚邑。

六四：王用亨于岐山，吉无咎。

九三爻阳爻阳位，阳刚之气满溢，自强精神充沛。与之相应的上六爻，位高而性柔，充满阳刚的九三爻，必然能被柔和的上六爻所接受，因而不仅其上升渠道畅通，上升空间也很大。

凭着一颗至诚之心，既取得了同道中人的信任，又获得了最高领导的赏识，攀升前进的道路上已无任何障碍，正是自强不息的君子抓住机遇，"终日乾乾"，勇往直前的大好时期。攀升既要用柔，即掌握柔进之道，同时也要用刚，机会面前，当进则进。无论是仕途的攀升，还是学问的精进，关键时刻都需要"升虚邑"那样的气概，如入无人之境，勇往直前。宋代教育家朱熹，经常用"升虚邑"即如入无人之境的勇决，来形容读书做学问所应该达到的境界："读书理会义理，须是勇猛径直理会将去。正如关羽擒颜良，只知有此人，更不知有别人，直取其头而归。"（《朱子语类》卷第五十二）朱熹这一很有画面感的叙述，充满了九三爻的那种阳刚之气。

自古以来，读书人的勇决，往往不亚于战将的勇决，如"悬梁刺股"，非逞一时之猛，而需穷年累月。战国辩士苏秦最终能够攀升至腰挂六国相印的高位，显然得力于他的"闭室不出，出其书徧观之""伏而读之，期年以出"（《史记·苏秦列传》）的勇决功夫。

如此勇决，必达目标，结论不言自明。但是，九三爻辞却没有做出吉凶断语。究其原因，九三爻的阳刚之性与《升》卦的用柔不用刚之性有矛盾。已经攀升到较高地位的君子，即便能被至高位的君主所接受，但是，充满阳刚的性格，在继续攀升的进程中仍然存在着不确定因素。因此，不下吉语断定，实为忧患意识的一种特殊表达。即便有如入无人之境的气概，也应该保持一份忧患意识。

随着社会地位的进一步攀升，对上级的柔顺与诚敬，愈发显得重要。尤其攀升到了君王之侧，辅佐君王临政，更须柔顺、更须做事到位。六四爻的阴爻阴位之象，正是这一秉性的表现，完全符合高位者的攀升原则。因为已经到达了很高的地位，成为利益集团的重要成员，"孚乃利用禴"的方式已经明显不合适，代之而用的方式应该是"王用亨于岐山"，要像君王在岐山祭祀神灵那样的虔诚恭敬，用大牲作祭，对上能顺从君王之意展开工作,对下能为贤能之士开辟进取之路。选取君王在岐山祭祀作为比喻,有两层意思:一是谋求升进的途径与方式必须符合高位者的身份,二是谋求升进的态度必须虔诚恭敬。这是攀升能否如愿以偿、攀升之后能否稳固的重要保证。

第四节　不息之贞

本卦最后两个爻辞,叙述了攀升到最高状态之后,继续保持合乎攀升规律的思想观念和行为准则;一旦到达既定的顶点,才能体悟到世间一切本无顶点:

六五:贞吉,升阶。

上六:冥升,利于不息之贞。

当攀升至权力、事业的顶峰之后,仍然能保持柔和而不偏不倚的姿态,任用贤能之士并且始终信而不疑,就一定能得到贤能之士的尽心辅助,不仅尊位可保,而且还可拾级而上,继续升进,发展事业。反之,如果贤路受堵,任人唯亲,或者任用而又疑之,就不可能有贤能之士围绕在身边的局面,更不可能有"士为知己者死"的倾心辅助;既有的王业,也将举步维艰。居于尊位者"利用大人"即任用贤能之士巩固和发展王业的时期,用人之"贞"是关键所在;只有用人正,才能有助于既得利益的巩固,才能继续攀升扩大成果。

为什么已经抵达至尊位,还要出辞"升阶"呢?

在三千多年前的商周时期,先人对"天下"的地域认识,与对"天下"这个概念的使用,是不一致的。殷商一统天下,从商汤王到商纣王,均称"天子",所统治地域即称"天下"。周王朝取代商王朝,周武王一统天下而称"天子",周天子所辖基本上仍是商王朝那个地盘。事实上,无论周文王还是一般庶民,都清楚在"普天之下,莫非王土"的这块地盘之外,还有更大的地盘存在,例如西戎、北狄、东夷、南蛮,这些氏族所据之地,就不是商天子、周天子所辖之"天下"。而这些域外氏族又十分强悍,难以一统。以西戎为例,纣王时期,即成为商王朝的一大威胁,所以朝廷封姬昌为"西伯",抵御来自西戎的侵扰。周王朝建立之后,也遭到西戎的强势威胁和侵袭,后来不得不将都邑东迁。

周文王在至尊爻位出辞"升阶",是希望刚刚登基的天子,仍应具有继续进取之心;帝业没有尽头,普天之下的王土的大小,是随时可以改变的,可以变小,更可以不断升级变大变强。

历史上,中国的版图时大时小,实际上便是各朝各代的天子有没有"升阶"观念和付诸行动的能力的一种结果。

循此攀升,自然而然地升进到了事业的巅峰、学问的极致。身居高位,尤其是到达了人人都目为极限之地,是一件十分危险的事情。从权力角度而言,处身此境,应善用柔性之道,如大地之承载万物而不傲。倘若以其高位而傲睨万物,便会走向升进的反面,成为倒退的起点。以做学问而言,本没有极致之说,诚如庄子所言:人生有涯知无涯。以为自己的学问做到了极致,便自傲自满,就是不知晦朔的朝菌之见。退步,也从此时始。

到达了原定目标的终点而仍在不由自主、不知不觉之间攀升前行,是因为心中的攀升执念,已经化入生命之中,在攀升的正道上再难停止脚步。这样一种境界,只有周文王这样一个敢于破除腐败旧政权、开创新局面的"圣王",才能具有,并且将这一境界示之于后人。

本章思考题

1. 卦辞为什么说"南征吉"?
2. "允升"是一种什么升?
3. "升虚邑"是一种什么状况?
4. 上六爻辞"冥升,利于不息之贞"表达了什么理念?

第四十七章 《困》卦

䷮ 困：亨，贞，大人贞，无咎；有言不信。

初六：臀困于株木，入于幽谷，三岁不觌。

九二：困于酒食，朱绂方来，利用享祀，征凶，无咎。

六三：困于石，据于蒺藜；入于其宫，不见其妻，凶。

九四：来徐徐，困于金车，吝，有终。

九五：劓刖，困于赤绂，乃徐有说，利用祭祀。

上六：困于葛藟，于臲卼，曰动悔，有悔，征吉。

《周易》第四十七卦《困》，是关于如何面对困难，如何脱离困境的阐述。

第一节 穷则思变，困则谋通

困：亨，贞，大人贞，无咎；有言不信。

困难，人生道路上的必遇之事；困难，有大有小，各式各样。面对困难，有人沮丧、后退，有人乐观、奋进。有人说："办法总比困难多。"这就是一种乐观的态度。遇到困难，积极想办法，在解决困难的过程中获得快乐，这是早在三千多年前的先人面对困难时所持的一种态度。

困，是一个穷厄委顿之名。唐代学者孔颖达对这个字的内涵做这样的解释："道穷力竭，不能自济。"(《周易正义》)宋代的朱熹则这样解释："困者，穷而不能自振之义。"(《周易本义》)济与振，一字之差，小有不同；振，可能更有意思。遇到困难或身处困境，自己不能振作起来解决问题，才是真正的困。但是，这种"不能自济"或"不能自振"的状态，又是暂时的。当想到了解决问题的办法，便可以从困境中一步一步走出来。

《周易》给《困》卦系了两个核心概念："亨，贞。""亨"为通畅义，意思是任何困难都能克服。这是一种信念。有了这种坚定的信念，才会积极想办法。魏晋学者王弼说："穷必通也，处困而不能自通者，小人也。"（《周易注》）"贞"为正道之义，意思是解决困难、脱离困境的办法必须合乎正道。这个思想准则，应该是周文王针对实际生活中那些采用歪门邪道"脱困"的情况而提出来的。中国人面对穷困之境，有两句截然不同的话：一句是"人穷志短"，一句是"人穷志不穷"。人穷志短，小人也；人穷志不穷，君子也。孔子游学期间，多次受困，有一次困于陈，粮食断绝，随从的学生病倒不能行走，学生子路认为君子学则禄在其中，不当有穷困，因而很生气地去见孔子，问道："君子亦有穷乎？"孔子告诉他："君子固穷，小人穷斯滥矣。"（《论语·卫灵公》）君子当然也有穷困之时，但是不会像小人遇到穷困时那样，什么为非作歹的事情都干得出来。所以，君子脱离困境有一个前提，或者说一条准则，就是"贞"。贞者，正也。这个正，是寻找脱困之道的正。循着正当的路径，在脱困的过程中自然不会发生什么错误而使得脱困之后感到遗憾。

"有言不信"是一个例说，也是一个提醒。穷困之时的最大困厄，不是像孔子困于陈之时那种旅途中的"绝粮"，而是你所说的话，根本没有人相信。当所有人都不相信你所说的每一句话时，还想用语言来解脱困境，就是痴心妄想了。

困境可以磨砺人的意志，通过脱困求通的奋斗，体现君子的人格。摆脱困境的有效办法，不是唉声叹气获得别人的同情与帮助，也不是豪言壮语给自己壮胆，而是实实在在的行动。在困境之中的人，即便说得再动听再豪迈，也不会有人相信；如果自信言说能够脱困，必然会走进死胡同。

穷则思变，困则谋通；有信心，更有行动。

对本卦的阅读，历来有难以理解的困惑。例如，宋代理学家朱熹的《周易本义》，是科举考试时的一部重要参考书。然而，朱熹在给学生讲解《周易》时，实话实说："《困》卦难理会，不可晓。"他所说的不可晓，主要是针对卦辞而言："《困》是个极不好的卦，所以'卦辞'也做得如此难晓。"（《朱子语类》卷第七十三）

我们在讲这一卦时，对一些爻辞，也有不同解读的情况存在。

第二节　困于酒食

本卦开头两个爻辞，是关于初涉穷困之境时应该如何应对的叙述：

初六：臀困于株木，入于幽谷，三岁不觌。

九二：困于酒食，朱绂方来，利用享祀，征凶，无咎。

当困难降临，身陷困境之时，既不可悲观无措，也不可心浮气躁，而应该保持头脑清醒，尽一切可能蓄养精力，隐忍待机。"臀困于株木，入于幽谷，三岁不觌"，这一连串譬喻，便是对初入困境时应该如何应对的指点。困坐在树桩上，隐喻要利用一切条件蓄养精力；深入幽谷，既然不能获得及时出困的援助，不如隐遁以待时机；三年不见天日，意思是脱困非一朝一夕之事，不要心浮气躁，要有长期的心理准备。

"臀困于株木"，至少有两种解读：第一种解读，是随遇而安，即便凹凸不平的树根，也不妨充分利用，坐上去休息一下，养精蓄锐；既然落入到了穷困之境，也就不必再想从前的鲜车怒马、锦衣肉食；面对现实，做一个能屈能伸的大丈夫，如周文王，做诸侯是西伯,做阶下囚也是西伯,泰然处之。第二种解读,株木本非安坐之物,极言坐立不安之状。朱熹给学生释读此爻辞时,即如此讲解:"株木不可坐,臀在株木上,其不安可知。"(《朱子语类》卷第七十三)

无论哪一种解读,关键是初爻阶段的比喻,为什么不用趾、拇、足等,而用"臀"?臀被株木所困,确实使人费解。臀与坐相关,究竟是泰然处之,还是坐立不安?两种状态,两种境界。初始阶段,无论安与不安,总要深入幽谷,做好长久潜伏的思想准备。

困境有种种,有一种名为食困:"困于酒食。"如果在三十年之前讲食困,理解的人不会很多,但是在今天讲食困这个概念,至少身处官场、商场的人都会理解,甚至深有体会。不仅酒菜丰盛,而且华服披身,这样的待遇和装饰,只配用于祭祀神灵时,平时如此铺张享受,难免招致凶险。一旦有了这种觉悟,自然会平安无事。

为什么要把"困于酒食"的比喻系之于第二爻呢?因为第二爻乃是低位的地爻,虽然略高于"潜龙",到达了"见龙"的状态,却还是需要争取高位、强势者提携帮助的时期。为了应酬、为了给人留下好印象而装饰自己,不由自主地陷入"酒食"和"朱绂"的困境之中。严格地说,丰盛的酒食和华贵的服饰,并不适合刚刚走出地平线到达"在田"状态的人的实力和身份,但是现实的环境又往往使得这一层面的人陷入这一困境之中。正如同我国改革开放之初,一大批下海经商的中小企业家,穿着不合身的高档西服,整天在高档酒店里,用高档酒食招待政府官员、商界大佬,寻找发展机遇。在长期的食困生活中,往往事业还没有发展,身体却垮掉了。饮食,本为人之所欲,诚如孔子所说:"食、色,性也",并且"食不厌精"。但是,一旦超过了度,一味追求,甚至将饮食作为一种交际工具,反为饮食所累,也就走向了反面,而成为"食困"。

困于酒食、朱绂,只是例说。意在表达:生活上的铺张、奢华,也会造成困扰;解脱这种困境的唯一办法:保持头脑清醒。

第三节 困于金车

本卦中间两个爻辞,也是通过形象生动的比喻,讲述了处在高位的君子,如何应对困境:

六三:困于石,据于蒺藜;入于其宫,不见其妻,凶。

九四:来徐徐,困于金车,吝,有终。

有些困厄或困境是自找的。例如:居于较高之位,却为人不正,办事不公;怀侥幸之心,妄自进取,以致陷于伤身败家的困境。

"困于石,据于蒺藜"是第一个比喻。六三阴爻阳位,明明是软弱之身,偏要存刚强之性,不甘于上位的九四阳爻管辖,如同石头乃坚硬之物,明知不可碰而偏要去碰,无疑以卵击石,自然不能脱困。九二爻虽处其下,以阳居中;六三爻居其上,如同据于蒺藜之上,自应小心翼翼。蒺藜乃多刺之草,明知不可踩踏却偏要去踩踏,绝非脱困良方。上有顽石,下有蒺藜,即便位高如知州、郡守,也须心存忧患,耐心等待脱困的机遇。

"入于其宫,不见其妻"是第二个比喻。这个"宫",不是君王的后宫,而是有一定身份地位者如知州、郡守的家。回到家里,不见了妻子,也是穷困中的一境。妻子被人抢走,或者跟别人逃走,这不算是困。妻子对丈夫不信任或者太失望,导致不辞而别,这才是来自家庭内部的真正的困境。这一比喻,或承接前一比喻而设。石之坚,蒺藜之刺,明知不可为而为之,这种不自量力、刚愎自用、一意孤行的性格,即便亲近如妻子,也不会原谅,遂进一步导致自陷家庭困境。

一位本来可以"终日乾乾"的君子，一旦缺失忧患意识，堕入上、中、下三重困境之中，难免险象环生。

说到这一爻辞，不禁想到历史上的一个小故事：清代著名才子纪晓岚年少时，应乡试之前，老师替他占了一卦，遇《困》卦六三爻辞"困于石，据于蒺藜；入于其宫，不见其妻，凶"。老师认为他年少，来日方长，放弃这次乡试；纪晓岚则认为，自己尚未结婚，何来妻子？此爻辞与己不合，结语虽为"凶"，不合则为"吉"；还断言，这次乡试，只有一位姓石或名字中有"石"的人胜他一筹。于是坚持参加乡试，果然乡试第二名，第一名是一位姓石的考生。少年纪晓岚十分聪慧，深知此爻辞之意，自己的性格不是一意孤行自招困境的人，乡试结果自然也就与其断语相反。倘若因占筮结果而放弃乡试，才是自蹈困境了。

身居高位而遇困难或处身困境，其困一定比寻常人要大得多、严重得多。因此，当自身亦处困境之时，对于下属或同道中人的援救更应该审时度势、量力而行，切忌操之过急。"来徐徐，困于金车"，即是对位高权重者自身受困境遇的一种比喻。援助迟缓，是审时度势的谨慎表现，是最终脱困的一种策略。

九四爻，象征位高权重、强而又谦的君子，有一颗济民之心。当基层民众（*初六爻*）遇到困难时，他会尽己之力给予支持帮助。可是，他的济民之举，往往难以尽快落实下去。"来徐徐"，就是这一情景的生动描述，也是位高权重者的一种无奈写照。驰援遭遇困顿的原因，往往来自于中间强势阶层的层层干扰与消解。"困于金车"是故事中的一个比喻，金属的车，何其坚固；以此挡道，其困可知。

周文王的时代，高层与基层之间的沟通与互动就已经如此之难。三千年之后的今天，随着人口的增加，科层结构的层层叠加，尽管有了诸多高科技手段，然而高层与基层之间的沟通与互动的困扰，似乎并未解除。横亘在中间的那些现代"金车"，何时才能完全消失？

第四节　困于葛藟

本卦最后两个爻辞，仍然以生动的比喻，阐述了处身于至尊位的君王，如何摆脱困境：

九五：劓刖，困于赤绂，乃徐有说，利用祭祀。

上六：困于葛藟，于臲卼，曰动悔，有悔，征吉。

至尊如君王，手中掌握着至高无上的权力：普天之下莫非王土，率土之滨莫非王臣。这种坐拥天下的人，也会有困厄？

有。处于至尊高位者，往往容易被身居高位的群小所包围；从表面上看，至尊者前呼后拥，享尽人间威风，其实闭目塞听，贤路不通，早已被架空、被隔绝，丧失了自由。君王的这种困顿，远甚于高位权臣受困于"金车"的程度。所以，受困于高位群小的君王，同样要有沉着的态度、坚定的信念，徐徐图谋脱困之路。"劓刖"即削鼻砍脚之刑，当然不会加诸君王之身，但是由于群小围困而嗅觉不灵行动不便，与削鼻砍脚有什么不同？这一比喻可谓触目惊心，对身居尊位者应是一记当头棒喝！

"困于赤绂"是一个比喻。九二以"朱绂"譬喻，九五以"赤绂"譬喻，两者有何区别？其实，朱、赤均为红色，按五色方位，均象征南方。朱绂、赤绂都是君主祭祀宗庙时所穿服装，九二用"朱绂"，为超越等级之困；九五用"赤绂"，符合身份，却因为"劓刖者，伤于上下。上下既伤，赤绂无所用而反为困也"（朱熹：《周易本义》）。然而，九五爻象表明，本故事中的至尊者，品性刚毅中正，能清醒地意识到被群小包围的危险性，以祭拜祖先和神灵时的那种诚敬之心，一步一步地走出困境。

行无通路，居无所安，困已至极处。久处尊位，居困之极，用周文王的比喻来形容，就是"困于葛藟，于臲卼"。不仅困于引蔓缠绕的葛藟草,而且困于动摇不定的心理。这一比喻的引申义是:如同被关押在监狱里,行则受阻,居则不安。摆脱这一困境的办法,就是将内心安静下来,从自己身上仔细检点为何受困的原因;找出原因而自悔,是久居尊位者脱离困境的开始。从"动悔"到"有悔",是一次飞跃,迎面而来的是吉祥。

本章思考题

1. 卦辞包含了哪两个脱困的核心概念?
2. "臀困于株木"的本义究意是什么?
3. 为什么六三爻出辞"困于石,据于蒺藜"?
4. 如何理解上六爻辞中的"动悔,有悔"?

第四十八章 《井》卦

䷯ 井：改邑不改井，无丧无得，往来井井；汔至，亦未繘井，羸其瓶，凶。

初六：井泥不食，旧井无禽。

九二：井谷射鲋，瓮敝漏。

九三：井渫不食，为我心恻；可用汲，王明，并受其福。

六四：井甃，无咎。

九五：井洌，寒泉食。

上六：井收勿幕，有孚元吉。

《周易》第四十八卦《井》，讲述了从水井养人延伸至君主修德养民的理念。

第一节 改邑不改井

井：改邑不改井，无丧无得，往来井井；汔至，亦未繘井，羸其瓶，凶。

凿地取水为井。古代井田制，取法于井字，可知我们的先人凿地取水历史悠久。

井水源自地下流泉，井虽小，井水取之不尽、用之不歇，如孔颖达所言："终日引汲，未尝言损；终日泉注，未尝言益。"（《周易正义》）井水之用，始终如一。《象》辞曰："井，养而不穷也。"《井》卦之辞，以井说事，隐喻君子养人，源源不断。

"改邑不改井",都邑有改动,人多则繁华,人少则萧条,但是井体一如既往,不会有改变。井田制时代,八家一井,四井一邑。耕地因水旱、肥瘠而几年一次的交换轮作,农人改邑离乡,所用的水井则依旧不动。"离乡背井",讲的也是水井的不可改变。这是"改邑不改井"的一种解读。

因为所有的水井都不改动,所以换了一个乡邑,新的地方也会有原先的水井存在,告别了旧井,迎来了新井,"无丧无得";因为水井的不改变,无论来者,还是往者,走到哪里都有井水汲用。

井中的水,天天引汲不会减损,终日涌泉也不会满溢,人们越是频繁地往来汲水洗濯,井中之水就变得越是清洌明净。借此譬喻,国家有兴亡,政权有更易,君子修德养民的原则始终不能改变;无论人事变动多么频繁,养人用人的环境要始终保持其清明。

"汔至,亦未繘井,羸其瓶",是本卦辞中的另一层蕴意。以瓶汲水,吊绳虽已拉出井口,瓶子却尚未离井口便碰在井壁上碎掉,前功尽弃。这个譬喻的意思是说,养民、养贤,是一件好事,是一件正事和大事;做正事大事务须小心谨慎,善始善终;倘若掉以轻心,难免如瓶碎水泄,功亏一篑。倘若在养民养贤这样的正事、大事上出现瓶碎水泄那样失误,对于一个国家、一个政权来说,就是一件十分凶险的事情。

由周文王的"羸其瓶",联想到古印度佛教逻辑"因明"中的一个喻例,用的也是"瓶"。因明中有一个经典的"三支作法"例子:"声是无常,所作性故,譬如瓶等。"瓶是宗、因、喻这"三支作法"中的"喻",即例说。中、印古贤都以"瓶"作喻,显然瓶是世所公认的易碎之物。周文王用易碎的瓶作譬,是要人们对养民养贤之道的重视与谨慎。

第二节　旧井无禽

最初两个爻辞,是关于新入主乡邑者对旧井底部进行必要的清理和修补的描述:

初六:井泥不食,旧井无禽。

九二:井谷射鲋,瓮敝漏。

井水有清浊,人品有高下。混浊的井水不能食用,昏聩的小人不能任用。虽然改邑不改井,但是旧井毕竟年久失修、破败不堪,尤其井中淤泥厚积,臭味熏人,以致鸟雀也不会光临。因此,新入主乡邑者,第一件要做的事情,就是将沉滞于井底的滓秽淤泥清除干净,使得连禽类都不光顾的井水,重新变得清洌可饮。

《周易》以此为喻,告诉人们一个道理:朝代已经更迭,用贤的原则不会改变,但是前朝因为腐败而亡国,其养贤用贤的环境十分恶劣。新政伊始,首先需要着手的工作,就是从最基本的环节入手,进行清洗整顿,迅速改变养贤用贤的环境,将避而远之的贤能之士重新吸引过来。周武王取代殷商之后,首要之事就是清除纣王周围的奸佞小人,善待前朝贤臣,命召公将"详狂为奴"而仍被纣王囚禁的箕子从囚牢中释放出来,又命闳夭将被纣王剖心而死的比干之墓重新堆土整修,还将纣王搜刮囤聚的财富散发养民:"命南宫括散鹿台之财,发巨桥之粟,以振贫弱萌隶。"(《史记·周本纪》)周武王这一系列清除旧制、改善政治环境的措施,无疑为改朝换代以后的新政者树立了一个良好的模范。

当然,清除旧井中的淤泥,并非改邑之后新入主者才做的事情。在毋须改邑或井田制以后的人们,几乎都是定期进行井底沉滞滓秽淤泥的清除,以确保井水的饮用质量。以此为喻,政治上也未尝不是如此。在我国历史上,如唐、宋、明、清这些有三百年左右历史的王朝,期间总有数次清理井泥的反腐行动。距离我们最近的一次,或许就是二百多年前,清嘉庆皇帝捕杀和珅。和珅深受乾隆皇帝宠信,一人之下万人之上的他,结党营私、聚敛财富、权倾天下。乾隆死后第八天,嘉庆皇帝便宣布和珅二十条罪状,逮捕入狱,赐其自尽。抄检和珅家产,居然富可敌国,折合白银十多亿两,足抵清王朝十五年的国库收入。

除了清理沉渣淤泥,整理旧井的另一项工作是检查和修补漏洞。"井谷射鲋,瓮敝漏。"井水功能,本为下水上汲资用,如今竟然如山谷之水往下流淌,成为养鱼之水,显然违反了井水之道。如同瓮器本为盛水之具,却破裂漏水,失去了本应有的作用。倘若井底漏水,本来取之不竭的养人之水,流入了小溪之中,成为只能养小鱼的小溪之水,大材小用太可惜。以此为喻,养贤的机制一旦出现漏洞,造成贤路不畅,多少贤能之士只得混迹于平民百姓之间,失去了本可以养人济物的应有作用。

在中国历史上,春秋战国诸侯争霸,争霸先争人才,于是唯才是举、唯才是用成为风气。齐国之所以能成为春秋第一霸,"九合诸侯,一匡天下",就在于齐桓公能广开贤路,尤其不拘一格重用降臣管仲。而战国末期的秦国,在广开贤路方面后来居上,秦王政终于能够一统天下,坐上了始皇帝宝座。隋唐开始科举取士,朝为田舍郎,暮登天子堂,贤路可谓畅通,于是有了大唐盛世,宋、明、清不废科举,亦各有数百年不俗业绩。反之,一旦贤路闭塞,人才蒙尘,数百年基业便毁于一旦。唐、宋、明、清各朝晚期的历史,都能为贤路闭塞、人才蒙尘而导致江山易帜,提供最有力的证明。

清代的龚自珍,目睹贤路不畅的局面,曾写下这样一首诗:"九州生气恃风雷,万马齐喑究可哀。我劝天公重抖擞,不拘一格降人才。"养贤之井,既要确保水质的优良,也要确保水资源的充沛。

第三节　井渫不食，为我心恻

九三、六四两个爻辞，是继续运用井水的汲食和井水环境条件的进一步改善作为比喻，深入阐发贤能之士在良好的养贤条件下，抓住机遇发展自己的思想：

九三：井渫不食，为我心恻；可用汲，王明，并受其福。

六四：井甃，无咎。

"井渫不食，为我心恻。"井底的陈年淤泥已经淘净，井水十分清澈，不食用未免可惜。招纳贤能的渠道已经畅通，养贤用贤的环境已经改善，贤能之士若不乘时而起，未免可惜。九三之位，正是贤能之士"终日乾乾"、展示自己才华的大好时机；更何况所遇的环境条件非常理想，若不乘时而起，实在可惜，如同"井渫不食，为我心恻"一般。

要知道，并非贤能之士都能遇到圣明的君王；一旦遇上，那是贤能之士的福气。试想，倘若已经高龄的姜太公遇不到周文王，一肚子的智慧与谋略岂不白白浪费？在中国历史上，如姜太公这样到了耄耋之年才遇到懂他的明君，仍然算是万幸的。到了春秋时期，如管仲这样的大龄贤能，能遇到齐桓公这样的明君，不仅不计前嫌，还被齐桓公尊称为"仲父"，同样是万幸的。社会上有多少贤能之士，水平或许不在姜太公、管仲之下，却因为未能生活在养贤用贤的良好环境里，未能遇到周文王、齐桓公这样的明君，以致抱恨终身。所以，既然养贤用贤环境开始改善，理应积极响应，投身于王业，服务于社会。

有一个突出的现象：每当风云际会、政权更迭的历史时期，总是会涌现出一大批在军事、政治、文化等方面光华四射的杰出人才。而在社会稳定的和平时期，却很少会有这类杰出人才横空出世。究其原因，社会动荡、风云际会的年代里，各方势力都迫切需要人才,唯才是用成为每一个群体领导者毫不犹豫的选择。贤路之通畅,贤人之使用甚至重用,与社会稳定时期不可同日而语。三十岁的年轻人可以指挥千军万马,可以成为一份大报的总主笔,这在和平年代里几乎是天方夜谭。

井甃:以砖瓦垒井壁,修井壁破败之处,称为"甃";甃井,即修井。与井底掏淤泥相比,用砖瓦修补井壁,显然是更进一步对井水环境的改善。古代乡间,多为泥井,少有用砖瓦垒壁的砖瓦水井。此处为高位之爻,所筑之井自非一般,本来就是砖瓦水井,为确保井水质量,经常以砖瓦修补漏井壁。以此为喻,展示了高位之人对维护养贤环境的重视。养贤用贤的环境有了更大的完善,显然得力于位高权重者的努力。他们如同砖瓦之壁对井的有力支撑、遮挡泥沙确保井水洁净一样,是政局稳定的有力支撑,也是政治清明、贤能之士施展才华服务政权和社会的重要保障。管仲之所以能被齐桓公重用,就是因为齐国有一位重臣鲍叔牙,为了实现齐国的强大、齐桓公的霸业,从不考虑个人利益,心甘情愿地为齐国的养贤用贤环境的维护竭尽全力。鲍叔牙无疑是齐国历史上最杰出的"甃井"人。

第四节　井收勿幕

本卦最后两个爻辞,对至高者在养贤环境大成之后如何用贤做了叙述:

九五:井冽,寒泉食。

上六:井收勿幕,有孚元吉。

从掏淤泥、堵漏洞,一直到修补井壁,破败的旧井焕然一新,井中之水清凉甘美。"井冽,寒泉食",便是经过一系列努力之后的结果。冽:清澈貌;井冽:井水很清澈,表明井水很洁净。寒泉食:井水的口感很阴凉。清与凉,是优质井水的两大标准,也是井水的本性表现,正如唐代的孔颖达所言:"清而冷者,水之本性;遇物然后浊而温。"(《周易正义》)在没有冰箱冰柜的古代,炎热的夏天能饮上一瓢清凉的井水,也是一种享受。

刚毅中正的贤明君子,率领臣民在前朝废墟上不仅修复了焕然一新的家园,并且营造了一个如同拥有清凉井水一般的养贤环境。那么,这位"飞龙在天"一般的君王,也就具备了"利见大人"的社会基础,贤能之士就会如同"过江之鲫"一样汇集在君王身边,充分发挥他们的才干,民富国强不仅是一个梦想,更是一个脚踏实地的实践过程。

上六爻,就是水井最高处的井沿。自下而上的清凉井水,一旦到达这一高度,就意味着井水滋养人的大功已经告成,于是便有了"井收"一词的出现。井收之后,又该如何?在人们的生活实践中,当一个人汲罢井水,便将吊绳与瓶罐收拾好,但是不会将井盖覆上,因为还有他人会前来汲水。

当然,"井收勿幕"在这里只是一个譬喻,周文王要告诉人们的真实想法是:不要因为成功就万事大吉,养贤用贤的大门要永远敞开!在中国历史上,有多少因为获得身边的贤能之士辅佐而开创事业的至尊君主,因为未能谨遵"井收勿幕"这一告诫,最终未能以"元吉"收场。三国时期的刘备,就上演了这样一出悲剧。事业草创时期,刘备极其注重养贤用贤,先是与关、张桃园结义,后来又厚交赵云、马超、黄忠等一批武功卓越的武将,三顾茅庐请出诸葛亮等谋略之士。在军阀混战的东汉末年,这位编草鞋出身的半文半武之人,凭借着诸葛亮的智慧和"五虎上将"的勇猛,居然很快成为三国鼎立中的一国之君。然而,在实现三足鼎立的目标之后,他把那座养贤水井悄然盖上,无意再去寻觅招揽新的贤能之士,以致后期人才青黄不接,出现"蜀中无大将,廖化当先锋"的局面。而与此同时,最弱小的吴国,周瑜之后,有吕蒙、陆逊,新人辈出。蜀国第一个出局,一个重要原因,就是建国之后没有遵循"井收勿幕"的养贤原则。

本章思考题

1. "改邑不改井"譬喻什么?
2. 为什么"旧井无禽"?譬喻什么?
3. "井甃"是什么?譬喻什么?
4. "井收勿幕"譬喻什么?

第四十九章 《革》卦

䷰ 革:巳日乃孚,元亨,利贞,悔亡。
初九:巩,用黄牛之革。
六二:巳日乃革之,征吉,无咎。
九三:征凶,贞厉;革言三就,有孚。
九四:悔亡,有孚改命,吉。
九五:大人虎变,未占,有孚。
上六:君子豹变,小人革面。征,凶;居,贞吉。

《周易》第四十九卦《革》,是关于顺乎天而应乎人的改朝换代的叙述。

第一节 顺天时,应民心

革:巳日乃孚,元亨,利贞,悔亡。

卦辞的核心是"巳日乃孚",耐人寻味的是其中的"巳日",或者更确切说是"巳"这个字。在中国古代传统中,"巳"为地支第六位,十二时辰之一,时间为上午九点至十一点,五行属性为火。巳日,相当于旬日,如三月上旬为三月上巳,也有节日的意思。从革命或变革的时间点来分析,此处的"巳日",怎么解读都有些不妥。所以,后来的读易者便将"巳"读为"已","已日"即革命已经成功之日。"已日乃孚",革命成功之日,民众都能信而追随。魏晋王弼解说:"夫民可与习常,难与适变;可与乐成,难与虑始。

故革之为道,即日不孚,已日乃孚也。"(《周易注》)王弼这一番话,源自《商君书·更法篇》:"愚者暗于成事,智者见于未萌。民不可与虑始,而可与乐成。"唐代孔颖达读易,也顺着王意解释:"革命之初,人未信服,所以即日不孚,已日乃孚也。"(《周易正义》)宋代朱熹附和:"变革之初,人未之信,故必已日而后信。"(《周易本义》)《革》卦讲的是革命过程的事情,不是革命之后的事情。"已日乃孚"如果说成是革命成功之后的民众态度,这个卦辞就难以涵盖全卦了。于是,历代大儒在读后文"已日乃革之"时,便只能含糊其词,或者避而不谈。

《革》卦之"革",唐代人赋予"改变"之义,宋代人赋予"变革"之义,现代人赋予"革命"之义。其实,在最早的释义中,就包含有革命之义:"汤武革命,顺乎天而应乎人。"(《易传·彖》)革是改变,命是天命;古时君王称名天子,圣旨所谓"奉天承运皇帝,诏曰",就是替天行道的意思。所以,改朝换代就是改变天命,即革命。

改朝换代最讲究的是时机的把握,即应当在什么时候发动革命。这不仅关系到革命能否成功,更关系到革命的理由是否成立。革命的理由不成立,革命自然不会成功。

革命的理由是什么?现有政权腐败,正在走下坡路。改变这个正在走向腐败的政权,才能获得民众的真诚拥护,革命"摧枯拉朽",事半功倍。由此分析,"巳日"读为"已日",不若读为"己日"。"己日"之己,在"甲乙丙丁戊己庚辛壬癸"这十天干之中列第六位,象征盛转向衰的开始,故"己日"更能寓以变革之日的含义。适时改变衰败,顺乎天时、应乎民心,是一件值得去做的事情。民心向背,决定革命成败,所以,发动革命的时间节点即时机,十分重要。

《革》卦的核心议题是发动革命的理由,由此展开的在革命过程中如何把握时机等问题,是"巳"还是"己",毫厘之差,大相径庭。己日发动革命，才能获得民众的理解和支持，顺应天道的"元、亨、利、贞"，不会有什么悔不当初的懊恼事情发生。反之，倘若在不该革命的时候发动革命，因为没有顺应天道，"元、亨、利、贞"四德不全，悔不当初的懊恼事情就会层出不穷。发动革命，元、亨、利、贞，重点落实在最后一个"贞"字。

第二节　己日乃革

最初两个爻辞，是关于坚定革命意志和把握革命时机的叙述：

　　初九：巩，用黄牛之革。

　　六二：已日乃革之，征吉，无咎。

革命的理由是上顺天时、下应民心，取腐败政权而代之。但是，面对一步一步走向腐败的政权，并不是任何一个人都可以取而代之的；能够发动革命取而代之的人，也不是任何时间都可以发动革命的。

革命是一件翻天覆地的大事，需要有一个充分酝酿的准备过程，需要小心谨慎，抑制冲动。在没有充分准备之前，切不可轻启革命之端。"巩，用黄牛之革"是一个例说，黄牛之革最具韧性。意思是：在革命者酝酿发动革命的初期阶段，如同用黄牛皮制成的革绳牢牢束缚住手脚那样，控制住满腔的革命烈火，积聚力量、耐心等待最佳时机的到来。

初爻是积聚力量的地爻，正如《乾》卦初九爻辞说的："潜龙，勿用。"革命发动之前的力量积聚尤为重要，所以在酝酿革命的初期，切忌盲动、躁动。"巩，用黄牛之革"，是"潜龙"的另一种譬喻、另一种表达，意思是一样的，就是此时宜静不宜动，就是"勿用"。《象》辞说："'巩用黄牛'，不可以有为也"，一语道破真谛。王弼解读为："此可以守成，不可以有为。"（《周易注》）不可以有为是对的,但"可以守成"的解读不妥。革命初始,革道未成,何来守成?

周文王的这一思想,他自己也恪守不渝。自从羑里获释,近十年时间,"阴修善",积聚力量。周文王死后,周武王秉承父亲思想,继续积聚力量,长达十年之久。据《史记·周本纪》记载,伐纣前两年,周武王曾"东观兵,至于盟津。……是时,诸侯不期而会盟津者八百诸侯"。诸侯皆曰:"纣可伐矣!"然而,周武王觉得正式发动革命还未到时候,劝阻诸侯:"女未知天命,未可也。"遂还师归去。周文王、周武王父子两人,在发动攻击商纣政权之前,"巩,用黄牛之革"的时间,长达二十多年之久,为后来的历代革命家提供了革命初始阶段宜静不宜动的榜样。

在中国历史上,大凡一举成功的社会革命,应该都与受周文王的"巩,用黄牛之革"的思想影响有关;大凡屡革屡败、屡败屡革,直至胜利的社会革命,最终虽然革命成功,然而前仆后继的结果,付出的代价实在太大。这类革命的成功,属于"惨胜",革命初期没有做好功课,也没有接受"巩,用黄牛之革"思想的熏陶教育,不知道这样一个辩证关系:革命初期的不可以有为,是为了革命一旦发动之后的更有作为,仅凭着一股革命热情,轻举妄动,以致血流成河,饱受挫折。在中国近现代史上,这样的惨痛教训实在太多。

一旦革命对象已经滑向腐败深渊,革命的条件已经成熟,就应该抓住时机,果断地采取变革的行动。"已日乃革之",按第一节"顺天时,应民心"的分析,就应该是"己日乃革之",是"己日乃孚"的具体展开。抓住最佳时机发动革命,是成败的关键。"乃孚"是应天时、顺民心的革命理由,"乃革之"是付之实施的具体行动。这一革命行动,因为有了充足的理由和充分的准备,一路高歌猛进,不会失利。

在津盟还师之后的第三年初,因为纣王杀王子比干、囚禁贤臣箕子，太师、少师等重臣纷纷投奔周，周武王觉得发动革命的时机已经来临，当即遍告诸侯："殷有重罪，不可以不毕伐！"(《史记·周本纪》)于是亲率戎车三百乘、虎贲三千人、甲士四万五千人，东伐纣王。诸侯积极响应，集合兵车四千乘，陈师牧野，协同武王，革商纣政权之命。

这一场声势浩大的臣伐君的革命，自然不是违礼之举。用后人孟子的话来说："闻诛一夫纣矣，未闻弑君也。"(《孟子·梁惠王下》)这种应天时、顺民意的臣弑君，属于革命行动，吉无不利，更不是违礼之举。周文王用"征吉，无咎"，对"己日乃革之"的革命行动给予了充分肯定。

第三节　革言三就

本卦中间两个爻辞，是关于革命宣言的作用和革命进程中始终坚持革命宗旨的叙述：

九三：征凶，贞厉；革言三就，有孚。

九四：悔亡，有孚改命，吉。

抓住时机果断发动革命，并不意味就可以急躁冒进。即便有充足理由，急躁冒进也难免危险。发动革命的宣言，革命的口号，务必深思熟虑，反复讨论；只有意见一致，才能行动一致。革命虽然不能缺少领袖、智谋高士，但是能否获得广大民众的充分理解、信任和支持，同样是取得成功的必要条件。

九三阳爻阳位，且为下卦离(☲)的最上位一爻，象征此时此际的革命者光明行事，但阳刚过甚；此类行事方式，在革命过程中凶多吉少，即便革命是一件合乎道义的事情，也难免有危险发生。"征凶，贞厉"，如同《乾》卦九三爻的"若厉"，是戒语，是忧患意识。反之，行事隐秘低调，措置刚中寓柔，自然就能在革命进程中避害趋吉。

伴随着革命进程,还要重视革命舆论的宣传鼓动:一是鼓励革命队伍为正义而战的斗志;二是号召各种社会力量加入革命队伍;三是打压革命对象的气势、分化瓦解敌对力量。"革言三就",朱熹的解读是:"言三番结裹成就,如第一番商量这个是当革不当革;说成一番,又更如此商量一番,至于三番然后说成了,却不是三人来说。"(《朱子语类》卷七十三)认为革命从酝酿到实施,经过了三次商量,才最终做出决定。极言做出革命决策之慎重。而另一种解读,则是讲发动革命时舆论宣传的重要。例如,据《史记·周本纪》记载,武王伐纣,第一次发表"革言"是在闻纣杀比干、囚箕子、太师少师来投之后,武王遍告诸侯曰:"殷有重罪,不可以不毕伐!"第二次发表"革言",是在率师渡盟津,诸侯咸会之时,武王乃作《太誓》,告于众庶:"今殷王纣乃用其妇人之言,自绝于天,毁坏其三正,离逷其父母弟,乃断弃其先祖之乐,乃为淫声,用变乱正声,怡说妇人。故今予发维共行天罚。勉哉夫子,不可再,不可三!"第三次发表"革言",是翌年二月,"武王朝至于商郊牧野,乃誓"。当着各路诸侯会集的四千乘讨伐大军,宣告纣王暴虐百姓、为乱天下的罪孽,号召将士们奋勇作战。武王的第三次"革言",相当于战前誓师大会发言。周武王的三番"革言",效果惊人:"帝纣闻武王来,亦发兵七十万人距武王……纣师虽众,皆无战之心,心欲武王亟入。纣师皆倒兵以战,以开武王。武王驰之,纣兵皆崩畔纣。"这就是仁义之师在"革言三就"之后的巨大威力。

革命进入高潮,胜利已经在望。能否取得最后的成功,不仅需要革命者及时总结经验教训,时刻保持高度的忧患意识,更需要"有孚"。此时讲诚信,是要坚持革命的宣言,一贯革命的宗旨,继续取得广大民众的信赖。以后的历史证明,有许多次改朝换代的革命,就是因为在最后关头出现了背离革命宗旨的行为,造成队伍分裂、人心涣散,导致功亏一篑。李自成的革命、洪秀全的革命,之所以功败垂成,就是因为起义的革命军队刚刚进城,就违背了发动革命的宗旨,尤其领袖人物,迅速开始腐败变质,一下子丧失了军心,失掉了民心。

周文王告诉人们,有坚守革命初衷的诚信,才能最终实现天命改变。纣王曾自信:"我生不有命在天乎!"(《史记·殷本纪》)然而,"有孚"的周武王,还是改变了纣王的"天命"。

第四节　虎变与豹变

最后两个爻辞,以虎变与豹变的生动譬喻,讲述了革命成功之后,领袖坚守革命宗旨的承诺与实践:

九五:大人虎变,未占,有孚。

上六:君子豹变,小人革面。征,凶;居,贞吉。

革命的领袖,在变革别人之前必须自己先行变革,然后才有可能变革周围的人和环境,实现革命的目标。变革不是改良,变革必须彻底,给人以耳目一新的感觉,使民众从领袖的身上真切地感觉到变革的理由,感觉到变革的至公至正。此时的诚信,是革命胜利之后的诚信,是革命领袖不蹈前朝覆辙、以身作则坚持革命宗旨的实践承诺。

对于"大人虎变"这一关键词,王弼未加详解,含糊过去了。独尊王注的唐代孔颖达,自然也依样画葫芦未加深究。倒是宋代朱熹,绕不过学生的追问,进行了一番解释。他在《周易本义》中进行"在大人则自新新民之极,顺天应人之时"的解读;在给学生讲课时则更有一番详细解读:"'大人虎变',正如孟子所谓'所过者化,所存者神,上下与天地同流,岂曰小补之哉!'补,只是个里破,补这一些。如世人些小功,只是补。如圣人直是浑沦都换过了。如炉鞴相似,补底只是锢露,圣人却是浑沦铸过。"(《朱子语类》卷七十三)在朱熹看来,顺天应人的革命取得胜利之后,领袖的自新新民，不是小修小补那种自我革新，而是如同铸铜鼎那样脱胎换骨一般的自新。唯其如此，才能教化人，而与天地同流。

"君子豹变"，是指革命成功之后所拟写发布的治理教化天下的文告，如同豹纹一样斑斓文明。导致腐败而政权易手的小人理应洗心革面，顺从这些斑斓文告重新做人。革命者也因为政权在手而转换角色，由革命者转换成为统治者。如果革命者仍然以革命者自居，还要继续革命，那就是要革自己的命，不仅陷入了逻辑的混乱，而且必然会扰乱来之不易的社会新秩序，既违反了天时，也背离了民心。

"征，凶；居，贞吉。"这是周文王对革命成功之后是继续革命还是安定生活的两种设想的评判，明确表示：继续革命，则凶；安居乐业，顺天时合民心，则吉。

本章思考题

1. 卦辞为什么读为"己日乃孚"？
2. 为什么初九出辞"巩，用黄牛之革"？
3. "革言三就"在革命过程中有何作用？
4. "大人虎变"是什么含义？

第五十章 《鼎》卦

☲ 鼎：元吉，亨。

初六：鼎颠趾，利出否，得妾以其子，无咎。

九二：鼎有实，我仇有疾，不我能即，吉。

九三：鼎耳革，其行塞，雉膏不食；方雨亏悔，终吉。

九四：鼎折足，覆公𫗧，其形渥，凶。

六五：鼎黄耳金铉，利贞。

上九：鼎玉铉，大吉，无不利！

《周易》第五十卦《鼎》，是关于改朝换代之后铸造铜鼎引申的作用与意义。

第一节　立国重器

鼎：元吉，亨。

鼎，始制于新石器时代，属土制的陶器，是先人用火烹饪食物的日常用具，古代先人祭祀时，也用来盛祭品。传说最早用青铜制鼎的人，是黄帝。他在战胜炎帝的后代蚩尤之后，曾铸象征天、地、人的三鼎。后来，大禹治水之后登上天子之位，收集九牧之金铸九鼎于荆山之下，以象征九州，并在上面镌刻魑魅魍魉的图形，让人警惕，防止被其所伤。从此，鼎就从一般的炊、饮用具上升为立国、传国之重器。国灭则鼎迁，商灭夏，九鼎迁于商都亳京；周灭商，九鼎又迁于周都镐京。商、周都把确定首都和建立王朝称为"定鼎"。

除了铸造象征国家权力的大鼎,古代贵族也用青铜铸成大小不等的烹饪之器,作为招待宾客的日用器、祭祀祖宗神灵时的祭器,还从礼的角度做一些等级规定,例如,天子用十二鼎、诸侯九鼎、大夫七鼎、士三鼎等,超越规定之数,就是违法,引用孔子的话说:"是可忍也,孰不可忍!"(《**论语·八佾**》)

中国的青铜时代,文明走向成熟。重要标志之一,就是改朝换代之后重视庙堂重器——新鼎的铸造。铸鼎之义有二:一是鼎具有制订新法的含义,二是鼎具有供养人才的含义。新朝伊始,不仅在形制规正的大鼎上刻文记事,还在鼎上刻录法律条文,史称"鼎刑",每遇刑事、讼事,理官参照鼎刑条文审理判决。鼎刑制度一直沿袭到春秋末期,郑国大夫邓析创制"竹刑",将法律条文刻写在竹简上,法律从此公开、普及,鼎刑逐渐淡出历史。

鼎作为供养人才的象征,则从烹饪之器直接引申而来;新政铸鼎,明确表达新的统治者对贤能之士的一种姿态。

《鼎》卦置于《革》卦之后,显示革故鼎新之意。《革》卦重点在革故,改革旧政权,废除已经不适合社会发展需要的法律制度,清除守旧、腐败的各级官吏。废除旧的法律之后,如果不及时推出新法,社会由于无所适从而会导致混乱;有了新法而无贯彻执行的人,新的政权就会如同一盘散沙,社会混乱同样不可避免。因此,革故之后必须鼎新。

《鼎》卦重点在鼎新,即颁布新法,选拔重用为新政权服务的贤能之士。正如孔颖达所说,鼎的作用,"祭祀则天神为大,宾客则圣贤为重"(《**周易正义**》)。所以,新朝铸鼎的象征意义,不仅是端正凝重的历史使命,而且含有储备人才的养贤内容。

《彖》辞曰:"圣人亨以享上帝,而大亨以养圣贤。"这里的亨通烹,表明了鼎的作用,一是祭祀上帝神灵,二是奉养圣贤之人。至于《象》辞说鼎的"君子以正位凝命"作用,历代大儒解读为"明尊卑之序""成教命之严",朱熹以为未然,他通过批评程颐的解读,指出正位凝命的重点不在臣而在君:"此言人君临朝,也须端庄安重,一似那鼎相似,安在这里不动,然后可以凝住那天之命,如所谓'协于上下,以承天休'。"(《朱子语类》卷第七十三)可以看出,他对王弼的"明尊卑之序""成教命之严"的解读,也是不满意的。

鼎作为立国之重器,具有多重含义,重点则在执政者。

第二节 鼎有实

初六、九二爻辞,是关于"出否"与"有实",即除旧与布新的叙述：

初六：鼎颠趾,利出否,得妾以其子,无咎。

九二：鼎有实,我仇有疾,不我能即,吉。

革故方能鼎新,布新必先除旧。"鼎颠趾,利出否",是本卦的第一个比喻。将鼎颠倒,是为了顺利地清除掉鼎里面的腐败之物。王弼注："否,谓不善之物也。"又注"出否"："弃秽以纳新也。"(《周易注》)借喻旧政权遗留下来的不合理规章制度、陈腐观念、遗老遗少等,应尽快清理出局,以利新规新人布入新政。

将鼎中的秽旧食物清除干净,可以不倾倒而掏之,也可以将鼎颠趾倾倒而清除。日常生活中,恐怕这两种方法都有使用。所以,初六爻辞中的"颠趾",究竟是不经意之间、自然而然之间出现的状况,还是人的刻意所为? 前期易学家们似乎未及深究。到了宋朝,朱熹才有具体明确的解读。他向学生解读"鼎颠趾"时,这样言道："只是偶然如此。此本是不好底爻,却因祸致福,所谓不幸中之幸。盖'鼎颠趾',本是不好,却因颠仆而倾出鼎中恶秽之物,所以反得利而无咎,非是故意欲翻转鼎趾而求利也。"(《朱子语类》卷七十三)这一解释,与后一比喻也就自然地衔接上了。

"得妾以其子",是第二个比喻。吐故是为了纳新,就像老婆死了,就应及时纳一个年轻的妾,生儿育女。不是因为好色,而是因为延续生命,所以纳妾就是纳新,纳新如同纳妾。先人讨小老婆,往往称"纳"不称"娶",是否寓有纳新、鼎新之义?明媒正娶的老婆死了,才纳妾。老婆是自然死亡,不是丈夫为了"得妾"而刻意让她去死。当然,也有可能是老婆不能生育,丈夫才纳妾。老婆不是故意不生育,让丈夫纳妾生子。而是自然不能生育,才使得丈夫有纳妾生子这一结果。

鼎颠覆、纳妾,本非好事,所以有咎。然而颠覆而能除秽,纳妾而能有子,当然也就无咎了。

旧朝败亡是一件不得意的事情,而非哪一个人刻意为之。一个祥和的社会、一个好的政权,谁愿意冒着流血断头的危险去颠覆它?腐朽政权本非好事,却因为腐朽而倾倒,出现了新的机缘,自然又是一件好事。这就是初爻中的两个比喻所要道出的意思。

第一爻辞的"出否"之后,紧接着第二爻辞的"鼎有实"。鼎中原有的恶秽旧物既然已经清除一空,当然应该将新鲜的食料充实进去,重新发挥鼎的使用价值。因此,新政权建立伊始,如同鼎中充实新鲜佳肴,德才兼具的贤能之士,源源不断,来到朝廷应聘。但是,就像鼎腹空间有限,食物放得多了就会满溢,不利于鼎中食物的正常烹饪,新建政权的工作岗位也有限,只能择优选用。选上的贤能之士,自然很高兴;未被录用的人,难免会心生怨恨,于是被选用者与未被选用者之间,关系交恶甚至成仇。"我仇有疾,不我能即。"新的机制,产生新的矛盾。这种竞争机制,对于已经被选用的人才,有一种压力,只有不断进取才能确保任用;对于未被选上的人才也是一种激励,只有继续努力,才有取而代之被选用的机会。

人才竞争，有益无害。周文王因此断语："吉！"

第三节　鼎折足

九三、九四爻辞，同样用了鼎在无奈状态下的现象作为比喻，叙述了养贤用贤过程中的注意事项：

九三：鼎耳革，其行塞，雉膏不食；方雨亏悔，终吉。

九四：鼎折足，覆公餗，其形渥，凶。

九三爻以阳居阳，实而无虚，有违鼎之性虚而纳物之义，以此爻象提示新的养贤措施需要考虑周全，防止鼎新之中出现阻碍养贤的新问题。在整个爻辞中，连续讲了两个比喻。前一比喻，以鼎耳的不适当改革说事：一对鼎耳应置于鼎的高处，耳要中空，以便美食烹饪之后，用一木棍或金属棍（**名称为"铉"**）横贯两耳，便于移动，供人享用。如果将两只鼎耳安装在九三爻位即鼎的中部位置，中空的两耳势必被鼎腹挡住，铉就无法贯穿两只鼎耳，将鼎抬起移动。鼎不能移动，鼎中烹饪的山鸡汤也就难以被人食用。显然，鼎耳的这种改革不切合实际，失去了鼎的原有功能。

后一比喻，以自然界中阴阳交和化雨说事。孔颖达解读道："雨者，阴阳交和不偏亢者也。虽体阳爻而统属阴卦，若不全任刚亢，务在和通，方欲为此和通则悔亏，而终获吉。"（《周易正义》）阴阳既对立又平衡，这是自然规律。自然界中的降雨现象，只是一例。

人类社会也是如此，推及养贤用贤，也有一个对立与平衡的问题。储备人才、选贤用能是一个系统工程，各个环节都要通畅。只要有一个环节出现问题，储备的人才难以发挥作用，反而闲置。这就好比鼎耳没了，就既不能将鼎举起来，也不能将鼎移动，即使鼎中装满了又香浓又美味的山鸡汤，也无法享用。所以，选贤用能的各个环节都要协调好，才能充分发挥储备人才的作用，就像自然界，只有阴阳交和，才能风调雨顺，滋养万物。贤能之士各有所长，尤其对那些为任一方的地方管理者，如何在养贤用能时协调好相互之间的关系，对于社会和谐至关重要。

贤能之士，也有能力大小之别。选贤用能，关键在如何用。能力大则大用，能力小则小用。尤其高位重职，用人得当，则天下之治举重若轻；用人不当，虽鞠躬尽瘁，亦无济于事，难免要败国家之事，遗天下之患，不仅败事受责，还要连累他人，尤其是选用他的王公权臣，负有用人不当之责。"鼎折足，覆公䬃，其形渥"，鼎足折断，将王公的美食打翻，溅得一身淋漓。用人不当、力不能胜造成的后果，实在很凶险。王弼评论说："知小谋大，不堪其任，受其至辱，灾及其身。"（《周易注》）话锋直接指向不堪其任的当事人。

鼎折足，当然有当事人不自量力的问题，作为选拔和任用人才的高位者，更加难辞其咎。由于考察人才的眼光不准而用人不当，有必要努力提高辨识人才的水准；由于个人利益、家族利益等方面的考虑而任人唯亲造成的用人不当，造成国家利益的损害，就应当追究选贤用能制度方面的问题和当事人的法律责任了。

以上两个爻辞，对比喻所下的判定一"吉"一"凶"，其实都无关紧要。我们从吉的判断中可以觉悟凶的存在，同样也可以从凶的判断中推导出吉的因素来。例如，孔子就曾经从"鼎折足"这一结语为"凶"的爻辞中推导出"吉"的结果，并为实践所证明其正确性。东汉王充的《论衡》一书中，记载有这样一个历史故事：

> 鲁将伐越，筮之，得"鼎折足"。子贡占之以为凶。何则？鼎而折足，行用足，故谓之凶。孔子占之以为吉，曰："越人水居，行用舟不用足，故谓之吉。"鲁伐越，果克之。

子贡之占属于直占,孔子之占属于巧占。所谓巧占,是从卦爻辞中寻找相反的根据,可以推导出相反的结论。对于本爻辞,我们同样可以从与比喻相反的思考中,寻找到相反的吉凶断语,以加深对养贤用贤方式方法的理解。

第四节 鼎玉铉

最后两个爻辞,是关于至尊者如何养贤用贤的叙述分析:

六五:鼎黄耳金铉,利贞。

上九:鼎玉铉,大吉,无不利!

第五爻位,相当于鼎耳之位。阴爻居阳位并且处上卦中位;在古代,五种正色所居之位为东青、南赤、西白、北黑、中黄,所以,处中之六五爻便有了"黄耳"一喻,正如同《坤》卦的六五爻有了"黄裳"一喻。贯穿于鼎耳的铉,也随着处中的黄色而成为了"金铉"。黄耳、金铉,都是中正的象征;鼎新到了这样一个高度和状态,表明鼎所象征的养贤用贤,已经走上正道。

至尊高位者明智公正,选贤用能的决心如同黄金铸成的鼎耳鼎铉,十分坚固。被选用的贤能之士,既有足够的才华,又有刚毅中正的品性。这样的君与臣通力合作,鼎新事业必能顺利发展,圆满成功。

上爻为鼎的最高层面,养贤用贤的最高境界,就是刚而不露、威而不猛,阴阳相济达到了浑然天成的境界。刚而不露的玉,正可以代表这一境界的养贤用贤之道。所以,周文王选取了玉作为贯穿鼎耳、抬动养贤之鼎的铉。

选贤用能发挥到极致,就是刚柔兼备,对刚柔分寸的把握恰到好处。就像坚硬而又温润的玉,刚毅又不失温情。这样,新政权的鼎新既势不可当,又给人以如沐春风的感觉。这样的鼎新,一定会有顺利发展的大好前景。

用"玉铉"譬喻鼎新局面的开创者,是周文王的一种指点,也是一份期待。周文王郑重许诺:能够像玉铉那样抬起养贤用贤之鼎者,一定能得到最好的回报:"大吉,无不利!"

本章思考题

1. 鼎作为立国重器,有哪几重含义?
2. "鼎颠趾,利出否"譬喻什么?
3. "鼎折足"反映出哪些问题?
4. "鼎玉铉"的象征意义是什么?

第五十一章 《震》卦

☳ 震:亨。震来虩虩,笑言哑哑;震惊百里,不丧匕鬯。

初九:震来虩虩,后笑言哑哑,吉。

六二:震来厉,亿丧贝,跻于九陵,勿逐,七日得。

六三:震苏苏,震行无眚。

九四:震遂泥。

六五:震往来,厉;亿无丧,有事。

上六:震索索,视矍矍,征凶。震不于其躬,于其邻,无咎,婚媾有言。

《周易》第五十一卦《震》,阐述了震颤人心的事情来临时,应保持怎样的心态、采取怎样的应对措施。

第一节 震惊百里,不丧匕鬯

震:亨。震来虩虩,笑言哑哑;震惊百里,不丧匕鬯。

人的一生中,都会遇到大大小小的震惊之事,自然界中的震惊,如地震,如泥石流,如火山爆发,最常遇到的如闪电惊雷;社会中的震惊,如政变,如战争袭击,如强盗临门,当代社会发生最频繁的事情如矿难、人肉炸弹、火灾、车祸等。震惊,是因为事发突然,震慑心魄。还有一种震惊,由主观想象与客观现实之间差距太大引发,如某贫困县的一个小科长贪污上亿元,一个贪官家里抄出几吨重量的人民币,等等。

因为震惊,就会产生不再让震惊发生的思想和应对行动。所以,震惊是人的一种反应,具有使事情走向通畅的功能。

因为震惊,就会锻炼人的胆略,能够从一次又一次的震惊中逐渐培育处惊不乱的心理素质。

因为震惊,就会让心理素质好的人脱颖而出,让心理素质差的人自然淘汰。

当然,震惊往往不是好事,最好不要遇上。防患于未然,是降低震惊率的有效方法。但是,在人生旅途中,有许多震惊不以人的意志为转移,虽然不期而至,却本来就是绕不过去的坎。正因为如此,每一个人都应该做好震惊随时有可能发生的心理准备,处惊不乱,就不再是一件难以做到的事情。

八卦中的震(☳),为雷。所以,到了《周易》中的《震》卦,卦象为两个经卦震的重叠,象征为惊雷滚滚。其卦辞,也便以雷为喻:"震来虩虩,笑言哑哑;震惊百里,不丧匕鬯。"初闻惊雷,不免恐惧;由惧而戒,惊雷再现时,能够谈笑自若了。久而久之,即便霹雳震惊百里,手中勺子内的美酒也不会洒掉一滴。这个以雷为喻的例说告诉人们,震惊能使人变色,如果平时能戒慎戒惧,就会呈现不同局面,能够处惊不惧,镇定自若。反之,如果震惊之事来临时惊恐万状,时过境迁又全然忘记不知戒惧,那么下次震惊之事再度来临时,仍然会惊恐不已。

《彖》辞由此感慨:一个人倘若能在突如其来的震惊百里的霹雳面前"不丧匕鬯"的话,"出,可以守宗庙社稷,以为祭主也"。即有资格出任诸侯守护宗庙国家,主持祭祀天神、祖宗的大典。显然,自古以来能够经受住大的震惊考验的人,并不多。

在复杂的社会生活中尤其是政治生活中,也有利用震惊掩饰自己本色的伎俩表演者,最著名的如《三国演义》中的刘备,未得志时,为防曹操谋害,就在下榻处后园种菜,亲自浇灌,以为韬晦之计。一日，曹操将其请入府中，于后园凉亭中，煮酒论英雄。当曹操以手指刘备及自己，豪言："今天下英雄，唯使君与操耳！"刘备闻言一惊，手中所执筷子，不觉落地，正巧大雨将至，惊雷大作。刘备一边俯首拾筷子一边言道："一震之威，乃至于此。"曹操笑道："丈夫亦畏雷乎？"刘备答道："圣人迅雷风烈必变，安得不畏？"将闻言失落筷子，轻轻掩饰过去，以释曹操之疑。

面对不同形式、不同程度的震惊，如何应对，是一种心理承受能力的考量，也是一种技巧的展示。

第二节　笑言哑哑

本卦初始两爻辞，以譬喻的方式，讲述了如何通过震惊事件修炼自身德性的道理：

初九：震来虩虩，后笑言哑哑，吉。

六二：震来厉，亿丧贝，跻于九陵，勿逐，七日得。

初九爻辞与卦辞的前半句基本一样，只加了一个字，成为"后笑言哑哑"，突出表明了"震来虩虩"的恐惧在前、"笑言哑哑"的平静素养在后，阐述了震惊事件乃是自己心理素养修炼和提高的一种机缘。

对震惊事件的应变能力，不是与生俱来的，而是有一个逐渐积累和提高的过程。但是，同样的经历，每个人的应变能力又各不相同，原因就在处惊之后的认识态度上。有的人经历过震惊之后就开始有了处惊不变的能力，是因为在初次遇惊之后能够吸取教训，时时以恐惧修身，在危险尚未来临之际，便已有了充分的心理准备或者还包括物质准备。一旦有了这种素养，就能够处惊不乱，能够化险为夷、转危为安。例如，汶川大地震时，有一个中学一千多师生处惊不乱，在很短时间里井然有序地集中在操场中央，就在于这个学校的师生的头脑里，一直对地震灾害怀有强烈的戒慎意识,防震避灾训练有素。一旦地震来临,他们才会处惊不乱,才能化险为夷。

震不一定就是惊雷,震惊形式也不可胜数。巨盗入室,便是其中之一。"震来厉,亿丧贝,跻于九陵,勿逐,七日得。"一个性格柔和、恪守本分的人,突然遭遇巨盗临门,凶神恶煞,劫夺钱财,于是往深山峻岭中逃窜;钱财既已丧失,不必再去追夺,七天之后自然会失而复得。在这个描写生动的被盗故事中,有两处文字有不同解读,一处是"亿"字,一处是"七日得"。"亿"这个字,魏晋王弼认为:"亿,辞也。"(《周易注》)后人认为这"辞"即语气助辞,今之"噫"。这一解读,被后人普遍接受,并且写进了辞典之中,作为亿之一义。"七日得",在王弼看来,是因骤然遭遇丧财失所的打击,即便攀山越岭逃跑,因属"无粮而走","必困于穷匮,不过七日"(同上),所以说:不用去追捕,七天之后自己会回来。这一解读,受到震惊的人不是无端遭盗的苦主,而是行为不端受到惩处的人。为什么遭受严重打击呢? 王弼的分析是:"犯逆受戮,无应而行。"孔颖达做了进一步的发挥:"六二以阴贱之体不能敬于刚阳,尊其有得,而反乘之,是傲尊陵贵,为天所诛。""既丧资货,无粮而走,虽复超越陵险,必困于穷匮,不过七日为有司所获矣。"(《周易正义》)

然而,朱熹并不这么认为:其一,"亿字未详。"其二,六二爻"柔顺中正,足以自守,故不求而自获也。"但是,对于"七日"一辞,朱熹也不明白,只得实话实说:"七日之象,则未详耳。"(《周易本义》)朱熹的解读,显然更符合六二爻处中得位之象,也更符合周文王关于历经震惊磨砺不断提高自身素养的本卦旨意。所以本卦还是顺着这一思路讲下去。

这是一个很有意思的例说。按一般常情,自己的财物一旦被人抢夺,本能驱使必然会去争抢夺回。正如宋代的朱熹在给学生讲学时举例说,做学问要有一股"追赶必得"的"追亡"精神。

但是，早在三千多年前的周文王却主张"勿逐"。在大的危难突然降临时，应该审时度势，不可无谓地抗争。卦有六位，七是从头再来之数。俗话说，留得青山在，不怕没柴烧。只要人还在，可以从头再来。这就是"七日得"的真实意思，而不是强盗发善心，七天之后将钱财奉还给你。一个周期之后，强盗早已将掠夺来的钱财挥霍殆尽，被盗之家却通过勤劳发奋已经将被掠的损失补了回来。

这就是为什么强盗总是不能成为富翁，而富翁并不因为遭受过抢劫而变为穷人的原因所在。有了这样一种心态，就能够处惊而不易色。

第三节　震苏苏与震遂泥

六三、九四爻辞，循着惊雷加烈状况的升级，讲述人在不断加剧的震惊中磨砺自己：

六三：震苏苏，震行无眚。

九四：震遂泥。

处惊易不易色，还与平时的为人处事相关。古人说：白天不做亏心事，夜半敲门心不惊。心地不正，往往会产生"草木皆兵"的感觉，一旦震惊之事发生，心理承受能力显得特别薄弱："震苏苏"，达到了筋酥骨软的状态。第三爻位象征具有较高地位的人，程颐的说法相当于州官、郡守之类的地方长官，按《乾》卦的说法应该是一位"终日乾乾"的君子。在本卦中，六三爻象征的是一个不中不正的官吏，因此便有了"震苏苏"的景象。

周文王系辞"震苏苏"的真正目的是让他们从震惊得筋酥骨软的感受中吸取教训，回归为官正道。六三爻辞的后半句"震行无眚"，才是周文王所期盼的结果。震行，恐惧震惊而改邪归正；无眚，无灾难降临。朱熹深刻体会到了文王的用心，所以也解说得明

白:"若因惧而能行,以去其不正,则可以无眚也。"(《周易本义》)

"震遂泥",不是震惊百里那种声音的惊雷,也不是震撼得心惊肉跳的惊雷,而是墙泥都被震落的那种不仅有强音更有实实在在力量的惊雷。九四爻高位,不中不正,其震惊力度自然会更加强烈。经受如此程度的震惊磨砺,过得了这道坎,就能飞龙在天;过不了这道坎,就得粉身碎骨。在这敏感的爻位上,周文王未下任何评判。《象》辞的评议是:"未光也。"认为居于如此高位而仍不能自保,遭受震惊事件的打击,表明自己在道德方面还存在问题。这是一种提醒:位高权重者,更应该加强道德修养,防止震惊之事降临其身。

第三、第四爻,总是蕴含着忧患意识。本卦以惊雷说事,忧患之思比别的卦来得强烈。从"震苏苏""震遂泥"中,我们是否能深深地感受到了一股强烈的忧患之思?

第四节 震索索,视矍矍

最后两个爻辞,讲述了在可能遭遇极端的震惊事件时,应该如何及早筹措,尽可能地做到处惊不乱,减少甚至避免损失:

六五:震往来,厉;亿无丧,有事。

上六:震索索,视矍矍,征凶。震不于其躬,于其邻,无咎,婚媾有言。

随着爻位的上升,震惊事件的级别也越来越高。六五已是天爻,阴居阳位,虽然不正,而遭惊雷之险,然而处上卦之中,最终幸免于难。

"震往来",无论来还是去,都要遭受惊雷之击,可见处境之险,已经无以复加。但是,这只是"厉",即危险的状态,而非万劫不复的绝境。所以,六五爻辞的前半段,还是如同六三、九四爻辞那一种警示性的出辞,只是将震的级别提升,从单向的震惊上升到了双向的"往来"震惊。

与相应的六二爻辞一样,六五爻辞中再次出现了"亿"这个字。不同的是,六二爻是"亿丧贝",财产遭受损失;六五爻则是"亿无丧",不仅财产,所有一切都没有遭受损失。看似一"丧"一"无丧",差别巨大。其实一样,六二爻的"丧"是暂时的,最终结果是"七日得",没有损失,却得到了锻炼和成长。六五爻的"无丧",得益于至尊高位而仍能保持柔性处中的态度。朱熹的评议:"六五是'生于忧患,而死于安乐'。"颇值得玩味。

至于本故事再次出现的这个"亿"字,仍令人费解。但是无论如何,不宜将它作为语助词来解读,因为周文王系辞,言简意丰,整部经文无一虚辞,怎会在本卦中连续两次用虚辞?

位居至尊,时代震动而无损失,正是有为之时。"有事"即有所作为,是周文王的又一期待。他的孙子周成王,经历了两位叔叔的叛乱之后,正是这样一种局面。不知他读了祖父的"有事",有何感想?

与往来皆震相比,"震索索,视矍矍"的震惊程度自然又上了一个档次。所以,随之而来的警示语,也便由"厉"上升到了"凶"。如此极端凶险之事,往往只是一种预设,一种可能。有了这种预设和可能,心理上便有了准备,物资上便有了筹措安排。更重要的,是善于关注和借鉴别人的经验和教训,尽量避免自己去经历那一番极端的震惊,去品尝极端的痛苦。

经验有直接与间接两种,知识有感知与闻知两种。当别人遭受突如其来的震惊之事时,自己应该迅速做出由彼及己的反应,及时警觉戒慎,防患于未然;一旦震惊降临,方能处惊不乱。倘若连这个觉悟都没有,恐怕连最亲近的人都会有意见。

惊雷的故事讲到这里,我们不由得想起同样流传久远的一句话:多难兴邦。

周文王通过《震》卦告诉我们的,不就是这个想法吗?

本章思考题

1. 为什么"震来虩虩"而能"笑言哑哑"?
2. 如何解读"亿丧贝"?
3. "震遂泥"是什么意思?为什么爻辞对"震遂泥"未加断语?
4. "婚媾有言"是什么意思。

第五十二章 《艮》卦

䷳ 艮：艮其背，不获其身；行其庭，不见其人，无咎。

初六：艮其趾，无咎，利永贞。

六二：艮其腓，不拯其随，其心不快。

九三：艮其限，列其夤，厉薰心。

六四：艮其身，无咎。

六五：艮其辅，言有序，悔亡。

上九：敦艮，吉。

《周易》第五十二卦《艮》，阐述了人的行为处事应该适可而止的一般原则。

第一节 静而止与动而止

艮：艮其背，不获其身；行其庭，不见其人，无咎。

世间多少事，有能做，也有不能做。能做则做，不能做则止，是一种智。荀子说："制天命而用之。"（《荀子·天论》）意思是要了解自然，利用自然。到了今人，居然将"制天命"理解为"人定胜天"，要去做改造自然的事情，这就犯了不知"止"的大病，闹了历史性的笑话。

肚子里有多少话，有能说的，也有不能说的。能说则说，不能说则止，也是一种智。所谓"祸从口出"，就是指说了不能说的话而惹祸上身。所以，《坤》卦六四爻辞有"括囊"之诫。

《易传·说卦》曰：艮为山，为止。山有止义。该止则止，适可而止，就是以上下皆艮（☶）的《艮》卦所要表达的核心话语。人的背部静止，整个身体也就难以行动；内心安静，即便走入有人的庭院也视若无睹。外表稳定并且内心安静，人就不会犯错误。这是卦辞的例说内容，形象地说出了"止"的基本前提。把这一例说拆解开，就可以看到停不下来的原因：人的欲望。

古代有一则故事：两人在临街楼台观景，一人指着满街行人问：这些人在忙什么？另一人答：这些人可分为两类，一类人为名忙，另一类人为利忙。

找到了停不下来的原因，也就找到了停下来的办法：去欲。如果背转身去，一类人就看不到前面的名，另一类人就看不到前面的利。不见可欲之名与利，奔向名与利的脚步自然也就停止下来。诚如程颐所说："止于所不见，则无欲以乱其心而止乃安。"（《周易程氏传》）

这就是《艮》卦卦辞的真实含义。

止的对立面是动。没有动，也就没有止。动是绝对的，止是相对的。买自行车的理由，是因为它能动，而且比走路动得快。安装刹车，是运动过程中必须有停止，停止是运动过程中的一时之需，如遇到障碍，如遇到马路口的红灯。没有刹车，就有可能碰壁、闯红灯，就会有性命之忧。不仅是你本人有性命之忧，别人也有性命之忧。但是，有刹车不是买车的理由。

从《朱子语类》的记录可以看到，朱熹师生之间就《艮》卦中的"止"展开的讨论，十分热烈。一般的卦，在《语类》中只有数百字讨论记录，有些卦，如《归妹》卦，甚至只有二三十个字；唯《艮》卦的卦辞分析，居然多达五千字左右。朱熹对不同学生关于如何理解"艮其背，不获其身；行其庭，不见其人"的提问，做了详细深入的解释。朱熹认为："'艮其背'，静而止也；'行其庭'，动而止也。万物皆止其所，只有理而已。""'艮其背，不获其身'，只是道理所当止处，不见自家身己。不见利，不见害，不见痛痒，只见道理。如古人杀身成仁，舍生取义，皆是见道理所当止处，故不见其身。'行其庭不见其人'，只是见得道理合当恁地处置，皆不见是张三与是李四。"（《朱子语类》卷第七十三）解读平实生动。

止，是运动过程中的一种特殊状态。所以王弼说："止道不可常用，必施于不可以行，适于其时，道乃光明也。"（《周易注》）人生旅途中，止态种种，便是六爻所要阐述的内容。

第二节　艮其趾与艮其腓

在六十四卦中，《艮》卦与《咸》卦都以人身为象。所以，本卦的初六、六二爻辞，首先从人身的脚趾与小腿取象：

初六：艮其趾，无咎，利永贞。

六二：艮其腓，不拯其随，其心不快。

人身上，只有背部本来就是静止的。除此之外，皆为动物，而以脚趾为先。《咸》卦初六爻用"咸其拇"，《艮》卦初六爻用"艮其趾"，拇与趾乃同一部位之物。一个健康人，一旦动起来，首先动的部位就是脚趾。而初爻之位，人生历程的初始，有如潜龙，"勿用"是其本分。所以，当止则止的理念，首先落实在了脚趾上面。

"艮其趾"，是指人生蓄聚力量之初，认识到自身力量尚不足，不可轻易发轫行动，避免一失足成千古恨的事情发生。

古代有一种刖刑，就是断足（趾），比较常见。在诸多刑罚中，刖刑可能是比较轻的一种，是对那些初次犯罪者所施的刑罚，似乎比较常见。例如，在《庄子》一书中，就多次出现刖刑之人。《德充符》一篇中，就有兀者王骀、申徒嘉、叔山无趾等人。其中，叔山无趾踵见孔子而坦言："吾唯不知务而轻用吾身，吾是以亡足。"年轻不知止而妄动，以致遭受断足之刑。回想往事，真可谓一失足成千古恨。

然而,坏的事情也可引出好的结果。少年轻狂,以致遭受失足之痛,因此痛定思痛,从此走好人生路。鲁国王骀即是代表人物,受刑之后,从此走上正路,并成为与孔子齐名的教育大家:"从之游者与夫子中分鲁;立不教,坐不议,虚而往,实而归。"孔子赞叹道:"圣人也,丘也直后而未往也。丘将以为师,而况不若丘者乎?奚假鲁国?丘将引天下而与从之!"(《庄子·德充符》)孔子当然并未拜王骀为师,但是一个因为早年轻狂失足而知"止"的人,最终修养成为孔子也敬佩的人,证实了周文王的"艮其趾,无咎,利永贞",所言不虚。

力量有了一定蓄聚,行为举事的主动权还不在自己的掌握之中,明知应止却不能止,只能违心地跟随领导继续冒进,心情必然抑郁不舒畅,"不拯其随,其心不快"这类情况,无论古代还是现代,无论是在政治领域还是在经济领域,都屡见不鲜。

第二爻位,是一个"利见大人"、努力寻求有力者提携帮助的爻位。在寻求提携帮助的过程中,同样需要保持自己的人格尊严,坚守自己的道德底线,因而在随其所行的同时,也有一个止其所止的问题。倘若因为过多地考虑自己的私利,违心地追随高位权势,难免会令自己良心不安,"其心不快"。所以,这一时期的当止则止,实际上也就是停止追随上位者的脚步,终止"利见大人"的行动。这是处中得位的六二爻应该做到也是可以做到的事情。

晋宋诗人陶渊明,三十五岁时,到荆州刺史桓玄手下当属吏,而桓玄正在酝酿着篡夺东晋政权的阴谋。淡泊名利的陶渊明当然不会追随桓玄去做谋逆的事情,所以在此期间所写的诗文,对出仕桓玄表现出悔恨,对俯仰由人的官场生活表示厌倦。陶渊明的这一段经历,也是典型的"不拯其随,其心不快"的写照。

第三节　艮其限与艮其身

九三、六四爻辞,是处于人生和事业快速发展的时期,应该如何做到该止则止、止其所止呢?

九三:艮其限,列其夤,厉薰心。

六四:艮其身,无咎。

九三爻,处在整个卦的中间位置;爻辞中的"限",为束腰带之处,指人身的腰部。夤,中脊之肉。人在行动之时,腰部扭动是协调身体上下部运动的中枢;"艮其限",一旦停止腰部扭动,身体的上下部运动就会失去协调和平衡,非常难受。尤其九三爻象,刚烈有余而柔性缺失,止住腰部活动的措施刚硬,必然会产生强烈的反应。"列其夤,厉薰心",两肋的肌肉如同撕裂一般疼痛,心肺如同被烟火严重熏灼一般难受。

将这一比喻延伸,其喻意就是:当力量积蓄就绪,可以适时而起做一番事业之时,却遇到了限制发展的阻力。应该终日乾乾大展身手却遭遇被无理叫停的局面,给人带来的痛感"列其夤,厉薰心",如同两肋肌肉被撕裂,难受犹似烟火熏心肺。这是将止绝对化,动、止失当造成的不良后果。止有一个时间与空间的适度问题,在运动过程中,什么时候应该停止,停止在什么场所位置,都要心中有数。只有心中有数,才能自我约束,止得恰到好处。

随着仕途的向好、事业的发展,"止"的重要性也随之增长。六四爻为人身的中上之位,故出辞"身"。高位者,也是高危者,所以《乾》卦的第四个爻辞有"或跃在渊"即如临深渊的警示语。处在这个位高权重的状态下,准确把握"止"的尺度,至关重要。清乾隆时期的和珅,就是因为没有"止"的觉悟,为相十二载,家财富可敌国,仍不肯放下贪欲,最终被贪欲送上不归路。

六四阴爻,柔而得位,象征高位者低调为人,处事允正;虽然身居高位,但是有"艮其背,不获其身"的觉悟,有不见有物,不见有我,只见其所当止而止其所的能力,所以能够位高而不犯错误:"无咎。"

第四节　艮其辅,言有序

最后两个爻辞,是关于至尊者如何把握"止"的问题:

六五:艮其辅,言有序,悔亡。

上九:敦艮,吉。

在《咸》卦中,"辅"即面颊骨为上爻之象,而在本故事中,"辅"被置于第五爻,朱熹解说:"六五当辅之处。"张口说话,必先启动颊骨。

如果说前述四个爻辞,都是在讲究行动的止,那么第五个爻辞,便是在讲究说话的止。说话的止有两条原则:一是"艮其辅",二是"言有序"。

艮其辅,如同《坤》卦六四爻辞的"括囊",管住嘴巴,说话谨慎,不说不该说、不能说的话。荀子对《坤》卦中的"括囊"持批评态度。因为"括囊"所追求的效果是"无咎无誉",所以,一向旗帜鲜明、批判性很强,一口气"非十二子"的荀子,称这类"括囊"的学者为"腐儒",实不知文王的用意所在。《坤》卦六四爻的"括囊",不仅是高位者忧患意识使然,更是《坤》卦的"牝马之贞"这一本质属性使然。在时时处处讲究当止则止、止于其所的《艮》卦中,说话谨慎是每个人都应努力做到的一件事,这不仅是对自己负责,也是对别人的尊重。尤其是身处六五高位者,说话影响大,更须慎思谨言。后来的著名法家人物韩非,更是从权术角度考虑,希望至尊的君王少说话,给臣子们造成一个高深莫测的感觉。韩非将君王止于言纳入御臣术之域,似乎有违周文王的"艮其辅"本意。

言有序,说话的条理要清楚。说话之前,先要想好说什么,如何说。说话不以多为胜,而以言简意丰为胜;言简意丰,必然要条理清楚。条理清楚,用现在的话来说,就是逻辑性强。这一条,荀子倒是极力主张的。在他的文章里,曾经严厉批评那些未经大脑思考就语无伦次地汹汹然抢着发表言论的人。

《艮》卦以"敦艮,吉"结尾,颇有现实意义。凡事贵在坚持,愈近终点愈是坚定于既定宗旨,才能功德圆满。世人却往往难于做到这一点,时常上演功亏一篑的悲剧。朋友们务必记住:越是接近晚年,越是要老老实实地克制自己的欲念、约束自己的行为。只有"敦艮",才能善始善终,一生无憾。

《艮》卦告诉我们,在人生的各个时期,在欲念与天理之间,如何"刹车"。朱熹告诉他的学生:"《艮》卦是个最好底卦!"(《朱子语类》卷第七十三)

本章思考题

1. 如何理解"艮其背,不获其身;行其庭,不见其人"?
2. 为什么会出现"不拯其随,其心不快"的境遇?
3. "艮其限"与"艮其身"的区别在哪里?
4. 为什么要求九五之位考"艮其辅,言有序"?

第五十三章 《渐》卦

䷴ 渐:女归吉,利贞。

初六:鸿渐于干,小子厉,有言,无咎。

六二:鸿渐于磐,饮食衎衎,吉。

九三:鸿渐于陆,夫征不复,妇孕不育,凶,利御寇。

六四:鸿渐于木,或得其桷,无咎。

九五:鸿渐于陵,妇三岁不孕,终莫之胜,吉。

上九:鸿渐于逵,其羽可用为仪,吉。

《周易》第五十三卦《渐》,以水涯边觅食的小鸟,如何成长为在天空中飞翔的鸿雁为比喻,阐述人生循序渐进的一般规律。

第一节 循序渐进

渐:女归吉,利贞。

循序渐进是事物发展的一条普遍规律。循序渐进,往往是老师对学生、老年人对青年人的嘱咐。其间深意,又往往是学生、青年人一时之间并不完全理解的。随着年岁的增长、历经了曲折之后,才会渐渐理解其中深意。循序渐进是一种方法,一种态度,同时也是一种境界。

循序渐进有两个关节点,一是"序",二是"渐"。

序,是说前进讲究序次,这个序不是评职称时的论资排辈,而是个体发展过程中的序,即《渐》卦卦辞中以"女归"为比喻的那个"序"：我国古代婚姻关系的建立，往往须经历媒介、纳采、问名、纳吉、纳征、请期、亲迎等一系列有序的形式。推而广之，一个人若欲事业有成，也须经历蓄积力量、依序而进的过程，不能操之过急。我国前些年在选拔任用干部和围绕"台阶论"所展开的争议，就是一个涉及是否应该循序而进的问题。

循序渐进与干部、人才升迁中的"台阶论"并非一回事。清代诗人龚自珍有两句很出名的诗："我劝天公重抖擞，不拘一格降人材。"这里的"不拘一格"，讲的就是希望人才能够横空出世，不要对出现的人才论资排辈。在历史上，如秦末汉初名将韩信，本来是项羽帐下的一名侍卫，后来逃到刘邦帐下，初亦只是管理粮草的都尉，相当于将军以下的校级军官，却因萧何力荐，不拘一格拜为大将军，统率千军万马。诸葛亮本为隐居山林的一个儒士，一下子成为刘备集团的二号人物，关羽、张飞也得听其指挥。这些都是特殊人才，所以享受了不拘一格的待遇。其实，他们的人生过程中并没有躲过循序渐进这一条成长规律。在出道之前，无论韩信还是诸葛亮，都有过一段不短的刻苦读书、拜师学艺的艰苦岁月，韩信更有胯下受辱等磨砺意志的痛苦经历。

渐，涉及的不仅是时间，更是力量。力量的积聚需要时间，但是时间只是力量积聚的必要条件而非充分条件。前进一步还是两步，需要时间更需要力量。每前进一步，都需要力量作为依托。缺乏力量希图进步，无疑是一种"不耕获，不菑畲"的妄念，将自己置于尴尬的境地。"欲速则不达"，是对挑战渐进的一个忠告。所以，在循序渐进的前面，还要加上一句："量力而行。"

《渐》卦的六个爻辞，以鸿雁的成长历程为例子，向人们展现了什么是量力而行，什么是循序渐进。

第二节 饮食衎衎

初六、六二爻辞,是关于幼小的鸿雁在水涯畔、河岸边觅食的情景叙述:

初六:鸿渐于干,小子厉,有言,无咎。

六二:鸿渐于磐,饮食衎衎,吉。

《庄子·逍遥游》一篇,寓言说理:有一大鸟,背若泰山,翼若垂天之云,扶摇直上九万里,云气之上,青天之下,无滞无碍,逍遥南翔。地上小泽边有燕雀笑道:我腾跃而上,不过数丈而下,翱翔蓬蒿之间,飞得也很不错。它飞得如此高,究竟想去哪里?

《史记·陈涉世家》记载,我国第一次农民起义领袖陈胜,少年时被人雇来耕田,有一天,地耕好,他和同伴们在田垄上休息,怅恨良久,向同耕者言道:"苟富贵,无相忘。"意思是:有朝一日我若富贵,不会忘了你们。有人听了此言,嘲笑他——"庸者笑而应曰:'若为庸耕,何富贵也?'"陈胜因不被同伴理解而叹息说:"嗟乎!燕雀安知鸿鹄之志哉!"陈胜的叹息之语,即出自《庄子》。太史公称这位嘲笑者为"庸者",因为他不懂得贫贱与富贵互相转化的规律,不理解陈胜所说的"王侯将相宁有种乎"的变革理念。此后的事实证明,陈胜不仅有鸿雁之志,而且的确是一只能够绝云气、负青天的鸿雁。

鸿雁在鸟类中素以高飞远徙著名。然而,鸿雁也有幼小之时。它的高远飞翔,是从蹒跚学步中渐渐成长起来的。

"鸿渐于干,小子厉,有言,无咎。"就是对鸿雁幼时状态的描述。因为幼小无力,鸿雁只能在水涯边上活动,如同小孩子蹒跚学步那样恐惧万状,这不免遭受嘲笑它胆小的议论。其实,幼雁不去动高飞之念,是一种量力而行的明智选择,何错之有?鸿雁如此,人类亦然。陈胜少时,与人壮言"苟富贵,无相忘"。想必耕作之际年少力弱,不胜劳作,得到过同伴的关照,故发此言。然而当少年陈胜口出大言时,又被平庸的农夫笑话。这种情景,正是"小子厉,有言"的一种写照。

当鸿雁渐渐长大,有了一些力量,便爬到岸边的大石板上栖息,并在石缝之间欢乐地寻觅食物:"鸿渐于磐,饮食衎衎。"鸿雁是一种水鸟,幼小时期在涯岸处寻找食物,是最快乐也是最安全的生存方式。还处在幼年时期的鸿雁,将自己的生存环境及其生存方式,以水涯边的磐石为依托,无疑是最为合适的选择。"衎衎"这种和乐的生存状态,也是鸿雁依靠自己力量循序渐进的态度,是它继续成长的最大依托。

水涯处游弋,磐石间觅食,幼小的鸿雁与天地为一,自然而然地渐渐成长。

第三节　陆非所安,择木而栖

本卦中间两个爻辞,是对渐渐成长的鸿雁登上陆地之后的生存环境与成长过程的叙述:

　　九三:鸿渐于陆,夫征不复,妇孕不育,凶,利御寇。
　　六四:鸿渐于木,或得其桷,无咎。

鸿雁随着自身力量的不断壮大,终于从河边走上了陆地,而它又未成长到飞翔的程度,还不适合在陆地上生活,但这一过渡时期又必须在陆地上生活。忧患意识,对于这一成长阶段的鸿雁来说,尤其重要。所以,当鸿雁踏上陆地的这一刻起,周文王就连续用了两个很危险的事情进行譬喻:"夫征不复,妇孕不育。"就像丈夫出征不还家、妇女怀孕流了产一样,生存环境充满危险。当自身力量还不足以一展宏图之时,切不可急躁冒进,而应该寻找一个比较平安的生存环境,渐渐壮大自己,耐心地等待羽毛丰满那一天的到来。准确估量自己,是善于保护自己的前提。倘若不自量力,明明缺乏飞的能力却又在地上跃跃欲飞,难免要暴露于猛兽面前,成为它们的口中之食。

性格刚毅的鸿雁,时刻保持如同"不复""不孕"那样挥之不去的有凶危压顶的忧患意识,对于防御侵害,自然是十分有利的。

但是,从很早的时候开始,诸多易学大家对于这一段经历,并不是这样解读。最早是认为出自孔子手笔的《象》辞的解读是:"'夫征不复',离群丑也;'妇孕不育',失其道也;'利用御寇',顺相保也。"魏晋的王弼在此基础上做更生动的推演解读:"夫征不复,乐于邪配,则妇亦不能执贞矣。非夫而孕,故不育也。……见利忘义,贪进忘旧,凶之道也。异体合好,顺而相保,物莫能间,故利御寇也。"(《周易注》)这样,把好端端的一个阳刚进取、有忧患意识、循序渐进的鸿雁,描绘成了一个移情别恋、怀了私生子又不敢生下来的人,一个见利忘义而又死不改悔的人。唐代孔颖达悉从王弼之解。到了宋代,朱熹显然看出了这样解读不妥,又不能说孔子的解读不对,遂做了一个不附和前人的言简意赅的解读:"鸿水鸟,陆非所安也。九三过刚不中而无应,故其象如此。而其占夫征则不复,妇孕则不育,凶莫甚焉。然以其过刚也,故利御寇。"(《周易本义》)悄然摘去了戴在九三爻头上那三顶"乐于邪配""非夫而孕""见利忘义"的帽子,还其陆非所安、循序渐进的本来面貌。

鸿雁羽翼渐丰,终于能够飞上高树,还用树枝构筑窝巢,平安地栖息了。王弼说:"鸟而之木,得其宜也。"(《周易注》)此处用譬之"木",为树木之木;鸟不仅栖于树木,而且栖于平稳的树枝上,生活的安全稳定性,自然优于地面。六四爻之象,阴爻阴位,柔顺而守正,象征此时的鸿雁,已能飞离地面,但是还只能飞到地面的树上;严格而言,尚未离开大地。而这样的高度,正适合此时此际鸿雁的成长;柔性而守正的鸿雁,也不会有离地飞天的不切合自己能力的妄想和行动。如果将"桷"理解为鸟巢,则在高处筑巢而居的行为,表明鸿雁在严酷的生存竞争中,忧患意识越来越强烈。在高树上筑巢而居,显然可以避免地面上的许多猛兽的攻击侵害。筑巢而居,既是防范猛兽攻击的需要,也是高飞之前的最后阶段的力量积聚。

良鸟择木而栖,生存竞争使然。

第四节 鸿渐于逵

本卦最后两个爻辞,是关于鸿雁渐渐从地上飞向天际这一质变过程的叙述:

九五:鸿渐于陵,妇三岁不孕,终莫之胜,吉。

上九:鸿渐于逵,其羽可用为仪,吉。

陵是丘陵,其高度远非树木可比。鸿渐于陵,鸿雁已经渐渐地成长到可以从树上飞到高高的丘陵了。

事物的发展壮大,不可能一帆风顺,即便成功的事业,发展过程中也有诸多曲折。从树上飞到高高的丘陵上,仍需要经过一段奋斗和成长的过程,有如一对恩爱夫妻,结婚了三年还没有磨合好,未能怀孕生育孩子一样。认识到发展过程中有曲折、美满中有不足也是一种客观规律,就能随遇而安,不会自寻烦恼。就像男女结合,生儿育女是自然规律,"终莫之胜",任何不利因素都阻挡不住。鸿雁离地高飞,也是循序渐进的必然结果,谁也别想阻挡。用现代语言结构将这个爻辞中的比喻做一整合,可以更清楚地明白这个比喻的意思:即便"妇三岁不孕",亦"终莫之胜"!有了这样一种认识,这样一个断定,在循序渐进到达关键的时刻,就会产生坚定的信念,给予鸿雁从高高的丘陵腾空起飞以足够的信心和力量。周文王用"吉"这一断语,对比喻所唤起的信心和力量给予充分的肯定。

"鸿渐于逵,其羽可用为仪",是鸿雁成长的最高境界。"逵"原为"陆",据宋人考证,当作"逵",谓云路也。朱熹认可:"今以韵读之,良是。"(《周易本义》)鸿雁从水涯边开始,踏踏实实地循序渐进,发展壮大;所循之序,为"干""磐""陆""木""陵""逵",其间任何一道坎,都不可或缺。渐进,是因为力量需要渐渐积聚。当力量充分积聚,羽毛完全丰满之时,鸿雁才能够一飞冲天,在云际翱翔,它的丰满的羽毛漂亮得足可以用来装饰人的高贵仪表。

说到这一爻辞,在中国茶文化史上还有一个与之紧密相关的故事。据《新唐书》和《唐才子传》记载,茶圣陆羽,年仅三岁时因其相貌丑陋而成为弃儿,后在湖北天门县西门外西湖之滨被当地龙盖寺和尚积公禅师收养。积公以《周易》占筮,为孩子取名,遇《渐》卦。于是根据上九爻辞:"鸿渐于陆,其羽可用为仪",给孩子定姓为"陆",取名为"羽",又以"鸿渐"为字。积公禅师希望他的徒儿能够踏踏实实、循序渐进地做学问,成为一个学究天人的学问家。陆羽没有辜负师傅的期望,循序渐进,终于成为了一个千古留名的茶道圣人,撰写了人类历史上的第一部《茶经》。在中国茶文化史上,陆羽创造的一套茶学、茶艺、茶道思想,以及他著的《茶经》,是一个划时代的标志。

陆羽从一个相貌丑陋的弃儿,最终成为流芳千古的茶圣,一张中国文化的名片;《渐》卦,正是他成长历程的写照。

近年来,一首取名《鸿渐》的民俗歌曲,在大江南北传唱。歌名虽源自《渐》卦,然而歌词中却少有《渐》卦所示的自强不息、循序渐进的鸿雁精神,可见词作者对《渐》卦中的鸿渐精神还缺少认识。继承优秀传统文化,不能虚有其表。

本章思考题

1. 为什么说"序"与"渐"是循序渐进的两个关节点?
2. 如何理解"小子厉,有言"的含义?
3. "夫征不复,妇孕不育"的本义究竟是什么?
4. "妇三岁不孕,终莫之胜"这一比喻表达了什么理念?

第五十四章 《归妹》卦

☳ 归妹：征凶，无攸利。
初九：归妹以娣，跛能履，征吉。
九二：眇能视，利幽人之贞。
六三：归妹以须，反归以娣。
九四：归妹愆期，迟归有时。
六五：帝乙归妹，其君之袂不如其娣之袂良；月几望，吉。
上六：女承筐，无实；士刲羊，无血。无攸利。

《周易》第五十四卦《归妹》，阐述了女子出嫁所涉及的婚嫁原则及其生活伦理。

第一节 归妹征凶

归妹：征凶，无攸利。

中国传统文化中，女子出嫁称为"归"，如《渐》卦一开首就以"女归"即女子出嫁为例说。此前的《泰》卦爻辞中，有"帝乙归妹"一辞，是说殷天子帝乙将妹妹下嫁给臣子；因为是兄长嫁妹，便以"归妹"之名表达。但是，兄嫁妹的情况毕竟是少数，"归妹"一名最普遍的使用并非兄长出嫁妹妹，而是一种婚嫁习俗：姐姐出嫁时，妹妹须陪嫁为妾。到了后来，归妹之妹不仅指姐妹之妹，而且还是未婚少女的泛称。《归妹》卦中，就包含着根据多种归妹含义所展开的婚嫁原则的叙述。

男大当婚、女大当嫁是天地间的第一正事,人世间的头等大事。用《彖》辞里的话来说,就是"天地之大义也。……人之终始",因而不可违逆常理。少男与少女谈情说爱,相悦而感,走入婚姻殿堂,是一件值得庆贺的大吉之事,故而取名为感通之"咸"。待少男少女谈完恋爱,长男长女结为夫妇,是一件符合自然规律,能够天长地久的事情,故而取名为永久不变之"恒"。《归妹》卦则以象征少女的兑(☱)与象征长男的震(☳)相配,少女嫁长男,呈违逆常理之象,这样的婚姻状况,在周文王看来蕴含有凶险,发展下去不会有好处。为什么会发生少女嫁给长男这样的情况?姐姐出嫁时妹妹不管年龄大小都要陪嫁为妾这一婚俗使然。最典型的例子,就是尧将两个女儿同时嫁给舜。所以,从本卦卦辞"征凶,无攸利"这两个否定性断辞,可以看到周文王对自古以来妹妹作为姐姐陪嫁女的婚俗持反对的态度。由此也可推论,从周代开始,"归妹"这一婚俗正式宣告终结。

为什么明确反对这一婚俗,其中,究竟蕴含有什么凶险?周文王并未具体说,后人各有解读。

王弼说:"少女而与长男交,少女所不乐也。"意思很明白,年龄还小的少年妹子,不乐意与年龄比她大很多的男人成婚。他又说:"履以不正,说动以进,妖邪之道也。"(《周易注》)意思是说,为了改变小妾角色,以取悦于长男的方式提高自己的地位,是妖邪的行为。内心不乐,却又要外表取悦,这种被逼无奈走妖邪之道的结果,其危险性可想而知。

程颐说得更具体:"徇情肆欲,唯说是动,则夫妇渎乱,男牵欲而失其刚,妇狃说而忘其顺……纵欲而流放,不由义理,则淫邪无所不至,伤身败德,岂人理哉!归妹之所以凶也。"(《周易程氏传》)少女以其年龄优势迷惑长男恣肆纵欲,以致伤害了身体败坏了德性。这就是老少配所蕴含的凶险。无论在历史上,还是在现实生活中,老少配形成的此类凶险,似乎人人都知道。臣民家庭，不过是败财毁家；君王宫中，往往是政权易主、亡国灭族。

既然对年龄差异过大的婚姻关系持否定的态度，那么正常的婚姻原则又有哪些呢？在六个爻辞中，有针对男方，有针对女方，也有针对男女双方，表达了一系列婚嫁观念。

第二节 跛能履，眇能视

初九、九二爻辞，是关于妹妹作为陪嫁的偏房，如何顺其自然、勤于家务、恪尽职守等叙述：

初九：归妹以娣，跛能履，征吉。

九二：眇能视，利幽人之贞。

娣为少女，极言从嫁之妹年少，与长男之间不般配。"归妹以娣，跛能履"，前面讲婚嫁事，后面是譬喻。年少的妹子随姐姐出嫁做偏房，就像跛足者虽然走路时歪斜不正，但是只要坚持锻炼，并不影响行走。少年妹子只要勤勤恳恳、虚心好学，尽职尽能于家庭劳务，长此以往，一定能获得全家上下的认可，有良好的结局。由此延伸其义，做任何事情之初，都不必计较名誉和地位，只要顺其自然，忠于职守，以十倍的努力坚持不懈地工作，这样的人虽然一时位卑身贱，终将会有好的回报。

在《乾》卦中，初九爻属于"潜龙勿用"的状态；在《归妹》卦中，则是一位刚刚伴随姐姐来到夫家的少女，名义上是妾、偏房，实际上还是一个什么事情都要学习的小姑娘，如同跛子，虽然能够行路，却时时都要打起精神，处处都须小心翼翼。虽然富有阳爻阳位的贤正之德，但是小妾地位决定了她只能扮演辅助姐姐料理内务这样一个角色。有了"跛能履"这样一种观念和心态，继续前行的路上一定吉祥如意。

人无完人，有坚定的贞操观念和良好妇德的人，有可能存在某些生理方面的缺陷,如"眇能视",双目一明一盲,但是并不影响看清东西。所谓有失必有得,"眇能视",多少也算是缺陷,但是也有因为"眇"而伴生好的结果:"利幽人之贞。"娶这样的妻子,往往更勤于料理家务、更体贴照顾丈夫;由于不宜抛头露面,少与外界交流,就更有利于贞操的持守和妇德的完美。在我国历史上,多有娶品性贤德而面貌丑陋之女为妻的故事。最典型的有东汉初年的儒生梁鸿,娶同乡丑女孟光为妻。婚后,梁鸿为避征召他入京为官,夫妻二人离开齐鲁来到吴地,住在大族皋伯通家宅的廊下小屋中,靠给人舂米过活。每当丈夫回家时,妻子孟光就托着备好的食物,恭恭敬敬地送到丈夫面前,请丈夫进食。为了表示对丈夫的尊敬,妻子不敢仰视,总是把盘子托得跟眉毛齐平。这就是中国文化史上著名的"举案齐眉"的由来。据说,皋伯通见到孟光举案齐眉的情景,大吃一惊,心想:一个雇工能让他的妻子对他如此恭敬有加,一定非凡。于是立即把梁鸿夫妇迁入他的家宅中居住,并供给衣食。梁鸿因此有了机会著书立说。

又例如,三国时期的诸葛亮,娶丑女黄氏为妻。当年,诸葛亮在襄阳的隆中读书做学问时,离隆中不远的汉水边有一位名士叫黄承彦,与诸葛亮相交很好。黄承彦家有一女,叫黄月英。此女黄头发、黑皮肤,乡里有"丑女"之称。黄承彦欲将女儿许配给诸葛亮,诸葛亮因其貌丑,初时犹豫,后获知此女聪慧异常,才华甚高,便将黄月英娶回家里。黄月英来到夫家之后,不仅家室之内治理得井井有条,解除了诸葛亮的后顾之忧,后来"三分天下"的思路、"木牛流马"的设计,都是受到了丑妻的启发和帮助。诸葛亮选择一位丑女为妻,不仅在当时传为美谈,而且直至今日,仍为后人津津乐道。

或许,这些古人的这种婚娶理念,也多多少少受到了《归妹》卦中的这一爻辞的影响所致。但是,因为娶了"跛能履""眇能视"这样的丑女,而能获得家庭利益,甚至受用终身的效果,是实实在在的。

第三节 迟归有时

本卦中间两个爻辞,是关于女子出嫁的时间,应该顺其自然,既不能过急而违反程序,也不宜过迟,耽误了青春:

六三:归妹以须,反归以娣。
九四:归妹愆期,迟归有时。

这一阶段的两个爻,是进入婚期的成熟女子的象征。因此,如何准确把握出嫁时间,便成为"归妹"的核心问题。

须:待,等待。"归妹以须",用传统的一句话来解读,就是"待字闺中"。意思是:女孩子到了可以谈婚论嫁的年龄,便当等待在闺房中,听从于父母之命,媒妁之言,顺其自然,出嫁为人妻。然而,六三阴爻阳位,不中不正,有越规出嫁之象。

"归妹以须,反归以娣。"少女冒充其姐急于出嫁,事情败露之后,只得仍以妹妹的身份从姐陪嫁为妾。这是从女性角度引出的一种违反正常婚姻理念的不正当行为。婚姻不是儿戏,岂可违规作弊?何况一旦事情败露回归偏室,一辈子的尴尬可想而知。由"反归以娣"展开去,得到一个普遍的启示:倘若一个人的才德不足以承担重任,就应该自安本分,位其所位,实其所实,不执非分之想;否则,难免露出本相,遭人鄙视,落得一个自取其辱的结果。

有女子急于要出嫁,终落得"反归以娣"的结果,也有女子不急于出嫁,目的是要选择一个如意郎君。"归妹愆期,迟归有时",讲的就是这样一种婚嫁理念。

愆期:过了日期。"归妹愆期",不是过了事先由男女双方确定的婚嫁日期,而是年轻女子超过了一般的出嫁年龄,还没有找到对象嫁出去。这位大龄女青年迟迟不出嫁,是为了等待更好的机会。

上面说的那位敬重丈夫"举案齐眉"的女子孟光,虽然长得又黑又胖又丑,而且力大能举石臼,父母每次为她择婆家,就是不肯嫁,一直拖延至三十岁。媒人问她为何迟迟不嫁,孟光直言相告:"我只嫁给梁鸿一样贤德之人。"梁鸿是当代大名士,也是儒雅倜傥的美男子,不少美女的梦中情人。听得孟光之言,时人传为笑谈。梁鸿也很惊愕,仔细一打听,孟光虽然颜值不高,但是品行很好,遂毅然娶为妻子。

有才有德的女子,才有择人而配的主动权。正如唯宝器才有待价而沽的余地,贤士才有择主而仕的资格。当然,选择标准必须适度;适度,才能"有时"。孟光选择梁鸿,时人皆以为不可能,而传为笑话。孟光却认为,梁鸿不仅是才子,更是一位品德高尚的人,她的优秀品行,与他的高尚品德,很般配。所以,她充满期望,"迟归有时",等待梁鸿的到来。

话又说回来,若无梁鸿,孟光也不会如是想。所以,"迟归有时",还得讲究时间、地点、对象。

第四节　帝乙归妹

本卦最后两个爻辞,是关于女子出嫁中的择偶标准,以及男女双方感情基础问题的叙述:

六五:帝乙归妹,其君之袂不如其娣之袂良;月几望,吉。

上六:女承筐,无实;士刲羊,无血。无攸利。

"归妹"过程发展到六五爻、上六爻,也便进入了最后的婚娶阶段。在习俗中,看"新娘子"是婚娶活动中的一个亮点。新人美不美?衡量标准是什么?注重外在美还是注重内在美?六五爻辞给出了具体明确的答案:"帝乙归妹,其君之袂不如其娣之袂良;月几望,吉。"君,指担当主妇的大女儿;娣,指随嫁当小妾的小女儿。帝乙将女儿出嫁给西伯姬昌时,大女儿的服饰不如小女儿的服饰华丽,这是因为大女儿面如满月,长得十分丰满姣好,随便穿上什么衣服都会吉祥如意。

俗话说:"佛靠金装,人靠衣装。"此言有谬。衣装若与人品相比,后者更重要;在婚嫁观念中,尤其是妇德,应更为人们所看重。因此,自爱的女子,与其追求服饰品牌、时尚,莫如潜心修身。六五爻,以柔性而处中、居尊位,象征帝乙的大女儿德性之盛,有如满月之光彩;其袂不如其娣之袂良,也正是尚德不盛服不贵饰的一种表达。

在婚嫁观念中,最重要的一条原则是婚姻双方应以互爱为基础。"女承筐,无实;士刲羊,无血。"在婚礼上,新娘子托着盛放礼品的篮子拜见公婆,篮子内却空无一物;新郎举行割羊仪式,羊却没有流出一滴血。从这两件事情上透露出一个信息:新娘新郎对这一婚姻均无诚意。如果男女双方都缺少诚意,即便勉强完婚,也不会有美好的夫妻生活。所以,周文王给出的结论是:"无攸利。"

《归妹》卦的六个爻辞,都紧紧围绕女子出嫁的事情展开,六十四卦中,本卦卦爻辞似乎最容易解读;本卦所涉及的故事内容也是日常生活中最熟悉的一种。所以,朱熹给学生讲解此卦时,话语也不多。《朱子语类》中,关于《归妹》卦的讲课记录,只有29个字。

本章思考题

1. 为什么对"归妹"的评判是"征凶,无攸利"?
2. 为什么对"跛能履"的判断是"征吉"?
3. "归妹愆期,迟归有期"表达了什么理念?
4. "女承筐,无实""士刲羊,无血"说明了什么?

第五十五章 《丰》卦

☷ 丰:亨,王假之,勿忧,宜日中。

初九:遇其配主,虽旬无咎,往有尚。

六二:丰其蔀,日中见斗;往得疑疾,有孚发若,吉。

九三:丰其沛,日中见沫,折其右肱,无咎。

九四:丰其蔀,日中见斗;遇其夷主,吉。

六五:来章,有庆誉,吉。

上六:丰其屋,蔀其家,窥其户,阒其无人,三岁不觌,凶。

《周易》第五十五卦《丰》,围绕盛中藏衰问题,展开如何积极主动持盈保泰的叙述。

第一节 如日中天

丰:亨,王假之,勿忧,宜日中。

《彖》辞曰"日中则昃,月盈则食。"这是几千年前的先人对自然现象、自然规律的一种观察和总结。其实,太阳刚刚正中就要偏斜的现象,每天都能看到,只是有人用"日中则昃"来描述,有人用"日方中方睨"来描述,还有人只看不描述。描述的人,不仅描述,还会做进一步的推演,如由日、月的正斜、盈亏,推及自然界的一般,又由自然界的一般,推及人类社会:"天地盈虚,与时消息,而况于人乎?"(《易传·彖》)由现象的描述而至规律的概括,普通的人也便上升为哲学家、思想家了。

丰之本义,为豆粒之饱满,移之于其他,如一个姑娘长得壮实饱满,可用丰满、丰腴等描述;大、盛等,则是丰的延伸义。《周易》之前,丰字就有了多种延伸义,《丰》卦之丰,即盛、大之义。

大、盛,是人们普遍追求的目标。例如,事业越做越大、学问越做越大、官越做越大,等等;树木越长越茂盛、人气越来越旺盛、生意越做越兴盛,等等。然而,一旦实现了大、盛的目标,往往又会萌生恐惧感,因为物极则反、盛极而衰的道理,人人都明白;大有大的难处,甚至连荣国府里的管家婆琏二奶奶也清楚。

作为当今世界第一大国的美国,就正处于物极则反、盛极而衰的恐惧之中。美国目睹英国是怎样从"日不落"的世界第一大国衰落下来,被美国所替代;美国也知道自己不可能永远居于世界第一大国的位置,但是并不知道自己在何时、由于什么原因衰落下来,又将被谁取代世界第一大国的位置。因为不知道,所以会恐惧。因为恐惧,就做出一些难以令人理解的举措,例如一会儿屯兵中东,入侵伊拉克,干涉叙利亚,制裁伊朗;一会儿又移师西太平洋,妄图实施"亚洲再平衡"战略,等等。既怕中东闹事损了自己威信,又怕中国崛起取代第一的位置。虽然与日本联盟,又怕日本反戈一击;二战中的两颗原子弹如同两颗毒瘤,毕竟深埋在了日本人的心里。

《丰》卦告诉人们,面对大与盛,不能只有恐惧和忧思,消极地等待着"无可奈何花落去",而应该积极地想方设法,使如日中天的事业继续保持下去。所谓"经久不衰",就是消除忧虑,积极主动持盈保泰所获取的效果。孔颖达认为《丰》卦之"大",不是自然之大,而是人为之大:"凡物之大,共有二种:一者自然之大,一者由人之阐弘使大。丰之为义,既阐弘微细,则丰之称大,乃阐大之大,非自然之大。"(《周易正义》)朱熹对这一卦的象征意义解读得很实在:"丰,大也,以明而动(**卦象下离上震,离为火为**

明、震为雷为动），盛大之势也，故其占有亨道焉。然王者至此，盛极当衰，则又有忧道焉。圣人以为徒忧无益，但能守常，不至于过盛则可矣，故戒以'勿忧，宜日中'也。"（《周易本义》）

盛大的事业走向衰落，关键因素不在外界，而在内部；必定是事业内部的机制、人事上发生了问题，才使得事业从不断削弱快速走向衰落。《丰》卦之六个爻辞，从不同层面展示了盛大被遮蔽的问题，而消除这些问题，就能持盈保泰；"宜日中"，也就成为现实。

第二节 日中见斗

初九、六二爻辞，以形象的譬喻，描述和分析了早期的盛中藏衰现象：

初九：遇其配主，虽旬无咎，往有尚。

六二：丰其蔀，日中见斗；往得疑疾，有孚发若，吉。

事业越大越兴盛，基础越显重要。所以，在事业盛大之时，更要注重与基层民众的沟通，以心换心，心心相印；上下级之间建立了这种深厚的关系，即便长时间失去联系，也会心照不宣，密切配合。相反，如果在事业草创时患难与共，事业做大做盛时不再重视与基层民众的沟通与利益共享，一旦事业由盛而衰，就很难想象基层民众还会如同创业时那样齐心协力。

这是一个讲述盛大的卦，每个爻都是盛大在不同时段的状况表达。与初爻相对应的是第四爻，一般情况下，相对应的两个爻若为一阴一阳，则阴阳相应互补；相对应的两个爻若为同阴或同阳，则不能相应而对立。《丰》卦中具有相应关系的两个爻，不同于一般卦中之爻，即便同阴或同阳，也不发生对立冲突，这正是盛大的原因所在。以初九爻与九四爻为例，初九爻是丰盛的初始，也是盛的基础，初九爻相应的对象是九四爻，两阳相遇，本来应该是同性相斥，对低位的初九爻不利。但是在丰的背景下，两阳之间能够和平共处："遇其配主，虽旬无咎"，初九爻的配主就是九四爻，虽然同为阳爻，也不发生矛盾。正是这样一种同舟共济的和平状态，初九爻有向前发展的空间："往有尚"，可以大胆往前走。

盛中藏衰，是一条规律。只有盛中见衰，才有可能持盈保泰。当进入盛大事业的内部，才发现被包裹得很紧，轻易不能看清其中暗藏着的衰败因素。"丰其蔀，日中见斗"是一个例说：太阳光被巨大的帘子遮住，黑暗的程度，中午也能看清楚北斗星。重点在"日中见斗"，如日中天的事业内部，居然有如此黑暗的地方。明明是一位性格柔和、处事中正的骨干，居然会在积极进取的工作中受到高层的怀疑和猜忌，经过了相当长时间，其诚信，其良知，才被高层所理解。

六二爻与六五爻相应，却都是阴爻，两者都具有阴柔之属性，其应和也就难免需要花费一些时间和精力去磨合；六二爻又正处在下卦离（☲）的中部，是其主爻，用朱熹的话来说：六二爻"为离之主，至明者也"（《周易本义》）。然而，正如台风中心无台风一样，光明的中心，也因为阴爻阴位的缘故，是一个无光明之处。带着"日中见斗"那样的阴暗背景，径直朝着前方迈进，势必会遭人物议；尤其是追随六五至尊，难免要引发被追随者的疑心。"往得疑疾"，不仅指上层各级官吏，更指相应的至尊者要怀疑有什么不正常情况。确有阴暗部分的六二爻，只有一个词可以解除上位者的疑虑之心，这就是："有孚。"而怀有诚信，正是处中得位的六二爻之长。六二爻在前行过程中不断积其诚意，让上级官吏、至尊者不断感受到自己的诚信，一定会获得"吉"的效果。

第三节　日中见沫

九三、九四爻，是盛大的中间两爻，各以生动的比喻，讲述了丰即盛大内部越来越黑暗的状态：

九三：丰其沛，日中见沫，折其右肱，无咎。

九四：丰其蔀，日中见斗；遇其夷主，吉。

沛，一作旆，旛幔，即幔帐之类，其遮蔽性甚于蔀即帘子。所以，"丰其沛"的结果，是连小的星星都能看得清清楚楚。由此可见九三爻之位虽然愈益光明，其中之暗也甚于外围的六二爻之位。继续深入内部，黑暗程度越来越严重："丰其沛，日中见沫"，太阳光被巨大的幔帐遮蔽，黑暗的程度，中午也能看清楚天上那些小星星。

"折其右肱"是这一爻辞中的第二个例说。九三阳爻阳位，象征着一位刚毅正气的贤能之士，本可以"终日乾乾"，做一番事业。然而在"日中见沫"这种极端昏暗的环境里，努力工作的结果，往往会导致自身的伤害。折断右臂，只是遭受伤害的一种比喻；做事主要依靠右臂，右臂既折，仅剩左臂，做事便不济。喻义是：因为性情刚烈，被削夺了在知州、郡守等关键岗位上工作的权力。当上层出现昏暗不明时，贤能之士不宜强自出头，而应忍辱负重，时时保持"折其右肱"的忧患意识，保护自己，待机再起。我国历来就有"识时务者为俊杰"一说，应该就是指在"日中见沫"的环境条件下，保持"折其右肱"的忧患意识，善于自保，这不失为一种权宜之计。

正因为如此，《易传·象》明确言道："'丰其沛'，不可大事也；'折其右肱'，终不可用也。"在极度阴暗的环境下，原本终日乾乾的贤能之士，务必牢记两条原则：一是不可大事，二是不可用。

在盛大的事业中，居于高层的管理者，应该始终如一地目光向下，主动地接近下层的志同道合者，当如日中天的事业有可能转衰时，就能够与下层的同道中人相扶相济，力挽大厦于将倾。

九四爻辞关于盛大事业的内部存在不光明因素的描述，与六二爻的不光明内情,在程度上相当,因而其譬喻性的爻辞,选择了同一个例子:"丰其蔀,日中见斗。"九四爻与初九爻具有相应关系,所以初九爻称九四爻为"配主",九四爻称初九爻为"夷主"。夷为平,九四爻与初九爻同阳,所以在九四爻看来是均等关系,称初九爻为均等、均平的"夷主"。九四爻之所以有"丰其蔀"的阴暗面存在,是其阳爻阴位并且不居中所象征的缘故。虽然阴暗到了"日中见斗"的程度,但处身高位的九四爻有一个先天的好条件,这就是阳爻阳位的初九爻,是其坚实的社会基础。身处高位、如临深渊的九四爻,因为得到了讲究诚信的初九爻相助,立刻转危为安,吉祥无比。

处于盛大中心的两段爻辞,既揭示了"日中见沫""日中见斗"那些盛中藏衰的景象,也指示了"折其右肱"即忧患意识的作用、"遇其夷主"即依靠底层民众的出路。

第四节 三岁不觌

本卦最后两段爻辞,以形象的譬喻,从正反两个方面,讲述了事业做大之后,如何维持其盛大局面:

六五:来章,有庆誉,吉。

上六:丰其屋,蔀其家,窥其户,阒其无人,三岁不觌,凶。

居于最高层的领导者,即便是在事业如日中天之时,也应该不忘人才为本的原则,继续招揽贤能之士。居于领导地位的人,即使自己缺少智慧,见事不明,只要有不耻下问的虚心,有容纳贤能的胸襟,同样可以借助于贤能之士的智慧、经验与才干,使得所领导的事业继续兴盛,经久不衰。

阴爻居阳位,而且是至尊位,即便事业有成,也应低调处世,正如同《坤》卦六五爻辞以"黄裳"为喻,不可显摆。所以,本卦六五爻辞"来章，有庆誉"，所指谓的不是六五爻本身如何去彰显，去邀得庆誉，而是指处在这一高位的领袖人物，如何继续敞开招贤纳士的贤路，引进人才，尤其是那些社会上的贤达人士，作为巩固既成事业、维护盛大局面的力量。

周文王的这一番嘱咐，在以后的岁月里，似乎很少被刚刚取得政权的开国之君所重视。我们看到的历史，往往是相反的情况，一种是注重对有功之臣的封赏，忽视对新生力量、新的贤能之士的关注与重用；另一种是对居功自傲的功臣的杀戮，以为这是确保江山稳固的有效手段。

当历史进入 20 世纪中叶，中华人民共和国成立前后，我们终于看到了"来章，有庆誉"的一幕。第一届政治协商会议就是这样一场群贤毕至的盛会，全国的政治、军事、文化、经济各界名流纷纷来京与会，与执政的中国共产党一起共商国是。不久，在海外学有成就的科学技术人才如华罗庚、钱学森、钱三强等一大批学者，也纷纷回到新中国，为社会主义建设效力。正是将这些社会名流、科技人才汇聚在共产党周围，新中国如一轮东升旭日，国运日渐昌盛。

倘若以为事业已经做大做强，兴盛之极，便妄自尊大、目空一切，长期不再与贤能之士结交往来吸纳新知，以致自己孤立自己，自己蒙蔽自己，自己开创的盛大之业，也将很快被自己所毁。《丰》卦的最后一段描述，正是对这类人物最终结局的生动写照：

丰其屋，蔀其家，窥其户，阒其无人，三岁不觌，凶。

又高又大的房屋，所有的窗户都被窗帘遮蔽着，从干裂开的门缝中往内窥视，静悄悄地没有一个人影。三年过去了，从未见过有人进出……这样的场面，三千年前有，当下仍然有。从事业有成的亿万富翁到不名一文的破产者，时有所闻；凭手中权力暴富，旋又抄没殆尽身陷囹圄者，常见报端。这些由盛而衰的当代新闻，与上六爻辞描述的场景，乃何其相似耳！

本章思考题

1. 卦辞"宜日中"是什么意思?
2. "配主"与"夷主"是什么关系?
3. 为什么"折其右肱"?喻义是什么?
4. 本卦六爻,为什么由"吉"开始,以"凶"告终?

第五十六章 《旅》卦

旅:小亨,旅贞吉。
初六:旅琐琐,斯其所取灾。
六二:旅即次,怀其资,得童仆贞。
九三:旅焚其次,丧其童仆,贞厉。
九四:旅于处,得其资斧,我心不快。
六五:射雉,一矢亡,终以誉命。
上九:鸟焚其巢;旅人先笑后号咷;丧牛于易,凶。

《周易》第五十六卦《旅》,是关于人在旅途中遭受种种际遇的历练与感受。

第一节 旅 贞

旅:小亨,旅贞吉。

古代先人对"旅"的感受,往往与磨难联系在一起。这份感受,可以从唐代的孔颖达对"旅"字的解读中体味到:"旅者,客寄之名,羁旅之称;失其本居而寄他方,谓之为旅。既为羁旅,苟求仅存;虽得自通,非甚光大。"(《周易正义》)因为失去了原本的居所,不得不寄居异乡;因为是客居异乡,期望值很低,仅求能够生存下去;即便经过努力生存无虞,也不能有大的显耀。这种旅人生活、旅人感受,今天在海外的游子,包括那些已经几代生活在海外的华人,应该是最能体会得到的。

古代旅人，与今人花钱旅游、出国留学、"跳槽"发展等不同，大多因为失业、犯罪发配、遭灾迁徙或其他不得意之事，是一种生活不安定的行动。当人处在这种颠沛流离、举目无亲的状况之下，唯有保持纯正的态度，诚恳地待人，才能逢凶化吉，有一个安定的生活。遇事处理得当，或可因此转机，兴旺发达；遇事处理不当，往往客死他乡，成为游魂野鬼。好义如秦琼，旅途之中得病，囊空如洗，只得街头卖马。武艺高强如八十万禁军教头林冲，也难免要被押解他的公差捉弄欺凌，若非鲁智深暗中保护，早已在半路上被两个公差棒杀。勇猛如武松，空拳毙猛虎，也差一点命丧飞云浦。文士如方卿，只因身系一座珍珠塔，归家途中遇强人，几乎丧命。诸如此类，虽然都是文艺作品里的故事，也反映了各朝各代的旅人生涯。

因此，旅人有两点须记住：一是"小亨"，二是"旅贞"。所谓"小亨"，是指旅人生涯不能有太大的期望值；发展过盛，异乡遭忌，凶多吉少。有一个历史故事，讲一位商人在他乡经商，居然大富。但是，他要将这一大堆财富运回老家，休想。无奈之下，只得将到手的财富，在当地散尽，只剩下很少一部分，才得以带回老家。有一句顺口溜："不骑马，不骑牛，骑个毛驴最自由。"骑毛驴，可能就是旅人最合适的发展目标。

出门在外，客寓他乡，与人处事的基本原则，也是用柔不用刚。因此，所谓的"旅贞"，就是旅人不能用刚只能用柔，以柔和的姿态处世，才能更容易被他乡人所接纳，有一个相对稳定的栖身之所，有一个比较安定的生活环境。

记住了这两点，旅途之中便能逢凶化吉，遇难呈祥。

虽然在旅途之中只能以小有亨通为目标，但是在《彖》辞作者看来，《旅》卦所蕴含的意义还是不容小觑："旅之时义大矣哉！"为何有此一叹？孔颖达解释说："此叹美寄旅之时，物皆失其所居，若能与物为附，使旅者获安，非小才可济，唯大智能然。

故曰:旅之时义大矣哉!"(《周易正义》)

不仅如此,《象》辞还从艮(☶)下离(☲)上的卦象中悟出一个道理来:"山上有火,旅;君子以明慎用刑而不留狱。"艮为山寓静止义,离为火寓光明义;以沉着的心态谨慎观察,以光明的胸怀公正判断,这无疑是断狱案用刑罚时的最高境界。后来的官府大堂上往往高悬一块"光明正大"的牌匾,也是提醒坐在大堂上的官员,要沉着观察,光明办事。

沉着观察,光明做事,不仅仅是旅行者所要恪守的两条原则,也是为官者所要恪守的原则。旅之时义,果然大矣哉!

第二节 旅途三件事

初六、六二爻辞,是关于刚开始出门旅行时所要注意的一些重要事项的提示:

初六:旅琐琐,斯其所取灾。

六二:旅即次,怀其资,得童仆贞。

人无远虑,必有近忧。尤其是处身于不安定的生存状态中的旅人,千万不能斤斤计较于眼前利益,而应该从大处着想,识大体,顾大局,屈中求伸,柔中求进。"旅之时义大矣哉",就是对处身于异域他乡、过着颠沛流离生涯的旅人,尚能获得安全的那一套处世态度和方式的赞叹。与之相反,"旅琐琐,斯其所取灾",指遇事猥琐,办事吝啬,其结果只能是自取其灾。这无疑是初入旅途者的大忌。俗话说:在家靠父母,出门靠朋友。初入旅途,第一要务就是广交朋友。猥琐者,惹人厌,避之犹恐不及;交朋友要"四海",舍得花钱,吝啬之人,怎么愿意花钱交友?更不要说广交朋友了。一个没有朋友的旅人,一个猥琐吝啬的旅人,要想在异域他乡过上安定的生活,恐怕很难。

为什么本卦一开始就用"琐琐"提示呢?原因就在《旅》的初

爻是阴爻阳位，为不中不正之象，所以便用了反面例子提示。既然斤斤计较会招致灾难，不利于旅途平安，那就换一种豁达大度的姿态，旅途之中想必就会逢凶化吉、遇难呈祥，讨人欢喜了。

与初六爻的不中不正之象正好相反，六二爻是阴爻阴位，而且是下卦的中位。处中得位，典型地展示了柔顺中正的"旅贞"内涵。

然而，柔顺中正只是表明了旅者的一种正确的态度和行为方式，在旅途生活中，还需要一些"硬件"即物质、人员方面的条件加以保障。其中，有三件事情最重要："旅即次，怀其资，得童仆贞。"

一是有一个安定的住处。次：房舍，旅舍；旅途之人，自然指的是旅舍。旅途中人，日行夜宿，旅舍很重要。一旦错过，前不挨村，后不着店，荒郊野外，危险性很大。有一句流行语：过了这村，就没有这店。就是用旅人找住宿这事打比方，意思是不要错过机会。有一部电影《乔老爷上轿》，讲一位姓乔的书生，因为游春贪图风景，误了借宿旅馆的时间，只得在街头一乘空轿中暂息，不料在睡梦中被一伙抢亲者抬走，演绎了一段有惊无险的故事。

二是囊中要有充足的资金。旅途中的投宿，要有资金；吃饭，要有资金；乘车乘船也需资金。没有资金，旅人寸步难行。当年的秦琼，旅途中病倒一客栈，身上的盘缠用尽，天天被店家辱骂驱赶，只得带病牵着坐骑黄骠马上街叫卖。囊中羞涩，英雄气短，何况平常人。

三是有一个忠实可靠的童仆相随。在颠沛流离的旅途中，寻找一家暂栖身的客栈，身上带一些钱，都是容易办到的事情，难的是一路之上能够得到童仆的忠诚与照料。王弼用八个字加以解释："僮仆之正，义足而已。"（《周易注》）衡量僮仆的最重要标准，就是"义"字。所谓"路遥知马力，日久见人心"，童仆的忠诚与否，还须在旅途中加以考验方能知晓。在历史上，不乏"义仆"故事；旅途生涯中的"义仆"之重要，更是难能可贵。

具有了上述三个必要条件，柔顺中正的旅人，尽可放心大胆地前行。

第三节 焚其次，丧其仆

九三、九四爻辞，是关于旅途遭遇的叙述：

九三：旅焚其次，丧其童仆，贞厉。

九四：旅于处，得其资斧，我心不快。

前文所说的次、资、仆三个条件能否具备，与旅人自己的行为处世密切相关。六二爻由于柔顺处中，所以三个必要条件都能具备。九三阳爻阳位，有刚烈过甚之象，周文王便以反面例子警示：如果生性刚烈，高傲任性，不仅已经住宿的旅舍得而复失，不仅与异乡之人难以相处，就是与自己的童仆，也会关系恶化。"旅焚其次，丧其童仆"，刚刚投宿的旅店失火，一路相随的童仆悄然走掉。三个已经具备的生存条件，一下子失去了两个。生命危险，旋踵即至。突发事件的描写，表达了这样一个意思：处在不安定的环境中，不能过于刚烈任性，更不可倨傲待人，而应以谦虚柔和的态度，争取周围人的帮助，才能在不安定中求得安定，在危机四伏的环境中求得生存与发展。

这是一个充满忧患意识的爻位，"旅焚其次，丧其童仆"，便是"夕惕若厉"那一类忧患意识的提示。有了这样一种"贞厉"意识，本性刚健的旅人就能够避免焚次、丧仆之类的失误，确保旅途的平安。

旅客他乡，无论事业发展有多大，寄人篱下的感觉总是挥之不去。这就是今天那些在海外发展得很好的华侨，总是有一股强烈的乡愁情结的心理原因。"旅于处，得其资斧，我心不快。"

旅人终于有了一个安定的居住环境,经过努力奋斗也拥有了颇为可观的资产,但是旅人的心情并不畅快。旅人不得志,会勾起思乡寻根这根心弦;旅人得志,依然要思乡寻根。旅人的思乡寻根之心,非局中人难以体会。

成功的旅人为什么还会"我心不快"?孔颖达说:"非甚光大。"(《周易正义》)客居他乡,可以将事业做大做强,但是,普遍的排外心理如同一张无形的网,压抑、制约着旅人不可以将事业做得最大最强。

关于"旅于处,得其资斧,我心不快",历来还有另一种解读,如王弼这样说道:"斧,所以斫除荆棘以安其舍者也。虽处上体之下,不先于物,然而不得其位,不获平坦之地,客于所处,不得其次,而得其资斧之地,故其心不快也。"(《周易注》)虽然获得了居住之地,但是这块土地不是平坦之地,而是需要用斧头等工具,披荆斩棘加以平整之后才能居住,心中难免滋生不愉快的感觉。这一解读,也是对旅途遭遇的一种描述,存于此,聊备一览。

第四节　先笑后号啕

本卦最后两个爻辞,讲述了旅人涉足政坛之后的遭遇:

六五:射雉,一矢亡,终以誉命。

上九:鸟焚其巢;旅人先笑后号咷;丧牛于易,凶。

如果旅人涉足政治,情况更复杂。即便登上了尊位,用王弼的话说:"此位终不可有也"(《周易注》),孔颖达也附和:"其位终不可保。"(《周易正义》)登上了贵位还得自觉地下来,这是旅人自保的唯一选择。"射雉,一矢亡,终以誉命",是一个很生动的比喻:登上至尊之位的旅人,如同猎人射中了一只野鸡,这只野鸡却带着这支箭飞走了;虽然未得到野鸡,还损失了一支箭,毕竟给人们留下了善射的美名。旅人登上宝座又自动退下来,虽然实质性的东西一无所获,但是获得了有能力登上宝座的荣誉。诚如朱熹所言:"虽不无亡矢之费,而所丧不多,终有誉命也。"(《周易本义》)六五爻之旅人之誉命的重要性,是被上位的上九爻所闻知,所以《象》辞特地为此做了"上逮"即为上所知的说明。

本卦结尾,一连用了三个比喻,极言旅人不识时务之凶险:"鸟焚其巢;旅人先笑后号咷;丧牛于易,凶。"第一个例子,鸟筑巢于极高处而居,本来就高危,居然又被焚烧掉,实属凶险。第二个例子,旅途之中先笑后哭,一定遇到了凶厄。第三个例子,商人先祖王亥,将自己驯养的牛羊寄放于有易、河伯两人处,有易便杀掉王亥取走了他的牛羊。这三个比喻告诉人们一个道理:如果不知趣,旅人不仅高居宝座,还要倔强傲睨、发号施令,无疑违反了旅人只能"小亨"的潜规则。于是,没有群众基础的旅人,不仅从宝座上被驱逐下来,还像鸟巢被焚烧掉一样,失去了最基本的生存空间。"旅人先笑后号咷",活灵活现地描述了这位不甘于"小亨"的旅人,由大喜走向大悲的过程。而"丧牛于易"的比喻更凶险,甚至连哭的机会都没有。

其实,这种先喜后悲的人生,说的又岂只是旅人!人们往往到了"号咷"甚至断头之时才会醒悟到:人生如旅途,安定最重要。

本章思考题

1. 为什么旅人只能"小亨"?
2. 旅途之中有哪三件事最重要?
3. 为什么旅人事业成功还会"我心不快"?
4. 上九爻辞中的三个比喻说明了什么?

第五十七章 《巽》卦

☴ 巽：小亨，利有攸往，利见大人。

初六：进退，利武人之贞。

九二：巽在床下，用史巫纷若，吉，无咎。

九三：频巽，吝。

六四：悔亡，田获三品。

九五：贞吉，悔亡，无不利，无初有终；先庚三日，后庚三日，吉。

上九：巽在床下，丧其资斧，贞凶。

《周易》第五十七卦《巽》讲述了柔顺作为人的美德之一，应该如何表达的基本原则。

第一节 柔顺与"小亨"

巽：小亨，利有攸往，利见大人。

巽为风为顺。本卦的卦象为两个重叠的巽（☴），象征柔顺。王弼解说道："上下皆巽，不违其令，命乃行也。"（《周易注》）

柔顺与谦逊都是一种美德，两者之间有相同，也有差异。所以，既不能把柔顺当作谦逊，也不能将谦逊看作是柔顺。

谦逊往往是强势者面对弱势者的一种态度，是上位者对下位者的一种态度，也是同道者之间交往时的一种态度。这种态度，可以化解人与人之间的矛盾，促进人际关系的和谐；谦逊有程度上的差别,越谦逊越被人赞美,所以有"谦谦君子"一说;谦逊也有种类上的不同,如名人的谦逊、功臣的谦逊,等等。

柔顺是下位者对上位者的一种态度,是幼辈对长辈的一种态度,有时候也表现为同道者、同辈人之间交往中的一种态度。这种态度,可以保证事业的顺利开展,可以加强人与人之间的和睦。但是,柔顺不能滥用,在不恰当的场合,柔顺可能演变为自卑,或成为放任的通道。柔顺也有程度上的差别,过分的柔顺,往往会从美德流变为卑劣,甚至成为"助纣为虐"的工具。因此,对于柔顺这一品性的运用,不仅涉及场合的审度,对象的选择,更涉及程度上的把握。

《红楼梦》中的尤二姐,是一位性情至柔至顺的女性。因为过于柔顺,所以在场合的审度、对象的选择、程度的把握上都出了问题,不仅沦为贾琏的玩物,还柔顺地听从"凤辣子"的花言巧语,搬进荣国府,受尽欺辱,不得不吞金自尽,断送掉自己的年轻生命。

所以,我们有必要了解一下《巽》卦阐述的柔顺原则。

首先,柔顺的运用功能包含三个方面,一是"小亨",二是"利有攸往",三是"利见大人"。

所谓"小亨",是指对柔顺的作用不要抱有太大的期望,柔顺只能在小的事情上起到一定的通畅作用。

所谓"利有攸往",是指柔顺这一德性有利于自身的发展。

所谓"利见大人",是指柔顺的对象必须是具有优秀道德品性的人,柔顺才会起到好的效果,并有相应的收获。如果柔顺的对象不是有德君子,而是暴君昏君、为非作歹的贪官污吏,那么,柔顺无疑成了这些"小人"的帮凶,于己于人为害不浅。正如程颐所说:"能巽顺于阳刚中正之大人,则为利……巽顺不于大人,未必不为过也。"(《周易程氏传》)在封建专制、官本位的背景下,诸多柔顺听话的人,并非看不清上位者是君子还是小人,只因为

"明哲保身"这四个字,让他们选择了不管"大人"还是"小人",一律采取柔顺的态度。这些人在苦读经书时,并非不懂得《巽》卦"利见大人"之深意,然而一旦入仕,个人的眼前利益,往往又使他们做出了违心的选择。官场是人世间最大的染缸,很快便将这些人的红色良知染成了黑色。

有关柔顺的原则问题,在六个爻辞中一一展开。

第二节 柔顺与果断

初六、九二爻辞,对低位者的柔顺态度,以譬喻的方式做了叙述和判断:

初六:进退,利武人之贞。

九二:巽在床下,用史巫纷若,吉,无咎。

地位处于最底层,自身的能力又有限,上层一道命令下来,便惶恐不安,究竟是服从,还是不从?这种进退犹豫的心理,正如孔颖达所描述:"欲从之则未明其令,欲不从则惧罪及己。"(《周易正义》)或进或退不知所从。周文王针对性格柔顺的初六爻,指明了一条出路:"利武人之贞。"简约成两个字:果断。

柔性与武人,似乎是对立的双方,其实是互补的关系。过分的柔性,容易演变成优柔寡断;柔性,应与坚定的意志相结合。没有柔性的武人,匹夫而已;没有勇决的柔性之人,懦夫而已。有柔性的武人,才有可能成为一个有发展空间的大丈夫;有勇决的柔性之人,才有可能成为一个有所作为的君子。

朝信年轻时街头受辱的故事大家耳熟能详。当时,面临恶少侮辱,韩信有多种方式应对,一是返身而去,二是拔剑冲上前去,三是伏地钻出恶少胯下。在进退之间,韩信果断地选择了钻出恶少胯下。这在围观的人看来,是韩信胆怯;实际上,是韩信在权衡利害之后,选择了"忍"的一种勇决表达。大庭广众之下，从一恶少胯下钻出，所需要的勇决，不啻"武人之贞"。正由于韩信能将柔与勇决集于一身，才会有此后的巨大发展空间。

九二爻虽然略高于初爻，但还是需要积极争取上位者的提携帮助，因而柔顺之性中的"利有攸往""利见大人"的功能，还需要充分发挥。九二爻虽为阳爻，具有天然的阳刚之性，但是所处之位为阴爻，可以获得柔顺之性的补充；更何况，又处在下卦的中位即所谓的"处中"，祈求帮助的态度是端正的。正是这些属性，使得九二爻有了发挥柔顺之德的正确态度和方式。幸运的是，九二爻相应的是处中得位的九五爻，是一个可以给予力量和帮助的、世间独一无二的至尊"大人"。

周文王有鉴于此，采用一个生动的比喻，昭示九二爻的柔顺之德："巽在床下，用史巫纷若。"匍匐在君王的卧榻旁，其状态如同史巫跪在神台前祈求一样，既柔顺又真诚。

柔顺自卑，如果仅仅停留在口舌之间，只做表面文章，便是献媚邀宠、阿谀奉承；柔顺自卑，倘若出自内心，态度真诚，那么，即便做出了"巽在床下"那种过于自卑柔顺的姿态，也毋须指摘，这就像史巫在神灵前的祈求那样，不仅不会遭人指斥，还会得到神灵的福佑。周文王通过这个譬喻告诉处于九二之位的人们，只要顺从的对象是处中得位那种有仁义之心的正人君子，在寻求帮助的过程中，必须如同敬畏神祇那样满怀诚意，却可以不必计较自己的卑顺方式。

然而，在解读这段故事时，历史上的一些易学者并不如是讲。王弼在《周易注》中，对九二爻辞的前半段"巽在床下"的解释是："卑甚失正，则入于咎过矣。"对后半段的解释是："能以居中而施至卑于神祇，而不用之于威势，则乃至于纷若之吉，而亡其过矣。"他否定了"巽于床下"的行为，肯定了史巫纷若是施至卑于神祇的事实，而不是作为譬喻对"巽于床下"方式的肯定。

王弼认为,如同迎神这样的至卑方式,不能用之于威势。唐代的孔颖达,完全赞同王弼的解读:"若能用居中之德,行至卑之道,用之于神祇,不行之于威势,则能致之于盛,多之吉而无咎过。"(《周易正义》)

宋代的朱熹不赞同王弼、孔颖达的这种讲解。他说:"当巽之时,不厌其卑,而二又居中,不至已甚。故其占为能过于巽,而丁宁烦悉其辞以自道达,则可以吉而无咎。"(《周易本义》)他将"巽在床下"解为"不厌其卑",将"用史巫纷若"的譬喻之辞称之为"丁宁烦悉其辞以自道达"。对前辈权威所讲的用之于神祇、不行之于威势,避而不谈,可见朱熹对九二爻之于九五爻之恭顺、周文王譬喻之喻义,是多么心领神会。

第三节 田获三品

本卦中间两个爻辞,讲述了处身于高位之人,在柔顺方面应该如何正确表达:

九三:频巽,吝。

六四:悔亡,田获三品。

如何解读"频巽",再次成为讲述本故事中的一个分歧点。王弼认为:"频,频蹙,不乐而穷,不得已之谓也。"(《周易注》)孔颖达在《周易正义》中也顺着王弼的说法进行疏解:"频者,频蹙忧戚之容也。"为什么有频蹙忧戚之容呢?孔颖达接着说道:"九三体刚居正而为四所乘,是志意穷屈不得申遂也。既处巽时,只得受其屈辱也。"

王、孔的解读,不仅在易学史上被普遍认可,甚至在《辞海》中,也以王弼之注为据,认为"频"字通"颦","频蹙"同"颦蹙"。

然而,在易学史上,王、孔的注解并非是确论。宋代朱熹认为"频"就是频繁的频,是反复多次的意思。他在给学生讲解时,幽默地言道:"九三'频巽',不比'频复'。复是好事,所以频复为无咎。巽不是甚好底事。九三别无伎俩,只管今日巽了明日巽,自是可吝。"(《朱子语类》卷第七十三)无论在所著的《周易本义》中,还是在与学生的讲学中,朱熹也未讲九三爻"频巽"的对象是六四爻。

九三爻不同于初六、九二爻,已是高层利益集团中人,按程颐的说法,相当于知州、郡守一类人物;阳爻阳位,正是终日乾乾奋发有为之年,却为什么还要像九二爻那样"巽在床下",并且让这种至卑状态频频发生呢?这就难免会让人"刮目相看",不能不怀疑其真实的用心,怀疑其柔顺的虚假性。如果说九二爻"巽在床下"的对象是与之相应的九五之尊,那么,能让九三爻"频巽"的对象应该就是位居极顶的上九爻,而非高位之臣六四爻。唐代"安史之乱"的祸首安禄山,大概算得上是"频巽"的典型人物了。作为臣子,安禄山不惜以五十多岁的身份,认皇帝的宠妃、三十多岁的杨玉环做干娘;在干娘认养仪式中,安禄山竟然扎了小辫,戴上肚兜,打扮成"小儿",拜见"母后"。杨贵妃三十八岁生日,安禄山买下别人万里迢迢进贡的荔枝,亲自带进宫献给杨贵妃;驰至御前,马仆前而死,禄山昏迷。皇帝救治及醒,禄山告白:因得知南海荔枝,比四川的更加好看好吃,而贵妃干娘爱吃鲜荔枝,故亲赴南海,驰驿而进。感动得玄宗老皇帝当场作曲《荔枝香》一首,以为纪念。大奸大恶之人的本相,一时之间难以看清,安禄山倘若尚未作乱之时便死掉,谁会怀疑他频频作秀的极端柔顺是假?历史证明,凡是作秀柔顺而非真柔顺的人,总有一天会露出真相,招致祸患,难以善终。安禄山的闹剧,便是最好的说明。

"田获三品",后见于《礼记·王制》:"天子、诸侯无事则岁三田,一为干豆,二为宾客,三为充君之庖。"其一,豆是供物的祭器,干豆是指将猎物之肉晒干,作为祭祀时放在豆器中的供品。

其二,为宴请宾客时的食品。其三,充作君主庖厨中的菜肴。"田获三品",本意是打猎获得丰收的意思,在此段故事里,是一个比喻。为什么有此收获?因为六四阴爻阴位,柔顺恰当,处高位而不逾距。

柔顺的方式合乎常情,柔顺的运用又在正道之上,则总是能够收到良好的效果,如同"田获三品",既能获得上位者的欣赏和重用,也能得到同事们的理解,还能得到属下的拥戴和支持。

第四节 丧其资斧

最后两个爻辞,对位居至尊的人应该如何把握柔顺的原则,做了生动的叙述:

> 九五:贞吉,悔亡,无不利,无初有终;先庚三日,后庚三日,吉。

> 上九:巽在床下,丧其资斧,贞凶。

柔顺不是无原则的顺从。尤其是位居至尊的人,不能因为顺从民意而放弃政策法令的制订与执行,放松对国家整体利益的管理和保护。只要所制订的政策法令合乎正道、合乎国家与民众的根本利益,制订时考虑周详,制订之后向民众解释清楚,颁布之后公正地执行,一定会受到民众的尊重、出自内心的顺从。"先庚三日,后庚三日",表达了居于尊位者对民众利益、民众意愿的重视。这也是居于尊位者以一种既有原则又尊重民意的特殊方式表达的柔顺之道。

居于至尊之位的九五阳爻阳位,刚健之性显然,诚如王弼所释:"化不以渐,卒以刚直用加以物,故初皆不说也。"(《周易注》)但是九五处中,所出教化政令中正,最终还是获得了民众的理解和接受。又据朱熹之释:"庚,更也,事之变也。先庚三日,丁也;

后庚三日,癸也。丁,所以丁宁于其变之前;癸,所以揆度于其变之后。"(《周易本义》)这是周文王对九五至尊出台政令的一种原则性提示,只有既"丁宁"(叮咛,一再嘱咐)于变法之前,又"揆度"(估量)于变法之后,民众在理解之后顺从新政的原则,才会有良好的效果。

相反,如果居于尊位者放弃原则,一味顺从权臣贼子,听任他们蝇营狗苟,窃国专权,导致大权旁落,不仅害了自己,也祸了国家、害了民众。"巽在床下,丧其资斧",就是对那种柔顺过了头,导致国家的决断权也被乱臣贼子窃走的昏君的形象描述。唐代中期的安禄山叛乱,使得唐王朝由盛转衰,就是一个例子。年老的唐玄宗李隆基,将国家用人大权悉由杨贵妃之兄杨国忠掌控。对于别有用心、频繁献忠心讨好的安禄山,要什么给什么,最后一身而兼范阳、平卢、河东三节度使。唐天宝十四年,安禄山趁李隆基年老、国库空虚、官场腐败,遂以步、骑十五万,起兵谋反。叛军所到之处,唐军土崩瓦解,很快兵临都城长安。唐玄宗仓皇出逃,仅走了一天时间,刚到达马嵬坡,护驾的禁军又向玄宗皇帝发难,团团围住皇帝休息的马嵬驿站,要求处死杨国忠、杨贵妃。杨国忠被众兵士追杀肢解后,禁军头领仍不罢休,要求玄宗再杀杨贵妃。为保全自己性命,玄宗只得赐贵妃三尺白绫自尽。当玄宗好不容易逃到了成都,太子李亨又在灵武(今属宁夏银川)称帝,玄宗李隆基身不由己地退位为"太上皇"。

安禄山的叛乱,以及随后发生的史思明叛乱,历时八年,老百姓遭受的战乱浩劫,不堪回首;唐王朝在政治、经济、军事方面一蹶不振,失去了对边疆的控制,内忧外患,朝不保夕,开始一天不如一天地走上了下坡路。

处于尊位者柔顺过度的严重后果,于此可见一斑。

本章思考题

1. 为什么柔顺只能"小亨"？
2. 同样的"巽在床下"，为什么九二爻与上九爻的结果完全不一样？
3. 为什么六四爻能够"田获三品"？
4. "先庚三日，后庚三日"的真正含义是什么？

第五十八章 《兑》卦

☱ 兑：亨，利贞。
初九：和兑，吉。
九二：孚兑，吉，悔亡。
六三：来兑，凶。
九四：商兑，未宁，介疾有喜。
九五：孚于剥，有厉。
上六：引兑。

《周易》第五十八卦《兑》，是有关人与人之间通过交往而发生的一种愉悦情感的叙述。

第一节 相益则悦

兑：亨，利贞。

整个卦，仅二十多字，一反譬喻说理的风格。但是，就在这短短的二十多字中，却包含着由"和兑""孚兑""来兑""商兑""引兑"等组成的一个完整的概念系统，真可谓微言大义。这就给我们讲解这个故事增加了难度。难怪朱熹的学生给老师整理讲解这个卦的内容，也仅有一百多字。

《论语》开篇两句话"学而时习之，不亦说乎？有朋自远方来，不亦乐乎？"引出了"悦"与"乐"的区别。反复自习，悟有心得，心中充满高兴；这种高兴，尚未发于言表，故称之为"悦"。同道中的朋友从远方来，聚集交流切磋，高兴之状，不觉手之舞之、足之蹈之；此时高兴，溢于言表，故称之为"乐"。由此可知"悦"与"乐"的区别，在于是否发于言表。正如学生问朱熹："悦与乐如何？"朱熹回答道："悦是自家心里喜悦，人却不知；乐则发散于外也。"(《朱子语类》卷第二十)

《兑》卦之兑，其义为悦。然而，从《易传·象》开始，用"君子以朋友讲习"作为例说，解读"悦"。孔颖达附议："朋友聚居，讲习道义，相说之盛，莫过于此也。"(《周易正义》)显然都将"乐"与"悦"混为一谈了。按孔子的说法，朋友聚居讲习，应该是"不亦乐乎"之乐，而非学而时习之的"不亦悦乎"之悦。

儒家对《周易》中的卦、爻之象进行解释的《象》，一直被视为出自孔子；而"学而时习之，不亦说乎？有朋自远方来，不亦乐乎？"则是《论语》首句。可见在对"悦"的理解上，儒家有自相矛盾之嫌。

对于《兑》卦在疏解上出现的这一问题，宋代的程颐做了委婉的解读："先儒谓天下之可说，莫如朋友讲习，然当明相益之象。"一个"然"字，婉言表达了对先儒释义的修复之意。

"相益"两字，道出了《兑》卦核心。悦，是愉快、喜欢、高兴等情感的内心反应，因而又有"愉悦""喜悦"等种种表述。本卦阐述的种种悦感，在人与人之间关系中展开，核心就是相益则悦。

例如，领袖恩泽于民众，民众心情愉悦，就会不辞劳苦，追随领袖。治政如此，治军亦然。我国历史上有许多常胜将军，常胜的一个重要因素就是爱兵如子，深更半夜巡视士兵宿舍，替士兵扯盖被子，白天替士兵写家书，甚至有替受伤的士兵吮吸伤口蛆脓者，使得士兵平时心情舒畅愉悦，打仗时舍生忘死。正如《易传·象》所云："说以先民，民忘其劳；说以犯难，民忘其死。"民忘其劳，则统治者的心情也会愉悦；民忘其死，打了胜仗，则将军的心情自然也愉悦，这就是"相益"的效果。

但是，这种使人愉悦的行为，必须出于真诚，不能是装模作样欺骗民众、欺骗士兵，更不能是为了谋取个人私利或罪恶目的。如果是后者，总有被对方识破的时候，"水能载舟"便会转化成"水能覆舟"，相益也就转化成为相害，愉悦转变成为痛苦。

"利贞"，是周文王对取悦双方在目的与诚意方面的一种价值标准的提示。

第二节 和兑与孚兑

初九、九二爻辞，对尚处于社会基层的人士，在人际交往中如何把握相益而悦的原则，进行了叙述：

初九：和兑，吉。

九二：孚兑，吉，悔亡。

愉悦源自和谐。人与人之间，只有和谐相处，才会心情愉悦。人与人是平等的，即便地位低下，也应保持淡泊宁静的心态，与周围的人和谐相处，上下级之间一视同仁；但是，不能因为保持和谐而放弃自尊、放弃原则，与别人同流合污；更不能因为妄求进取，而向上级奉承献媚。

"和兑"是本卦推出的第一个概念。何谓"和兑"？王弼解释道："居兑之初，应不在一，无所党系，和兑之谓也。"（《周易注》）初九阳爻阳位，有正气而且性格刚毅；与九四爻同阳而不应，表明其不专注于与一个对象之间的应和，不会与一部分人结成朋党或私属关系。这种能与所有人交往，并且能在交往中产生相益而悦的情感，就是"和兑"。和兑的核心，显然就在"应不在一"，不禁由此联想到后来的平民政治家墨子所主张的"兼爱"思想体系中，对"爱人"的界定："待周爱人然后为爱人。"（《墨经·小取》）"和兑"出自社会底层的初九爻，且初九爻与高位的本来相应的九四爻不相应，形成"应不在一"的与众爻相悦的泛交相益局面。这一种"和兑"而获"吉",与平民政治家墨子倡导的"交相爱"而获"利"的价值观,似乎有着一种内在的源流关系。

如果说"和兑"是平民状态下的一种初心,那么,紧接着在九二爻辞中提出的第二个概念"孚兑",就是走上社会之时的一种道德心。

愉悦基于诚信。我以诚信待人,使人获得愉悦;别人也以诚信待我,使我获得愉悦。尤其是在事业发展的早期,自身力量的积聚尚嫌不足,需要高位有力量者的支持帮助之时,以诚信示人,使人产生愉悦感,尤为重要。即便遭遇不中不正的阴险小人,也应一本诚信待人的初衷,以此感化对方,放弃不正当的人际关系,重返诚信、相益的轨道,恢复相互愉悦的情感状态。

周文王将"孚兑"这个概念赋予九二爻,是因为九二爻处于下卦中位的缘故。处中之象,有诚信之义,王弼注曰:"悦不失中,有孚者也。"(《周易注》)即便阳爻阴位,有失位之遗憾,却因为有了中孚即诚信的禀赋,在与人交往之时能够给对方以悦感,为九二爻的"利见大人"创造了良好的环境条件。在顺利地获得高位贤能支持帮助的同时,自己也同样获得了愉悦。

给双方带来愉悦的,正是九二爻的诚信。所以,《象》辞言道:"'孚兑之吉',信志也。"

第三节　来兑与商兑

本卦中间两个爻辞,对身处高位者应该如何正确把握相益则悦的原则,进行了言简意赅的叙述:

六三:来兑,凶。

九四:商兑,未宁,介疾有喜。

居于一定的高位,更应该以身作则,以真诚的关怀,与属下相益,这是夯实基础、继续进取的最佳方式。倘若怀有叵测之心,企图通过不正当的手段博取属下的愉悦,作为向上攀爬的资本,一旦属下感觉受骗上当,基础顿时塌掉,不但继续进取无望,既有的利益,也将因为相益局面的终结而丧失殆尽。"来兑,凶",虽仅三字,却足以让人引以为戒。

何谓"来兑"?王弼在《周易注》中的解读是:"以阴柔之质,履非其位,来求悦者也。"因此,来兑者是"非正而求悦,邪佞者也"。朱熹对"来兑"说得更明白:"上无所应,而反来就二阳以求悦。"所谓"二阳",是指九二、九四两爻。六三阴爻阳位,又不在下卦的中位,故有不中不正之象;六三爻的相应对象本来是上六爻,然而上六爻也是阴爻而无应,于是只能与相邻的九二、九四爻相交取悦。然而九四阳爻高位,自是不会与不中不正的六三爻相交而悦,于是仅剩下与九二爻相交。但是,六三爻的不中不正的秉性,又岂能真心与九二爻相益而悦?其最终的结果,必然不是相悦而是凶险。周文王以"凶"这一断辞,警示处于较高地位的地方官员,无论在与上级交往还是与下属交往以求相悦的时候,不中不正的态度和方式,只能带来凶险和灾难。

"来兑"之凶,源自于"位不当";奸佞者,在人与人的交往中,绝不可能给人以愉悦,自己也不可能获得真正的愉悦。

与此相反,居于高位者所要在意的问题,不是要博取属下的愉悦所引发的麻烦,而是要提防属下别有用心地前来博取他的愉悦,由此引发麻烦。这些别有用心的属下,前来博取高位者的愉悦,所欲回报,不是也能获得愉悦,而是他的官位的升迁、权力的扩大,由此带来直接的利益。这种单向的愉悦,显然脱离了相益这一愉悦的本质属性。因此,处于高位者与人相益而悦,务必高度警惕;一经发现不可相益而悦,就应该断然分离,不能犹豫不决,以致不仅没有愉悦,反倒添了痛苦。

何谓"商兑"?王弼解释:"商,商量裁制之谓也。介,隔也。三为佞悦,故四以刚德裁而隔之。"(《周易注》)商兑,就是商量裁制佞悦。按王弼的解读,九四爻介于六三与九五爻之间,有保护君王不受六三爻佞悦干扰之责,对上匡扶君王,对下制裁佞悦,故而"商兑,未宁"。由于在九五与六三爻之间起到了防止邪悦、间隔病害的作用,所以取得了"有喜"的结局。

朱熹认为,"商兑"就是"商度所悦"。他对这段爻辞做了这样的讲解:"四上乘九五之中而下比六三之柔邪,故不能决;而商度所悦,未能有定。然质本阳刚,故能介然守正而疾恶不邪也,如此则有喜也。"(《朱子语类》卷第七十三)在朱熹的解读中,"商兑"是指在两种相悦可能性中究竟选择哪一种的权衡思忖;"介疾"是介然守正疾恶不邪,不是间隔疾病。这与王弼的解读,显然不相同。

"商兑"是对九四爻本身的一种状态表达,所以,朱熹对这段爻辞的释读,或许更贴近《周易》本义。

第四节　至尊的愉悦

本卦最后两个爻辞,对居于至尊高位者应该如何坚持相益而悦的原则,做了两个层面的叙说:

九五:孚于剥,有厉。

上六:引兑。

如果说,居于九四爻的权臣就有六三爻佞悦的侵蚀可能,那么,居于至尊高位者,就更是群小围攻的对象了。他们长袖善舞、巧言令色,讨至尊者的愉悦。至尊者以一己之智,实在难以看清一群人的奸诈,一旦信以为真,局势就要向着凶险一方转变。"孚于剥,有厉",就是对至尊者认腐蚀为愉悦的警示。

在中国历史上,人们习惯将皇帝分为两类,一类为"明君",一类为"昏君"。分类的标准,就在用人:亲近贤能、信用贤能者,为明君;亲近小人、信用奸佞者,为昏君。这是数千年来一般人的习惯性思维。然而,三千多年前的周文王并不如此简单地思考这一划分标准。他借助于本卦九五爻辞,提出了一个振聋发聩的问题:明君是否也有亲近小人,并被小人腐蚀,以致给政权带来危殆的可能?

九五阳爻阳位,处上卦之中位。处中得位之象,意味着这是一位阳刚中正之君。按常理说,这也是一位与贤能之士相益而悦的有为之君。可是,周文王却给九五爻系上了"孚于剥,有厉"之辞,意思说:九五爻信用小人,与小人相悦,政权有危殆之险。在《周易》故事中,"剥"专有一卦,讲的是阴能剥阳。此爻之"剥"所指者为谁?当然是指最高位的上六。朱熹解道:"九五阳刚中正,然当悦之时,而居尊位,密近上六;上六阴柔为悦之主,处悦之极,能妄悦以剥阳者也。"(《周易本义》)

周文王这一本意在"戒以信于上六则有危"的爻辞,居然被不幸而言中。三千年之后的清王朝末期,光绪皇帝本是一位亲近贤能的明君,为了跟上时代的步伐,信用康有为、梁启超等贤能之士,着手维新变法。然而居于他之上的上六,是"为悦之主、处悦之极"的慈禧太后,在权力与利害面前,光绪皇帝只能"孚于剥",不仅康梁的维新运动彻底失败,连他宠爱的珍妃在之后的庚子之乱时,也被扔入水井之中。绵延近三百年的清王朝,很快就在剥落中消亡。

阴邪小人最为诡秘的手段,莫过于巧妙地施展其取悦之能,致使他人在不知不觉之间对自己产生亲昵之感。由于巧言令色达到了湮然无迹的地步,因而对于这种不择手段取悦于人的危险,必须时时警惕戒惧,尤其身居高位、大权在握之人,更须提高警惕。

"引兑"是本概念系统中的最后一个概念,系之于上六爻,究竟是什么含义呢?王弼解释道:"以夫阴质,最处悦后,静退者也。故必见引,然后乃悦也。"就是说,必须被人引导,才能获得愉悦。这一说法,明显与九五爻"孚于剥"的说法相违。

还是朱熹对这最后一爻的解读一以贯之,合乎逻辑发展:"上六成悦之主,以阴居悦之极,引下二阳相与为悦,而不能必其从也。故九五当戒。"(《周易本义》)

尽管朱熹对本爻的解读比其他大儒讲得清楚,但是他对本卦的内容却颇有微词,认为本卦的卦爻辞"皆不端的,可以移上移下","如'和兑''商兑'之类,皆不甚亲切"。对于先儒解读本故事时的潦草,也颇为不满:"为复是解书到末梢,会懒了看不子细;为复圣人别有意义?但先儒解亦皆如此无理会。"(《朱子语类》卷第七十三)

在学生面前,朱熹从来都是实话实说。周文王设置本卦的深意,连朱熹这般大儒都未尽明白,我们更要在不断阅读中慢慢体味。

本章思考题

1. 什么是"和兑"?
2. 什么是"孚兑"?
3. 什么是"来兑"?
4. 什么是"商兑"?
5. 什么是"引兑"?

第五十九章 《涣》卦

䷺ 涣：亨，王假有庙，利涉大川，利贞。
初六：用拯马壮，吉。
九二：涣奔其机，悔亡。
六三：涣其躬，无悔。
六四：涣其群，元吉。涣有丘，匪夷所思。
九五：涣汗其大号，涣王居，无咎。
上九：涣其血去，逖出，无咎。

《周易》第五十九卦《涣》，是关于面对人心离散局面之时，应该如何采取积极措施拯救涣散、凝聚人心的分析。

第一节　王假有庙

本卦卦辞，用君王去宗庙祈祷为比喻，表达了拯救涣散、凝聚人心的必要条件：

涣：亨，王假有庙，利涉大川，利贞。

涣散，即离散，是一种运动状态，运动则意味着不僵化，可塑。一堆黄沙，风起沙扬；拌入水泥，坚如磐石；倘若再插入钢筋，可成为中流砥柱、万丈高楼。涣散的黄沙，依靠了水泥和钢筋，凝聚成为栋梁之材。涣散的人心，依靠什么才能凝聚成为一个坚强的群体呢？

我们习惯于把思想放置于很高的位置，尤其是期望思想能对人心聚散起到制约性的作用。固然，一个好的思想，是优秀文化的结晶，一旦形成，对于人类行为之影响深刻和久远，不可小觑，如孔子思想。但是，就在孔子思想成为主流意识形态的两千多年时间里，人心的聚散，政权的更迭，还是不断地上演。揭开民心鼎沸、社会动荡的历史画页，总能看到一方面是孔子思想的极度张扬，另一方面是官场的极端腐败。历史告诉人们，人心的涣散，不在思想，而在行为；涣散的拯救，人心的凝聚，同样不在某种思想的张扬，而在拯救行动的落实。行为，是精神的最好表达。

领悟一下《涣》卦精神，对于究竟如何凝聚人心的问题，无疑会有启发的。

卦辞的核心在"王假有庙"。宗庙，就是为凝聚人心而建立，希望族人能以先人精神为核心，凝聚在一起，产生巨大的合力，在世界竞争中立于不败之地，繁衍后代，壮大族群。所以，"王假有庙"，即在人心涣散之时，君王到宗庙去祈祷，重申祖考之精神，对于人心的重新凝聚，十分必要。这一例说，道出了拯救涣散局面的两个要点：一是拯救涣散的诚意，二是拯救涣散的信心。到宗庙去祈祷，在祖宗神灵面前表达拯救涣散的愿望，一定是出自内心的诉求；这一行动，也使民众看到了为政者希望上下团结的诚意。而通过宗庙祈祷，获得了祖宗神灵的保佑，又增强了为政者拯救涣散的信心。既有诚意，又有信心，是拯救涣散的两个重要前提，必备条件。

周文王一开头就强调这两点，或许是有鉴于商纣王面对涣散之局依然酒池肉林穷奢极欲、毫无拯救之心而发。在以后的岁月长河中，又有多少亡国之君，面对人心的涣散，失去了拯救的信心，唱出"一江春水向东流""无可奈何花落去"的悲歌，加速了王朝的覆灭。在亡国之君面前，周文王的提示，无异对牛弹琴。

不少先贤对"涣"之含义做出了许多积极的阐解。例如，朱熹在《周易本义》中围绕"王假有庙"，申述以祖考之精神，凝聚天下之人心。但是在面对学生时，却从"涣"的当散则散的角度解读，感觉十分亲切入理，更符合辩证法："涣是散底意思。物事有当散底：号令当散，积聚当散，群队当散。……人之所当涣者莫甚于己私；其次须便涣散其小小群队，合成其大；其次便涣散其号令与其居积，以用于人；其次便涣去患害。"(《朱子语类》卷第七十三)

在朱熹看来，《涣》卦所蕴含的大意是：当散则散；最当散的是人的私欲，其次是小团体。关于积聚的财富也须散为人用的观点，蕴含着聚是为了散、聚是手段散是目的这样一个思想，从人心聚散的讨论中脱颖而出，富于辩证精神，予人启迪。

第二节　用拯马壮

初六、九二爻辞，对涣散初期阶段如何积极拯救做了生动的比喻：

初六：用拯马壮，吉。

九二：涣奔其机，悔亡。

拯救涣散，首要在萌动开始之时，积极采取措施，全力以赴，可收事半功倍之效，避免涣散的形成。此时心情之迫切，如同家里的钱财被人抢走，立即骑上快马去追那样一种追赶必得的心情和行动。"用拯马壮"这一形象类比，正道出了拯救涣散的迫切心情和雷厉风行的行动措施。如果漠视或轻视涣散萌动之时的挽救，一旦涣散成局，就会事倍功半，难度大增。

"用拯马壮"，马是奔跑速度极快之坐骑，健壮的马自然跑得更快；以此速度应用于拯救刚开始涣散的局面，一定能获得良好的效果。"吉"这个断辞，是对这种拯救速度的肯定。唐代孔颖达则将"用拯马壮"解释为:"初六处散之初,乖散未甚,可用马以自拯拔而得壮。"(《周易正义》)则"马壮"之"壮",不是指马的健壮体形,而是指用马以自拯拔而获得的结果。用"壮"形容人心之凝聚,似乎不适。到了宋代,朱熹拨乱反正,明确将"马壮"解说为健壮之马:"始涣而拯之,为力既易,又有壮马,其吉可知。"(《周易本义》)

"用拯马壮"的核心,是在用壮。初六爻,自身力量柔弱而地位低下,唯有借助于马之壮,才能弥补自己的不足,达到拯救之目的。

待至涣散局面不幸而形成,最佳选择是尽快寻找一个安定的生存环境,先做自救打算。这个安定之所,就是尚未涣散的地方,或涣散程度轻微之处。这是因为,人心涣散,必然引起社会动荡。而躲避灾难,保存实力,则是拯救涣散的前提。

九二爻辞,核心在"机"一字。何谓"机"?王弼说:"机,承物者也,谓初也。"(《周易注》)机,通"几";所谓承物之机,如案几、茶几等。这类承物之用的案几、茶几等有四足,很稳定。"涣奔其机"是一个比喻,意思是说:当离散的局面来临时,赶快去寻找一处稳定的地方。离散之境,对具有刚硬之性的阳爻颇为不利,需要柔顺之性加以融合,才能有效应对离散局面。九二阳爻,选择了下卦处中的阴位,使得九二爻不仅具有了外刚而内柔的属性,还获得了处中的品性。这样一个机缘,遂了九二爻心愿,使得本来因为阳刚而与涣散环境不相融合的尴尬,得以消解,如同找到了一个四平八稳的案几,得以承放。

朱熹对于"机"的解读,就是得中而安的意思:"奔其机,也只是九来做二。人事上说时,是来就那安处。"(《朱子语类》卷第七十三)他显然不赞成王弼解说的"机,承物者也,谓初也"。王弼说的"初",是指初六爻。王弼认为初六爻是承物之"机",九二爻与九五爻同阳不应,所以就奔着相邻的初六阴爻去了。涣散之际,上位投奔下位，而且是处中的阳刚者投奔柔弱的下位者，似乎不合常情。所以，朱熹以处中为安解释"奔其机"，比较符合原意。

第三节　以涣济涣

六三、六四爻辞，是关于身处高位者如何清除私欲、解散私党的阐述：

六三：涣其躬，无悔。

六四：涣其群，元吉。涣有丘，匪夷所思。

清除私欲，才能拯救涣散。处于较高地位的人，尤其是既有私欲又一心向上攀升的人，挽救涣散的最好办法，是如同清洗身上的污垢一样，清除自己的私欲。如果只是在公堂之上谈公正讲清廉，在私下里却卖关系谋私利，涣散的人心怎么可能再凝聚？在这种私欲横行的官场里，公正清廉的说项已经成为掩盖私欲的一块遮羞布。

对于本卦的六三爻，朱熹的解读是："阴柔而不中正，有私于己之象。"（《周易本义》）躬，是指谓自身；涣其躬，即涣散掉自己身上的东西。什么东西？按朱熹的说法，就是六三爻的私欲。为什么全卦六个爻位，重点盯住六三爻身上的私欲？因为六三爻刚进入高层，相当于州官、郡守一类人物，对下是一方长官，往上则上升空间又大，容易滋生私欲。"涣其躬"，是周文王对这一层面的官员的一种期待：只要自觉地清除掉身上的私欲，就不会有后悔莫及的情况发生。

解散私党，才能拯救涣散。这是针对更高地位的人提出的要求。接近最高权力的人，为了最高的权力欲望，往往都会拉帮结派；尤其是在人心涣散、社会动荡之时，不仅党外有党、党派林立，而且党内有党、同而不和。在人心涣散之际，倘若身居高位者带头解散私党、消除派系之争，那么，人心凝聚如同山丘，达到常人难以想象的境界。

朱熹在给学生讲本卦的时候，对这一段情节特别有感觉，旁征博引，讲得也生动，切近现实而又富于哲理。他引述苏东坡的解释，跟学生说："老苏云：'《涣》之六四曰：涣其群，元吉。夫群者，圣人之所欲涣以混一天下者也。'此说，虽程《传》有所不及。如程《传》之说，则是群其涣，非'涣其群'也。盖当人心涣散之时，各相朋党，不能混一。唯六四能涣小人之私群，成天下之公道，此所以元吉也。老苏天资高，又善为文章，故此等说话皆达其意。"他又跟另一位学生说："'涣其群'，乃取老苏之说，是散了小小底群队，并做一个。东坡所谓'合小以为大，合大以为一'。"又说："'涣其群'，言散小群做大群，如将小物事几把解来合做一大把。东坡说这一爻最好，缘他会做文字，理会得文势，故说得合。"（《朱子语类》卷第七十三）

朱熹认为，不仅六四爻的"涣其群"是"以涣济涣"，由此往上的两个爻辞，也都体现着"以涣济涣"。

第四节　涣王居与涣其血

本卦最后两个爻辞，是关于最高权力者在人心涣散之时，如何以实际行动拯救涣散、重新凝聚人心的叙述：

九五：涣汗其大号，涣王居，无咎。

上九：涣其血去，逖出，无咎。

在拯救涣散、凝聚人心的过程中，最具影响的是执掌最高权力者的实际行动。"涣汗其大号"和"涣王居"，君王这两个举动与能否拯救涣散休戚相关。第一是颁布拯救涣散的法令要像人出汗一样，不能再收回去；法令要有权威性，不可朝令夕改。第二是将贵族尤其是王室平时聚敛的财富散发给贫困的民众，尽可能多地为公众造福，以实际行动收拢人心。

朱熹在《周易本义》中就是如此解读这段爻辞的。他言道："阳刚中正,以居尊位,当涣之时,能散其号令,与其居积,则可以济涣而无咎矣。……汗为如汗之出而不反也;涣王居,陆贽所谓散小储而成大储之意。"

而此前的王弼、孔颖达在讲解这一段情节时,另有一说。王弼是这样解读"涣汗其大号"的:"散汗大号,以荡险阨者也。"(《周易注》)孔颖达更详细地解释为:"人遇险阨惊怖而劳,则汗从体出,故以汗喻险阨也。"对"涣王居,无咎"一句,孔颖达根据《象》辞,将其断句为"涣,王居无咎",并做了这样一种解读:"为涣之主,名位不可假人,惟王居之,乃得无咎。"(《周易正义》)朱熹关于当涣散来临时,能散其号令、散其居室与积聚的财物这一解读,显然与王、孔的解读之义相反。

处中得位的九五之尊,怎么可能一遇到险厄之事,就吓得冷汗一身呢?仔细分析,还是感觉朱熹的解读贴近文王本义。处中得位的九五爻辞"涣王居",真有一种千金散尽还复来的豪迈气象。

当人心的涣散已经达到极点,流血事件不可避免,尤其是外在势力对至尊高位者的伤害随时都有可能发生时,应该采取一切方法,远而避之;居于至尊位者远离正面冲突尤其是流血冲突,是为了给自己留一个缓冲余地,留一个涣散之后重整河山收揽天下人心的机会。

在这最后一段爻辞里,"血"指伤害;"逖"指什么?王弼释:"逖,远也。"(《周易注》)整段故事讲远离血光之灾。朱熹释:"逖,当作惕。"惕,指敬畏。整段爻辞句读为:"涣其血去,逖出,无咎。"讲的是:"涣其血则去,涣其逖则出。"(《周易本义》)上九爻以自己的生命与权威为代价来拯救涣散,果然达到了以涣济涣的最高境界。

这就是周文王关于拯救涣散、凝聚人心的理念。

本章思考题

1. 拯救涣散的必要条件有哪些?
2. 九二爻辞中的"机"指什么?
3. "涣其群"为什么能"元吉"?
4. 如何解读"涣王居"?

第六十章 《节》卦

䷻ 节:亨。苦节不可贞。

初九:不出户庭,无咎。

九二:不出门庭,凶。

六三:不节若,则嗟若,无咎。

六四:安节,亨。

九五:甘节,吉,往有尚。

上六:苦节,贞凶,悔亡。

《周易》第六十卦《节》,是有关苦节、安节、甘节等各种节制方式的运用原则的叙述。

第一节　苦节不可贞

节:亨。苦节不可贞。

"节"这个概念,在中国文化中占有重要的位置。例如将一年分四季,四季再细分为二十四个节气;人们的日常生活、播种收获,都以这些节气作为重要参考依据。节气是自然界的一种客观存在,但是将一年三百六十五日划分为春、夏、秋、冬这四个季节,然后再细分为立春、雨水等二十四个节气,则是根据自然规律人为制定的。这种人为制定,是为了指导人们遵循自然规律,合理地生活、生产。在人类社会,也人为地制定了一系列保障社会稳定和发展的规章制度,王弼说:"节之大者,莫若刚柔分,男女别也。"(《周易注》)在古代中国,最早最完备的规章制度是完整地保留至今的《周礼》。先人制订各种各样的礼节,是为了解决欲望无穷而物资有限的矛盾,为了分别男女、尊卑的界限。这些礼节制度,首先是为了保障封建社会秩序、维护统治阶级利益。其中也不乏普世性的礼仪规范,为今人及后世所利用。

《易传·杂卦》虽有"节,止也"的释义,但是与《艮》卦的"止"义有很大不同。故孔颖达在引述《杂卦》释义之后又说:"然则节者,制度之名,节止之义。"也就是说,《艮》卦之"止"与"动"相对,是一个动词;《节》卦之"止"则是对制度之名的释义,是名词的另一种表达。

但是,当"节"作为"节制"一词使用时,无疑又成了动词。节制是人们对自我行为的控制。朱熹说:"节,有限而止也。"(《周易本义》)节是对事物界限的一种把握。节制得当,不仅可以确保社会秩序的稳定,也可以使自己诸事顺遂。节制既是一种界限即度的把握,一旦超过了度,节制也就失去了"有限而止"的作用,成为人们的负担和痛苦,这种给人带来痛苦的节制,称为"苦节"。苦节也是节,但是这种过度的节制只能用于一时,不能用于一世。

先秦时期,出现过纵欲、节欲、无欲等三种观点。其中,杨朱主张纵欲,以个人的快乐原则为上。《列子·杨朱》中记载了两个典型事例:郑国执政大夫子产,有一兄一弟,兄好酒,弟好色。其兄家里"聚酒千钟,积曲成封,望门百步,糟浆之气逆于人鼻,方其荒于酒也,不知世道之安危,人理之悔宏,室内之有亡,九族之亲疏,存亡之哀乐也,虽水火兵刃交于前,勿知也"。其弟家里,后庭"比房数十,皆择稚齿婑媠者以盈之。方其耽于色也,屏亲昵,绝交游,逃于后庭,以昼足夜。三月一出,意犹未惬,乡有处子之娥姣者,必贿而招之,媒而挑之,弗获而后已"。

儒家的荀子,主张人不可以无欲,但是要适当节制。荀子认为:"人生而有欲,欲而不得,则不能无求,求而无度量分界,则不能不争。争则乱,乱则穷。"(《荀子·礼论》)所以,社会管理者便要制定一整套礼义规范,制约人们的欲念,使得人与人不争,社会就不会乱,而能井然有序。人不能无界限地追求私欲,但也不能没有私欲;没有私欲,人就没有进取之心,不仅个人不求上进,社会缺少发展动力,礼仪规范在无欲念者面前失去制约力,社会秩序同样会面临失控。老子有一句话说得很到位:"民不畏死,奈何以死惧之?"(《老子·七十四章》)一个连生存下去的欲望都没有的人,当然任何礼仪规范都难以节制他了。所以,从社会治理的角度考虑,儒家认为有欲比无欲好,节欲比纵欲好。

说过"民不畏死,奈何以死惧之"的老子,正是无欲论的倡导者。老子说得最多的是在《道德经》第三章中,从"不尚贤,使民不争;不贵难得之货,使民不为盗;不见可欲,使民心不乱",一直到"常使民无知无欲"。讲得最生动的是第五十五章中的对无知无欲的婴儿的描述:"未知牝牡之合而朘作,精之至也。终日号而不嗄,和之至也。"男婴没有男女交合的欲念,小生殖器却能时时勃起,因为他的无欲而精气充沛;婴儿一天到晚大声啼哭,却从不力竭声嘶,因为他的平和无欲登峰造极。当然,这种无欲则刚的思想,孔子也有。有一次,他在评论一位名叫申枨的学生时言道:"枨也欲,焉得刚?"(《论语·公冶长》)意思是,申枨欲念很多,怎么可能刚强呢? 无欲则刚的思想,深植于志士仁人心田。清代林则徐,曾送给左宗棠一副对联:"海纳百川,有容乃大;壁立千仞,无欲则刚。"实际上,所谓的无欲论,仅仅是指不被某种利益所诱惑,坚持公道,应顺自然。只是无欲论的重心,不在对欲念的节制。

第二节 节制与时宜

初九、九二爻辞,对人生初始阶段的节制原则,从"时"的角度，做了如何准确把握的详细分析：

初九：不出户庭，无咎。

九二：不出门庭，凶。

当一个人处于积聚力量的初期，例如学子处于在家苦读圣贤书的阶段，自觉才浅识短，还不能出门入仕，便节制自己"不出户庭"，这是对自己力量的正确认识和恰如其分的控制。倘若此时耐不住寂寞，过高地估计自己，误认为已经具备了出山的条件，便早早地结束自己的蛰伏期，那么，他的前进道路不会很长，他的发展空间不会很大。王弼对蛰伏阶段坚持"不出户庭"的节制行为，做了高度评价："明于通塞，虑于险伪，不出户庭，缜密不失。"（《周易注》）明白前进途中究竟通畅与否，想象得到可能遭遇到的凶险与诈伪，做出不出户庭的决定，思虑缜密不会失误，这种富于前瞻和理性的节制，一定可以成就事业，不会有什么错误。

户庭，户外之庭。初九阳爻阳位，刚毅得正，却为节制之初，力量的积聚尚不足以走出户庭，仍须抱持"勿用"的态度，节制自己，安心蛰伏，才能保持"无咎"，免生错误。当此之时，节制自己不走出户庭，是正确的行为。

当力量有了一定的积聚，应该适时而起走向社会谋求发展。值此道路通畅可以前行之时，却藏匿不出，失掉了大好的前进时机。这种当进而不进的节制，文王用"不出门庭"譬喻，王弼则有"失时之极，则遂废矣"（《周易注》）之叹。失去大好机会，多年的力量积聚成为无用功，岂能不叹？朱熹则批评这种违反节制之道的行为是"知节而不知通"（《周易本义》），只知可节却不知可行。

"不出户庭"与"不出门庭"，认为户庭是"户外之庭"，门庭是"门内之庭"，其实是一回事做两样说法。一样的行为却有"无咎"与"凶"两种完全不同的结果，原因就在"时"的不同。前者是在力量积聚的初期，宜静不宜动，如"潜龙勿用"一般；后者是在力量积聚基本完成时期,宜动不宜静,如"见龙在田"一般。前者"识时通塞,所以不出";后者"应出不出,失时之中"。(孔颖达:《周易正义》)识时则无咎,失时则凶;节制的把握,全在"时"上。所以,朱熹给学生讲解九二之"凶",总是反复讲述节制与"时"之间的把握问题:"若以道理言之,则有可为之时,乃不出而为之,这便是凶之道,不是别更有凶。"又言道:"'时乎时,不再来!'如何可失!"(《朱子语类》卷第七十三)

初九、九二爻辞关于节制时宜的分析,与《同人》卦初九、六二爻辞关于同人时宜的分析,如出一辙:初九爻"同人于门,无咎"、六二爻"同人于宗,吝"。相似的同人行为,初爻为"无咎"、二爻为"吝",也是对二爻该出门时不出门的不合时宜行为的批评与否定。只是对不走出宗族的否定辞是"吝",严厉程度大大小于不出门庭的否定辞"凶"。

初九爻不出户庭的节制合乎时宜,因而"无咎";九二爻不出门庭的节制不合时宜,因而是"凶"。由此可见,时宜即节制的时机把握,是何等的重要!

第三节　不节与安节

六三、六四爻辞,对居于高位者的节制状况进行了一正一反的分析:

　　六三:不节若,则嗟若,无咎。
　　六四:安节,亨。

人非圣贤,孰能无过?何况对"时"的把握,怎么可能完全准确地做出判断?"不节若,则嗟若",不能把握节制的度,于是嗟叹自悔,以后就不会有失误的情况发生。只要有了这种自责自悔的自知之明,有了悔过的痛苦,补过的真诚,就一准会有"沉舟侧畔千帆过,病树前头万木春"的效果。

节之大者，莫若刚柔分、男女别。阴爻居阳位的六三爻，全然违反节制之义；不仅如此，作为下卦的三爻之一，六三爻也不处中位。所以，六三爻表达的是不中不正、刚柔颠倒、男女错别之象，是一位虽然身居高位却做出了理当节制却未能节制的事情。所幸处于第三爻位者往往都有忧患意识，能反省自己的错误，所以即便曾有不守节制之过，也能幡然悔悟，不会重蹈覆辙。当然，如果六三爻不吸取教训，不深刻反省错误，也就不可能"无咎"。

性格柔顺的正人君子、高层领导，按照上级的意图或思想，节制自己的言行举止，遇到什么事情都能顺利解决。这种情况，在古代和现代都是最常见、最普遍的事情。因为顺其自然无风险，这种节制被冠以"安节"之名。当然，在临近至尊的高位上，也有不自然的节制，这类人往往为了取悦于至尊，实现某种不可告人的目的，便刻意压抑自己的真实情感，装出一副比任何人都俯首帖耳的顺从样子。这种伪装的笑脸、不自然的节制，可能会有一时之便利，却不可能保持长久的顺利。

六四阴爻阴位，象征性格柔和、处事中正，在节制问题上，具有王弼所说"得位而顺，不改其节而能亨"（《周易注》）的特点。所谓"安节"之安，是指安于上承九五爻的现状，顺应上承九五爻的节制规定，任何时候、任何情况下都能做到不改变这种节制规定的事情。纵观几千年历史，处在一人之下、万人之上的高位者，当他环顾天下，感觉只有自己离天最近的时候，还能安安稳稳地居于此位，"不改其节"，仍然保持着一颗坚贞不渝地追随九五至尊之心，并不多见。正因为处此之境还能保持节制不变的心态很难，所以周文王将"安节"这个名称给予六四爻，以示鼓励，同时也是一种警示：倘若处于这一高位者失去应有的节制，做任何事情都不会顺利，更不可能成功。

周文王的"安节，亨"，语重心长；即便是正面的鼓励，高位者同样不可忽视"亨"字背后所蕴含的浓浓的忧患意识。

第四节 甘节与苦节

本卦最后两个爻辞,是关于最高位者如何对待节制问题的叙述:

九五:甘节,吉,往有尚。

上六:苦节,贞凶,悔亡。

居于最高位者如果能以持中履正的态度节制自己,就能给臣子和民众带来欢乐;臣民由于君主的节制,而心悦诚服地追随君主。臣民心甘情愿地受君主节制,又使君王感受到快乐。这种持中履正的节制,使得上下都有一种甘之如饴的感觉。这样的感觉,无疑有利于事业的发展,创造出更辉煌的业绩。

"甘节"是本卦中出现的又一个概念。王弼的释义是:"位当居中,为节之主,不失其中,不伤财,不害民之谓也。"(《周易注》)意思就是,九五之尊能恪守持中的节制原则:既不损伤国库的钱财,也不损害民众的利益。孔颖达的释义更详细:"甘者,不苦之名也。九五居于尊位,得正履中,能以中正为节之主,则当《象》曰'节以制度,不伤财不害民'之谓也。为节而无伤害,则是不苦而甘。"一句话,甘节就是一种以不伤财、不害民为原则的控制欲念的制度。这里讲的制度,应该是指谓节制的度。九五至尊有了这样一种不伤财、不害民的节制的度,不仅现实的收获是吉,而且"以此而行,所往皆有嘉尚"(孔颖达:《周易正义》)。

宋代朱熹对"甘节"则另有一解:"'甘节'是不辛苦吃力底意思……不成人臣得'甘节亨'时,也要节天下!大率人一身上,各自有个当节底。"(《朱子语类》卷第七十三)这么一解释,"甘节"便得以普及,人人都能在节制自己欲念的过程中品尝甜头。

与不辛苦吃力的甘节相反,过分的节制,则会给人带来痛苦。居于最高位者如果对臣民的节制太过分,不仅身处高位的大臣感觉痛苦，底层的民众也感觉痛苦，长此以往，难免要有不满甚至反抗情绪的总爆发。作为家庭中的一家之长，对于家庭成员的节制，也应适可而止，不能有过分的家规节制。家规节制过分，难免会有怨恨、逆反等情绪产生，引发家庭矛盾，甚至爆发家庭革命。

先秦时期的墨家创始人墨翟制订了一套约束徒众的规则，要求墨家弟子，"以裘褐为衣，以跂蹻为服，日夜不休，以自苦为极"。稍后的庄子就评议："墨子虽独能任，奈天下何？"(《庄子·天下》)这种过分的节制，墨翟自己虽然能做到，但是要求所有的弟子都能做到，怎么可能呢？果然，这个一度与儒学齐肩的显学，一个世纪之后成了无人问津的绝学。

墨家从显学到绝学的转折告诉我们：做任何事情都不可以绝对，节制也如此。但是，庄子对于墨子要求后世之墨者"必以自苦以腓无胈、胫无毛，相进而已"虽持批评态度，对墨子的道德品性及其才学，还是给予了高度肯定："墨子真天下之好也，将求之不得也，虽枯槁不舍也，才士也夫！"(《庄子·天下》)这也正是当年周文王在编写"苦节，贞凶"一语之后，意犹未尽，又添加了"悔亡"两字的用意。这个用意，后世学者还是能够品味出来，王弼释曰："以斯修身，行在无妄。"(《周易注》)孔颖达进一步细释："以苦节施人，则是正道之凶；若以苦节修身，则俭约无妄。"(《周易正义》)朱熹则用"礼奢宁俭"(《周易本义》)四字，揭示"悔亡"真谛。

从不好之处看出好处来，也是一种辩证思维。

本章思考题

1. 如何理解"苦节不可贞"？
2. 怎样从"时"的角度把握节制？
3. 什么是"安节"？
4. 什么是"甘节"？

第六十一章 《中孚》卦

☲ 中孚：豚鱼吉，利涉大川，利贞。
初九：虞吉，有它不燕。
九二：鸣鹤在阴，其子和之；我有好爵，吾与尔靡之。
六三：得敌，或鼓或罢，或泣或歌。
六四：月几望，马匹亡，无咎。
九五：有孚挛如，无咎。
上九：翰音登于天，贞凶。

《周易》第六十一卦《中孚》，是关于诚信的基础、诚信的对象、诚信的作用等问题的叙述。

第一节　豚鱼吉

中孚：豚鱼吉，利涉大川，利贞。

孚：信也。《周易》经文中，凡有"孚"处，断语皆为吉，真可谓：信之所在，吉无不利。中，撇开卦象的种种推测，以不偏不倚之解为近义。中孚，不偏不倚、中道而行的信。

难道信也有偏倚？《中孚》卦告诉我们：确实有。

信，又称诚信，是一种美德。老子讲信："信言不美，美言不信"（《老子·八十章》），诚信是一种质朴的品性。儒家学说中有"五行"一说：仁、义、礼、智、信。列名五行之一，殊荣不可小觑。

发乎内心的诚信可感鬼神，这是上至君王下及庶民匍匐在神坛前祈祷的唯一原因。"豚鱼吉,利涉大川",吃剧毒的河豚平安无事,涉渡大河风平浪静。这是什么原因?先人认为,是中道而行的诚信感动了神灵。

"豚鱼"譬喻,解释有不同。王弼释读:"鱼者,虫之隐者也;豚者,兽之微贱者也。"(《周易注》)鱼潜于水中,故谓之"隐者";豚,即猪,故谓之"微贱者"。中孚的作用,"虽微隐之物,信皆及之"。这是对"吉"的释读。

可是,自然界里真有一种毒性很大的鱼,生长在河里,名字就叫"河豚",又称"豚鱼"。河豚味美,俗话有"拼死吃河豚"一语,事实上因为吃河豚不当而中毒身亡者,时有所闻;河豚即"豚鱼"的名头,因此很大。食豚鱼之危险,实在不亚于没有舟楫的情况下横渡大江大河。所以,将食豚鱼与涉大川作为同一类寓有高风险的事情做并列式譬喻的解读,可能更符合周文王的本意。

诚信更可以感动人。诚信的人,无论做什么事情,总是能够如愿以偿;无论遇到什么困难,总是能够解决。平时的为人处世,要有诚信。在商场上,要讲诚信;搞欺诈、失信誉,人人鄙视。在政治生活中,也要以诚信为本,不能迷信于权术的作用,不能自信于权势的威慑。诚信不仅能使自己心安,也能感动他人。古人以"议狱缓死"为例,解释诚信在量刑判罪中的作用:在审判狱事的过程中,倘若能在判决之前进行充分的调查取证,查明一切可疑之处并加以肯定或否定,尽量在犯人必死的罪行中找出不死或缓死的因素,则不仅执法者心安,而且犯人也将为之感动,虽死无憾。

人们在日常生活中最常见的诚信,莫过于"一叫千门万户开"的公鸡司晨。为什么每天早晨,人们一旦听到公鸡打鸣,便纷纷起床,打开家门,开始一天的劳作?因为公鸡有一种与生俱来的自然属性,司晨十分守信,而且每晨必分三次报晓,所谓"鸡叫三遍",天就亮了,从不误时。所以,人们对公鸡司晨的诚信,从不怀疑。正因为如此,一个绰号"周扒皮"的地主老财,半夜里钻进鸡棚假装鸡鸣,长工们一听公鸡司晨,连忙起身,去田里干活。时间一久,长工们终于发现"半夜鸡叫"的真相。这是利用诚信做不正当事情的典型事例。虽然出自高玉宝的自传体小说,现实社会确有此类现象存在。这也是周文王在卦辞的结尾加上"利贞"两字的原因。诚信,必须用于正道,才会有利;利用诚信,做不正当的事情,难免会像半夜钻进鸡棚学鸡司晨的"周扒皮"那样,落得一个被长工们痛打一顿的下场。

第二节 我有好爵

初九、九二爻辞,对建立诚信关系的专一性、建立诚信关系的基础性,以诗化的譬喻方式进行了叙述:

初九:虞吉,有它不燕。

九二:鸣鹤在阴,其子和之;我有好爵,吾与尔靡之。

诚信不等于轻信。无论是在日常生活中,还是在经济或政治生活中,对于初次交往的人,应该慎重地加以观察、审度和必要的考量,考虑对方是否值得信赖。这是以后彼此之间能否建立朋友互信的理性基础;如若缺少这一基础,随着交往的发展,就会有一种心中不安宁的感觉,并且与日俱增。一旦建立信任关系,就应当坚信对方,不可再存疑虑之心。有这样一句话:"疑人不用,用人不疑。"也是这个意思。

初九爻为诚信之初,阳爻阳位,象征其诚信之心的端正;初九爻对应同样得位的六四爻,也是阴阳相应,所以有"虞吉"之辞。虞:专一;初九爻理应是一位至诚君子。这是从正面对爻象的说明。但是,万事都是在变化着的,至诚君子也有可能向其对立面转化,即由专一向其反面转化,在诚信的表面现象之下,涌动有违诚信之念。所以,周文王又用"有它不燕",从"虞"的反面加以警示。它:六四爻以外者;燕:安逸。意思是:倘若心有他属而不专一,就会不得安逸。这个"不燕",不仅指内心的不安,也包括境遇的不安。

"有它不燕",不是想象中的逻辑推理,而是周文王对一种社会现象的概括总结。在此后的历史中,此类现象仍然时有发生;周文王的这一警示语,也便有了恒久的生命力。

至诚相交,便能同气相应,同类相召,互相感应。先秦名家邓析说:"抱薪加火,烁者必先燃;平地注水,湿者必先濡。"汉代儒家董仲舒说:"气同则会,声比则应。"讲的都是同类相召之意。人们经常说这样一句话:"心有灵犀一点通。"到了这样的境界,做任何事情都会产生心心相印、相得益彰的效果。

"鸣鹤在阴,其子和之;我有好爵,吾与尔靡之。"这是一段如同诗一般的形象比喻:仙鹤在树荫下鸣叫,它的对偶应声和鸣;我有一杯美酒,愿与朋友一起品尝。无论在自然界,还是在人类社会,同类相召,至诚相交,总是美丽而又温馨的。

九二爻与九五爻对应,一处下卦之中,一处上卦之中,虽有同阳不应之说,却有"处中"的共性,所以可引为同类。"鸣鹤在阴",讲的是处于两个阴爻之下的九二爻;"其子和之",讲的是九五爻应和九二爻。因为获得九五爻的唱和,九二爻更是赤诚相待,拿出最好的美酒,与九五爻共享。这里已经不存在九二爻"利见大人"、对获得九五爻提携帮助的渴望,只有同类者之间的赤诚相待,例如贤能之士对赏识他的君王的赤诚之心,南阳卧龙岗上诸葛亮与刘备同甘共苦的真诚互信:"我有好爵,吾与尔靡之。"爵不是爵位的爵,而是古代的一种酒杯,引申义为酒;靡不是散,也不是共,而是饮(饮酒称"靡",至今仍在有些地区沿用,如长江三角洲的启东、海门、崇明等地区)。现代的《辞海》里将"靡"之一义释为"分散",即以本爻辞中的"吾与尔靡之"为根据,似可商榷。有好曲一起唱和,有好酒一起畅饮,这样的诚信友谊程度,非同寻常。

朱熹在与学生讲解这段故事时,曾面对形象生动的爻辞,有一番耐人寻味的话:"九二爻自不可晓。看来'我有好爵,吾与尔靡之',是两个都要这物事。所以'鹤鸣子和',是两个中心所爱,所以相应如此。……某尝谓,说《易》如水上打球,这头打来,那头又打去,都不惹著水方得。今人说,都打入水里去了!"(《朱子语类》卷第七十三)他是不满意时人太过执着于譬例本身的分析,希望读《易》者能从譬例中体悟出道理。

第三节 月几望,马匹亡

本卦中间两个都是阴爻,这两个爻辞均以形象的比喻,讲述了高位者在遭遇重大事件之时,诚信对象选择的重要性:

六三:得敌,或鼓或罢,或泣或歌。

六四:月几望,马匹亡,无咎

至诚相交,共图事业,相得益彰,显而易见。倘若各存疑虑,如何能图大业、促发展?每遇大事,各自表达,或欲进取,或欲退缩;或悲观失望,或欣喜若狂。观点相左,互相扯皮,你指责他妄进,他指责你胆怯。机会稍纵即逝,不要说事业发展,即使保持现状,也是十分困难。"得敌,或鼓或罢,或泣或歌",这一比喻,很形象地描述了缺乏诚信基础的朋友在猝遇大事之际各自表现的行为;这样一群乌合之众,如何能够共图事业?

六三阴爻居阳位,为下卦兑(☱)的上面一个爻,其象不中不正;兑为少女,六三爻居于两阳爻之上,为兑的主爻。少女而不中正,自然缺乏坚定的信念,一旦"遇敌",难免陷于"或鼓或罢,或泣或歌"的不稳定状态,正如朱熹与学生解释的那样:"依文解字看来,只是不中不正,所以歌泣喜乐都无常也。"(《朱子语类》卷第七十三)

诚信还有一个对象的选择问题,这个问题涉及对"时"的把握。处在不同的时间段,建立诚信关系的对象偏重于谁,需要做出恰当的选择。当一个人的地位上升到了接近君王的时候,首要的事情就是与君王肝胆相照,赤诚相待,而此前与属下、民众之间的诚信关系,只能让位。这样的选择变化,不仅是为了自身的保全,更是为了整体的长远利益。"月几望,马匹亡"是一个取材于自然的比喻,前者是讲身居高位者如同月亮快要满盈,即将功德圆满;后者是讲身居高位者,不得不放弃与属下、民众在长时间里建立起来的诚信关系。"马匹亡"是一种无可奈何的放弃,放弃的前提是为了确保君臣之间的诚信。在这时,诚信是一种政治利益的承诺,是大局的稳定与发展,也包含了个人利益的确保。总之,在人身依附的前提下,为了君臣之间的互信承诺而将与属下、民众之间的诚信置之于后,是可以理解的。因此之故,周文王对这一行为做出了"无咎"即没有错的价值判定。

六四阴爻阴位,处上卦巽(☴)之初;巽为顺,六四的属性柔而顺。以此属性处于辅助君王的高位,必然是唯君王之命是从。"马匹"是指原本与之相应匹配的初九爻。初九爻对应六四爻的诚信度是"虞",很专心;六四爻对于初九爻,也一度提携有加。但是,有政治利益所需,尤其君王统治者所需之时,作为辅弼大臣的六四爻,只能"马匹亡",放弃初九爻,竭诚于九五爻,恪守君臣之道。初信终绝,既是君王、全局的需要,也是"月几望"的六四重臣自身利益的需要。

在现实社会中,那些在仕途上不断攀升前进者,往往只前瞻不后顾,尤其到了"月几望"层面之时,《象》辞所说的"'马匹亡',绝类上也"成为这种人的真实写照。先贤的阐释,其实也来自他们自己在现实生活中对于"中孚"的所闻所见。周文王对于这种"马匹亡"的行为,用了断辞"无咎",评判的性质属于认可,但不赞赏。

第四节　翰音登于天

本卦最后两个爻辞,对居于尊位者的诚信作用及其自信度的把握做了正反两方面的叙述:

九五:有孚挛如,无咎。

上九:翰音登于天,贞凶。

既然重臣良相放弃与属下和民众的诚信,一心与君王建立诚信关系,作为君王理所当然也要对忠臣良相讲诚信,以此感召普天下的贤能之士,携手并肩,一同甘苦,开创新的局面,这也是九五之尊还要"利见大人"的一种表达。君臣携手的代价,是高官们放弃了与民众之间曾经有过的诚信。

处中得位的九五爻,同样不能忘掉那位与自己相应的"鸣鹤在阴"的九二爻。虽然九二爻的才干可能不如六四爻,但是毕竟与九五爻同类,何况还有好爵共靡的情怀。所以,"有孚挛如",一本初衷,牵手不放,既是与高位贤能之间的一种紧密联系,也是与基层贤能之士保持着的紧密联系,正如后人王弼所释:"居尊位以为群物之主,信何可舍?"(《周易注》)对于高位的六四爻而言,诚信对象尚有慎重选择的必要;对于尊位的"群物之主"而言,九五至尊对普天之下所有的人都应该"有孚挛如"。

除了诚信的对象问题,还有诚信的自信程度是否恰当的问题。身处至尊之位而又过于自信的诚信,往往事与愿违;即使动机纯正,仍难免遭遇凶险。

本卦最后一爻,纯以比喻说事:"翰音登于天,贞凶。"翰音:公鸡高亢的啼鸣。此喻以公鸡司晨为例:公鸡早晨打鸣,发声于地表,作用于人间,守时而富于诚信,因而享有"平生不敢轻言诺,一唱千门万户开"的美誉。倘若公鸡过于自信,妄作"翰音登于天"之想,伸长脖子,企图声闻于天,就难免不自量力;公鸡司晨的诚信功能，也就变异成为笑话。

朱熹由不切实际的"翰音登于天"这一比喻，推及人间的过度诚信："鸡非登天之物，而欲登天。信非所信而不知变，亦犹是也。"(《周易本义》)执着于"翰音登于天"之想的公鸡，倘若不知变，不是啼血而死，就是妄自飞高跌死，结果必然是凶。人若作"翰音"之想而不知变，亦必然凶险。《老子》最后一章的开头一句话："信言不美，美言不信。"虽仅八个字，道尽信之真谛。

真正能够感动人的诚信，是朴实无华的诚信。

本章思考题

1. "豚鱼吉"的本义究竟是什么？
2. 为什么说"有它不燕"是警示语？
3. 为什么六四爻出辞"月几望，马匹亡"？
4. "翰音登于天"是什么喻义？

第六十二章 《小过》卦

䷽ 小过:亨,利贞,可小事,不可大事。飞鸟遗之音,不宜上,宜下。大吉。

初六:飞鸟以凶。

六二:过其祖,遇其妣;不及其君,遇其臣,无咎。

九三:弗过防之,从或戕之,凶。

九四:无咎,弗过遇之;往厉必戒,勿用永贞。

六五:密云不雨,自我西郊;公弋取彼在穴。

上六:弗遇过之,飞鸟离之,凶,是谓灾眚。

《周易》第六十二卦《小过》,叙述了小的过度在小事与大事方面的区别、在行为举事的时候准确把握分寸的一般原则。

第一节　宜下不宜上

小过:亨,利贞,可小事,不可大事。飞鸟遗之音,不宜上,宜下。大吉。

小时候,偶尔有飞机飞过,总要循声抬头观看,却又往往只闻轰鸣之声而不见飞机。经大人指点,才发现飞机已经飞向远方。当时见此景象很诧异,怎么飞机与声音离得这么远?长大以后才知道,声音传播是需要时间的,在声音传至我耳朵的这段时间里,飞机已经过去很长距离。现在的飞机飞得更高更快,当我们听到飞机声音时,飞机早已不知去向。

"飞鸟遗之音",也是这个理。古代没有飞机,就用飞鸟说事。如果将人听到遗音的位置与看到飞鸟的位置这一段距离称为"过",那么,低飞的鸟与遗音之间的距离就是小过,高飞的鸟与遗音之间的距离就是大过。"飞鸟遗之音,不宜上,宜下",是一个比喻。上者为大过,下者为小过。不宜上,就是不宜大过;宜下,就是宜小过。

在人们的习惯意识里,过度总不是好事。《小过》则认为并不尽然,小的过度能够促进亨通,并且有利于正。这大概就是后人所谓"矫枉必须过正"思想的最早源头。《象》辞例举了一些小的过度可以起到有利作用的事情:"行过乎恭,丧过乎哀,用过乎俭。"与人相处时的行为举止,恭敬程度稍稍过一些,不仅没有害处,可能会给对方留下更好的印象。失去亲人,哀伤之情更悲戚一些,别人都能理解;儒家在丧礼方面制定的许多哀伤要求,例如哭泣得说不出话、哀伤得走路需要别人搀扶等,均达到"小过"的程度。日常费用过于节俭一些,对于家人的素质培养和家庭财富的积累,显然是有益的。但是,这些方面的过度行为,只能小不能大;只能用于小事不可用于大事,如用于国家大事,则容易差之毫厘而谬以千里,所以不可稍有过度。朱熹强调:"三者之过,皆小者之过。可过于小,而不可过于大,可以小过而不可甚过。"(《周易本义》)这是对周文王以"飞鸟遗之音"作譬,明确主张"不宜上,宜下"的一种比较准确的理解。

但是,在易学史上,一些著名易学家对于"飞鸟遗之音,不宜上,宜下"的释义及其喻义的理解,不尽一致。王弼释曰:"飞鸟遗其音,声哀以求处,上愈无所适,下则得安。"(《周易注》)孔颖达循此思想详疏,对于"遗音"即哀声的解释是:"遗,失也。鸟之失声,必是穷迫未得安处。《论语》曰:'鸟之将死,其鸣也哀。'故知遗音即哀声也。"对于"不宜上,宜下"的解释是:"飞鸟遗其音,声哀以求处,过上则愈无所适,过下则不失其安,以譬君子处过差之时,为过厚之行,顺而立之则吉,逆而忤鳞则凶。……顺则执卑守下,逆则犯君陵上。故以臣之逆顺,类鸟之上下也。"(《周易正义》)

宋代朱熹对"遗音",不解释为哀声,而是解释为高空飞鸟自高而下的鸣叫声。他以《小过》卦下艮(☶)上震(☳)的卦象为释义本体,向学生讲解飞鸟遗之音的本义:"山上有雷,《小过》,是声在高处下来,是《小过》之义。'飞鸟遗之音',也是自高处放声下来。"(《朱子语类》卷第七十三)他引用《象》辞,再解"可小事"的本义:"《小过》是小事,又是过于小。如'行过乎恭,丧过乎哀,用过乎俭',皆是过于小,退后一步,自贬底意思。""'行过恭,用过俭',皆是宜下之意。"(同上)朱熹理解的"不宜上,宜下",就是"可小事,不可大事"的另一种表达。

朱熹的解读,明显高于王弼、孔颖达,更贴近周文王的本意。

第二节 飞鸟以凶

初六、六二爻辞,以譬喻方式,对人生初始阶段如何把握宜下不宜上这一"小过"原则,做了阐述:

初六:飞鸟以凶。

六二:过其祖,遇其妣;不及其君,遇其臣,无咎。

飞鸟的不宜上宜下,首先有一个自身保护的问题。凡事皆宜量力而行,尤其在事业发展初期,切忌好高骛远。稍有过度,压力可以变成动力;一味好高骛远,一旦出现问题就难以收场。"鸟以高飞者凶,人以善泳者溺",皆是好高骛远招惹的祸。

初六爻虽居阳位,本身阴爻属性柔弱,又为初爻,弱中之弱,必须静心定性积聚能量。阳爻的潜龙,尚且"勿用";柔弱的小鸟，理应如同幼小的鸿雁，停留在水涯边上，小心翼翼地活动，才能"无咎"。倘若不自量力，一心欲飞，结果必然是飞得越高跌得越惨。"飞鸟以凶"，简短的四个字，道尽了雏鸟也做出飞翔之举的大过行为之悲惨下场。此时此际，雏鸟之凶，不在于飞行的高度问题，而是飞不飞的问题：飞则凶，不飞则无咎。"飞鸟"，无论飞多少，皆为凶。这是一个譬喻，好像很可笑。但是在现实生活中，这类不切实际、不自量力的行为举事，常有发生，人们往往不像对雏鸟也做出高飞状那样感觉可笑，甚至会得出时运不济等种种解释。人们更应该思考的是：这件事情该不该去做？

"飞鸟以凶"，可以作为正在打基础的年轻人的座右铭，时时以此比喻警示自己，只有基础扎实，才能一飞冲天。

自身力量有所积累，尚需进一步取得有力者支持帮助的情况下，如何持守宜下不宜上的原则？"过其祖，遇其妣；不及其君，遇其臣"，便是两个可供参考的例子。第一例为家庭内寻求支持帮助，与其寻求祖父帮助，不如寻求祖母帮助；祖父为上、祖母为下，这就是不宜上而宜下的具体体现。第二例为在朝廷里寻求支持帮助，与其寻求君王帮助，不如寻求大臣帮助；君为上、臣为下，不追求君王，甘愿与臣为伍，也是不宜上而宜下的具体体现。

六二阴爻阴位，并且处于下卦的中间之位，其象处中得位，其性柔和中正。这样的品性，做任何事情都不会有大过发生。祖为祖父，妣为祖母。家庭中的大事，当然要由祖父主持裁决；家庭中的小事，则不必由祖父事必躬亲，最妥当有效的办法，是不找祖父找祖母，解决问题的效率可能更高。同样道理，二爻与五爻具有相应关系，然而本故事中的六二爻与六五爻同阴不应，虽然两者都具有阴柔属性并且都具有处中的特点，属于同一个类型的人，但是，六二爻若欲获得六五爻的援助，中间还隔着九三、九四爻这两层官府中人。处此情景，理智的做法是舍远求近，渐次从州官、郡守的九三爻、朝廷重臣九四爻那里争取帮助，这就是"不及其君，遇其臣"的聪明之举，完全符合"不宜上，宜下"的小过原则。

在现实生活中，包括在现实的政治生活中，"不宜上，宜下"的小过原则，是那样的实在，那样的有效。

第三节 弗过防之与弗过遇之

本卦中间两个爻，对处于高位的人应该如何把握小过原则，做了如下阐述：

九三：弗过防之，从或戕之，凶。

九四：无咎，弗过遇之；往厉必戒，勿用永贞。

在官场里，与各色大臣为伍，警惕防范之心必须加倍增强。"弗过防之，从或戕之，凶。"多么血淋淋的警示语：不加强防范，就有被别人杀害的危险。尤其与那些善于玩弄权术的位高之人相交相处，更须谨慎，防范之心宁过勿缺。韩非、李斯乃师兄弟，韩非自恃才高，与李斯又有同门之谊，未及防范，结果被李斯在秦王那里做了一些手脚，毙命狱中。可见，无论是在尔虞我诈的商场上，还是在蝇营狗苟的官场上，稍加过度的防范是很有必要的。

九三既是刚踏入仕途之人"终日乾乾"的发奋努力阶段，也是"夕惕若厉"的忧患之时。在变幻莫测的官场上，忧患意识宁可过多过浓一些，也不可稍微松懈一些。尤其处身于阴柔群小环伺之中，忧患意识一旦松懈，群小便会越级而上，攀龙附凤，不仅成为九三前进路上的绊脚石，而且有可能遭受性命之危。朱熹对于阳刚的九三因为疏于设防而招致凶险的情况，做了如下分析："九三以刚居正，众阴所欲害者也，而自持其刚，不肯过为之备。……若占者能过防之，则可以免矣。"(《周易本义》)所谓可免，就是可以免除"戕之"之凶。

但是，不应"过"的时候，一点儿都不可以"过"。这一界线的划分，就在事之大小。"小过"的原则，是"可小事，不可大事"。九四乃辅弼大臣这一层面的人物，处此地位，行为举事均无小事。所以，随着社会地位的上升，一旦进入"月几望"那种即将功德圆满的阶段，就应增强如临深渊、如履薄冰的戒惧感，不能再有小过度的念头和行为。这个位置，是"伴君如伴虎"的位置，倘若稍有一点不慎，言行方面稍有一些过分，就有可能厄运当头。在政治舞台上，这样的悲剧屡见不鲜。例如，明代初期的首富沈万三，捐巨资帮助明太祖朱元璋"高筑墙"，建造首都的城墙，获得了朱元璋的夸奖。不料有一次又发奇想，向朱元璋提出要出钱犒赏军队，顿时犯了大忌，朱元璋发怒道："匹夫犒天下之军，乱民也，宜诛之！"在马皇后劝谏之下，才改为抄家流放于云南。自古以来，我华夏之军国大事，岂容商贾插足？沈万三不明白周文王的"必戒"之意，遂死在了大事小过上。

何谓"弗过遇之"？朱熹解说："弗过遇之，言弗过于刚，而适合其宜也。"为什么说"往厉必戒"？以刚而进，则有过矣，故有厉而当戒。"勿用永贞"是何意？朱熹说："阳性坚刚，故又戒以勿用永贞。"（《周易本义》）在给学生讲解时，又做这样的表达："'勿用永贞'，便是不可长久。'勿用永贞'，是莫常常恁地。"又说："莫一向要进。"（《朱子语类》卷第七十三）

处于九四之位，切莫再做一往无前的挺进。虽然天空举手可触，面前还有万丈深渊，即便小过，也足以跌入深渊、万劫不复。浓浓的忧患意识，在九四爻辞中表现得十分明显。

身处高位之人，有时不能不过，有时不能小过；越向前走，越是战战兢兢。人人都羡做官好，谁知做官多烦恼；抛却烦恼弃官去，又有几个做得到？

第四节　公弋取彼在穴

本卦最后两个爻是阴爻,居于至尊位而性柔,又如何面对小过呢？这两个爻辞以譬喻的方式,做了如下叙述：

六五：密云不雨,自我西郊；公弋取彼在穴。

上六：弗遇过之,飞鸟离之,凶,是谓灾眚。

君主之位,小过之事更不可以勉强做得。例如,天上积聚了很厚的乌云,因为这些乌云是从西天飘来的,所以不到一定的时间,不具备一定的条件,是不可能让它下雨的。又例如,乡野多隐士,是因为他们觉得朝政不明；倘若强求他们出仕,如同"密云不雨"一般,这些人"出工不出力",未必能心甘情愿竭诚辅佐。

六五爻辞用了两个比喻,一正一反,其意都是凡遇大事只能顺其自然,不可勉强。"密云不雨,自我西郊",曾见之于《小畜》卦,形象地展示了整个"小畜"过程。今又见于《小过》卦六五爻辞,其意也是顺应自然不强求。但《小畜》卦中讲的是财富积聚中的不强求,《小过》卦中讲的是人才人气的顺应自然不强求,例如本来相应的六二爻"不及其君,遇其臣",随遇而安,六五爻也就不必深究六二爻为什么不追随自己。"公弋取彼在穴"是与前一比喻相反的比喻,孔颖达的解读是"有如公之弋猎,取得在穴隐伏之兽"(《周易正义》)。对待不愿出仕的贤能之士,九五至尊不应该采取这种强制性措施,如同猎兽一般将之由隐到显,为政府效力,而应该顺其自然,高尚其志。清王朝建立初期,康熙皇帝礼请江南著名学者黄宗羲出仕,黄宗羲坚辞不仕。但皇帝并不以之为忤,而是很尊重黄宗羲的学问,不干扰他继续治学,以至于黄宗羲能够顺利完成《明夷待访录》《明儒学案》等极具政治价值和文化价值的著作。

上六爻辞仍以"飞鸟"为喻："弗遇过之,飞鸟离之,凶,是谓灾眚。"王弼认为，小过到了上六这一最高处，已经到了不知极限一味前行的亢奋状态："过至于亢，将何所遇，飞而不已，将何所托？灾自己致，复何言哉！"（《周易注》）有些过度行为来得太快，不及遏阻就已经过了度，就像不自量力的飞鸟，不顾一切振翅高飞。这种不自量力、一意孤行往上攀的行为，在经济、政治，甚至学术等领域都有发生。面对这一类自投险境甚至绝境者的过度行为，往往谁都无法阻止其走向灾难。这一段譬喻加议论的叙述中，明显透露出一种亢奋中思悔的警示。《乾》卦中的亢龙都要"有悔"，《小过》中的飞而不已的鸟，同样需要有悔，才能免凶消灾。

从初六爻不自量力的雏鸟，一直到上六爻飞而不已的亢奋之鸟，时时处处都在告诉人们，小的过度合乎自然发展的规律，因而具有顺畅的功能，一旦超越小的过度这一界限，就会走向灾难。这就是"飞鸟遗之音"的启示。

本章思考题

1. 为什么《小过》卦卦辞说："可小事，不可大事"？
2. "过其祖，遇其妣"譬喻什么？
3. 九三爻出辞"弗过防之，从或戕之，凶"的用意是什么？
4. "公弋取彼在穴"譬喻什么？

第六十三章 《既济》卦

䷾ 既济：亨，小利贞，初吉终乱。
初九：曳其轮，濡其尾，无咎。
六二：妇丧其茀，勿逐，七日得。
九三：高宗伐鬼方，三年克之，小人勿用。
六四：繻有衣袽，终日戒。
九五：东邻杀牛，不如西邻之禴祭，实受其福。
上六：濡其首，厉。

《周易》第六十三卦《既济》，是关于成功之后面对物极则反的规律，如何保持清醒的头脑，做好防患于未然的思想准备和物力准备的阐述。

第一节　初吉终乱

既济：亨，小利贞，初吉终乱。

《周易》六十四卦中，只有一个卦的六个爻，其阴阳属性与爻位的阴阳属性完全一致：一、三、五均为阳爻，二、四、六均为阴爻。如此完美的卦，取名为"既济"。既：皆；济有两义：一为渡，二为成功。既济，是皆渡，还是皆成功？在《既济》卦中，皆渡是譬喻，皆成功是卦义。

成功，皆大欢喜；成功，意味着从此一切顺利。但是，物极则反的辩证法告诉人们，成功的反面是失败。成功的初期充满着喜庆和欢乐,发展到后来,难免又要走向欢乐的反面。所以,当事业成功之后,不可丧失理智,沉湎于胜利的欢乐之中忘却物极则反的规律,应该保持清醒的头脑,考虑伴随成功而来的种种弊端,做好防患于未然的思想准备和物力准备。

面对这种皆济的局面,似乎自古以来的每一位学者都忧心忡忡。周文王表达了"初吉终乱"的担忧。先秦时的《象》辞明确表达思患之意:"君子以思患而豫防之。"唐代的孔颖达分析:"人皆不能居安思危,慎终如始,故戒以今日既济之初,虽皆获吉,若不进德修业,至于终极,则危乱及之。"(《周易正义》)宋代的程颐总结:"自古天下既济而致祸乱者,盖不能思患而豫防也。"(《周易程氏传》)

一个六爻皆得位的《既济》卦,居然被解读成了一部忧患之书;物极则反的思想,被发挥得淋漓尽致。

然而,这种思患之辞完全符合人类社会的发展规律,是人类社会发展中的经验之谈。这些思患之辞,也被以后的千百年的历史所证实,被头脑清醒的历代领袖引为借鉴、奉为警钟。

中国共产党在1949年初革命即将取得全国性胜利之时,就对革命成功之后应该怎样巩固胜利,进行了深刻的思考。1月7日,在距离北京不远的河北省平山县西柏坡村,召开中共中央政治局会议,毛泽东及时提出,不要被胜利冲昏头脑,必须将革命进行到底;防止取得全国政权后又出现明末农民起义领袖"闯王"李自成式的失败。3月5日,又在西柏坡召开中共七届二中全会,毛泽东在大会报告中说:夺取全国胜利,已经不要很久的时间和不要花费很大的气力了;"巩固这个胜利,则是需要很久的时间和要花费很大的力气的事情"。"夺取全国胜利,这只是万里长征走完了第一步。""中国的革命是伟大的,但革命以后的路程更长,工作更伟大、更艰苦。"紧接着,毛泽东又语重心长地讲了两个务必:"务必使同志们继续地保持谦虚、谨慎、不骄、不躁的作风,务必使同志们继续地保持艰苦奋斗的作风。"这些告诫之辞,是此前历代开国之君在"既济"之时未曾想过,更未曾与功臣们互勉过的。毛泽东领导中国共产党依靠广大农民群众进行人民战争,又依靠农村包围城市的战略夺取全国政权,正是中国革命的伟大历程,使他能够更清醒地意识到"既济"之后巩固胜利的艰难性。只有继续紧密依靠人民,才有可能避免"初吉终乱"的历史重演。终其一生,他都在努力实践着自己提出的"两个务必"。

毛泽东提出的"两个务必",是当代中国共产党人破解"初吉终乱"格局的良丹妙药。

第二节 曳其轮,濡其尾

初九、六二爻辞,对事业成功初期如何继续前进、如何休养生息的问题,做了形象的譬喻分析:

初九:曳其轮,濡其尾,无咎。

六二:妇丧其茀,勿逐,七日得。

创业不易,守成更难。功成之初,尤须多思慎行,凡事考虑周详,切不可因为刚刚取得成功而头脑发热,恃胜躁进,危及已经取得的成功局面。毛泽东在新中国成立前夕,提出了"两个务必"的告诫,也明确表达了夺取全国胜利,只是走完了万里长征的第一步,以后的路程更长、工作更伟大更艰苦,显示了一个伟大领袖所具有的高瞻远瞩和清醒头脑。

三千年前,周文王就用形象的例说,告诫刚刚取得胜利的成功者:"曳其轮,濡其尾",拉住车轮,节制前进的速度;将狐狸尾巴沾湿,不要跑得太快。生动的比喻,给人以深刻的印象;先人的智慧,应该成为后人的财富。

事业成功之初,有一个休养生息的阶段,也是题中应有之义。然而,相当一部分成功者,往往把休养生息理解成了穷奢极欲的生活享受。这样的局面,难免要让那些柔顺中正、头脑清醒的贤能之士产生失望的感觉。当此之时,贤能之士应该保持淡泊宁静的心态,守中待时,对前途抱有信心。因为成功者毕竟不同于没落者,沉湎于生活享受只是一时的迷失,他们很快就能找回感觉,重振雄风。就像妇女在家里丢失了首饰,不必翻箱倒柜地急于寻觅;因为首饰就遗落在家里,总是可以失而复得。

"妇丧其茀,勿逐,七日得",是一个日常生活中的事例。茀,王弼释:"首饰也。"(《周易注》)妇女失去首饰,一时难以见人。朱熹释:"妇车之蔽。"(《周易本义》)妇人的车失去帐篷,一时难以出行。两种解释不同,结果基本相同:难以出门见人。这与革命成功者丢掉初衷沉湎于生活享受,因而羞于见人一般模样。因为丢失初心而有不能见人的羞耻感,说明还未走远,能够自返。

近年来,党的"不忘初心"的号召,就是在呼唤我们不要忘记中国革命的初心,将"既济"的社会主义事业,不仅巩固维护,而且要不断推向新的高度。

第三节　高宗伐鬼方

本卦中间两个爻辞,是关于高位者在功成名就之后,如何心存忧患,使得既成的事业能够平稳地保持下去:

　　九三:高宗伐鬼方,三年克之,小人勿用。
　　六四:繻有衣袽,终日戒。

创业不易,守业更难。上马能治军、下马能治政的人才,毕竟少之又少;在战场上浴血奋战、逞勇立功的一介武夫,不能守成治国。对于这些人,功成之后只可赏以财帛,不可委以重任,更不可以让这一类人在政治上形成势力。如果不明白这一道理，让武夫治政，则既济的局面又会很快转变为不济。在此后的历史上，多有开国之君痛下杀手诛灭功臣的事情发生。究其原因，就是建国之初论功封赏，赋予了一些武功卓著的功臣太多的权力，事后又怕将来在儿子执政时作乱，就打"提前量"，找借口将他们灭了。开国之君杀功臣、杀武将远比杀文臣多，就是这个道理，也是出于维护既济局面的需要。这也给武功卓著的人提了一个醒，要清楚地认识自己，在战场上能指挥千军万马，如同韩信那样，用兵"多多益善"，但是功成之后慎入政治，一则防招忌，二则治政非己之长。

"高宗伐鬼方，三年克之。"高宗是殷王武丁之号；鬼方是北方的一个游牧群体，经常侵扰中原地区。殷王武丁之前数代大王，皆无作为，殷道渐衰，到武丁初期，国力衰弱，所以讨伐一个游牧群体，居然花了整整三年时间，再加上周文王先祖族群的鼎力相助，才将这一游牧群体赶走，可见殷商既济之后，历经七帝，即已"殷道衰，诸侯或不至"。至武丁时代，已又易十余帝君，更是疲态毕现，周边少数民族也不把殷王放在眼里。所以，既济之后，衰弱之时，更不能由小人当政。孔颖达疏解道："高宗伐鬼方，以中兴殷道，事同此爻，故取譬焉。高宗德实文明，而势甚衰惫，不能即胜，三年乃克，故曰高宗伐鬼方三年克之也。小人勿用者，势既衰弱，君子处之能建功立德，故兴而复之；小人居之日就危乱，必丧邦也。"(《周易正义》)

文臣贤士，功成名就，尤其身居高位之后，同样需要甚至更需要思患防患。"繻有衣袽，终日戒"，是一个比喻。繻：襦，棉衣；袽：破絮。就像渡河遇到漏船，连忙将破旧衣絮弄湿，阻塞漏洞，而且从早到晚戒惧警惕。第三、第四爻本多忧患，《乾》卦九三的"夕惕若厉"，只是在夜间的惕然自厉；此处的忧患程度，则已经到了"终日戒"的状态。正是有了这样高度的忧患意识，既成的事业才能持久，个人的安宁才有保证。春秋时的范蠡、汉初的张良、唐初的房玄龄等文臣,皆因谨慎而善终;明初第一勋臣李善长,因"富贵极,意稍骄"而遭太祖"微厌之",又因"狎宠自恣"致"帝衔之",最后连同"妻女弟侄家口七十余人",统统被诛杀。

破絮塞漏洞,终日无懈怠。既济中蕴含不济,成功者上演悲剧,血淋淋的历史,向人们提示着忧患意识的重要。

第四节　濡其首

本卦最后两个爻辞,讲述了身处至尊之位的成功者,如何尽可能避免初吉终乱的悲剧发生:

九五:东邻杀牛,不如西邻之禴祭,实受其福。

上六:濡其首,厉。

大功告成,天下一统,君王的骄奢之心比大臣更容易滋生,更容易将休养生息理解成为铺张享受。当此之际,切莫以为天下已在掌握之中,可以傲睨万物乃至暴殄天物。在历史上,有多少帝王因此而丧失既得的政权。最典型的就是商纣王,"酒池肉林"的发明者。最近的当然是明、清两朝的末代皇族们。清朝的乾隆皇帝对明朝的灭亡做过这样的评价:"明之亡非亡于流寇,而亡于神宗之荒唐。"(《明长陵神功圣德碑》)万历皇帝穷征暴敛,大兴土木营建宫殿等铺张奢华之举,是农民起义的根源,连后朝的皇帝都看得一清二楚。"东邻杀牛,不如西邻之禴祭,实受其福。"文化修养极高的万历皇帝一定明白这句话的意思。可是在实际生活中,他却又将节俭持政的这一番嘱咐忘得一干二净。于是,明朝的灭亡也就指日可待了。然而,清朝的君王们也并未吸取明朝"初吉终乱"的教训,从康熙年间开始,历时一个半世纪,耗费了难以计数的人力、物力和财力,建筑经营而成周长三十公里的"圆明园",更胜万历一筹。然而比万历更可悲的是,当清王朝从"初吉"步入"终乱"之时,美轮美奂的圆明园,竟被入侵的英国、法国的强盗们一把火烧掉,数不尽的奇珍异宝,也被这些强盗一车又一车地拉到了海盗船上,足足忙了两个星期,才分别起锚运走。一旦进入"终乱"之境的腐朽王朝,怎么可能保得住这些供其奢靡生活的物质财富呢?

"东邻杀牛,不如西邻之禴祭,实受其福。"这是一个意味深长的比喻。牛,祭之盛者也;禴,祭之薄者也。在周文王看来,祭祀之盛,莫盛于修德;苟能修德,虽薄可餐。假若东邻不能修德,虽复杀牛至盛,不为鬼神饮餐,不如我西邻禴祭,虽薄能修其德,实受神明降福。其中,"东邻"指居于东方的商纣王朝,"西邻"则指居于西方的西伯姬昌(周文王)统领的周部落。"东邻"商纣王朝,已处于"终乱"的最后阶段;"西邻"周部落,正欣欣向荣、处于"初吉"刚开始时期。这些内容,蕴含在这个生动的比喻之中。

成功者的欢乐是好事,但是也伴随有丧志等弊端;尤其是坐享其成者,既缺少叱咤风云的能力,又容易沉湎于先人成就的欢乐之中,于是如同水性不佳的涉者,水深及顶,稍有不慎,便是灭顶之灾。有了这份理念,既济的局面尚可维持下去。

"初吉终乱"的《既济》卦,以"濡其首,厉"收尾,重心落在"终乱"之上。比喻的断语没有用"凶"而用"厉",只表明有危险。既然危险,总有解除的路径与办法。

本章思考题

1. 为什么本卦出辞"初吉终乱",爻辞中却未出现"凶"?
2. 初九爻出辞"曳其轮,濡其尾"的原因是什么?
3. "繻有衣袽,终日戒"譬喻什么状态下的意识?
4. 为什么"濡其首"是"厉"而不是"凶"?

第六十四章 《未济》卦

未济:亨,小狐汔济,濡其尾,无攸利。
初六:濡其尾,吝。
九二:曳其轮,贞吉。
六三:未济,征凶,利涉大川。
九四:贞吉,悔亡;震用伐鬼方,三年有赏于大国。
六五:贞吉,无悔;君子之光,有孚,吉。
上九:有孚于饮酒,无咎;濡其首,有孚失是。

《周易》第六十四卦《未济》,以小狐狸渡河为比喻,阐述了未济中有可济,未成中有可成希望的辩证思想。

第一节 小狐汔济,濡其尾

未济:亨;小狐汔济,濡其尾,无攸利。

人生有终点,事业无止境。当一个人的理想终于实现,一个新的理想又会出现,如同一个人千辛万苦、好不容易从此岸登上了彼岸,就会站在彼岸,寻找新的方向,选择新的路径,继续前行。

一个事业的完成,意味着又一事业的开始。这不是人们常说的循环往复,而是无止境的发展。人类社会数以百万年计的历史,就是在这样的发展中揖别野蛮,成为触摸科学的文明人。

当旧事业完成,新事业开始的时候,虽然前途充满着新的希望,但是在前进的路上也充满着种种风险,每前行一步都需要小心留神,不可因为曾经取得的成功,而轻视新事业开展中的困难和风险。

在六十四卦中,《未济》卦六爻阴阳属性与爻位属性皆不正,但是又都上下爻阴阳相应,表示新事业刚刚开始,未济不是不济,未济中有可济;未成不是不成,未成中蕴含着希望,意味着发展,但是需要量力而行,不可急于前行。所以,卦辞借用小狐狸渡河为例子:"小狐汔济,濡其尾,无攸利。"小狐狸渡河,快要接近彼岸时,尾巴不慎浸湿,给继续渡河造成了困难。小狐力弱,濡尾是必然的。在开创新事业之时,力量不足,并不奇怪;倘若力不济而还要冒进,就是犯险行为。

汔:本义水涸,延伸义为将尽;汔济:涉大川将尽之时。孔颖达疏曰:"汔者,将尽之名。小才不能济难,事同小狐虽难渡水而无余力,必须水汔方可涉川,未及登岸而濡其尾。"小狐汔济,譬喻小才不能济难。然而,为什么一开始就说"亨"呢?孔颖达分析道:"未济之时,小才居位,不能建功立业,拔难济险。若能执柔用中,委任贤哲,则未济有可济之理,所以得通。"(《周易正义》)未济而能亨通的关键,就在"执柔用中,委任贤哲"这八个字。有了柔、中的态度与方法,有了贤能高士的辅佐,即使自身力量尚有不足,也绝不会出现小狐狸渡河时濡湿尾巴那样功亏一篑的局面。

未济之中蕴含着可济之理,是成功者发掘可济之理,开始新的长征的依据;本卦六个爻辞,讲的都是量力而行的道理。

第二节 濡其尾与曳其轮

初六、九二爻辞,以譬喻的方式,讲述了新的长征开始之初,首先需要积聚力量,控制自己,不可以轻率冒进:

初六：濡其尾，吝。

九二：曳其轮，贞吉。

新事业初创，而自身力量又刚开始积聚，不宜急于有所行动。此时的"濡其尾"，是小狐狸在涉大川途中的濡尾，不是"汔济"，即将到达彼岸时的濡尾。小狐狸力弱，还完全没有到达可以渡河的时候，如果一意孤行偏要去渡河，就会因为尾巴浸水而失败，成为自取其辱之举。联想到《乾》卦初爻的"潜龙勿用"，尚未积聚足够力量的幼龙都要"勿用"，幼小的狐狸也就更不能冒险去涉大川了。

"濡其尾"只是一个比喻，告诉未济者在还没有积聚力量的时候，千万不要将理想马上付诸实践。无论是一个人还是一场事业，初期阶段的力量积聚是一道不能随意跨越的坎，在力量积聚之初，任何不自量力的冲动、鲁莽的行为，都是一种自耗力量的无用功，只会给个人的进步、事业的发展拖后腿。

即便力量有了一定程度的积累，个人在社会上有了一些知名度，事业有了一定规模，仍然需要处处小心谨慎，一方面继续充实自己，一方面通过社会交往、事业开展结交贤能争取帮助，个人求进步不宜快，快则不仅会招忌，自身力量也可能导致名不副实；事业发展也不宜快，快则不仅招致同业打压，自身的管理能力也未必跟得上，更有风险的是一旦资金链出现问题，有可能满盘皆输。"曳其轮，贞吉"，是对自控能力的正面肯定。将前行的车轮控制住，一是控制其速度，积聚力量的时候是不能有行动，现在到了可以行动的时候，就要控制行动的速度；二是控制其方向，方向错了，无论快慢都是根本性的错误。当然，在个人进步或事业发展过程中，走弯路有曲折往往难以避免。但是，有了"曳其轮"这一自觉的控制，走弯路有曲折的概率就会大大降低，未济向既济的转化也会增速。

初六爻的"濡其尾"，九二爻的"曳其轮"，都是对前进带来影响即起到滞的作用的一种行为方法。然而,具有相似作用的两种行为,其断语却完全相反:"濡其尾"的断语是贬义词"吝";"曳其轮"的断语是褒义词"吉"。究其原因,一是"时"的问题,初六爻处在积聚力量的起点,宜"勿用",却冒险去涉渡,故有"濡其尾"的遭遇;九二爻处在起步点上,亟须上位尤其是相应的六五爻支持,但是动作不宜过大过急,故有"曳其轮"之举。二是理智的问题,初六爻是不自量力的冲动行为导致了"濡其尾"的不良后果,所以要批评否定;九二爻是量力而行的理智行为,主动地做出"曳其轮"的举动,自我调控速度,光明正道不言而喻,所以要给予充分肯定。

总之,初六、九二爻都是为了从未济向着"济"进发,只是在进发时间的把握上各有表达。朱熹在读了这两段爻辞之后,深入浅出地给学生做了一番解读:"'曳轮濡尾',是只争些子时候,是欲到与未到之间。不是不欲济,是要济而未敢轻济。如曹操临敌,意思安闲,如不欲战。老子所谓'犹若冬涉川'之象。涉则必竟涉,只是畏那寒了,未敢便涉。"(《朱子语类》卷第七十三)

周文王的微言大义,就这么被朱熹说活了。

第三节　震用伐鬼方

本卦中间两个爻辞,讲述了在未济的背景下,如何增强信心,勇于面对挑战,发奋图强:

六三:未济,征凶,利涉大川。

九四:贞吉,悔亡;震用伐鬼方,三年有赏于大国。

经历了"曳其轮"的自觉控制,虽然仍处在未济状态,前进的步伐理应越来越快。尤其进入第三爻位,已经具有了相当于州官、郡守那样的地位和实力,应该"终日乾乾",向着理想的彼岸大步进发了。然而,第三爻位往往多有忧患意识,前进过程中总要多一些忧患之思。

无论是在个人进步过程中还是在事业发展过程中,一不小心就会陷入险境的事情难免发生。有了这样的思想准备,即便身处险陷也会从容应对,既能准确估计面临的不利因素,调整好涉险的心理准备,又能考虑到种种有利条件,规划脱险的方式方法,增强战胜险阻的信心和勇气。涉险需要勇气,是指内心而言;脱险需要用柔,是指外表而言。内刚外柔,是这一时期的利涉大川之道。

六三阴爻阳位,有先天的不正缺陷,诚如王弼注释:"以阴之实,失位居险,不能自济者也。以不正之身,力不能自济,而求进焉,丧其身也,故曰'征凶'。"(《周易注》)征为进义,征凶即进则凶。根据这一思路,朱熹认为"利涉大川"的结语有矛盾,或许在"利"字上面漏掉一个"不"字;六三爻辞的结语应该是"不利涉大川"。(参见《周易本义》)朱熹的这一校正,应该是合乎逻辑的。此前魏晋时的王弼虽然对"利涉大川"做了一番解释,实在牵强,与"征凶"之意的矛盾也很明显。

涉险,是一种磨砺。经过磨砺,人的素质有了极大提升,事业有了质的飞跃。在此后的继续发展中,还会遇到险阻与挑战;此时不同于彼时,此时应对险阻或挑战,已经不再需要内刚外柔,而要以坚忍不拔的意志、刚健威猛的姿态,应对险阻或挑战,在反击中获得新的发展。

"震用伐鬼方,三年有赏于大国。"这是一个援引了历史故事的比喻。震是威震,与前一阶段以柔脱险方法有了根本性的变化。鬼方,是西北部地区的一个部落,殷商的强敌,经常侵袭中原。武丁率军讨伐鬼方,坚持了长达三年之久的战争;最后,在周文王的先人的帮助下,赢得了这场战争的胜利。有赏于大国,是指殷天子行百里大国之赏,将一大片土地赏赐给了伐鬼方有功的武丁。此时的武丁,还是未上位为商王的臣子,伐鬼方获胜,成为殷商由衰转盛的一个拐点,也为武丁日后登上商王之位奠定了基础。获此大国之赏,无疑是武丁从未济向既济迈进了一大步。这一比喻是说,在希望与成功之间,有一个坚持不懈的奋发阶段,尤其是在即将功德圆满之际,坚持最为重要。

第四节　有孚失是

本卦最后两个爻辞,对至尊位者在未济背景下应该如何使用人才、不断增强自己的实力,做了正反两方面的阐述:

六五:贞吉,无悔;君子之光,有孚,吉。

上九:有孚于饮酒,无咎;濡其首,有孚失是。

身居至尊之位,更应注重以谦虚、诚信等高尚的品德感化民众,将国家的管理交付给贤能之士,不需要事必躬亲;将贤能之士团结在自己周围,始终保持君臣互信的关系。这样,任何时候、任何事情都会吉祥如意。

六五爻以阴居阳,居尊位而能以柔处刚,并且处上卦离(☲)之中,下与九二爻阴阳相应,其象甚佳。何谓"君子之光"?孔颖达根据王弼注释,疏解道:"君子之光者,以柔顺文明之质居于尊位,有应于二,是能付物以能而不自役,有君子之光华矣。"何谓"有孚,吉"?孔疏亦云:"付物以能而无疑焉,则物竭其诚,功斯克矣。古曰'有孚,吉'也。"(《周易正义》)物是事物、事情。将事情交付给贤能之士去办理,并且能够做到用人不疑,办事的贤能之士必然受这"知遇之恩"的感动,竭尽全力去做事。有了这样一种君臣关系,还有什么难事不能解决?

《周易》首卦《乾》的九五爻辞"利见大人",第一次讲了君王要善于发挥贤能之士的作用,但是尚未涉及如何才能"利见大人"。《周易》的最后一卦《未济》的六五爻辞,则深入地讲了君王如何才能"利见大人":"有孚",并且将这种有孚的品德称之为

"君子之光"。

有信心,是事业成功的必要条件;但是仅仅有信心还不能保证事业成功。事业成功还需要实力。从未济状态走向既济,实力的重要性居于首位。所以,周文王在最后一卦的结尾,突然跳出小狐狸渡河的语境,郑重其事地选择了一个"饮酒"的比喻,语重心长地分析了在未济状态下,信心与力量的关系,一旦离开了力量,信心便是浮云,甚至是乌有:"有孚于饮酒,无咎;濡其首,有孚失是。"这便是周文王给我们讲的最后一个比喻。满怀信心地饮酒,本身没有错;不加节制,饮酒过度,呕吐出来的酒水弄脏了脸,纵然信心十足也无济于事。

太生动、太精彩了。不能光凭信心就去做力所不逮的事情;必须建立在实力的基础上,信心才有归宿,事业才能成功。

新的征程,需要信心,更需要实力。

"有孚失是",不禁使人想起第一卦第一爻的"潜龙勿用",首尾呼应,不是循环,而是新的台阶,新的眼界,新的认识,新的需要,是无止境的人生旅途。

本章思考题

1. 本卦卦辞以"小狐汔济,濡其尾"譬喻,有何深意?
2. 什么情况下需要"曳其轮"?
3. 如何理解六三爻辞中的"利涉大川"?
4. 上六爻辞为什么以"有孚于饮酒"譬喻?

参考文献

1.《王弼集校释》,(魏)王弼著,楼宇烈校释,中华书局,1980年版。
2.《周易正义》,(唐)孔颖达撰,载《十三经注疏》,中华书局,1980年版。
3.《周易程氏传》,(宋)程颐撰,王孝鱼校点,中华书局,2016年版。
4.《周易本义》,(宋)朱熹著,天津市古籍书店,1986年版。
5.《四书章句集注》,(宋)朱熹撰,中华书局,1983年版。
6.《朱子语类》,(宋)黎靖德编,中华书局,1986年版。
7.《周易杂论》,高亨著,齐鲁书社,1979年版。
8.《周易古经今注》,高亨著,齐鲁书社,1979年版。
9.《白话易经》,孙振声著,星光出版社,1981年版。
10.《周易译注》,周振甫译注,中华书局,1991年版。
11.《史记》,(西汉)司马迁撰,中华书局,1959年版。
12.《诸子集成》,上海书店出版社,1986年影印版。

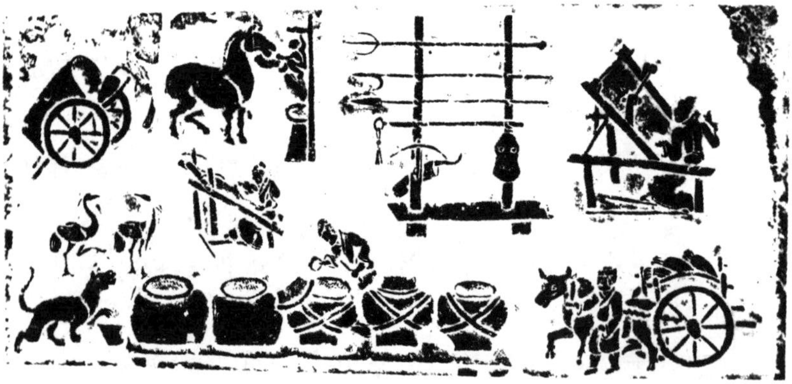